校企"双元"职业教育教材

大中专航海院校精品教材

安徽省"十四五"职业教育规划教材

船舶结构与货运

主　编　王在高　　陈福金

副主编　朱建和　　张守甫　　林代华

主　审　李建国　　殷小冬

合肥工业大学出版社

内容简介

全书共十七章,内容包括:船舶结构的构造,船舶管系的识别,船舶起重设备的操作与管理,货舱、舱盖及压载舱的缺陷、损坏检查和报告,船舶货物基础知识,船舶载货能力,船舶稳性,船舶吃水差,船舶强度,包装危险货物运输,杂货运输,散装固体货物运输,散装谷物运输,散装液体货物运输,集装箱运输,特殊货物运输和编制积载计划实训。其中第十七章实践操作是专门为了加强学生实践能力,适应实训评估,内容有杂货船、集装箱船、散装船积载等。为了满足课程教学需要,本书在最后附有船舶货运相关的船舶资料和货物资料。

本书按照《1978 年海员培训、发证和值班标准国际公约》最新的要求以及国家海事局颁布的《海船船员考试大纲(2022 版)》的要求进行编写,适用于大专、中专院校航海技术专业和相关的水路运输与海事管理、港口与航运管理、集装箱运输管理、港口物流管理和报关与国际货运专业学生,也可作为海船驾驶员考证培训教材和船员或港航有关人员自学参考书。

图书在版编目(CIP)数据

船舶结构与货运/王在高,陈福金主编 . —合肥:合肥工业大学出版社,2023.8
ISBN 978 - 7 - 5650 - 5866 - 0

Ⅰ.①船… Ⅱ.①王… ②陈… Ⅲ.①船体结构—结构设计②水路运输—货物运输
Ⅳ.①U663②U695.2

中国版本图书馆 CIP 数据核字(2022)第 143501 号

船舶结构与货运

	王在高 陈福金 主编		责任编辑 张择瑞
出 版	合肥工业大学出版社	版 次	2023 年 8 月第 1 版
地 址	合肥市屯溪路 193 号	印 次	2023 年 8 月第 1 次印刷
邮 编	230009	开 本	787 毫米×1092 毫米 1/16
电 话	理工图书出版中心:0551 - 62903204	印 张	25
	营销与储运管理中心:0551 - 62903198	字 数	578 千字
网 址	press. hfut. edu. cn	印 刷	安徽昶颉包装印务有限责任公司
E-mail	hfutpress@163.com	发 行	全国新华书店

ISBN 978 - 7 - 5650 - 5866 - 0 定价:68.00 元
如果有影响阅读的印装质量问题,请与出版社营销与储运管理中心联系调换。

前　言

　　"船舶结构与货运"是研究船舶结构及与船舶货运有关的船舶设备,研究各类海上运输货物的海运特性、各类运输船舶的货运性能,对货物在整个运输过程中的各个环节进行安全操作、有效管理的一门应用学科。

　　本教材是按照国际海事组织《1978年海员培训、发证和值班标准国际公约》(简称《STCW78/95公约》)、IMO示范课程和我国海事局发布的《海船船员培训大纲(2022版)》等要求编写的。按照海上船舶货物运输实际工作的需要,关注学生实践能力,注重培养严谨的工作态度,本着简明、适用、实用的原则,系统介绍了船舶货物积载的相关知识。本书可供无限航区和沿海航区操作级二、三副适任教学与培训使用,可作为海船操作级船员的专业考试和培训的参考教材。

　　本书由王在高和陈福金主编,由中远海运船员管理有限公司天津分公司李建国(高级船长、海校校长)和香港益丰船务企业有限公司殷小冬(高级船长、高级工程师)主审。安徽交通职业技术学院王在高编写第五章、第十章至第十三章和第十七章,福建船政交通职业学院陈福金编写第七章、第九章、第十五章和第十六章,湖北交通职业技术学院朱建和编写第一章和第二章。安徽交通职业技术学院张守甫编写第三章、第十四章和附录。四川交通职业技术学院林代华编写第四章、第六章和第八章。全书由王在高统稿。福建省海运集团有限责任公司陈仕营高级船长和福建船政交通职业学院向阳老师为本书提供了大量资料,并审阅了部分章节。本书在编写过程中,广泛征求了有关教师、行业主管部门和航运企业的意见,使教材的系统性和实用性更强,在此一并表示衷心的感谢。

　　由于我们水平和时间有限,不足之处在所难免,欢迎各位读者批评指正。

编　者

2021 年 12 月

目　　录

第一章　船体结构的构造

第 1 章 PPT

　　通过本章的学习与训练使学员对船舶主要结构构件及其各个部件的正确名称有一个基本的认识。这些认识是指学员在日常工作过程中能够科学观察并能写出专业报告,描述出现故障或发现轻微损坏的部件的位置和本质,达到《1978 年海员培训、发证和值班标准国际公约》(简称《STCW78/95 公约》)中表 A－Ⅱ/1 操作级功能块"货物装卸和积载"中有关船舶结构知识的最低法定要求。

第一节　船舶的基本组成与主要标志的识别

一、船舶的基本组成

船舶主要由主船体、上层建筑及其他附属设备构成。

1. 主船体结构

主船体是由上层甲板、船底、舷侧及船首尾等结构组成的水密的空心结构,为了满足船舶结构强度、装载货物及其他需求,用甲板和舱壁将整个主船体分成数个舱室,如图 1－1 所示。

船舶的基本组成与主要标志

1)船舶部位名称

(1)船舶前端称为船首,船舶后端称为船尾,中间部分称为船中,船首两侧弯曲部分称为首舷,船尾两侧弯曲部分称为尾舷,船体两边称为船舷。首尾线(或纵中线、中央线)为经过船舶首尾的连线,其将船舶分为左、右两舷,自船尾向船首看,首尾线左侧为左舷,首尾线右侧为右舷。

(2)位于船首轮廓线并向前倾斜的船舶构件叫首柱。位于船尾轮廓线的构件叫尾柱。

(3)船体沿水平方向被分成上、下若干层,其中位于最上层的首尾统长甲板叫主甲板或上甲板,主甲板以下的甲板统称下(层)甲板,各层甲板中受力最大的一层甲板称为强力甲板。平台甲板为强力甲板下沿船长方向布置,但不计入船体总纵强度的不连续甲板,如舵机间甲板即为平台甲板。自上而下分别为二甲板、三甲板,以此类推。主甲板以上有首楼甲板、起居甲板、艇甲板、罗经甲板、驾驶台甲板等。

(4)船体最下层部分称为船底,单底为只有一层船底板,双层底为两层船底板。

(5)舱壁是主船体内垂直向上布置的结构,分为横舱壁和纵舱壁两种。沿船长方向将船内空间分隔成若干舱室的竖壁称为横舱壁,由于它通常是不透水的,也称为水密横舱壁,其中最前端的一道水密横舱壁称为防撞舱壁,又称首尖舱舱壁。将舱室纵向分为数个分舱的纵向竖壁称为纵向舱壁,一般在液货船和大型散货船中布置,其主要作用是可以减小自由液面对稳性的影响,并参与总纵弯曲强度。

(6)平板龙骨为位于船底中线的船底板。

(7)两侧直立部分叫舷侧,舷侧与船底交会处的圆弧部分叫舭部。船舶舷侧与船底交会处的圆弧称为舭部。

(8)梁拱为甲板在中间拱起的高度。

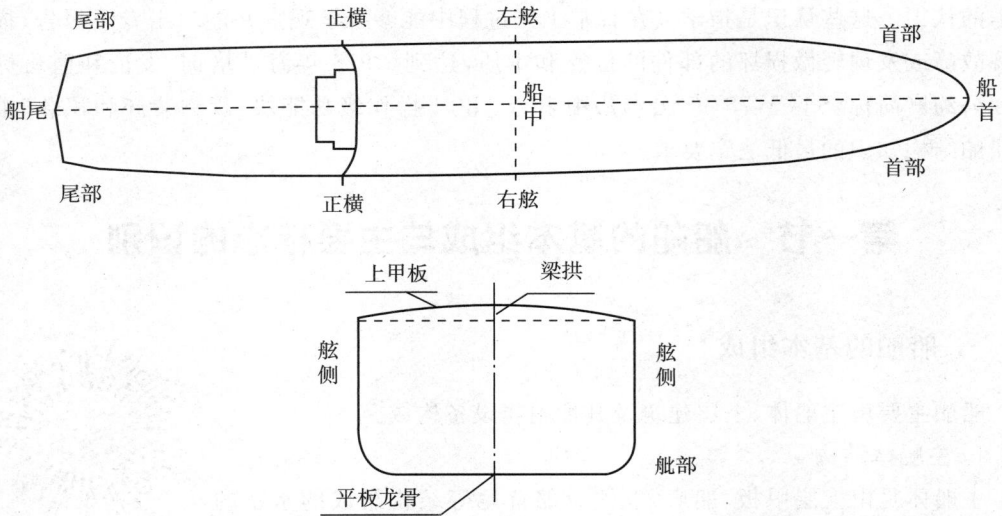

图 1-1 船舶主船体的组成

2)舱室名称

船舶内部根据不同需要用纵舱壁、横舱壁分隔成了不同舱室,按照各自用途被命名为首尖舱、尾尖舱、机舱、货舱、液舱、锚链舱等。

(1)首尖舱为主船体最前端尖削部位,尾尖舱位于船舶最后端,首尖舱、尾尖舱通常被用作淡水舱或压载舱。

(2)机舱为安装主机、辅机、锅炉等设备的舱室。按机舱位置不同,可将船舶分为中机型船舶、尾机型船舶、中尾机型船舶。

(3)货舱用于装载货物。部分货船的货舱还用下层甲板分隔成上、下两部分,上部分称甲板间舱,下部分称底舱。

(4)液舱。液舱是指用来装载液体的舱室,如燃油、淡水、液货、压载水等。干货船一般设在船的低处,有利于船舶稳性。为了减小自由液面对稳性的影响,其横向尺寸都较小,且对称于船舶纵向中心线布置。

① 燃油舱。燃油舱是储存供主机、辅机所用燃油的舱,一般布置在双层底内,大型船

舶也会将深舱作为燃油舱使用。

② 滑油舱。滑油舱一般设在机舱下部的双层底内,为防止滑油污染,四周设有隔离空舱。

③ 淡水舱。淡水舱为饮用水、锅炉水舱的统称,生活用水一般靠近生活区下面的双层底内,也有布置在尾尖舱内的。锅炉水舱多设在机舱下的双层底内,是机舱机器设备专用的。

④ 污油水舱。污油水舱是供贮存污油用的舱,舱的位置较低,以利于外溢、泄漏的污油能自行流入舱内。

⑤ 压载舱。专供装载压载水用以调整吃水、纵横倾和重心,双层底舱,首、尾尖舱深舱,散货船的上、下边舱,集装箱船与矿砂船的边舱等都可以作为压载水舱。

⑥ 深舱。深舱为双层底以外的液舱(例如压载舱、船用水舱、货油舱)及按闭杯试验法闪点不低于 60 ℃的燃油舱等。深舱由船舶中纵剖面处设置的纵舱壁或制荡舱壁分隔为左、右对称的舱室,以减小自由液面的影响。

⑦ 液货舱。有些杂货船设有一两个装运液体货物的深舱。

(5)隔离空舱。普通货船中隔离空舱主要用于隔开油舱和淡水舱,油船中的隔离空舱主要用于隔开货油舱与机舱。隔离空舱一般仅有一个肋骨间距的狭窄空舱,故又称干隔舱,其主要作用是防火、防爆、防渗漏。

(6)锚链舱。锚链舱位于锚机下方,底部设有排水孔,用于储存锚链。

(7)轴隧。除尾机型船舶外,船舶推进轴系需要穿过机舱后的货舱,因此需要设置一个水密结构,保护轴系不受损坏,该结构称为轴隧。

(8)舵机间。舵机间为放置舵机的舱室,一般位于舵叶上方尾尖舱的顶部水密平台甲板上。

2. 上层建筑各部位名称

船舶主甲板以上,由一舷伸至另一舷或建筑物侧壁板离船舶舷侧板向内不大于船宽 4%的围蔽建筑物称上层建筑。通常如不严格区分,将主甲板以上的围蔽建筑物统称为上层建筑。

(1)首楼:位于船首部的上层建筑,称为首楼。首楼的长度一般为船长的(通常以符号 L 表示船长)10%左右。超过 25%L 的首楼,称为长首楼。首楼一般只设一层。首楼的作用是减少船首上浪,改善船舶航行条件,首楼内的舱室可作为贮藏室。

(2)尾楼:位于船尾部的上层建筑,称为尾楼。当尾楼的长度超过 25%L 时,称为长尾楼。尾楼的作用是可减少船尾上浪,保护机舱,并可布置船员住舱等舱室。

(3)桥楼:位于船中部的上层建筑,称为桥楼。桥楼的长度大于 15%L,且不小于本身高度 6 倍的桥楼,称为长桥楼。桥楼主要用来布置驾驶室和船员住舱。

(4)甲板室:是指宽度与船宽相差较大的围蔽建筑物。甲板室两侧外的甲板是露天的,有利于甲板上的操作和便于前后行走。

(5)上层建筑各层甲板:上层建筑各层甲板根据船舶种类、大小的不同,其层数及命名方法均有所不同。如有的船舶从上层建筑下部的第一层甲板向上按 A、B、C……的方式命名各层甲板;有的船舶则按各层甲板不同的使用性质而命名,如罗经甲板、驾驶甲板、艇甲板、起居甲板等。

二、船舶的主要标志

船舶根据具体规定,在船体外壳板、烟囱及罗经甲板两侧均勘绘有各种标志。

1. 吃水标志

船舶靠离码头、通过浅滩、过架空障碍物及锚泊时,需要精确掌握船舶当时的吃水。另外,船舶吃水是反映船舶装载货物重量的一个标志。船舶的吃水标志叫水尺,水尺勘绘在船首、船尾及船中两侧船壳上,通常称为"六面水尺"。

吃水标记方法有两种:一种是公制,以阿拉伯数字表示,数字高度为 10 cm,上、下两数字间距也是 10 cm;另一种是英制,以阿拉伯数字和罗马数字表示,数字的高度为 6 in,上、下两数字相隔也是 6 in,如图 1-2 和图 1-3 所示。

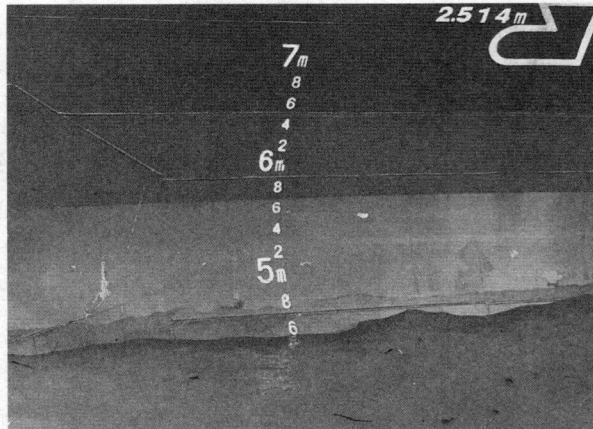

图 1-2 公制水尺

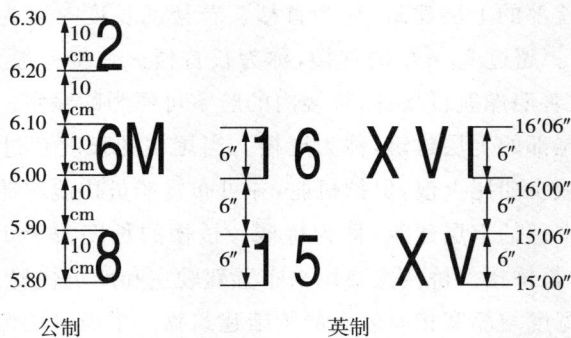

公制   英制

图 1-3 公制、英制水尺

根据实际水线在数字中的位置,按比例可读取船舶吃水,当实际水线与数字下端相切时,该数字即为当前船舶吃水。有波浪时应取最大、最小读数的平均值。

2. 甲板线标志

甲板线为长度 300 mm、宽度 25 mm 的水平线,绘于左、右两舷船中处,其上边缘一般经过干舷甲板上表面向外延伸与船壳板外表面的交点。如干舷甲板经过修正,甲板线标志也可参照船上的某一固定点来绘制。

3. 载重线标志

为确定船舶干舷,保证船舶具有足够的储备浮力,船级社根据船舶的尺度和结构强度,为每艘船舶勘定了不同航行区域和季节应具备的最小干舷,并以载重线标志的形式勘绘于船舶中部两舷外侧,以限制船舶的装载量。载重线标志由甲板线、载重线圆盘和各载重线组成,这些标志应被永久地绘制在船舶的两舷,并应清晰可见。

(1)一般货船的载重线标志

一般货船的载重线标志包括甲板线、载重线圈和各载重线。载重线圈两侧加绘的字母"C""S"表示勘定干舷高度的主管机关是中国船级社(图 1-4,图 1-5)。

各载重线位于载重线圈向船首方向,分别为:

夏季载重线"S",该水线与圆盘中心线处于同一高度;

冬季载重线"W";

冬季北大西洋载重线"WNA",船长大于 100 m 的船舶可以不勘绘;

夏季淡水载重线"F";

热带淡水载重线"TF"。

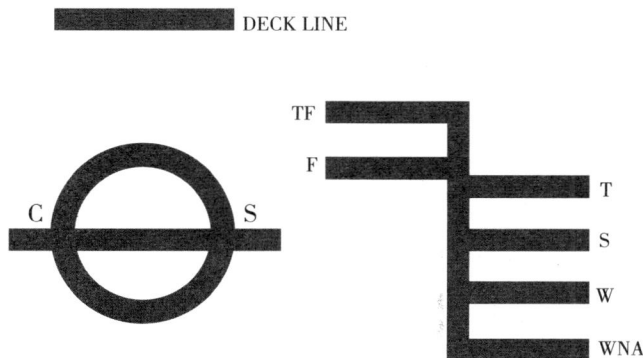

图 1-4　一般货船载重线　　　　　图 1-5　一般货船载重线(实船)

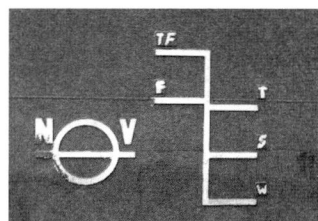

(2)木材船的载重线标志

木材船载重线标志除一般货船载重线标志外,在载重线圈向船尾方向还标绘有木材船载重线。木材船载重线上除了有上述一般货船载重线字母外还需加上 L(图 1-6、图 1-7)。木材甲板货物可以给船舶一定的附加浮力,从而增加抗御风浪的能力。因此,装运木材的船舶干舷比一般货船的小。

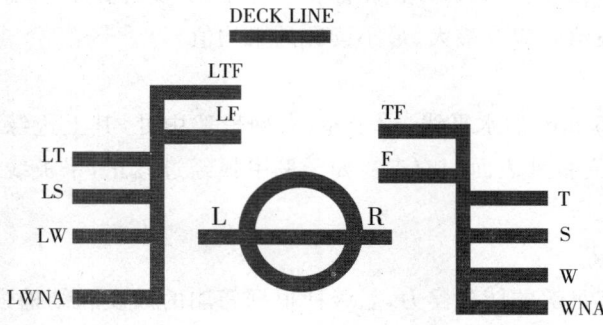

图 1-6 木材船载重线

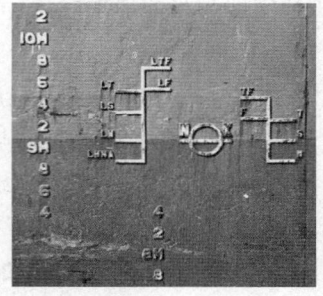

图 1-7 木材船载重线(实船)

(3)客船载重线标志

国际航线的客货船除绘有一般货船载重线标志外,还需绘制分舱载重线。分舱载重线是决定客船分舱的水线,与一般载重线勘绘在一起。C1 为客船分舱载重线,C2 为交替运载客货分舱载重线(图 1-8)。

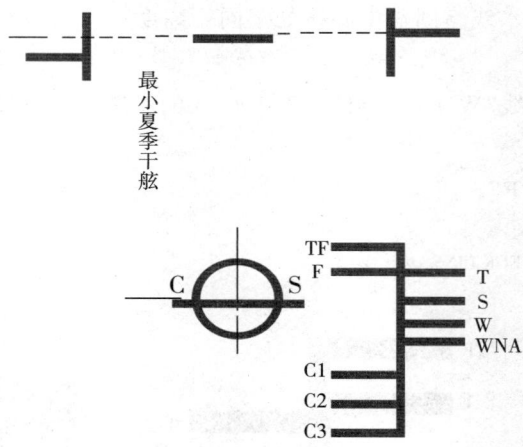

图 1-8 客船载重线

另外,《国际船舶载重线公约》还规定有全季节载重线标志和客船分舱载重线标志。

4. 船名和船籍港标志

船舶应在船首两侧明显位置标绘船名。字体的高度根据字的多少及船舶大小确定,如为中文船名,还应在中文船名下标注汉语拼音。

船舶应在船尾明显位置处标绘船名和船籍港(图 1-9)。

(1)烟囱标志

烟囱标志是用来表示船舶所属公司的标志(图 1-10)。烟囱标志应便于互相识别。已经登记的烟囱标志属于登记申请人专用,其他船舶或公司不得使用。

图 1-9　船名、船籍港标志

图 1-10　烟囱标志

（2）球鼻首标志

船舶若有球鼻首，应在船首两侧的满载水线上方船壳绘制球鼻首标志。

（3）侧推器标志

船舶若有侧推器，应在球鼻首标志后面绘制侧推器标志（图 1-11）。

（4）分舱标志

部分船舶在货舱舱壁两侧舷外船壳上绘制有分舱标志，用以表示各货舱位置。

（5）顶推位置标志

部分船舶绘有顶推位置标志，如图 1-12 所示。此标志表示拖船可以在此顶推。

图 1-11　侧推器标志

图 1-12　顶推位置标志

（6）暗车标志

部分船舶，主要是双车船，在船尾两侧的推进器上方绘制有车叶状的标志，并添加简单的中文或英文警句，以引起对水下螺旋桨的注意。

（7）IMO 识别号

船舶 IMO 识别号需永久绘制于船体，IMO 识别号应清晰可见并且与船体其他标记分开，并涂成有对比性的颜色。

第二节　船舶尺度与船舶吨位的识别

一、船舶尺度

　　船舶尺度(图 1-13)主要是指表示船体外形大小的尺度,即船的长、宽、深和吃水等。它是根据各种规范和使用中的不同要求而定义的。其按照不同的用途,可分为三种:船型尺度、登记尺度和船舶最大尺度。

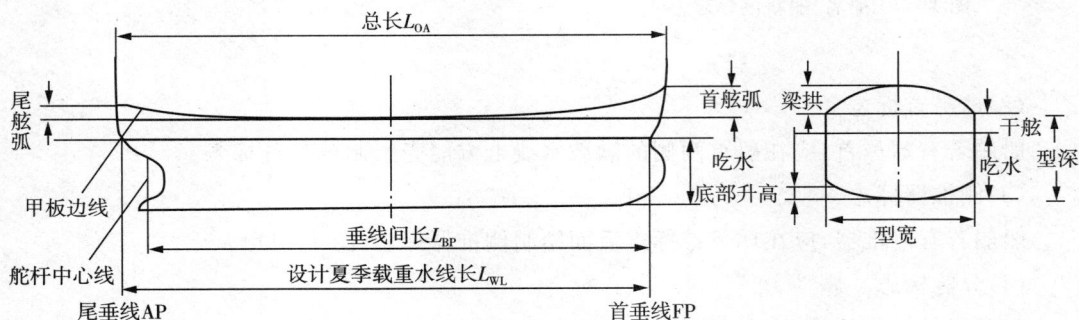

图 1-13　船舶尺度

1. 船型尺度

　　它主要是从船体型表面上量取的尺度,在船舶的许多性能的理论计算(如计算稳性、吃水差、干舷高度及水对船体的阻力等)中和一些主要的船舶图纸上,均使用和标注这种尺度。它也称为理论尺度和计算尺度,其应用在船舶入级与建造规范中。

　　(1)船长 L_{BP}

　　船长为沿设计夏季载重水线、由船舶首柱前缘量至舵柱后缘的长度;对于无舵柱的船舶,由船舶首柱前缘量至舵杆中心线的长度即船舶首尾垂线间的长度,但均不得小于设计夏季载重水线总长的 96%,且不必大于 97%。

　　(2)型宽 B

　　型宽为在船体的最宽处,由一舷的肋骨外缘量至另一舷的肋骨外缘之间的水平距离。

　　(3)型深 D

　　型深为在船长中点处,由平板龙骨上缘量至干舷甲板横梁上缘的垂直距离;对于甲板转角为圆弧形的船舶,则由平板龙骨上缘量至甲板型线与船舷型线的交点。

　　(4)型吃水 d

　　型吃水为在船长中点处,由平板龙骨上缘量至夏季载重水线的垂直距离。

　　通常用垂线间长、型宽、型深表示船体外形的大小。

2. 登记尺度

　　这种尺度主要是用于登记船舶、丈量与计算船舶吨位的尺度,故称登记尺度。

（1）登记长度 L_R

登记长度指量自龙骨板上缘的最小型深85％处水线长度的96％，或沿该水线从船首柱前缘量至上舵杆中心的长度，取两者中较大者。

（2）登记深度 D

① 登记深度是指在船长 L_R 中点船舷处从平板龙骨上表面量至上甲板下表面的垂直距离。

② 具有圆弧形舷边的船舶，登深是量至甲板型线和船舷外板型线相交之点。

③ 当上甲板为台阶型甲板并且其升高部分延伸超过决定登深的一点时，登深应量至较低部分甲板与升高部分相平行的延伸线。

（3）登记宽度 B

登记宽度是指船长 L_R 中点处的最大宽度。对于金属外板的船舶，其宽度量至两舷的肋骨型线。对于其他材料外板的船舶，其宽度量至船外板的外表面。

（4）国内航行船舶

① 量吨甲板长度（L）

它指量吨甲板型线首尾两端之间的水平长度。如果量吨甲板有台阶，则取其低者，并作延伸线进行量计。

② 船宽（B）

它指船舶中剖面型线的最大宽度。对于金属外板的船舶，应量至两舷外板的内表面；对于非金属的船舶，则量至两舷外板的外表面。

③ 船深（D）

对于金属外板的船舶，船深系指在中剖面处从龙骨板上表面量至量吨甲板在船舷处的下表面的垂直距离；对于非金属的船舶，此垂直距离应包括底板的厚度。

3. 船舶最大尺度

船舶在停靠码头、进坞及过船闸、桥梁、架空电线和狭窄航道、船舶操纵、船舶避碰等时要用到船体最大尺度。

（1）总长 L_{OA}

总长包括两端上层建筑在内的船体型表面最前端与最后端之间的水平距离。

（2）最大船长 L_{max}

最大船长指船舶最前端与最后端之间包括外板和两端永久性固定突出物（如顶推装置等）在内的水平距离。

（3）最大船宽 B_{max}

最大船宽包括外板和永久性固定突出物（如护舷材、水翼等）在内的垂直于中线面的船舶最大水平距离。

（4）最大高度

自平板龙骨下缘垂直量至船舶固定建筑物，包括固定的桅、烟囱等在内的任何构件最高点的垂直距离。净空高度等于最大高度减去吃水。

二、主尺度比

船舶的主尺度只能表达船舶单方向的尺度大小,而不能反映船体的肥瘦程度和相关航海性能,尺度比(proportions)能够反映船舶的肥瘦程度和某些航海性能的好坏。常用的尺度比如下。

L/B——长宽比,与船舶快速性和操纵性有关,该比值大表示船体狭长,阻力较小,快速性好,航向稳定性好,但港内操纵不灵活。通常高速船的长宽比大于低速船的长宽比。

B/d——宽吃水比,与稳性、摇荡性有关。B/d 越大,稳性越好,但阻力也较大。B/d 过大时容易造成过快摇摆,不利于船上人员的生活和工作。一般内河船的宽吃水比大于海船的宽吃水比。

D/d——深吃水比,与船舶大角度横倾时的稳性和抗沉性有关。该比值大,干舷高,储备浮力大,抗沉性好,大倾角稳性好。一般客船的深吃水比较大,而油船的深吃水比较小。

B/D——宽深比,与船体结构强度有关,该值越大,则船体横向强度越差,一般干货船 $B/D \leqslant 2.5$。

L/D——长深比,与船体结构强度有关,该值增大,对纵向强度不利,一般干货船的长深比 $L/D \leqslant 17$。

L/d——长吃水比,该值越大,船舶的操纵回转性能变差。

在船舶静力学中,常用的尺度比有长宽比(L/B)、宽吃水比(B/d)、深吃水比(D/d)。

第三节　熟知船舶种类与特点

一、客船

根据《国际海上人命安全公约》(简称《SOLAS 公约》)的规定,凡载客超过 12 人者均视为客船。这类船舶的一般特点:上层建筑高大,具有较好的抗沉性,且船速较快,并设有减摇装置(舭龙骨、减摇鳍)。

船舶的种类与特点

按载客性质不同,客船有以下几种。

1. 全客船

全客船可分为两类:一类是专用于运送旅客及其所携带的行李和
邮件的船舶,主船体以上甲板层数多,生活设施仅满足旅客的一般旅行需要,多设计成"二舱或三舱不沉制",为定期定线航行,如图 1-14 所示。另一类是用于休闲、旅游的豪华邮船,该类船舶除主船体以上甲板层数多、抗沉性好之外,尚具有设计美观、吨位较大、生活设

施齐全及通信导航设备先进等特点,且一般为非定期定线航行。

2. 客货船

客货船在运送旅客的同时,还载运相当数量的货物,并以载客为主,载货为辅。客货船通常设计为"二舱不沉制",并为定期定线航行,如图1-15所示。

图1-14　全客船

图1-15　客货船

3. 货客船

该种船舶以载货为主,载客为辅。货客船在抗沉性方面一般以"一舱不沉制"为设计最低要求,数量相对较少。

4. 客滚船

客滚船系指具有滚装装货处所或特种处所的客船,如图1-16所示。其结构特点与滚装船类似(详见滚装船部分)。

5. 高速客船

高速客船主要是指在沿海、海峡、江、河、湖泊等处从事旅客运输的船舶。该类船舶具有吨位小、航速快的特点,主要包括以下几类。

(1)水翼船

水翼船(图1-17)是一种装有水翼的船。当高速航行时,船体能被水翼产生的水动升力支承在水面以上,最终实现用空气阻力代替船体所受的水阻力,进而显著提高船速,可达45 kn以上,最快可达70~80 kn。

图1-16　客滚船

图1-17　水翼船

(2)气垫船

气垫船利用一种专用风机或冲翼将空气压缩在船体底部或船体支撑面的下部,产生用以支撑船体使之离开水面或者地面的压缩空气层,航速可达50 kn。

气垫船可分为全垫升气垫船和水面效应船两种。

全垫升气垫船是指借助柔性围裙保持气垫,并借助气垫支承其全部重量的一种气垫船。

水面效应船是指借助浸在水中的永久性硬结构,完全或部分地保持气垫的一种气垫船,如双体气垫船(图 1-18)、侧壁气垫船。

图 1-18 双体气垫船

(3)双体船

双体船指具有两个片体的船舶。有穿浪双体船和双体气垫船。

穿浪双体船具有大的宽长比、小水线面面积,具有优良的耐波性能。在两个片体连接结构的下方近船首中线面处,有一个能减小纵摇的楔形结构,简称穿浪船。

双体气垫船为气垫船的一种。

二、散货船

散货船是指专门装运如散粮、煤炭、糖等密度较小的散装货物的船舶。其特点是货舱均为单层甲板,舱口也较宽大,而且舱口围板高大,如图 1-19 所示。由于该类船舶货舱两舷侧设置有顶边舱(上边舱)和底边舱(下边舱),故货舱横剖面呈棱形,上、下边舱可用作压载舱,起到调

图 1-19 散货船

节船舶吃水和稳性高度的作用,同时上边舱又可起到便于装满货舱、减少平舱工作的作用,而且能防止航行中因横摇过大而危及船舶的稳性,而下边舱的设置却又十分便于卸货,如图 1-20(a)所示。

三、矿砂船

矿砂船是指专运矿砂的散货船,一般为单向运输船。由于矿石比重大,所占舱容小,这样航行中船舶会产生剧烈摇摆。为提高重心高度,双层底设置较高(一般可达型深的1/5),而且货舱两侧的压载舱也比通用型散货船压载舱大得多,如图 1-20(b)所示。另外,矿砂船都是重结构船,为了减轻船体重量,普遍采用高强度钢。

四、集装箱船

集装箱船又称货柜船或货箱船,如图 1-21 所示。其货舱和甲板均能装载集装箱,货舱盖强度大;多为单层甲板结构,货舱开口宽大;为保证船体强度和提高抗扭强度,船体设

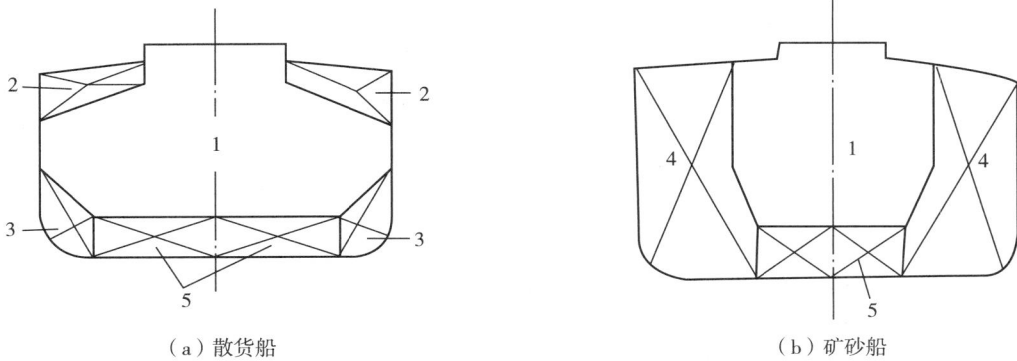

（a）散货船　　　　　　　　　　　（b）矿砂船

1—货舱；2—上边舱；3—下边舱；4—边舱；5—双层底舱。

图 1-20　货舱横剖面结构示意图

计为双层底和双层壳舷侧结构，并在双层舷侧的顶部设置抗扭箱机构；同时为防止货箱移动和固定货箱，货舱内设有箱格导轨系统；其装卸效率高，货损货差小。此外，集装箱船的主机功率较大，航速较高。

五、杂货船

杂货船又称普通货船，主要装运各种成捆、成包、成箱和桶装的件杂货，如图 1-22 所示。

杂货船的特点：多层甲板（通常 2~3 层），舱口尺寸较大以便于装卸，并配有吊杆或起重机。在抗沉性方面一般设计成"一舱不沉制"。

图 1-21　集装箱船

图 1-22　杂货船

六、兼用船

这类船舶一般既可装载油类又可装载散装干货，但不同时装载，而且船型肥大，航速较慢。兼用船主要有两种类型：矿砂/石油两用船和矿砂/散货/石油三用船。

1. 矿砂/石油两用船

矿砂/石油两用船是用于运输矿砂和原油的，简称 O.O 船。这种船的中间货舱比较窄，占整个船舶货舱舱容的 40%~50% 左右。双层底设于中间舱下部且没有矿砂船那样高。运输矿砂时装在中间货舱内；而运输原油时，装在两侧边舱和部分中间舱内，其货舱横剖面结构如图1-23(a)所示。

2. 矿砂/散货/石油三用船

矿砂/散货/石油三用船是用于运输矿砂、较轻的散货和原油的，简称O.B.O船。这种船货舱的形状和散货船的货舱类似，设有上、下边舱，但是它有双层船壳，因此，形成中间货舱和两侧边舱，且中间舱比较宽大，占整个船舶货舱容积的70%～75%。中间舱用来装散货和矿砂，由于舱容较大，为了提高船舶重心，要隔舱装货。装载原油时，是装在部分中间舱和两侧边舱及上边舱的，下边舱为压载水舱。其货舱横剖面结构如图1-23(b)所示。

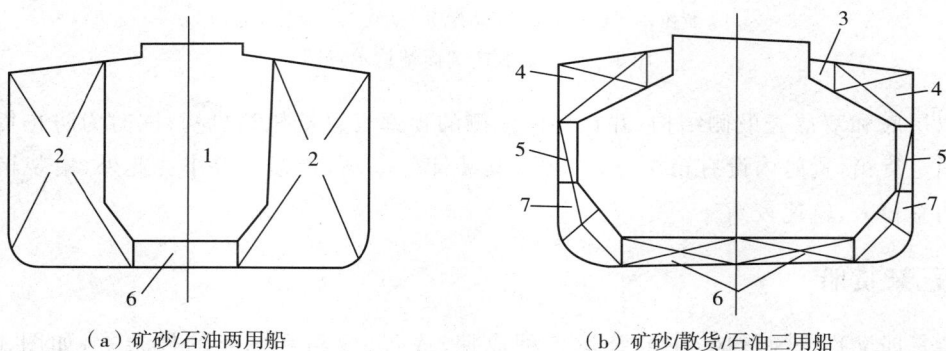

（a）矿砂/石油两用船　　　　　（b）矿砂/散货/石油三用船

1—货舱；2—货油舱；3—通道；4—上边舱；5—边舱；6—双层底；7—下边舱。

图1-23　兼用船货舱横剖面结构示意图

七、滚装船

滚装船是一种采用水平方式(也称"带轮"方式)装卸的船舶。它装运的货物主要是车辆和集装箱。装卸时，在船的尾部、舷侧或首部，将跳板放到码头上，汽车或拖车通过跳板开上开下，实现货物的装卸，故滚装船又称开上开下船或滚上滚下船，如图1-24所示。

图1-24　滚装船

滚装船的主要特点：①结构较特殊，上层建筑高大，上甲板平整，无舷弧和梁拱，露天甲板上无起货设备。②甲板层数多(一般2～4层)，货舱内支柱极少，一般为纵通甲板，主甲板以下设双层船壳,两层船壳之间可作为压载水舱。③为了便于拖车开进开出,货舱区域内不设横舱壁,采用强横梁和强肋骨保证横向强度;在各层甲板上设有升降平台或内跳板供车辆行驶。④滚装船多数在尾部开口,即后门;尾门跳板靠机械或电动液压机械进行开闭,并保证水密;后门跳板分尾直跳板和尾斜跳板,为了保证装卸作业安全,尾直跳板的工作坡度应小于 8°(跳板与水平面的夹角),通常为 4°～5°,船舶横倾小于 4°时,跳板对码头的负荷一般不超过 2～3 t/m²。尾斜跳板可向船的一个舷侧方向偏斜 30°～40°,另外还有尾旋转跳板、舷侧跳板和首门跳板,其结构不同,工况也有差异。⑤装卸作业时,因为跳板与码头的坡度不能太大,所以要求船舶吃水在装卸过程中变化不能太大,因此,必须用压载水来调节吃水、纵横倾和稳性等。⑥滚装船大多数装有首侧推装置,以改善靠离码头的操纵性。⑦滚装船的方形系数较小,航速较快。⑧滚装船为纵通甲板,抗沉性较差,主要适合短途运输。另外,滚装船舱容利用率低,造价高。

八、冷藏船

冷藏船是指运送冷藏鱼、肉、蛋、水果等易腐货物的专用船,如图 1-25 所示。冷藏船的特点是具有良好的隔热设施和制冷设备,其货舱口也比较小,货舱甲板层数较多(一般 3～4 层)。冷藏船吨位一般不大但船速较快。现在又出现了冷藏集装箱,每个冷藏集装箱都有自己的冷冻设备,有的在装船前可

图 1-25 冷藏船

将冷冻装置卸下,装船后利用船上的冷冻装置向冷藏集装箱送冷风。因为冷藏集装箱运输方便,所以部分地代替了冷藏船的运输。

九、木材船

木材船是指专运各种木材的船舶。木材船的特点:①为便于装卸和堆放,货舱要求长而大,舱内无支柱;②为防止甲板木材滚落舷外,规定两舷设支柱且干舷较低,舷墙较高;③为不影响货物堆放和人员操作,起货机均安装在桅楼平台上;④甲板强度要求高。

十、多用途船

多用途船是指具有既可单独用于载运普通件杂货、木材、重大件货、袋装货或散装货,又可用于载运集装箱或其他干货的能力或同时载运多种货的船舶,如集装箱/杂货船、杂货/袋装货/散装货船、杂货/特种重大件货/集装箱船及木材/散货船等。

该类船舶货舱均经特别设计,能满足载运多种货物的需求。货舱口一般较宽大,有的船舶设有二层甲板结构,具有起重设备(以起重机为主)。

十一、液货船

液货船系指建造成或改建成适合于运输散装液体货物的货船,主要有油船、液体化学品船和液体化学品/油兼运船等。

1. 油船

油船系指专门从事海上石油运输的船舶,有原油油船、成品油油船及原油/成品油兼运船等几种。原油油船如图1-26所示。

油船的主要特点如下。

(1)石油是液体货物且通常装载量较大,因此油船可以采用纵骨架式船体结构以减轻船体重量和保证纵向强度。

(2)甲板上无起货设备和大舱口,仅有圆形或椭圆形小舱口,并用油泵、管路及各种控制阀配合完成装卸油作业。

(3)油船的船长宽度比L/B较小,而船宽吃水比B/d和方形系数较大,因此,油船的船型较肥,干舷较小。

图1-26 原油油船

(4)油船都是尾机型船,机舱、锅炉舱布置在船尾部,使货油舱连接成一个整体,增加货舱容积,对于防火、防爆、油密等亦有利。

(5)为了减小自由液面对稳性的影响及提高船舶的总纵强度,油船必须设置纵向舱壁。对于船长大于90 m的油船,要求在货油舱区域内设置两道纵向连续的纵舱壁。为保证足够的横向强度及适应装载不同品种的油类,还应设置多道横舱壁和大型肋骨框架。

(6)在货油舱区域的前后两端设隔离空舱,与机炉舱、居住舱室等隔开,以防止油类的渗漏和防火、防爆;也有用泵舱、压载舱及污油水舱兼作隔离空舱的。

(7)油船以往都是单甲板、单底结构的。因为货舱破损后,货油浮在水面上,舱内不至于大量进水,所以油船除了在机舱区域内设置双层底以外,货油舱区域一般不设置双层底。但是,油船发生海损事故会造成严重污染。近年来要求中型以上油船设置双层底或双层船壳。

(8)设有专用压载舱或清洁压载舱(压载系统未独立),并设有污油水舱。油船都是单向运输的,且船型肥大,为了保证空载时必要的吃水和稳性,需要装载大量的压载水。过去采用货油舱装压载水,当排放压载水时含有油分造成海洋污染。设专用压载舱的优点:

① 防止对海洋造成污染;

② 减轻货油舱装压载水时对舱内结构的锈蚀;

③ 提高了结构强度和抗沉性;

④ 可在装卸油的同时排除或灌入压载水,缩短了停港的时间。

但是,设有专用压载舱会使油船的有效载货容积减小,船体重量及造价均有所增加。

2. 液体化学品船

液体化学品多为有毒、易燃、腐蚀性强的液体货物，且品种繁多。因此，液体化学品船货舱的设计与油船相比表现为多而小，舱壁多采用耐腐蚀的不锈钢制成。为了防止船体破损造成化学液体外溢而发生污染，这种船一般均设计成双层底与双层壳结构。配载时，应将有毒货物装于中间货舱内。舱内除槽型舱壁有曲折外，其他均表现为光滑内表面，骨架均设置在双层底与双层壳内及甲板上表面。该类液货船的装卸是利用单独设置在每个液舱的舱底泵来完成的，如图1-27所示。

3. 液体化学品/油兼运船

液体化学品/油兼运船可单独载运液体化学品，也可同时载运液体化学品和成品油。其货舱设计、所用材料与装卸方式均与液体化学品船类似。

十二、液化气船

按所载运液化气种类的不同，液化气船可分为液化天然气船、液化石油气船和乙烯运输船三种。

1. 液化天然气船

液化天然气的主要成分是甲烷，为便于运输，通常采用在常压下极低温度（−165 ℃）冷冻的方法使其液化。它所采取的材料、结构和绝热装置要求很高。货舱的常见形状有球形（图1-28）和矩形两种，但也有将液舱设计成棱柱形或圆筒形的。

图1-27 液体化学品船

图1-28 货舱为球形的液化天然气船

2. 液化石油气船

目前运输液化石油气的方法有三种。第一种是将其加压液化，可在常温下进行装卸，这种船叫全加压式液化石油气船，其货舱常为球形或圆柱形罐。第二种是冷冻液化，叫全冷冻式液化石油气船（图1-29），其货舱可制成矩形，舱容利用率高，但需设置良好的隔热层。第三种是既加压又冷冻液化，叫半加压半冷冻式液化石油气船。

图1-29 液化石油气船

3. 乙烯运输船

目前运输乙烯的通常做法是将其加压液化,可在常温下进行装卸,其货舱结构形式有球形、圆柱形和矩形几种。

十三、其他船舶

1. 工程船

工程船指从事港口、航道、海洋、水利工程的船舶,主要有挖泥船(图1-30)、起重船(图1-31)、海洋调查船、敷缆船、航标船等。

图1-30 挖泥船

图1-31 起重船

2. 工作船

工作船系指为航行船舶提供服务性或专业性工作的专用船舶,主要有拖船、供应船、海难救助船、消防船、科学考察船等。还有多用途船,如三用工作船(协助抛锚、拖带及供应三用,如图1-32所示)。另外还有一种较为特殊的破冰船,其船首呈前倾状并予以特别加强,首尾的左右两舷均设置有大的压载舱。破冰时使船首先冲上冰层,再将尾部压载水打到首压载舱,靠重力或船身左右晃动将冰压碎,如图1-33所示。

图1-32 三用工作船

图1-33 破冰船

第四节 船体结构基本组成形式的辨识

为使船舶能在恶劣天气条件下承受各种外力对船体的冲击和作用,实现安全营运,船舶必须按《钢质海船入级规范》(简称《规范》)的技术要求进行建造,并需经由主管机关授权的中国船级社或指定的验船师按《钢质海船入级规范》检验合格后方可投入营运。作为船舶驾驶人员,亦应掌握船体结构的基础知识,这在船舶操纵、配载和维修保养工作中都是必不可少的。

一、概述

1. 概念

(1)主要构件:船体的主要支撑构件称为主要构件,如强肋骨、舷侧纵桁、强横梁、甲板纵桁、实肋板、船底桁材、舱壁桁材等。

(2)次要构件:一般指板的扶强构件,如肋骨、纵骨、横梁、舱壁扶强材、组合肋板的骨材等。

船体结构

2. 船体结构的设计与建造要求

无论是航行、停泊还是在坞内,船舶都不可避免地受到很多外力的作用,这些外力都将使船舶产生一些变形,船体结构必须具有能抵抗这种变形的能力,才能保证船舶的强度,保证船舶安全。因此,对不同种类航区的船舶在船体结构的设计和建造方面也有所不同,但都应做到:

(1)具有足够的强度、刚度和稳定性,保持可靠的水密性,并能满足营运上的要求。

(2)构件本身应具有良好的连续性,避免产生应力集中,同时能保证安装在其上的机械设备具有良好的工作性能。

(3)应有合理的施工工艺,以提高劳动生产率,减轻劳动强度,缩短船台建造周期。

(4)充分考虑整个船体的美观和今后维修保养的方便性。

二、船体结构形式

船体结构由保持水密的外板、甲板板和支持它们的骨架构成。船体骨架又由纵横交错的型材(或称构件)组成。根据船体骨架中型材排列的方式,可以将船体骨架形式分为横骨架式、纵骨架式和纵横混合骨架式三种。

1. 横骨架式船体结构

横骨架式船体结构是指在主船体中的横向构件排列密、尺寸小,而纵向构件排列间距大、尺寸也大的船体结构,如图1-34所示。

这种船体结构是在造船中应用最早的一种结构形式。其特点如下。

(1)横向强度和局部强度好。

(2)结构简单,容易建造。

(3)舱容利用率高。横向构件数目多,不需要很大尺寸,因而占据舱内空间较小,且装卸方便。

(4)空船重量大。船体总纵强度主要靠纵向构件、船壳板和甲板板来保证。由于纵向构件数目少,必须增加船壳板的厚度来补偿,结果增加了船体重量。

对总纵强度要求不很高的中小型船舶和内河船舶常采用横骨架式船体结构。

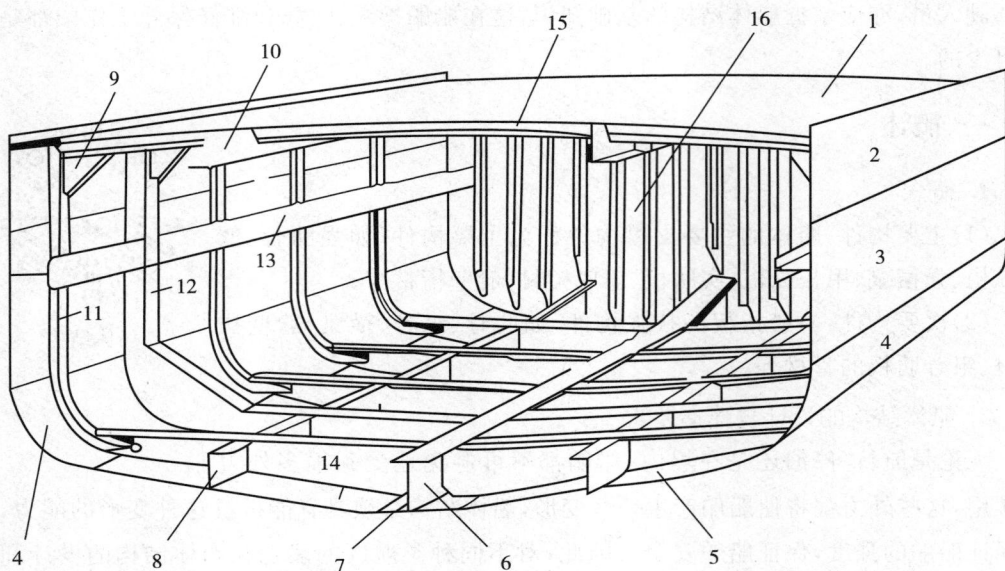

1—甲板板；2—舷顶列板；3—舷侧板；4—舭列板；5—船底板；6—中内龙骨；7—平板龙骨；8—旁内龙骨；
9—梁肘板；10—甲板纵；11—肋骨；12—强肋骨；13—舷侧纵桁；14—肋板；15—横梁；16—横舱壁板。

图 1-34　横骨架式结构

2. 纵骨架式船体结构

纵骨架式船体结构是指在主船体中纵向构件排列密尺寸小，而横向构件排列间距大、尺寸也大的船体结构，如图 1-35 所示。

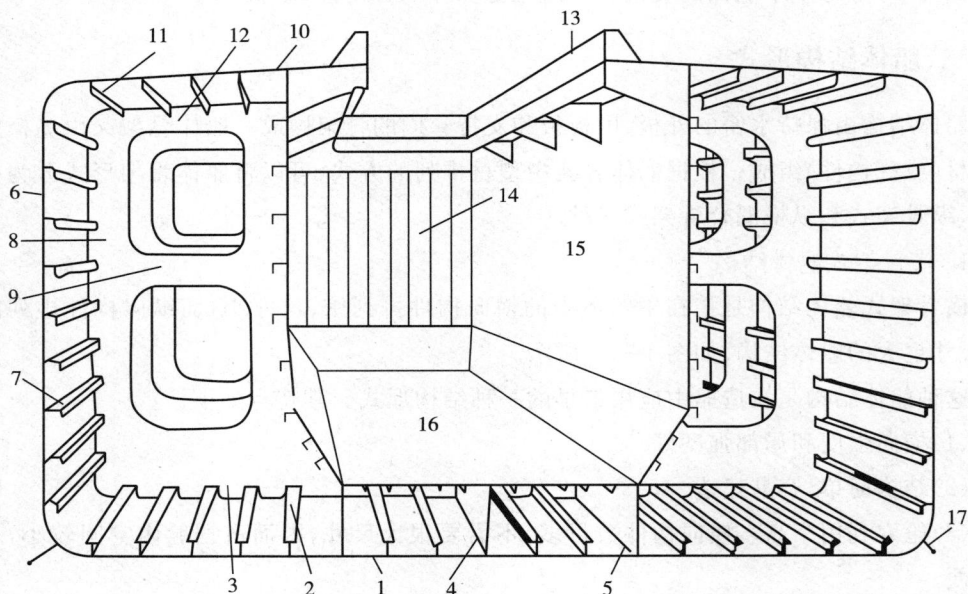

1—船底板；2—船底纵骨；3—肋板；4—中材；5—旁桁材；6—舷顶列板；7—舷侧纵骨；8—强肋骨；
9—撑材；10—甲板；11—甲板纵骨；12—强横梁；13—舱口围板；14—横舱壁；15—纵舱壁；16—内底板；17—舭龙骨。

图 1-35　纵骨架式结构

这种结构的特点如下。

(1)船体总纵强度大。

(2)结构复杂。小尺寸的纵向构件数目多,焊接工作量大。

(3)舱容利用率低。船体结构的横向强度主要靠少数横向构件来保证,因而尺寸很大,占据舱容较多,且装卸不方便。

(4)空船重量小。因为船壳板和甲板板可以做得薄些,所以结构重量减轻。

这种形式的船体结构通常在大型油船和矿砂船上采用,如图1-36所示。

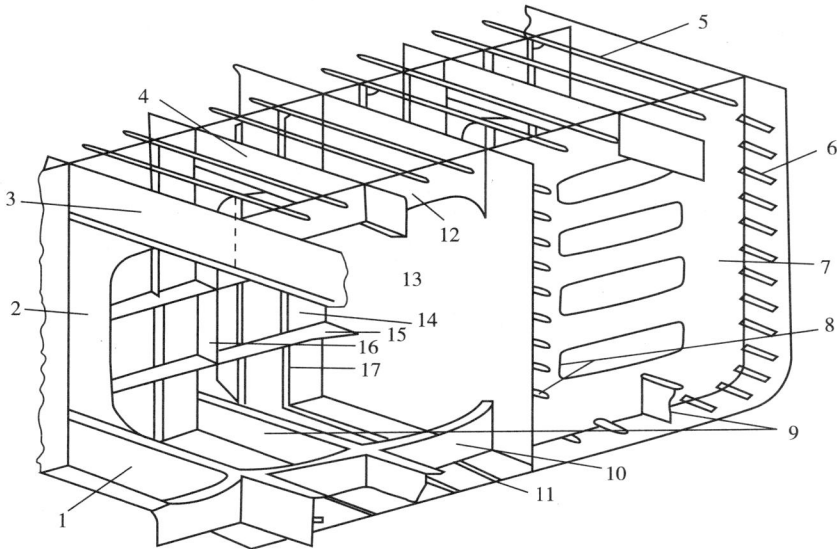

1—中内龙骨;2—中线上纵舱壁;3—中线上甲板纵桁;4—甲板纵桁;5—甲板纵骨;

6—舷侧纵骨;7—强肋骨;8—舱壁纵骨;9—旁内龙骨;10—肋板;11—船底纵骨;

12—强横梁;13—纵舱壁;14—横舱壁;15—水平桁;16—竖桁;17—垂直扶强材。

图1-36 油船的纵骨架式船体结构

3.纵横混合骨架式船体结构

船中部受总纵弯矩较大的强力甲板和船底采用纵骨架式结构,而舷侧和下甲板及受波浪冲击较大的首尾部采用横骨架式结构,纵横混合骨架式船体结构如图1-37所示。从船体各部位受力特点来看,这种结构形式是合理的。它具有以下特点。

(1)既满足总纵强度的要求,又有较好的横向强度。

(2)结构较为简单,建造也较容易。

(3)舱容利用率较高。因为舱内突出的大型构件少,所以不妨碍舱容及货物的装卸。

(4)在纵横构件交界处结构的连续性较差,在连接处容易产生较大的应力集中。

纵横混合骨架式船体结构在大中型干散货船中广泛采用,油船的混合骨架式船体结构如图1-38所示。

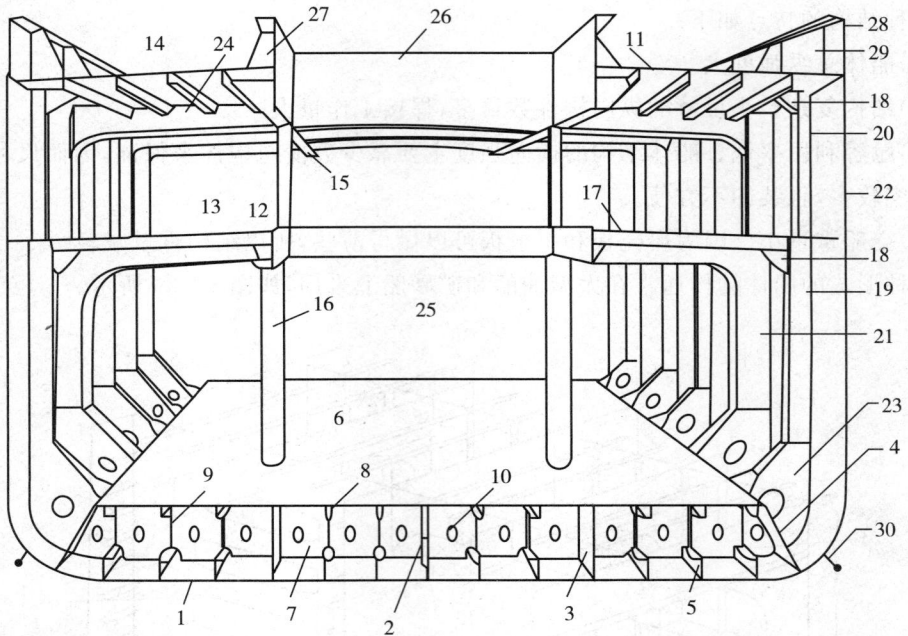

1—船底板；2—中桁材；3—旁桁材；4—内底边板；5—船底纵骨；6—内底板；7—实肋板；8—内底纵骨；
9—加强筋；10—人孔；11—上甲板；12—舱口端梁；13—横梁；14—甲板纵骨；15—甲板纵桁；16—支柱；
17—二层甲板；18—梁肘板；19—船舱肋骨；20—甲板间肋骨；21—强肋骨；22—舷侧列板；23—舭肘板；
24—舱口端横梁；25—横舱壁；26—舱口围板；27—防倾肘板；28—舷墙板；29—舷墙扶强材；30—舭龙骨。

图 1-37 纵横混合骨架式船体结构

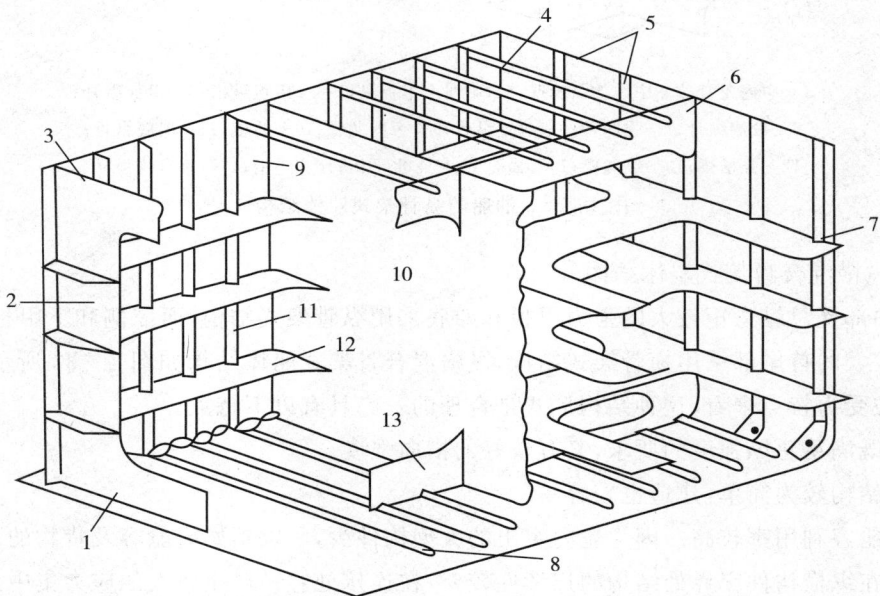

1—中内龙骨；2—中线上纵舱壁；3—中线上甲板纵桁；4—甲板纵骨；5—肋骨；6—横梁；
7—舷侧纵桁；8—船底纵骨；9—横舱壁；10—纵舱壁；11—竖桁；12—水平桁；13—肋板。

图 1-38 油船的混合骨架式船体结构

第五节 外板和甲板板

外板和甲板板是船体结构的最主要组成部分,外板围成船体的外壳,甲板板则封闭船体的上部。

一、外板

外板又叫船壳板,是指构成船体底部、舭部及舷侧外壳的板。外板的作用是保证船体水密,参与船体的总纵强度,并与船底及舷侧骨架一起,承受并传递各种横向载荷,共同保证船体的局部强度和刚性。外板的基本组成单位是列板。

1. 列板的概念和名称

外板由一块块钢板焊接而成,钢板的长边沿船长方向布置,长边与长边相接叫边接,其纵向焊缝叫边接缝;短边与短边相接叫端接,其横向焊缝叫端接缝。钢板逐块端接而成的沿船长方向的连续长条板称为列板(图1-39),若干列板组成船体外板,这样既能减少船长方向焊缝的数目,又可以根据船体上下位置的受力情况来调整列板的厚度。

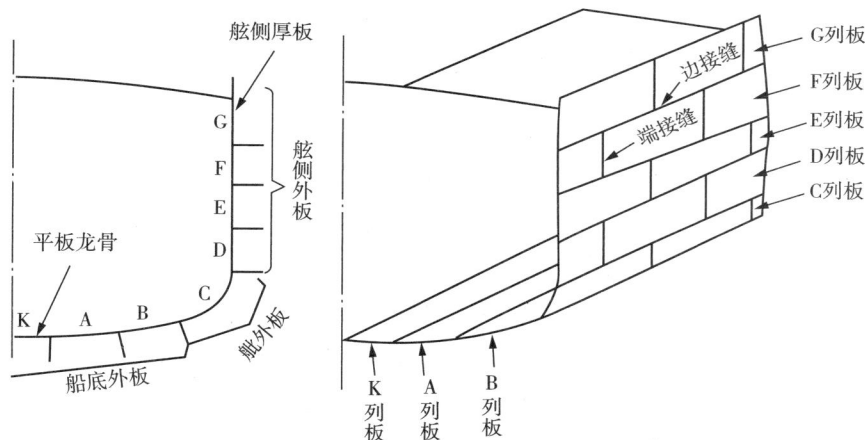

图1-39 列板

位于船体纵中线的一列船底板称为平板龙骨,习惯上称为K列板。由船底过渡到舷侧的转圆部分称为舭部,该处的列板称为舭列板。舭顶列板(与强力甲板连接的一列舷侧外板)、由平板龙骨至舭列板之间的外板称为船底板。舭列板以上的列板称为舷侧列板,其中与上甲板边板连接的这一列板称为舷顶列板。在首尾部,由于船体瘦削,某两列板会合并为一列板,这一列板称为并板。

2. 外板的厚度分布

外板上的各块钢板因其所在位置不同,受力也就不同,为了在保证船体强度的前提下减轻结构重量,外板的厚度在受力大的部位设置厚一些,在受力小的部位可设置薄一些。

（1）沿船长方向的变化

总纵弯矩的最大值通常在船中 0.4L（L 为船长）的区域内，向首、尾两端逐渐减小。因此外板在船中 0.4L 范围内厚度较大，向首、尾两端可逐渐减薄。但考虑到首、尾端局部受到波浪的冲击力、冰区航行时冰块的挤压力、螺旋桨的振动力等，局部强度要求较高，故首、尾部受力较大区域的外板不能太薄。

（2）沿船宽方向的变化

平板龙骨受总纵弯曲应力、坞墩反力和磨损等作用，并在船底最低处易积水腐蚀。规范规定，其厚度不得小于船底板厚度加 2 mm，且均应不小于相邻船底板的厚度，其宽度在整个船长范围内应保持不变，但其宽度不必大于 1800 mm。

舷顶列板与上甲板相连接，又起着舷侧与甲板之间力的传递作用，距总纵弯曲中性轴远，承受总纵弯矩作用较大。规范规定，其宽度不得小于 0.1D，且规定在船中 0.4L 区域内，其板厚在任何情况下不得小于强力甲板边板厚度的 80%，也不得小于相邻舷侧列板的厚度。

其余各个列板，随着水压力减小而逐渐变薄。

二、甲板板

甲板板由许多钢板并合焊接而成，钢板的长边通常沿船长方向布置且平行于甲板中线。这样的布置方式仅要求甲板边板的舷侧边缘须加工成曲线边，其余的板均可保持直线边缝，既省加工，又便于焊接。

当船体受总纵弯曲应力时，受力最大的一层甲板称为强力甲板，如上层连续甲板。与舷顶列板连接的强力甲板边缘的一列甲板板称为甲板边板。

1. 甲板板的布置

甲板边板因须保持一定的宽度，故沿舷边呈折线状。从舱口边至舷边的甲板板，钢板的长边沿船长方向布置，这些板通常是首尾连接的，对船体总纵强度有利。此外，在舱口之间及首、尾端的甲板，由于不参与总纵弯曲且面积狭窄，甲板板列的数目也要相应地减少，也可以将钢板沿横向布置。

2. 甲板板的厚度分布沿船长方向的变化

船中 0.4L 范围内受总纵弯矩作用最大，因此该区域甲板板的厚度最大，强力甲板（包括端部甲板）的最小厚度应不小于 6 mm 且厚度保持不变，向首、尾两端逐渐减薄。在首、尾端，由于局部受力大，故厚度又有所增加。甲板板厚度分布如图 1-40 所示。

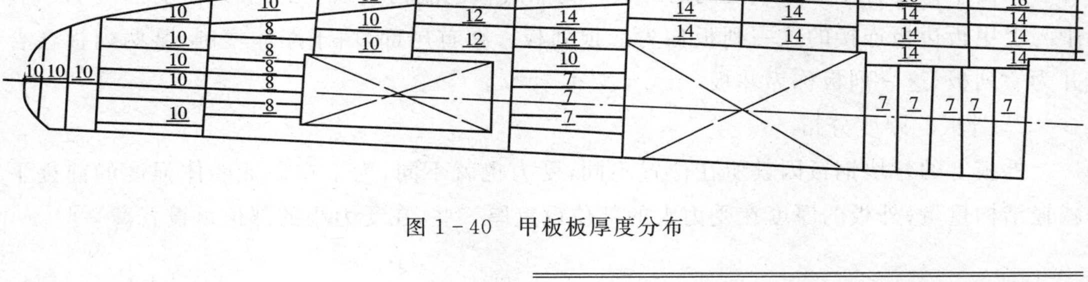

图 1-40 甲板板厚度分布

3. 甲板板厚度分布沿船宽方向的变化

甲板边板首尾连续,参与总纵弯曲,受船体横向变形力的作用,与舷顶列板连接易产生应力集中,并且容易被甲板积水腐蚀,因而厚度最大。在舱口之间的甲板板,由于甲板被舱口切断,不参与总纵弯曲,其厚度较其他甲板板薄。

第六节　船底结构的辨识

船底结构是船体的基础,它参与总纵弯曲,承受水的压力、机器设备和货物的重力,进坞时又承受坐墩反力等。因此,船底结构是保证船体总纵强度、横向强度和船底局部强度的重要结构。船底结构有双层底结构和单层底结构两种类型,按骨架排列方式又可分为横骨架式和纵骨架式两种形式。

一、双层底结构

双层底结构是指由船底板、内底板、内底边板、舭列板及其骨架围成的底部水密空间结构,根据《钢质海船入级规范》的要求,船舶应尽可能地在防撞舱壁和尾尖舱舱壁之间设置双层底。它的作用:增加船体的总纵强度和船底的局部强度;可作为燃油舱、滑油舱和淡水舱;它提高了船舶的抗沉性,一旦船底外板破损,内底板仍能阻止海水进入舱内;对液货船,它还提高了船体抗泄漏能力;作为压载水舱,能调节船舶的吃水、纵倾和横倾,改善船舶的航行性能;它还能承受舱内货物和机械设备的负载。纵骨架式、横骨架式双层底结构中的主要构件如图 1-41 和图 1-42 所示。

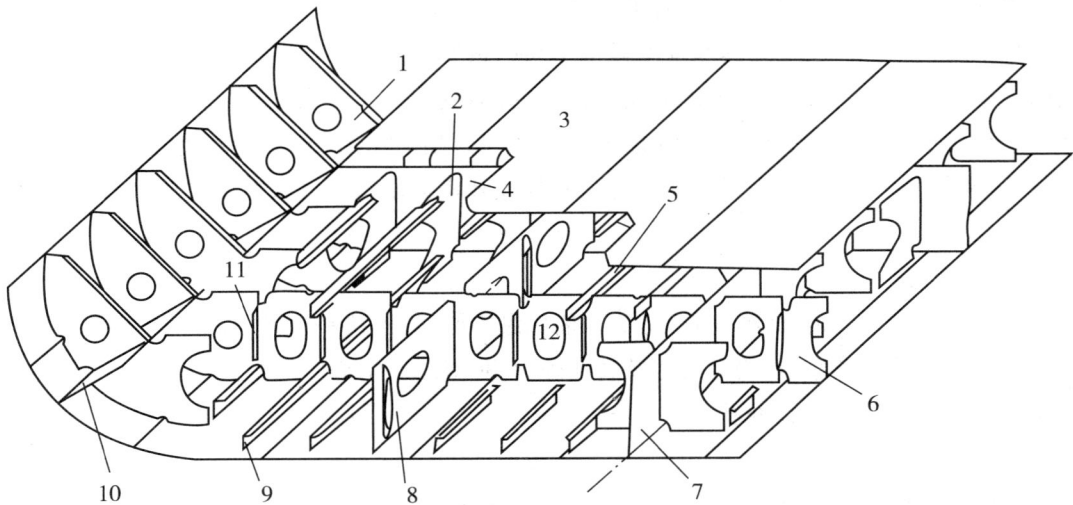

1—舭肘板;2—肘板;3—内底板;4—水密肋板;5—内底纵骨;6—实肋板;7—中桁材;
8—旁桁材;9—船底纵骨;10—内底边板;11—加强筋;12—人孔。

图 1-41　纵骨架式双层底结构

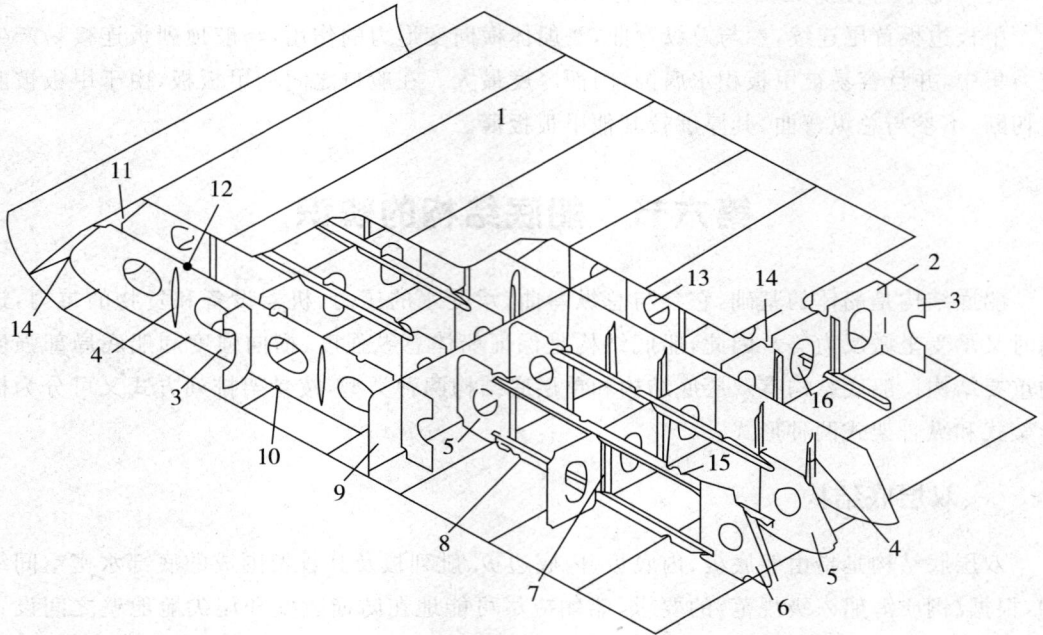

1—内底板；2—旁桁材；3—实肋板；4—加强筋；5—舭肘板；6—组合肋板；7—扶强材；8—船底横骨；
9—中桁材；10—流水孔；11—内底边板；12—透气孔；13—减轻孔；14—切口；15—内底横骨；16—人孔。

图1-42 横骨架式双层底结构

1. 船底板

船底板是指平板龙骨至舭列板之间的外板。由于船底板各部受力不同，因此其板厚也有所不同，其中平板龙骨最厚。平板龙骨位于受力最大的船底纵中线上，并在船底最低处易于积水腐蚀。《规范》规定其厚度不得小于船底板厚度加 2 mm，且均应不小于相邻船底板的厚度，其宽度在整个船长范围内应保持不变，但其宽度不必大于 1800 mm。由于船中部受总纵弯矩大，因此《规范》规定在船中部 0.4L 区域内的船底板厚度不得小于端部船底板厚度，并使船中部 0.4L 区域以外的船底板厚度逐渐向端部船底板厚度过渡。

2. 纵向构件

(1)中桁材

中桁材又称中底桁，俗称龙骨，是位于船底纵中心线、连接平板龙骨和内底板的纵向连续构件。它承受总纵弯矩、坞墩反力及其他外力，是双层底结构中的重要构件，《规范》规定在船中 0.75L 范围内不许开孔。

(2)旁桁材

旁桁材又称旁底桁或旁龙骨，是位于中桁材两侧对称布置的纵向构件，与船底板和内底板相连，上面可以开减轻孔、气孔和流水孔，一般间断分布于实肋板之间。

(3)箱形中桁材

箱形中桁材又称箱形龙骨，是指位于船底中心线两侧对称布置的纵桁，与内、外底板组成水密空心结构,如图1-43所示。它一般设置于机舱舱壁到防撞舱壁之间,用于集中布置舱底各种管路,故又称管隧,其宽度不超过2 m。箱形中桁材设有水密人孔和通向露天甲板的应急出口,其出口的关闭装置能两面操纵,围壁结构与水密舱壁要求相同。

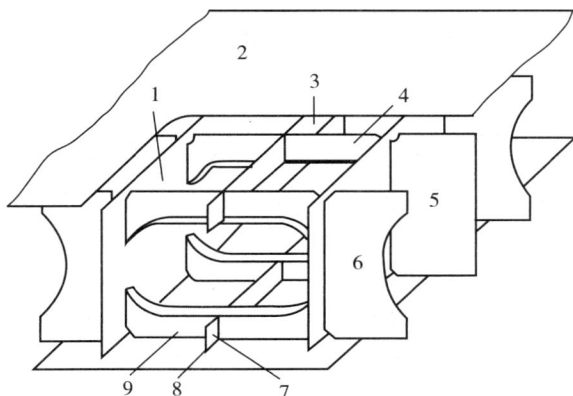

1—水密纵桁;2—内底板;3—内底纵骨;4—内底横骨;5—实肋板;

6—舭肘板;7—船底纵骨;8—船底中心线;9—船底横骨。

图1-43　箱形中桁材结构

(4)纵骨

纵骨是指在纵骨架式结构中设置的纵向构件,一般由尺寸较小的不等边角钢或小尺寸的T型钢做成。其中位于船底板上的纵骨叫船底纵骨,其最大间距应不大于1 m,位于内底板上的叫内底纵骨,其剖面模数为船底纵骨的85%。它们是保证船体总纵强度的重要构件。

3. 横向构件

(1)水密肋板

水密肋板是双层底结构中能保持水密的横向构件。它将双层底舱沿船长方向分隔成若干互不相通的舱室,一般在水密横舱壁下均设有水密肋板。因其可能会受单面液体压力,所以其厚度比实肋板有所增加,如图1-44所示。

(2)实肋板

实肋板又称主肋板,是非水密横向构

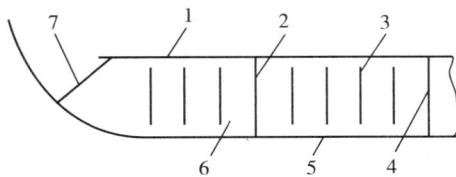

1—内底板;2—旁桁材;3—加强筋;4—中桁材;

5—船底板;6—水密肋板;7—内底边板。

图1-44　水密肋板结构

件,上面可以开减轻孔、气孔和流水孔。有些减轻孔专门设计成便于人员通过的人孔,除轻型肋板外,人孔的高度应不大于该处双层底高度的50%,且其位置在船长方向上应尽量按直线排列,以便人员出入。在需要对船底加强的部位,如机舱、锅炉座下、推力轴承座下等,每一个肋位均应设实肋板,其他部位也应按《规范》规定,每隔几个肋位设一道实肋板。实肋板结构如图 1-45 所示。

（3）组合肋板

组合肋板是在两道实肋板之间的若干个肋位上设置的横向构件，由一些水平的和竖向的简易构件组成，又叫框架肋板，如图 1-46 所示。它多见于横骨架式双层底结构中，在不设置实肋板的肋位上设置该肋板，目前已较少采用。

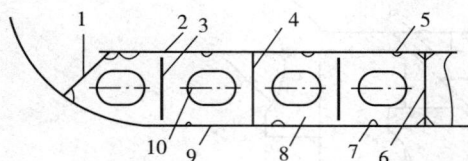

1—内底边板；2—内底板；3—加强筋；
4—旁桁材；5—气孔；6—中桁材；7—流水孔；
8—实肋板；9—船底板；10—减轻孔（人孔）。

图 1-45 实肋板结构

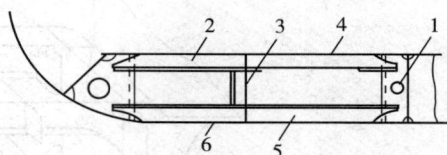

1—肘板；2—内底横骨；3—旁桁材；
4—内底板；5—船底横骨；6—船底板。

图 1-46 组合肋板结构

（4）轻型肋板

横骨架式双层底在不设置实肋板的肋位上，可设置轻型肋板代替组合肋板。轻型肋板结构如图 1-47 所示，其厚度与实肋板相同，但允许有较大的减轻孔。与组合肋板相比，轻型肋板施工方便。

（5）舭肘板

舭肘板是连接肋板与肋骨使其组成横向框架的一块板材，俗称污水沟三

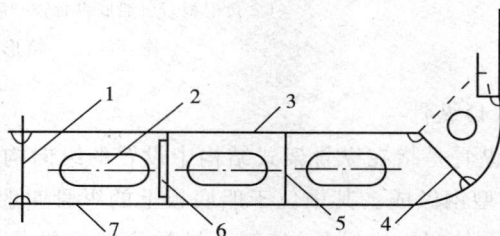

1—中桁材；2—减轻孔；3—内底板；4—内底边板；
5—旁桁材；6—加强筋；7—船底板。

图 1-47 轻型肋板结构

角板，应在每个肋位上设置。舭肘板的宽度和高度相同，且其厚度与实肋板相同。其上有面板或折边以增强其刚度，板上开有圆形的减轻孔和污水孔，但孔缘任何地方的板宽均不小于舭肘板宽度的 1/3，它可保证舭部的局部强度和船体的横向强度。

4. 内底板与内底边板

内底板是双层底上面的水密铺板。钢板的长边沿船长方向布置。在每一双层底舱的内底板上，设有呈对角线布置的人孔，以便人员进去检修。人孔上设有水密盖，封盖时应对角来回逐渐扭紧螺母。

位于内底板边缘、与舭列板相连的一列板称为内底边板。其受力较复杂，且内底边板处易积水、腐蚀，故比内底板厚些。它有下倾式、上倾式、水平式和折曲式四种形式，如图 1-48 所示。

普通干货船多采用下倾式，内底边板与舭列板组成污水沟。水平式内底边板施工方便，舱内平坦，强度较好，一般在接近船首、尾端或在客船、集装箱船、油船的油舱区域采用

水平式。散货船与矿砂船较多采用上倾式,以利于装卸作业。折曲式强度好,并且因能与舭部外板形成一个有效的双层底空间,故相比可提高船舶的抗沉性,主要用于经常航行于复杂水域的船舶。

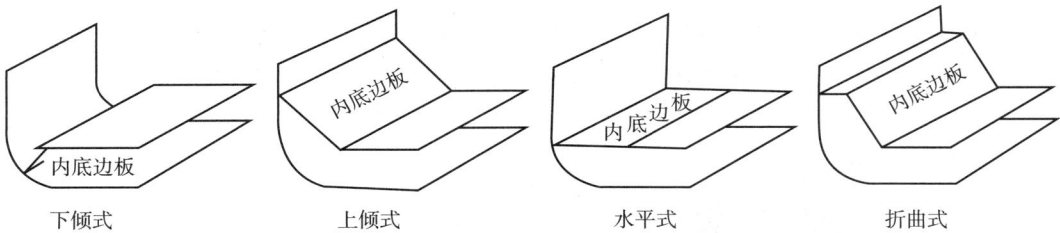

图 1-48　内底边板的结构形式

二、单层底结构

单层底结构主要用于小型船舶、老式油船及内河船。其特点是结构简单、建造方便,但抗沉性和防泄漏能力差。其主要构件有中内龙骨、旁内龙骨、船底纵骨、肋板和舭肘板等。

第七节　舷侧结构的辨识

舷侧结构是指连接船底和甲板的侧壁部分,主要承受水的压力、波浪及冰块的冲击力、甲板负荷和设备的重力、其他总纵弯曲应力和剪切应力等外力的作用,是保证船舶横向强度、纵向强度,保证船体几何形状和侧壁水密的重要结构。舷侧结构中的主要构件如下。

一、舷侧外板

舷侧外板是指舭列板以上的船体外板(包括舷侧列板和舷顶列板),与甲板边板连接的舷侧外板称为舷顶列板。舷侧列板在船中部较厚,向两端渐薄,靠近舭列板附近的要比上面的厚一些,同时在靠近首尾局部受力大的部位和尾轴附近的包板等也要加厚,对航行于冰区的船舶应根据规范的规定对它进行加厚。舷顶列板是受总纵弯矩最大的一列板,在船中 $0.4L$ 区域内,不得小于相邻舷侧列板的厚度。

二、横向构件

舷侧结构中的横向构件统称为肋骨,是从肋板、舭肘板向上延伸的横向构件,并与梁肘板和横梁组成船体的横向框架。按其所在位置可分为主肋骨、甲板间肋骨、尖舱肋骨和中间肋骨,按肋骨受力不同可分为普通肋骨和强肋骨两种。图 1-49 所示为横骨架式舷侧结构。

1. 主肋骨

主肋骨是位于防撞舱壁与船尾尖舱舱壁之间、在最下层甲板以下船舱内的肋骨,由不等边角钢做成。主肋骨与甲板间肋骨如图 1-50 所示。

2. 甲板间肋骨

甲板间肋骨是位于两层甲板之间的肋骨,又称间舱肋骨,由不等边角钢做成。由于跨距和受力较小,因此尺寸也比主肋骨小,如图 1-50 所示。

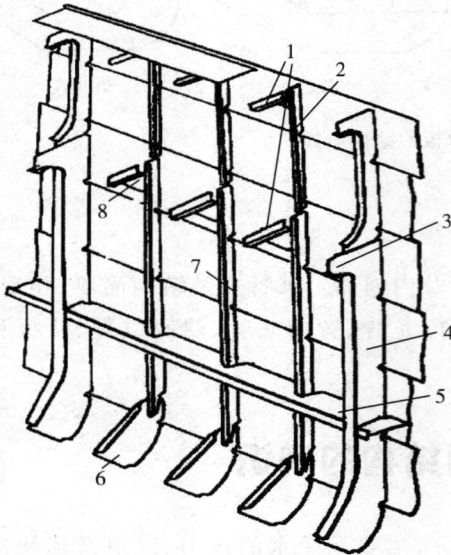

1—甲板横梁;2—甲板间肋骨;3—强横梁;
4—强肋骨;5—舷侧纵桁;6—舭肘板;
7—主肋骨;8—梁肘板。

图 1-49 横骨架式舷侧结构

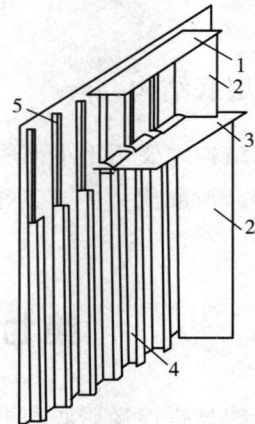

1—上甲板;2—横舱壁;3—下甲板;
4—主肋骨;5—甲板间肋骨。

图 1-50 主肋骨与甲板间肋骨

3. 中间肋骨

中间肋骨是在冰区航行的船舶上位于水线附近两肋骨中间设置的短肋骨,如图 1-51 所示。

4. 强肋骨

强肋骨又称宽板肋骨,由尺寸较大的 T 型组合材或折边钢板做成。在横骨架式舷侧结构中,每隔几个肋位设一强肋骨。其作用是局部加强,如机炉舱、舱口端梁处等,如图 1-52 所示。在纵骨架式舷侧结构中,强肋骨是唯一的横向构件。其作用是支持舷侧纵骨,保证横向强度。

为了便于在修造船中指示肋骨的位置及在海损事故报告中注明船体受损部位,必须对肋骨进行编号。肋骨编号以尾垂线为基准,主要有两种:一种较普遍采用的编号方法,即以舵杆中心线处的肋骨为 0 号(无论有无舵柱),向首排列取正号,向尾排列取负号;另一种是少数有舵柱的船舶以舵柱后缘为 0 号,向首排列取正号,向尾排列取负号。按《规范》规定,肋骨的间距应不大于 1.0 m。

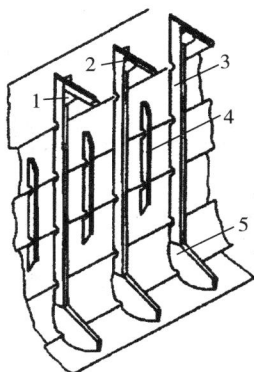

1—梁肘板;2—横梁;3—主肋骨;
4—中间肋骨;5—舷肘板。

图 1-51　冰区加强的中间肋骨

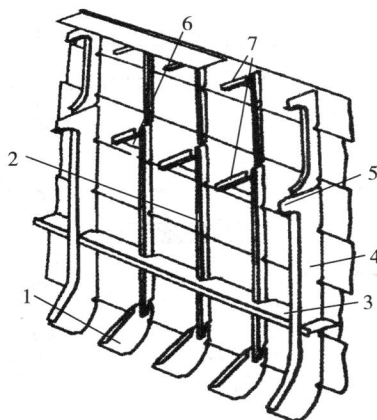

1—舷肘板;2—主肋骨;3—舷侧纵桁;
4—强肋骨;5—强横梁;6—梁肘板;7—横梁。

图 1-52　强肋骨与舷侧纵桁

三、纵向构件

1. 舷侧纵桁

舷侧纵桁是在横骨架式舷侧结构中设置的纵向构件,通常由 T 型组合材做成,其腹板与强肋骨腹板高度相同,主要用来支承主肋骨。

2. 舷侧纵骨

舷侧纵骨是在纵骨架式舷侧结构中采用的纵向构件,由尺寸较小的不等边角钢或球扁钢等做成。其主要作用是保证总纵强度和支撑外板。舷侧纵骨穿过强肋骨,其间距不大于 1.0 m。

四、舷边

舷边是指甲板边板与舷顶列板的连接部位。因为它位于拐角处,所以内应力很大。常见的舷边连接方法有三种,如图 1-53 所示。

1. 舷边角钢铆接法

这是一种老式的舷边连接形式,如图 1-53(a) 和图 1-53(b) 所示,它将等边角钢,即舷边角钢的两边分别与舷顶列板和甲板边板铆接。这种方法利用了铆接能重新分布应力和止裂的特点,但其工艺复杂、工作量大,不适合现代工艺的要求。

2. 圆弧连接法

这种方法是通过圆弧舷板使舷顶列板和甲板连成一个整体,其特点是应力分布均匀,结构刚性较大,但甲板有效面积减小,甲板排水易弄脏舷侧板。目前多见于大型船舶的船中部位,如图 1-53(c)所示。

3. 舷边直角焊接法

这种方法是把舷顶列板和甲板直接焊接起来,特点是建造方便,但易造成应力集中而产生裂缝,目前多用于中小型船舶和一些有加强措施的船舶,如集装箱船(双层舷侧)、散货船(顶边水舱)等,如图 1-53(d)和图 1-53(e)所示。

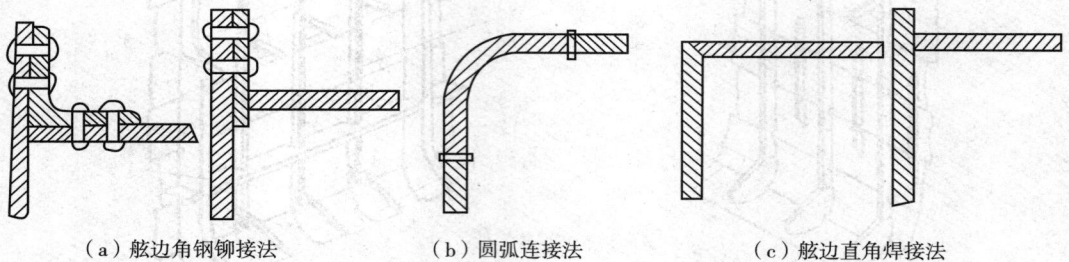

（a）舷边角钢铆接法　　　（b）圆弧连接法　　　（c）舷边直角焊接法

图 1-53　舷边的连接方法

五、舷墙与栏杆

船舶在露天干舷甲板以及上层建筑和甲板室的露天部分均设置舷墙或栏杆。按规定,露天干舷甲板以及上层建筑和第一层甲板室甲板的舷墙或栏杆的高度除经特别同意可适当降低高度外,其高度应不小于 1.0 m。但对甲板上设计成装运木材的船舶,其舷墙高度至少应为 1.0 m。

1. 舷墙

舷墙的结构如图 1-54 所示。其主要作用是保障人员安全,减少甲板上浪,防止甲板上的物品滚落海中,舷墙主要由舷墙板、支撑肘板和扶手等组成。在船中部,舷墙板不和舷顶列板相焊接,而是由支撑肘板支撑在甲板边板上,其下端与舷顶列板上端间留有一定空隙以利排水,上端由扁钢或型钢做成扶手。舷墙不参与总纵弯曲。

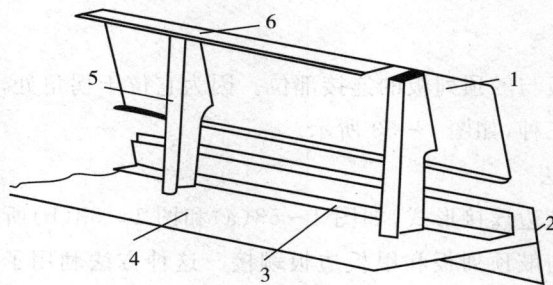

1—舷墙板;2—舷顶列板;3—舷边角钢;4—甲板边板;5—支撑肘板;6—扶手。

图 1-54　舷墙结构

2. 栏杆

栏杆的作用主要是保障人员安全,防止甲板上的物品滚落入海。栏杆的最低一根横杆距甲板不应超过 230 mm,其他横杆的间距应不超过 380 mm。

油船的干舷低,上甲板易上浪,因此,采用栏杆代替舷墙。

第八节 甲板结构的辨识

甲板结构受总纵弯曲的拉、压作用,受货物、设备重力和波浪冲击力等外力作用,是保证船体总纵强度、横向强度,保持船体几何形状和船体上部水密的重要结构。

甲板结构按结构形式的不同,可分为横骨架式(图 1-55)和纵骨架式(图 1-56)两种。其主要构件有:甲板、横向构件、纵向构件、舱口围板、支柱等。

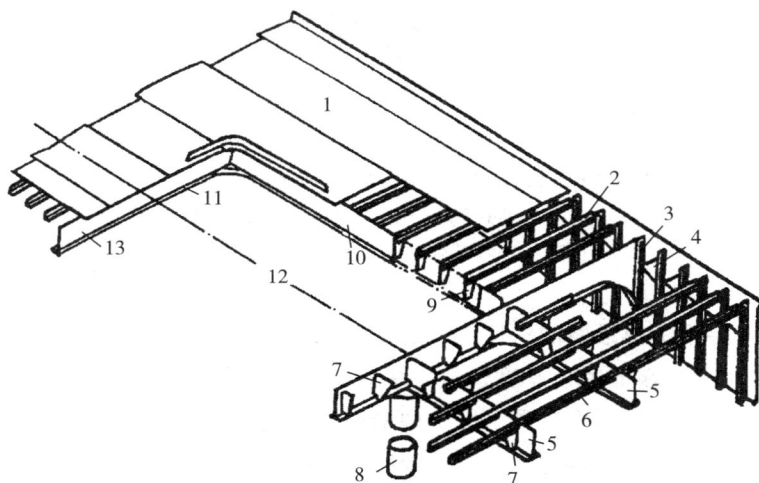

1—下甲板;2—半梁;3—主肋骨;4—梁肘板;5—甲板纵桁;6—横梁;7—防倾肘板;
8—支柱;9—肘板;10—舱口纵桁;11—圆钢;12—甲板纵中线;13—舱口端梁。

图 1-55 横骨架式甲板结构(下甲板)

一、甲板

甲板按其作用可分成强力甲板、遮蔽甲板、舱壁甲板、干舷甲板和量吨甲板等。当船体受总纵弯曲应力时,受力最大的一层甲板叫强力甲板,如上甲板等。20 世纪 60 年代建造的某些船舶,在其甲板上设有吨位舱口的开口,并在舱口设暂时性非水密封闭装置,这种甲板间舱既可装货又不计入总吨位和净吨位的甲板叫遮蔽甲板。水密横舱壁上伸到达的连续甲板叫舱壁甲板。按《1966 年国际船舶载重线公约》,量计干舷高度的甲板称干舷甲板,对除滚装船及客滚船外的其他货船而言,该甲板通常是上甲板。按《1969年国际船舶吨位丈量公约》，丈量船舶吨位时基准甲板叫量吨甲板，对除滚装船及客滚船外的其他货船而言，该甲板通常也是上甲板。遮蔽甲板不可作为干舷甲板和量吨甲板。

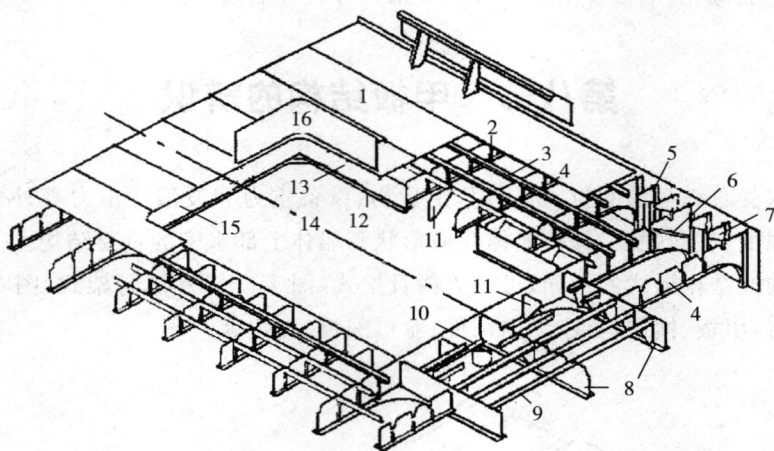

1—上甲板；2—加强筋；3—甲板纵骨；4—强横梁；5—主肋骨；6—斜置加强筋；

7—肘板；8—甲板纵桁；9—横梁；10—管形支柱；11—防倾肘板；12—圆钢；13—舱口纵桁；

14—甲板纵中线；15—舱口端梁；16—舱口围板。

图1-56 纵骨架式甲板结构（上甲板）

上甲板是各层甲板中最厚的一层。《规范》规定在船中部 $0.4L$ 区域内强力甲板的厚度应保持相同，并逐渐向端部甲板厚度过渡。甲板边板是上甲板受力最大的，且容易被甲板积水腐蚀，因此必须连续，厚度也是上甲板中最厚的一列板。在船中 $0.4L$ 区域内的甲板比首尾两端和大开口线以内区域的甲板厚。为防止甲板开口角隅处因应力集中而产生裂缝，该处应为抛物线形、椭圆形或圆形，并应采取加强措施。

二、横向构件

甲板结构中的横向构件统称为横梁。按其位置和尺寸大小分为以下几种。

1. 普通横梁

普通横梁是仅在横骨架式甲板结构中采用的横向构件，由尺寸较小的不等边角钢做成。它的两舷端用梁肘板与舷侧横向构件（肋骨）相连，并与船底肋板一起组成横向框架，保证船体横向强度。

2. 半梁

半梁是横骨架式甲板结构中被舱口截断的横梁。其舷端以梁肘板与肋骨相连，另一端焊在舱口围板上。

3. 舱口端梁

舱口端梁是位于舱口前后两端的横梁，由尺寸较大的 T 型组合材做成。其主要作用是增加舱口处的强度。

4. 强横梁

强横梁是仅在纵骨架式甲板结构中采用的横向构件,由尺寸较大的 T 型材或折边钢板做成。其作用是支持甲板纵骨,保证横向强度。在其上开口让甲板纵骨穿过。

三、纵向构件

1. 甲板纵桁

甲板纵桁是甲板结构中沿舱口两边和甲板中心线布置的纵向构件,由尺寸较大的 T 型组合材做成。其作用是承受总纵弯矩作用,增加舱口处的强度。

2. 甲板纵骨

甲板纵骨是仅在纵骨架式甲板结构中采用的纵向构件,由尺寸较小的不等边角钢做成。其主要作用是保证船舶总纵强度和甲板的稳定性。

四、舱口围板

舱口围板是设置于露天甲板(上甲板)货舱开口四周的纵向和横向并与甲板垂直的围板。其作用是增加舱口处的强度,防止海水灌入舱内,保障作业人员安全。舱口围板在甲板上面的高度是依据规范及《1966 年国际船舶载重线公约》附则一的有关要求来确定的,根据位置的不同,其高度一般应不小于 450 mm。舱口围板上缘一般用半圆钢加强,围板的外侧还有水平加强筋和防倾肘板,以增加围板的刚性和防倾,纵向围板的下部与甲板纵桁处于同一条直线上,兼作甲板纵桁的一部分。

舱口角隅处的加强方法有两种:一种是将舱口围板下伸超过甲板;另一种是将围板分成两块,分别焊接在甲板开口边缘的上下面,在下面用菱形面板加强,如图 1-57 所示。

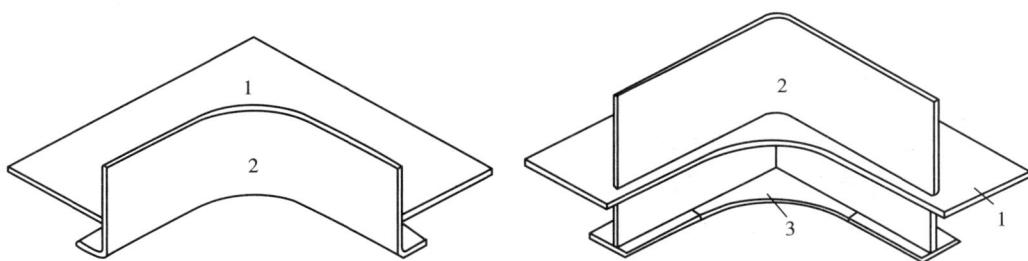

1—甲板;2—舱口围板;3—菱形面板。

图 1-57 舱口角隅的加强方法

五、支柱

支柱是船舱内的竖向构件,由钢管或工字钢等做成。其作用是支撑甲板骨架,保持船体的竖向形状。货舱内支柱的数目应尽可能少,以免妨碍装卸货物。通常用四根支柱设置在舱口的四角或用两根支柱设置在舱口端梁的中点,支柱的下端应支在船底纵桁与肋板的交叉点上。如果有下层甲板,则上、下支柱应处于同一条垂线上,如图1-58所示。对于需要装运大件货的舱,为了不妨碍装卸货,采用悬臂梁结构代替支柱,如图1-59所示。

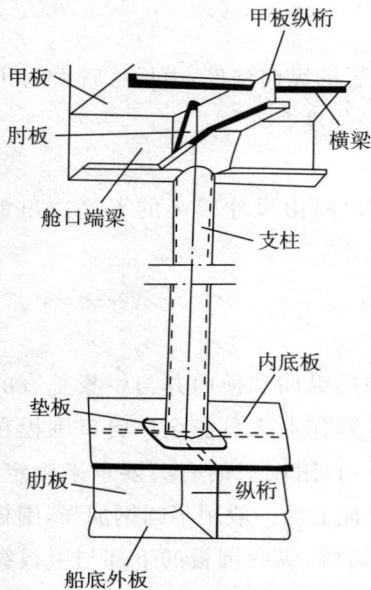

图 1-58 货舱内支柱结构

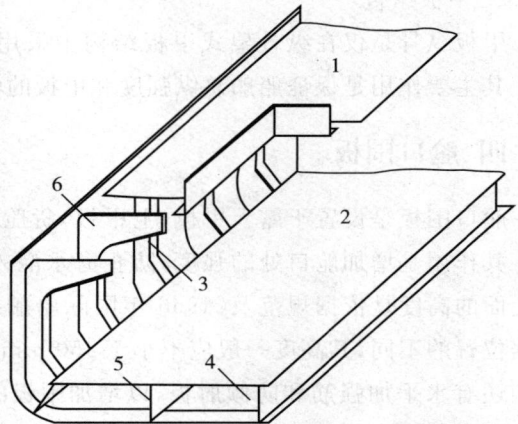

1—甲板;2—内底板;3—肋骨;
4—中桁材;5—旁桁材;6—悬臂梁。

图 1-59 悬臂梁结构

六、梁拱和舷弧

梁拱是甲板上在两舷与舷顶列板交点的连线与纵中剖面线的交点,至横剖面中线与甲板板交点的垂直距离,简称为甲板的横向曲度,如图1-60(a)所示。梁拱可增加甲板的强度,便于排泄甲板积水和增加储备浮力。梁拱的取值范围一般在船宽 B 的1/100~1/50,干货船的梁拱通常取 $B/50$,客船的梁拱取 $B/80$。

在甲板的纵向上,首尾高而中间低所形成的曲线叫舷弧线。在船长中点处舷弧线最低,从该点画一条与基线平行的直线,则舷弧线上任一点量至该线的垂直距离就称为该点的舷弧,如图1-60(b)所示,舷弧可增加储备浮力,便于甲板排水,减少甲板上浪和使船体外形更加美观。其中位于首垂线处的舷弧叫首舷弧,位于尾垂线处的舷弧叫尾舷弧,首舷弧是尾舷弧的2倍。

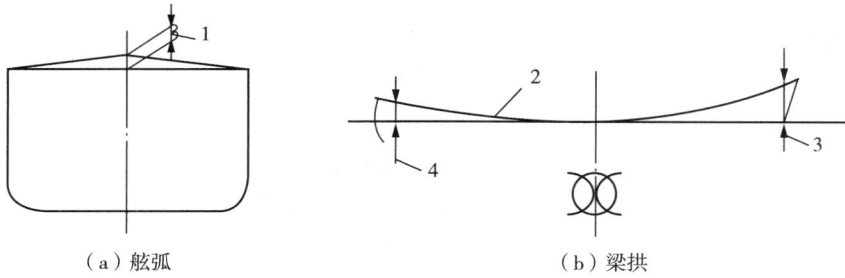

（a）舷弧　　　　　　　　　　　　　　（b）梁拱

1—梁拱；2—舷弧线；3—首舷弧；4—尾舷弧。

图 1－60　舷弧和梁拱

第九节　舱壁结构的辨识

一、舱壁的作用

主船体内由横向舱壁分隔成许多舱室。油船及某些大型货船还设有纵向舱壁。其作用是：

（1）提高船舶抗沉能力；

（2）可以控制火灾蔓延；

（3）有利于不同货种的分隔积载；

（4）增加船体强度；

（5）液货船的纵向舱壁可以减小自由液面对稳性的影响，并参与总纵弯曲。

二、舱壁的种类

1. 舱壁按其作用分类

（1）水密舱壁

水密舱壁一般是指自船底（船底板或内底板）至舱壁甲板的主舱壁，它将船体分隔成若干个水密舱室。水密舱壁主要有水密横舱壁和水密纵舱壁两种。水密横舱壁能保证船体因海损事故某舱破损进水时不会蔓延至其他相邻舱室，使船舶仍有一定的浮力和稳性，从而提高船舶的抗沉性能。船舶最前端的水密横舱壁为首尖舱舱壁，又称防撞舱壁，也是最重要的一道水密横舱壁，其上不得开设任何门、人孔、通风管道和其他开口，并应通至干舷甲板。位于船舶最后端的水密横舱壁为尾尖舱舱壁，它应通至舱壁甲板。水密纵舱壁一般仅见于液货船。

（2）液体舱壁

液体舱壁是液舱（油舱、水舱等）的界壁，它经常承受液体压力与振荡冲击力，故舱壁板较厚且其上的骨架尺寸也较大，并需保证水密或油密。

（3）防火舱壁

防火舱壁是分隔防火主竖区、在一定的着火温度下和一定的时间内能限制火灾蔓延的舱壁。机舱和客船起居处所的舱壁应采用防火舱壁。

（4）制荡舱壁

制荡舱壁是设在液舱内用于减小自由液面影响的纵向舱壁，上面开有气孔、油水孔和减轻孔。

2. 舱壁按结构形式分类

（1）平面舱壁

平面舱壁是由舱壁板和加强它的骨架组成的一种舱壁，舱壁上骨架竖向排列的称为扶强材，水平方向排列的称为水平桁（图1-61）。

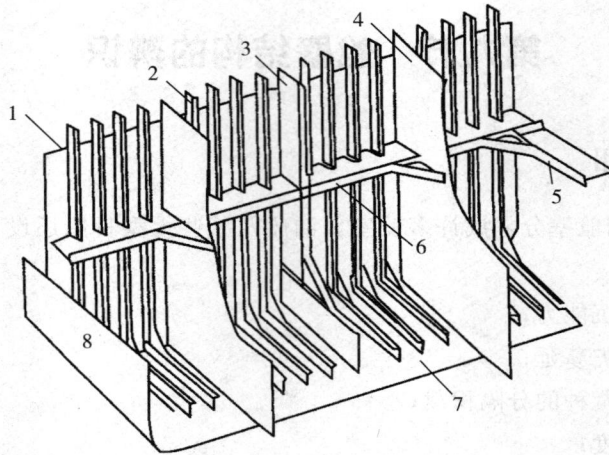

1—横舱壁；2—垂直扶强材；3—垂直桁；4—纵舱壁；5—舷侧纵桁；6—水平桁；7—船底板；8—舷侧列板。

图1-61　平面舱壁结构

（2）对称槽形舱壁

对称槽形舱壁是将舱壁板压成梯形、弧形等形状来代替扶强材的一种舱壁（图1-62）。槽形的方向一般是竖向布置的。

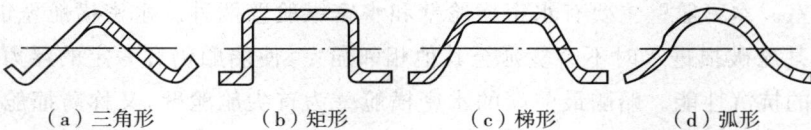

（a）三角形　　　　（b）矩形　　　　（c）梯形　　　　（d）弧形

图1-62　对称槽形舱壁的剖面形状

与平面舱壁相比，对称槽形舱壁具有以下特点：

① 在同等强度下，结构重量轻；

② 建造工艺简单；

③ 占据舱容较大，不利于装载件装货物；

④ 抵抗水平方向挤压力的能力较弱。

对称槽形舱壁的剖面形状有三角形、矩形、梯形和弧形几种,其中梯形和弧形用得较为广泛,主要适用于油船、矿砂船及散货船(图1-63)。

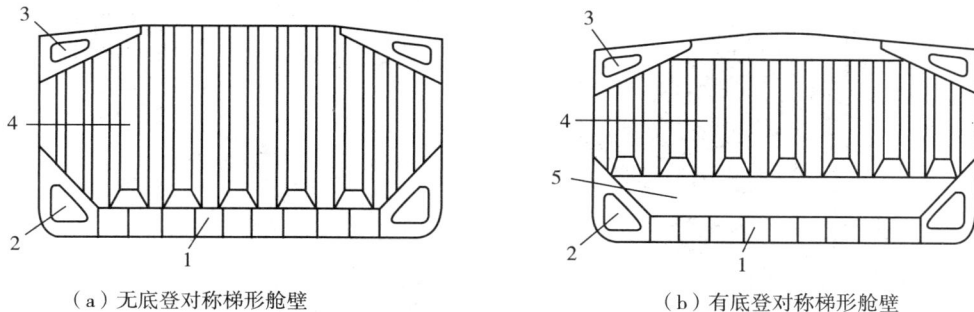

（a）无底登对称梯形舱壁　　　　　　（b）有底登对称梯形舱壁

1—双层底;2—底边舱;3—顶边舱;4—对称梯形舱壁;5—底登。

图1-63　大型散货船的槽形舱壁结构

(3)双层板舱壁

双层板舱壁结构比较简单,主要由两层钢板和中间支撑钢板的骨架组成。

第十节　首尾结构的辨识

船舶首尾部受总纵弯曲作用较小,而受局部作用力较大,如首部的碰撞力、拍底力,尾部的转舵力、螺旋桨震动力等,因此,首尾部多采用横骨架式结构,并做特别加强。

一、船首部结构

船首部是指船首垂线 $0.2L \sim 0.25L$ 处向着船首的部分(图1-64)。

1. 船首柱

船首柱是位于船体最前端、汇拢首部外板、保持船首形状的强力构件,如图1-65所示。船首柱按其制作方式分为三种。

(1)钢板船首柱

钢板船首柱由厚钢板弯曲焊接而成,其内侧设有水平的和竖向的扶强材,以增加刚性。其特点是制作方便,重量轻,成本低,碰撞时仅局部变形,容易修理。

(2)铸钢船首柱

铸钢船首柱由钢水浇铸而成,它的刚性大,但韧性差些,可制成较复杂的断面形状。

(3)混合式首柱

现代大中型船舶常采用铸钢与钢板混合式首柱,即在夏季载重水线之上 0.5 m 处以下区域采用铸钢式,在该处以上区域采用钢板焊接式。

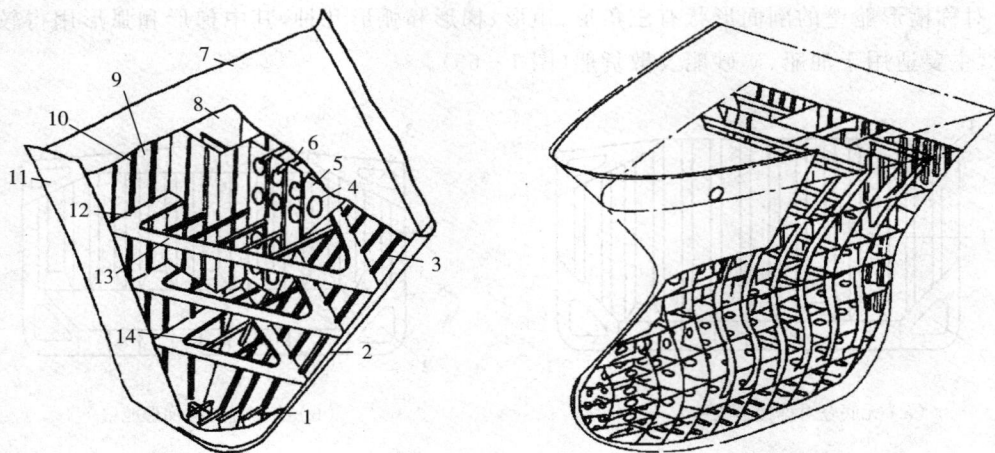

1—升高肋板；2—首柱；3—肋骨；4—减轻孔；5—制荡舱壁；6—横梁；7—甲板；8—锚链舱；
9—首尖舱壁；10—舱壁扶强材；11—外板；12—水平桁；13—舷侧纵桁；14—强胸横梁。

图1-64　首部结构

2. 船首尖舱的加强措施

(1)在每挡肋位处设置实肋板,因其高度向船首逐渐增大,故又称为升高肋板。在中纵剖面处设置与升高肋板等高、等厚和具有同样面板的中内龙骨,作为防撞舱壁后中桁材的延伸并延伸至与首柱牢固连接。

(2)首尖舱内的肋骨要求延伸至上甲板,肋骨间距不超过600 mm。当首部舷侧为横骨架式时,应每隔一挡肋位设置垂向间距不大于2 m的强胸横梁(panting beam),且至少应达到满载水线以上1m处,在每道强胸横梁处还应设置具有折边或面板的舷侧纵桁,并用肘板(bracket)与肋骨连接。开孔平台(trepanned platform)结构代替强胸横梁和舷侧纵桁时,开孔平台的垂向间距应不大于2.5 m,且每一开孔平台的开孔面积应不小于总面积的10%。当舷侧为纵骨架式且舱深超过10 m时,应在适当位置设置一层或多层开孔平台,或者在每根强肋骨处设置一道或多道强胸横梁,并用肘板与强肋骨连接。

(3)当首尖舱被用作液舱且其最宽处的宽度超过0.5B时,应在中纵剖面处设置有效的支撑构件或制荡舱壁(swash bulkhead),以支持强胸横梁。当舱长超过10 m时,尚应在舱内设置横向的制荡舱壁或强肋骨。制荡舱壁作用是防止首尖舱内的压载水左右摇荡并缓

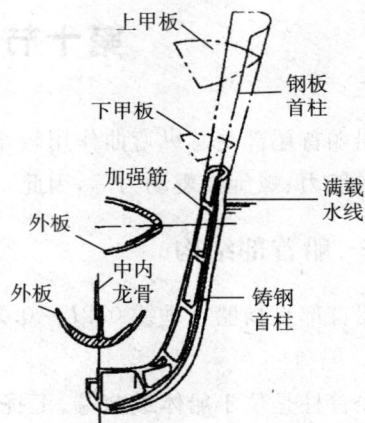

图1-65　首柱结构

和冲击。

3. 首尖舱后的舷侧加强

当舷侧为横骨架式时,从距首垂线 0.15L 至防撞舱壁区域内的舷侧结构按下列要求加强。

(1)应沿首尖舱内的每道舷侧纵桁或开孔平台向后的延伸线上设置间断的舷侧纵桁,其腹板高度与肋骨高度相同,但应将间断舷侧纵桁的腹板在距防撞舱壁不少于两挡肋距的长度内向防撞舱壁处逐渐升高,使其在防撞舱壁处的高度与首尖舱内舷侧的腹板高度相同。

(2)若不设上述间断舷侧纵桁,则应将舷侧外板按要求进行增厚。

4. 船首底部的加强

当船长等于或大于 65 m,且航行中最小首吃水小于 0.04L 时,对从防撞舱壁后至距首垂线 0.2L 的区域进行加强,抵抗船舶空载时波浪对船底的拍击。

(1)对于横骨架式的双层底骨架,应在每挡肋位处设置不超过船中肋距的实肋板,并应设置间距不大于 3 个肋距的旁桁材,该旁桁材应尽量向首延伸。对纵骨架式的双层底骨架,应在每隔一挡肋位处设置实肋板,同时应设置间距不大于 3 倍纵骨间距并尽量向船首延伸的旁桁材。船底纵骨剖面模数(section modulus)应比中部大 10%。

(2)对于单层底骨架,应设置间距不大于 3 挡肋骨间距且尽可能地向船首延伸的旁内龙骨。

(3)船首底板适当增厚。

5. 球鼻首

若船舶设有球鼻首,其球鼻首结构应有足够支持,并与首尖舱构成一个整体。一般按下列要求进行加强:

(1)在球鼻首前端应设置间隔约 1 m 的水平隔板,并与中纵桁连接;

(2)由首尖舱肋骨到球鼻首肋骨的过渡区域应装设横向垂直隔板;

(3)对于长球鼻首,一般应设置横向制荡舱壁作附加加强,或每隔 5 个肋矩设置强肋骨;

(4)对于宽球鼻首,一般应在中纵剖面处设置制荡舱壁作附加加强;

(5)球鼻首前端及易受锚和锚链碰损部位的外板应予增厚,增厚板的厚度可取为钢板首柱的厚度。

二、船尾部结构

船尾部结构是指从船尾尖舱至船尾端区域内的结构,如图 1-66 所示。

1. 船尾柱

船尾柱是设置在船尾端下部的大型构件,其作用是连接两侧外板和龙骨,加强尾部结构,并支持与保护螺旋桨和舵。对船尾柱的要求:船尾柱下部应从螺旋桨轴毂前端向船首延伸至少 3 个肋距,并与平板龙骨牢固连接。船尾柱的上部应与尾肋板或舱壁牢固

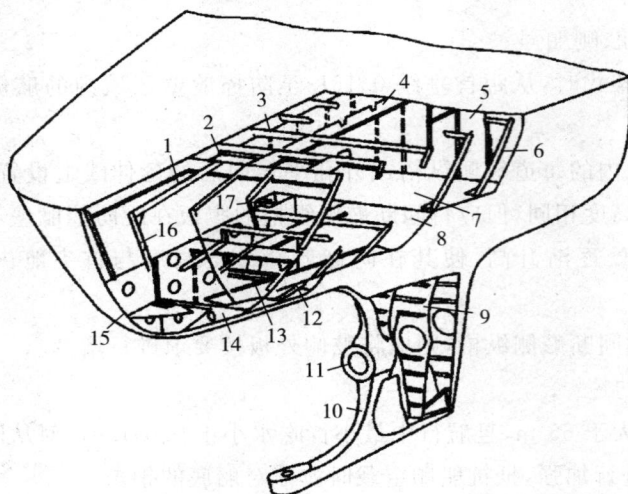

1—斜横梁;2—强横梁;3—攒梁;4—甲板纵衍;5—横舱壁;6—肋骨;7—舵机舱平台;8—尾尖舱舱壁;9—尾升肋板;
10—尾住;11—轴;12—舷侧纵衍;13—强胸横梁;14—肋板;15—制荡舱壁;16—斜肋骨;17—舵杆管。

图 1-66 船尾部结构

连接。船尾柱的形状较为复杂,可以用铸造的方法制作,也可以用焊接的方法制作（图 1-67）。

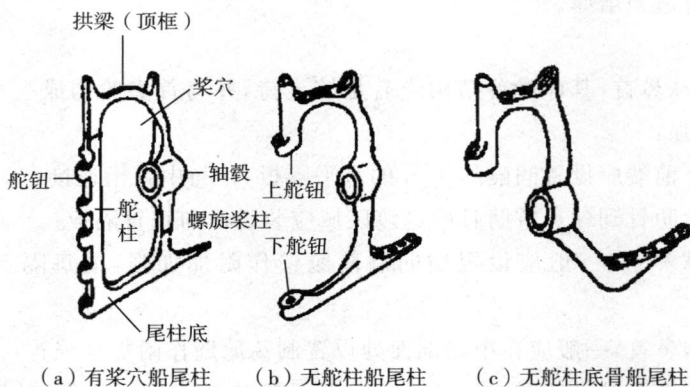

（a）有桨穴船尾柱　　　（b）无舵柱船尾柱　　　（c）无舵柱底骨船尾柱

图 1-67 尾柱结构

2. 船尾尖舱的加强措施

（1）每一肋位处设置升高肋板,其厚度较首尖舱肋板加 1.5 m。

（2）当舷侧为横骨架式时,肋板以上应设置间距不大于 2.5 m 的强胸横梁和舷侧纵桁,或以开口平台代替。当舷侧为纵骨架式时,舱顶应设置适当数量的强横梁。

（3）根据《钢质海船入级规范》（2023）修改通报,在液舱内尾尖舱上部和尾突出体内或巡洋舰尾的中纵剖面处一般应设置制荡舱壁。

3. 船尾尖舱以上舷侧的加强

对舷侧为横骨架式且船尾尖舱上设有深甲板间舱时,还应设置抗拍击舷侧纵桁或增加外板厚度。

4. 船尾突出体

船尾突出体是指船尾尖舱以上向后突出的部分。其作用是扩大甲板面积,保护螺旋桨和舵,并改善航行性能。船尾突出体内设有舵机舱,作为加强措施,每隔一定间距设置强肋骨。在船尾突出体后端,肋骨和横梁呈放射状布置,称为斜肋骨和斜横梁。

三、轴隧、船尾轴管和轴包架

1. 轴隧

轴隧是设置于机舱和船尾之间的水密通道。其作用是保护尾轴,便于工作人员对轴系进行检查、维修。轴隧有拱顶和平顶两种形式,前者强度较好,后者便于装货。单桨船的轴隧偏向左舷,左舷的空间可供人员通行。双桨船对称分布于船体中线,设左、右两个轴隧,两轴隧间还设有通道。

轴隧的前后两端各设有一扩大部分,称为轴隧端室。为了在检修时能取出主轴,轴隧的顶部或侧壁上均设有可拆装的水密开口。在船尾端室处还设有应急出口,直通露天甲板,俗称逃生孔。逃生孔亦可兼作自然通风口。

2. 船尾轴管

船尾轴在船体内穿过船尾尖舱时是装在船尾轴管内的,它一端固定焊在桨柱上轴毂的前端,另一端固定在船尾尖舱舱壁上,两端均设有水密填料函,以保证其水密性。

3. 轴包架

在一些线型较肥、船速较慢的双桨船上,为了更牢固地支撑螺旋桨并保护桨轴,把桨轴伸出船体外面这一区域的船底肋板向两侧扩展成眼镜框形状,将桨轴包在里面,船体外板则沿肋板外缘包围起来,这种结构称为轴包架,如图 1-69 所示。

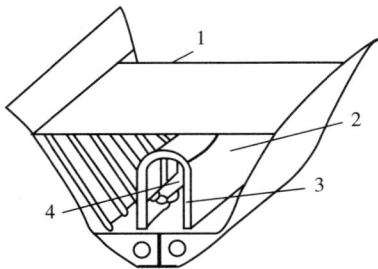

1—下甲板;2—拱顶轴隧;
3—轴隧骨架;4—推进轴。

图 1-68 轴隧

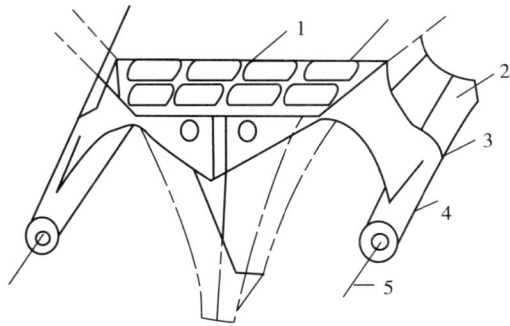

1—铸钢撑架;2—轴包板;
3—眼镜形构架;4—尾轴管;5—轴线。

图 1-69 轴包架

现在一些船采用人字架来支撑桨轴,如图1-70所示。

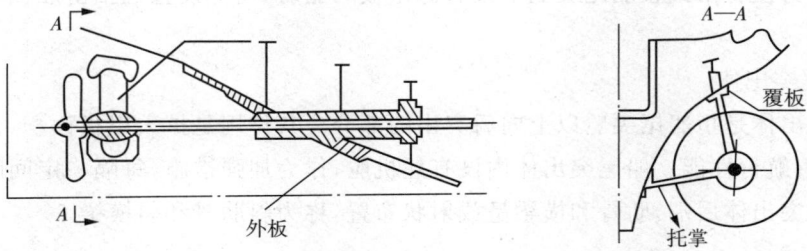

图1-70 人字架结构

四、舭龙骨

舭龙骨是设在船中附近的舭部外侧、沿着水流方向的一块长条板,长度为1/4～1/3船长,其作用是减轻船舶横摇。在横剖面方向,舭龙骨近似垂直于舭列板,其外缘不能超过船底基线和舷侧线所围成的区域,以免靠离码头时碰损。舭龙骨不参与总纵弯曲,舭龙骨应连接在一根连续的扁钢上,此扁钢可焊接在船体上,舭龙骨上的端接缝、扁钢上的端接缝与外板上的端接缝都应相互错开。舭龙骨和扁钢不能突然中断,应逐渐减小,且在端点处的船体内应有适当的内部支持,如图1-71和图1-72所示。

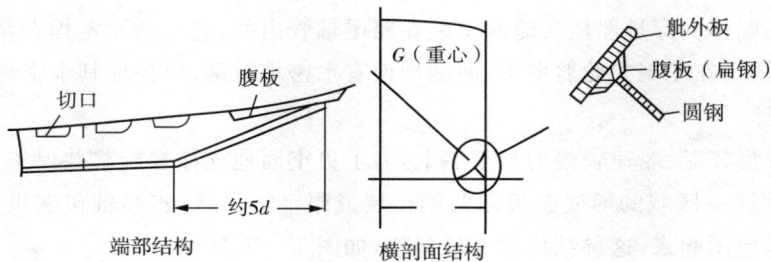

图1-71 舭龙骨结构

五、船底塞

为了在坞修时排出船内积水,在每一双层底舱和单层底舱内应设置一个船体塞。通常它设置在中桁材或中内龙骨两侧(但不得开在平板龙骨上),距每一分舱后部的水密肋板的一挡肋距处。如果过于靠近舱壁,则进坞时易被坞墩堵塞。首尾尖舱的船底塞设在填塞水泥层的上方。由于船底塞开孔不大,故一般在外板上不予加

图1-72 舭龙骨

强。为了防止船底塞被海水腐蚀及脱落,出坞前应在船底塞外面用水泥涂封一个半球形的水泥包。船底塞的结构如图 1-73 所示。

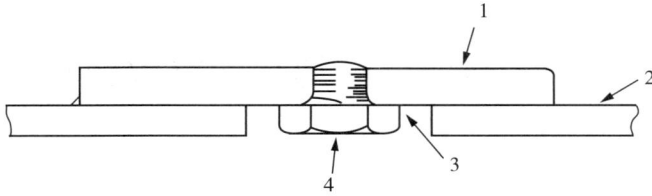

1—垫板;2—船底板;3—金属垫圈;4—黄铜或不锈钢底塞。

图 1-73　船底塞

六、减摇鳍

减摇鳍又称为稳定鳍,它是安装在船舷两旁伸出船外可以转动其角度的两片水翼。在不使用时可将水翼收入船内。它根据船舶横摇时所提供的信号,通过自动控制以调节水翼的冲角。稳定鳍的优点是重量轻,装置的全部重量约为 0.5% 的排水量,在各种波浪情况下都有极高的减摇效能。其缺点是必须设置专门的动力、传动和控制装置,且其效能随着航速降低而急剧下降,在没有航速时减摇作用极为微弱。减摇鳍安装示意图如图 1-74 所示,减摇鳍实物图如图 1-75 所示。

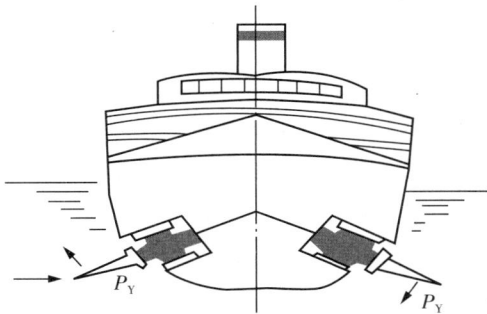

图 1-74　减摇鳍安装示意图

图 1-75　减摇鳍实物图

七、减摇水柜

减摇水柜通过调节左右面水柜的水量从而产生与横倾力矩 M_h 反向的减摇力矩 M_R (类似于重物横移),以达到减摇的目的。减摇水柜的容量,小船为 3%～4% 的排水量,大船为 1%～2% 的排水量。减摇水柜有被动式和主动式两类。

被动式减摇水柜设有自动控制装置和水泵等设备,船横倾时两水柜出现水位差,通过水通道互相流通,水流经水通道的流速用空气阀来调节。被动式减摇起作用的前提是船舶横倾。

主动式则与稳定鳍类同,通过自动控制装置来调节流向和流量,其动力是水泵。主动式减摇水柜的优点与稳定鳍类同,但不受航速高低的影响;缺点是装置较复杂,成本较高,且工作时也须消耗功率。

第十一节　冰区加强和防火结构

一、冰区加强

对航行于冰区(ice zone)的船舶需按规范的规定进行加强,其加强部位主要有甲板,船壳外板,舷侧骨架及首、尾结构等。加强的方法主要有增加板厚、加大骨架尺寸和缩小骨架间距,具体细则在规范中有详细规定。

1. 冰级

按不同的冰况,航行冰区的加强分为如下五个冰级标志:

B1＊冰级:最严重冰况,相当于 IA Super。

B1 冰级:严重冰况,相当于 IA。

B2 冰级:中等冰况,相当于 IB。

B3 冰级:轻度冰况,相当于 IC。

B 冰级:除大块固定冰以外的漂流浮冰。

水密及抗沉结构、
防火及其他结构

B1＊、B1、B2 和 B3 船舶冰级(ice class)标志的加强要求分别符合 1985 年《芬兰-瑞典冰级规范》附件 I 中对 IA Super、IA、IB 及 IC 的有关规定,主要适用于在冬季航行于北波罗的海的船舶。B 冰级适用于中国沿海航行的船舶。

当船舶航行于冰区时,吃水线应不超过 LWL 线(指船首、船中和船尾最大吃水的允许折线连线);当船舶航行于冰区时,至少应装载至 BWL 线(指船首和船尾最小吃水的连线)。

2. B 级冰区加强

B 级冰区加强要点:冰带外板厚度至少应为船中部外板厚度的 1.25 倍,但不必大于 25 mm。如设置中间肋骨,则中间肋骨的垂向设置范围为压载水线以下 1000 mm 至满载水线以上 1000 mm 处;如不设置中间肋骨,则肋骨间距应为船中部肋骨间距的 60%,但应不大于 500 mm。钢板焊接首柱自满载水线以上 600 mm 处以下部分的板厚应为规范值的 1.1 倍,但不必大于 25 mm。

二、耐火分隔

1. A 级分隔(甲级分隔)

其结构应在一小时的标准耐火试验至结束的时间段内防止烟和火焰通过。并且应用的不燃材料隔热,使在下列时间内,其背火一面温度较原温度增高不超过 139 ℃,且在任何一点,包括任何接头在内的温度较原温度不超过 180 ℃。

A-60级　60分钟

A-30级　30分钟

A-15级　15分钟

A-0级　0分钟

2. B级分隔(乙级分隔)

其结构应在最初半小时耐火试验至结束的时间段内防止火焰通过,并且应具有这样的隔热等级,使在下列时间内,其背火面的平均温度较原温度不超过 139 ℃,且在任何一点,包括任何接头在内温度较原温度不超过 225 ℃。

B-15　15分钟

B-0　0分钟

3. C级分隔(丙级分隔)

采用认可的不燃材料,即材料通过规定的试验程序,加热至约 750 ℃时,既不燃烧,也不发出足量的造成自燃的易燃气体材料,并且不需要满足防止烟火通过及限制温升的要求。

二、相关定义及要求

(1)标准耐火试验。标准耐火试验是指将需要试验的舱壁和甲板的试样置于试验炉内,加温到大致相当于标准时间-温度曲线的一种试验。该试验应按照《耐火试验程序规则》规定的方法进行。

(2)不燃材料。不燃材料是指某种材料加热至约 750 ℃时,既不燃烧,也不发生足量的造成自燃的易燃蒸汽。这是按照《国际耐火试验程序应用规则》确定的,任何其他材料均为可燃材料。

(3)其他等效材料。钢或其他等效材料中的"等效材料"是指任何不燃材料本身或由于所设隔热物,经过标准耐火试验的相应耐火时间后,在结构性和完整性上与钢具有等效性能(例如没有适当隔热材料的铝合金)的材料。

(4)起居处所。起居处所系指餐厅走廊、居住舱室、办公室、医务室、理发室、电影院、游戏室、无烹调设备的配膳室的处所以及类似的处所。

(5)公共处所。公共处所系指起居处所中用作大厅、餐室、休息室的部分以及类似的固定围蔽处所。

(6)服务处所。服务处所系指用作厨房、有烹调设备的配膳室、储物间、邮件及贵重物品室、储藏室、不属于机器处组成部分的工作间以及类似的处所。

(7)主竖区。主竖区是指船体、上层建筑和甲板室以"A"级分隔分成的区段,它在任何一层甲板上的平均长度和宽度一般不超过 40 m。

(8)控制站。控制站是指船舶无线电设备、主要航行设备或应急电源所在的处所,或者火警指示器或失火控制设备集中的处所。

(9)船体上层建筑、甲板室由钢或其他等效材料制成。

(10)起居处所与相邻的机器、货舱、服务处所之间应采用 A 级分隔。

(11)载客超过 36 人的客船,其船体、上层建筑及甲板室按 A－60 级分隔为若干主竖区;载客不超过 36 人的客船,在其起居处所和服务处所的船体、上层建筑和甲板室按"A"级分隔分成若干主竖区。

(12)液货船以外的货船,在任何情况下任一起居处所,或用 A 级或 B 级分隔作为限界面的各个处所的面积不得超过 50 平方米。

第十二节　保证和维持水密完整性的行动

船体水密与抗沉结构主要包括双层底、双层舷侧、水密横舱壁及各种开口的水密装置(如水密门、窗、舱盖与人孔盖等)。本节主要介绍船体结构上开口的关闭装置以及相关要求。

一、船体结构上开口的关闭装置

根据用途划分,关闭装置主要有货舱舱盖、船用门、船用窗、人孔盖。在这些开口关闭装置中,若按密性划分,又可分为水密型、油密型、风雨密型和非密性的关闭装置。

1. 船用门

船用门种类很多,若按门的密性划分,有以下几种。

(1)水密门

船舶主管机关认可的船上使用的水密门有三级。

① 铰链式水密门(一级):水密门板由钢板制成,门板周围的槽口装有橡胶封条,并用把手压紧在门框上使其水密。水密门把手一般有 6～8 个,确保在门的两面可以迅速关闭。

② 手动滑动门(二级):可分为横动式和竖动式。确保门的两侧可以关闭,此外能在舱壁甲板上方可到达之处用转动手轮,由齿轮和连杆传动,使水密门开启或关闭。当船舶正浮时将门完全关闭所需的时间不应超过 90 s。

③ 动力滑动门(三级):可分为横动式和竖动式。还备有手动装置可在门的两侧操纵,并能在舱壁甲板上方可到达之处用转动手轮,由齿轮和连杆传动,使水密门开启或关闭。门上设有音响信号装置。当门开始关闭后,继续移动直至门完全关闭为止的整个期间发出警报。若这种门采用液压操纵,每一动力源都有一台能在 60 s 以内关闭所有门的泵。任何水密门的操纵装置,无论是否为动力操纵,均须在船舶向左或向右倾斜 15°时能将门关闭。

(2)风雨密门

在干舷甲板以上的封闭上层建筑两端壁的出入口处,要求装设风雨密门。

① 钢质风雨密门:结构上与钢质水密门相似,但是门板较薄,门把手数量也较少,密性较差,只能布置风雨密,也要求在门的两面可以操纵。

② 木质风雨门:是用橡木和柚木制作的,装设在上层建筑甲板以上的甲板室敞露的出入口处,分为铰接式和滑动式两种,密性都较差。因为顶风情况下铰接式门不易开闭,故驾

驶室两侧的门都采用横向滑动式门。

③ 钢质轻便门:此种门的结构较轻,装设在无密性要求的贮藏室、工作舱室、卫生处所等的出入口处。

④ 防火门:是一种用钢板制成门板和门框、镶底石棉等耐火材料的防火隔热门。防火门装设在防火控制区的舱壁上,平时开着,当发生火灾时温度上升到一定高度时能自动关闭,或门上装有磁性牵制器,断电以后会自动关闭。防火门的开闭形式也有铰接式和横移式两种。

2. 船用窗

在船上为了采光和通风,装设有各种类型的窗。

(1)舷窗:一种是圆形窗,分为重型舷窗和轻型舷窗。重型舷窗装有铰链式抗风浪的窗盖,舷窗盖边上镶有橡胶条,并用螺栓压紧,保证水密。轻型舷窗一般不带有风暴盖。另一种是方形窗(简称方窗),装设在上层建筑中的上层甲板室的舱壁上。方窗的周边用橡胶条密封,关闭时用螺栓压紧,要求保证风雨密。根据所处的位置不同,可以向外、向内或上下开闭。

(2)天窗:是装设在舱室顶部用来采光和通风的窗。机炉舱顶部的天窗,因位置较高,故采用机械传动或液压传动开闭。

(3)手摇窗:是装设在驾驶室前壁上的窗,用手摇机构升降玻璃或整个窗扇开闭。

3. 人孔盖

在船体结构的构件上为人员出入而开的孔,称为人孔。其中在液舱、隔离空舱等的顶板或舱壁上开的人孔,必须装设人孔盖,并保证水密。为了便于维修、逃生和有利于通风,一般每个液舱或空舱在顶板或舱壁板上至少要开两个人孔,并呈对角线布置。人孔通常有圆形或椭圆形两种,人孔盖主要有以下几种形式。

(1)齐平人孔盖。人孔盖是块平钢板,用螺栓连接在舱顶板或舱壁板上人孔外缘的加强环(座板)上,螺栓被焊接或旋接在加强环上。在盖板和加强环之间装有橡胶垫圈,用来保证水密性。

(2)凸起式人孔盖。用角钢或折边板做成的围板焊接在人孔的外缘上,人孔盖用螺栓紧固在围板的折边上。这种人孔盖装设有一定高度的围板,可防止液体和脏物落进舱内,紧固螺栓易拆换,且不易受损。

(3)铰接式人孔盖。这种人孔盖,在人孔的周围焊一圈不带折边的围板,围板的高度要符合舱口围板高度的要求,人孔盖外缘有槽口,镶嵌橡胶垫料。人孔与围板之间用铰链连接,关闭时用夹扣将人孔盖压紧围板的上缘。这种人孔盖开设在不宜开设舱门或大舱口的贮藏室等处所。

(4)凹形人孔盖。凹形人孔盖主要用在舱面不允许有突出物的场所。

二、船体结构上开口关闭装置的设置要求

根据 SOLAS 公约中分舱和破损稳性要求,对于船体结构上开口的关闭装置的设置,主要有如下规定。

1. 水密舱壁上开口的关闭装置

对于在限界线以下的水密舱壁,要求尽量减少开口的数量,开口要有船舶主管机关许可的关闭装置。

(1)在防撞舱壁上不准设门、人孔或出入口。除有特殊规定外,一般仅可通过一根管子以处理首尖舱内的液体,但该管子应装有能在舱壁甲板以上操作的截止阀,其阀体设于首尖舱内侧的防撞舱壁上,以便首尖舱破损时可以将它关闭。

(2)在甲板间舱内的水密舱壁上,可以装设一级或二级水密门。这种门在开航前关闭,航行中不得开启,且装有防止任意开启的装置。此类门在港内开启的时间和船舶离港前关闭的时间应记入航海日志。

(3)从机舱通往轴隧的水密舱壁上的水密门,一般要求装设二级水密门。

船上所有水密门在航行中均应保持关闭,因船上工作而必须在航行中开启时,应做到随时可以关闭。

2. 限界线以下船壳板上开口的关闭装置

在限界线以下的外板上的开口数量应在适应船舶设计及船舶正常作业情况下减至最少。关闭任何外板开口设备的布置及效用,应与其预定的用途及装设位置相适应,一般应使主管机关满意。

(1)限界线以下外板上的舷窗,都采用水密性和抗风浪性强的圆形舷窗(重型舷窗),并装设有内侧铰链式风暴窗盖。根据它在重载水线上的高度不同,有不同的关闭要求:一种是永久性关闭的固定式舷窗;一种是离港前关闭加锁、到港后才可以开启的,它的启闭时间应记入航海日志;还有一种是航行中由船长决定是否开启的,在专供装货处所均不得装设舷窗。

(2)船壳板上的排水孔、卫生排泄孔及其他类似开孔越少越好,或采用一个排水孔供多种排泄管共用。在限界线以下穿过外板的每一个排水孔都装设一个自动止回阀,并在舱壁甲板上设有能将其关闭的可靠装置,或者装设两个止回阀,其中一个位于最深分舱载重线以上,使其可以随时进行检查,并且是经常关闭型的。

(3)与机器连通的海水进水孔及排水孔,在管子与船壳板之间,或管子与装配在船壳板上的阀箱之间,装设有随时可以接近的阀门,并在阀上标明阀门启闭指示器。

3. 限界线以上的船体结构开口关闭装置

在舱壁甲板以上,也需采取水密措施来保证限界线以上的水密完整性。

(1)舱壁甲板和其上一层甲板均要求是风雨密的。露天甲板上的所有开口,均设有能迅速关闭的风雨密关闭装置。

(2)在舱壁甲板以上第一层甲板以下处所内所有舷窗,都配有有效的内侧舷窗盖,且易于有效关闭保证水密。

(3)露天甲板上都设有排水口或排水孔,以便在任何天气情况下都能将露天甲板上的积水迅速排出舷外。

(4)在限界线以上外板上的舷窗、舷门、装货门以及关闭开口的其他装置,应为风雨密的,且有足够的强度。

第十三节　船舶总布置图

总布置图(general arrangement plan)由右舷侧面图、货舱正视横剖面图、各层甲板与平台平面图、舱底平面图、船舶主要尺度和技术数据及图纸名称、设计单位与日期和批准主管机关等组成。对于客船、客滚船等舱室较多的船舶,总布置图在建造和修理时显得尤其重要。它反映了船舶总的布置情况,即全船各舱室的划分与位置、各种船舶设备及位置,比较集中体现了船舶的用途、任务和经济性。

一、主要尺度和技术性能数据

主要尺度和技术数据所表示的内容有最大长度、船体主尺度、排水量、载货量或载客量、主机型号和功率、设计吃水、续航力、服务航速、船员定额及船级等。

二、右侧面图

右侧面图是将船舶的右侧面投影在首尾纵中线所在的垂直平面上所得到的视图,它是总布置图的主视图,通常绘制在图纸的最上方,表示的基本内容如下:

(1)船舶侧视概况,如首、尾轮廓,龙骨线和舷墙的形状,上层建筑的型式,船型,舵和推进器的类型以及舷窗、烟囱、桅的设置等;

(2)主船体内部舱室的划分概况,如机舱位置、货舱分布、横舱壁位置和数量、甲板及平台位置和数量等;

(3)船舶设备布置的概况,通常在右侧面图中可以看到锚、系泊、救生、起货、舵等设备布置的概况;

(4)门、窗、扶梯等的布置概况。

三、货舱正视横剖面图

该图是从船首正前方投影船舶货舱所得到的视图。该图主要包括货舱,船底、舷侧的布置形式,上层建筑布置形式与层高等内容。

四、各层甲板和平台平面图

各层甲板和平台平面图表示的基本内容如下:

(1)主船体所具有的各层甲板的俯视图;

(2)上层建筑各层甲板及平台的俯视图;

(3)各层甲板与平台上有关开口、舱室位置及大小;

(4)各层甲板与平台上有关门、窗、通道、扶梯等的位置和方向;

(5)各层甲板或平台上有关设备、家具及其他用具的具体位置。

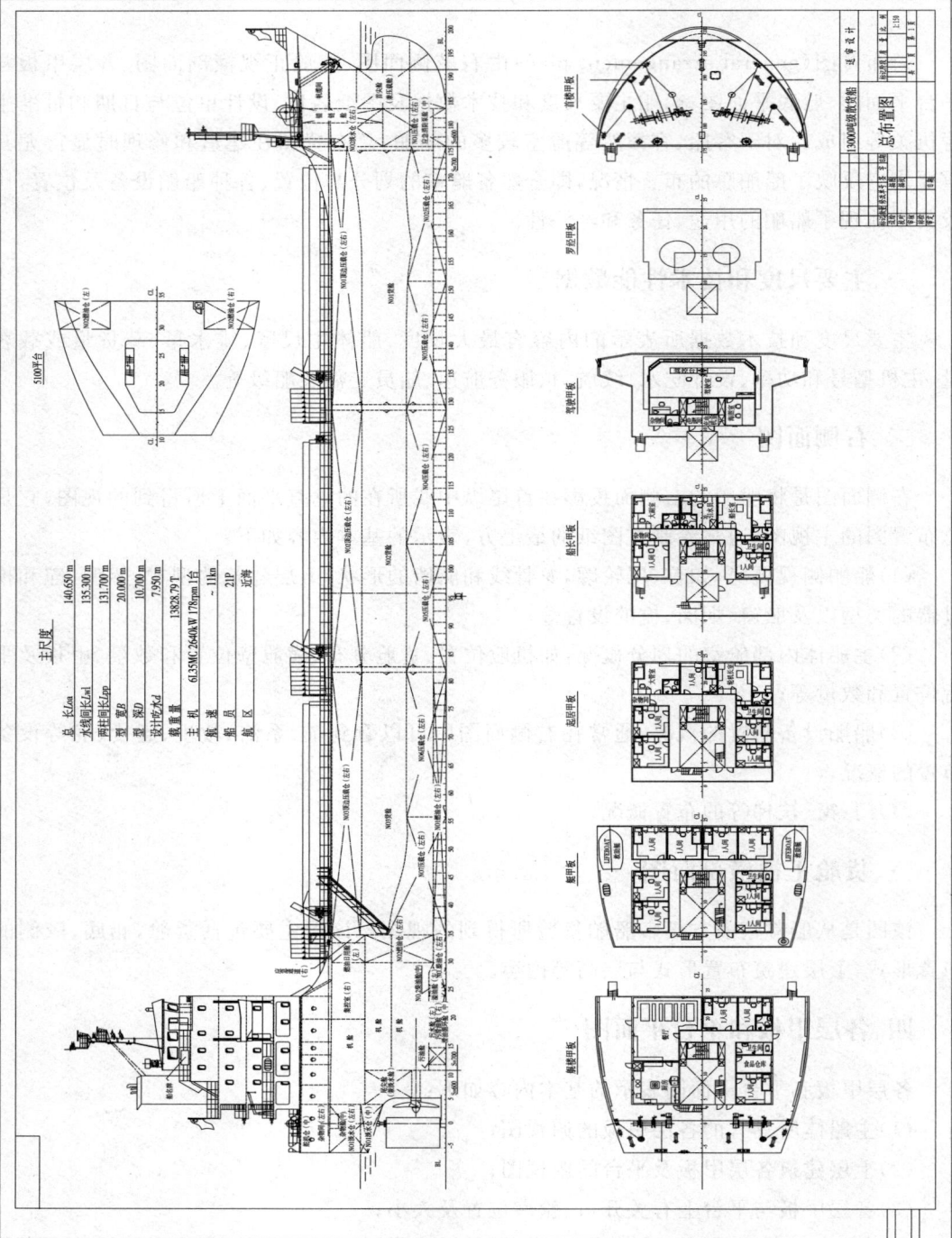

主尺度

总 长 L_{OA}	140.650 m	
水线间长 L_{WL}	135.300 m	
两柱间长 L_{PP}	131.700 m	
型 宽 B	20.000 m	
型 深 D	10.700 m	
设计吃水 d	7.950 m	
载重量	13828.79 T	
主 机	6L35MC 2640kW 178rpm 1台	
航 速	~ 11kn	
船 员	21P	
航 区	近海	

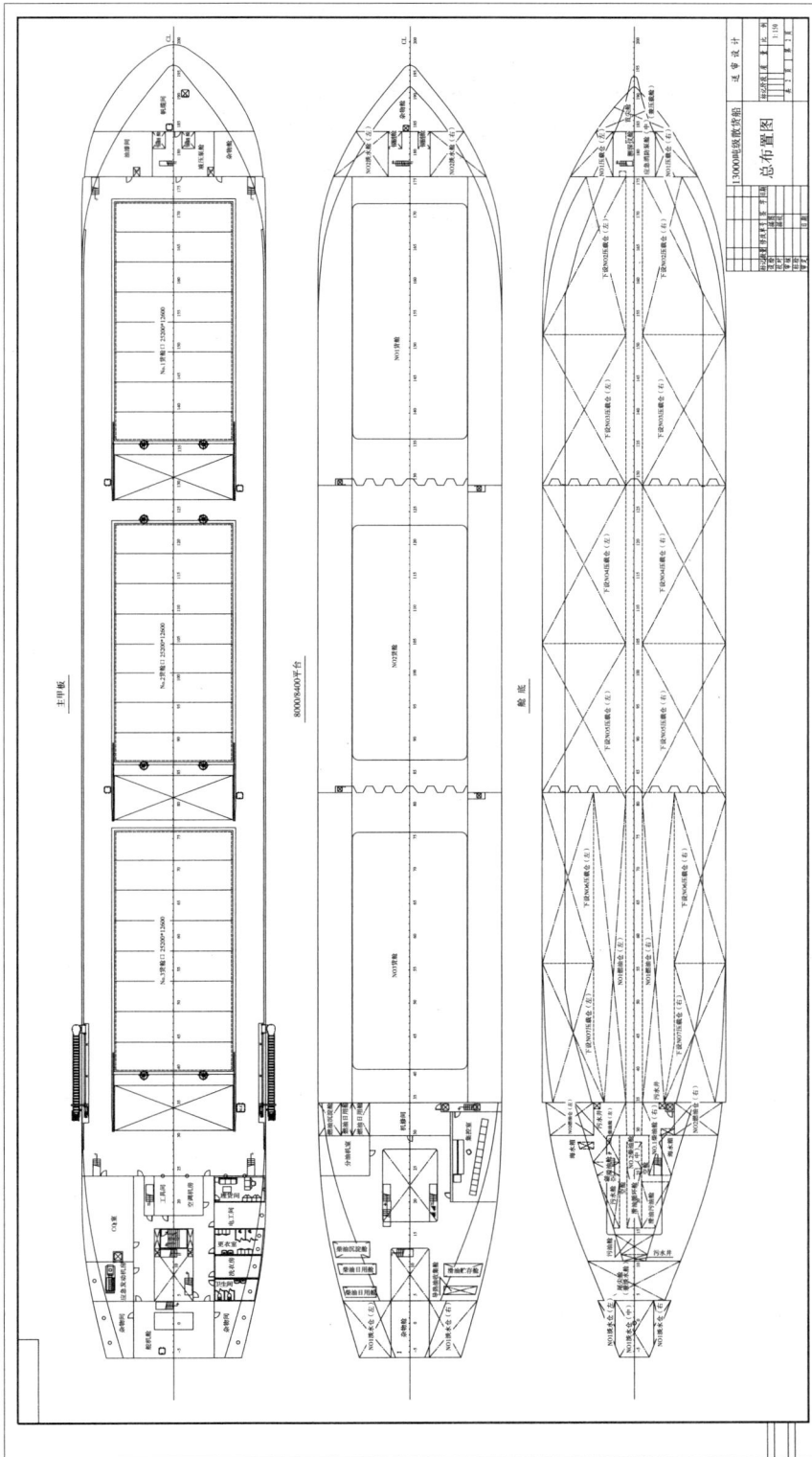

图1-76 总布置图

五、舱底平面图

舱底平面图是沿最下层甲板或平台下表面剖切船体后所得的视图。

（1）对双层底而言，舱底平面图表示了双层底上面的舱室、设备布置的情况以及双层底空间内液舱布置的情况。

（2）对单层底而言，舱底平面图表示了船底构件上方舱室、设备布置的情况。

第二章 船舶管系的识别

本章介绍干货船主要管系的分类、组成和作用。通过学习，熟知干货船主要管系的用途，可以对干货船的主要管系进行识别。

第一节 舱底水管系的识别

一、舱底水管系的作用

舱底水管系又称污水管系(bilge water piping system)。船舶在航行过程中，船体结构和舱内货物表面的湿气会冷凝成水，此外，洗舱水、机器与管路的渗漏水等亦会聚集在舱内船底的最低处的污水沟(或污水井)及机舱底部。为避免湿损货物及保持机器的正常运转，需及时排出积水，则每艘船都专门设有舱底水管系。

二、舱底水管系的组成

1. 污水沟和污水井(bilge well)

污水沟位于船舶的舭部，由下倾式内底边板和舭列板围成。采用内底边板的船底结构，在货舱后部每舷各设一个污水井。

2. 吸口和过滤器(bilge suction and bilge strainer)

每一污水沟或污水井内都设有一个吸口。船舶通常处于尾倾状态，吸口均布置在各舱后部最低处。为防止杂物堵塞舱底水管，在吸口处设有过滤器，俗称黄蜂窝(strum box)，如图 2-1 所示。

3. 舱底水泵与舱底水管(bilge pump and bilge pipe)

每艘船舶应至少配备 2 台独立的动力舱底泵。所有的动力舱底泵均应为自吸式。

舱底水管系一般沿船的两舷舭部布置，也可置于双层底内，要求在船舶正浮或横倾小于 5°时均能排尽污水。为防止舱底水管路之间发生串通，舱底泵与舱底水管的连接管、分配阀箱、直通舱底泵吸入管均装有止回阀。

4. 泥箱与油水分离器(mud box and oil-water separator)

在机舱、轴隧等处舱底水总管和支管，设有过滤沉淀物的箱子，以免污泥被吸入泵中。

此外,舱底水管系中设有油水分离器,可以将污水中的油分离出来再排出舷外。

5. 污水井(沟)测深管

每个货舱的污水井(左、右)都设有一根上通至主甲板的测深管,管的上口配有旋塞或螺纹盖,以防止污物堵塞测量管,同时也能防止海水倒灌入污水井内造成货损,管的下口位于污水井底部接近吸口处。船舶载货前,要保证污水井的清洁和干燥,任何杂物都不应放在污水井内,以免在排水时杂物堵塞阀门或管路,导致污水排不净等其他不良后果。船舶载货航行时,必须密切注意污水井的液面高度,发现有异常的水位增高现象,立刻排出污水,同时找出原因,尽一切可能减少货损量。机舱人员的误操作及相关阀门的异常损坏也是污水倒灌的直接原因。

第二节　压载水管系的识别

一、压载水管系的作用

船舶的压载水管路用于将压载水注入压载舱内或排出舷外,亦可将一舱压载水调驳至另一压载舱,用于调整船舶的纵、横倾,稳性及吃水差,以满足船舶航行的需要。

船舶在航行途中,由于燃油、淡水的消耗,在中途港装卸货物或空船航行等,吃水差和稳性不符合要求,对航行安全及操纵产生不利的影响。例如,吃水小,受风面积大,重心位置高,则稳性差;船尾吃水小,螺旋桨露出水面,则推进效率降低,水面横向效应力显著,不利于船舶操纵。这些都有赖于压载水的调整,压载管系布置如图2-1所示。

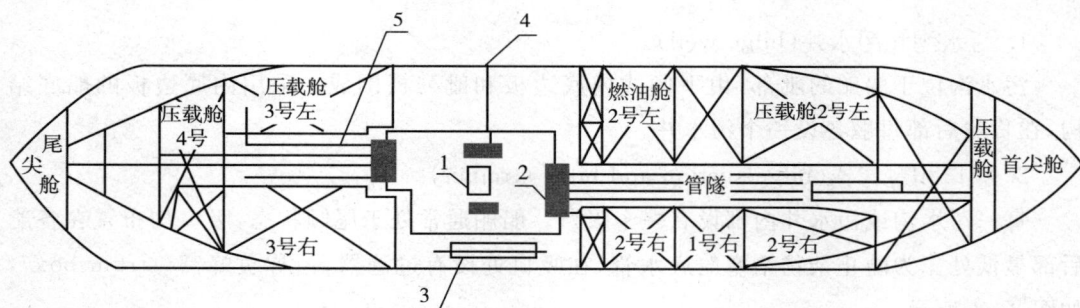

1—压载泵;2—调驳阀箱;3—舷外水总管;4—舷旁排出阀;5—轴隧。

图2-1　压载管系布置

二、压载水管系的组成

1. 压载舱与吸口

现代船舶一般在艏、艉尖舱及双层底内设有压载舱,其后端设有吸口。当压载舱超过

35 m时,还在其前端设有吸口,以保证船舶在正常营运的条件下注入或排出压载水。

散货船除尖舱、双层底外,两舷的顶边舱亦作为压载舱。

2. 压载水管

在机舱前的各压载舱的压载水管布置在双层底内或箱形龙骨内,机舱内的压载水管布置在内底板上,机舱后的压载水管布置在轴隧内。当压载水管不可避免地要穿过油舱或淡水舱时,都设有管隧将其隔离。

压载水管上还设有许多阀门。由于注入和排出压载水均通过同一根水管,是双向流动,故只能设截止阀而不能用止回阀。海底阀一般设置在机舱底部或两舷舷部,且在轻载水线以下,将此阀打开即可向压载舱注入或排出压载水。

3. 调驳阀箱

调驳阀箱一般设在机舱,用于连接各压载支管和压载总管,也便于集中控制。调驳阀箱的工作原理如图2-2所示。左图实线箭头表示把左1压载舱水驳至右2压载舱;箭头表示把左1压载舱水排出舷外。右图表示利用舷外海水压力将海水经通海阀注入左1压载舱内。

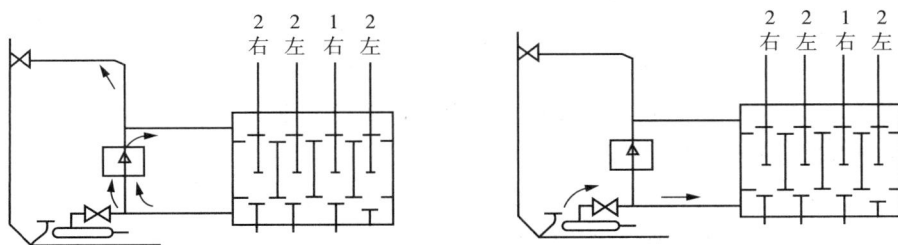

图2-2　调驳阀箱工作原理

第三节　空气管与测量管

1. 空气管

空气管(air pipe)的作用在于当液体舱柜在灌注或排出液体时,使舱内的空气得以通过液体舱柜进出,灌入时不至于形成气垫,排出时也不至于形成部分真空。除污水沟(井)外,每一液舱均应装设一支空气管以便能顺利地将液舱清空或装满。

空气管的内径不得小于50 mm,油船上的空气管不得小于100 mm。空气管的下端口连接在各舱柜最高处的顶板上,上端口伸至上甲板或机舱内,在干舷甲板上的高度应不小于760 mm,在上层建筑甲板上的高度应不小于450 mm,若无法实现,则可将储存的同类液体的各舱柜空气管引至舱壁甲板以上后,与空气总管连接,并将该总管引至露天甲板以上。空气总管的布置一般需要5°左右的倾斜,使管内的液体不能够积存。为了防止杂物或海水进入管内,空气管上端做成约180°的弯头,有的管口还装有开关或浮球,如图2-3所示。油船的空气管口上还装有防火金属罩。

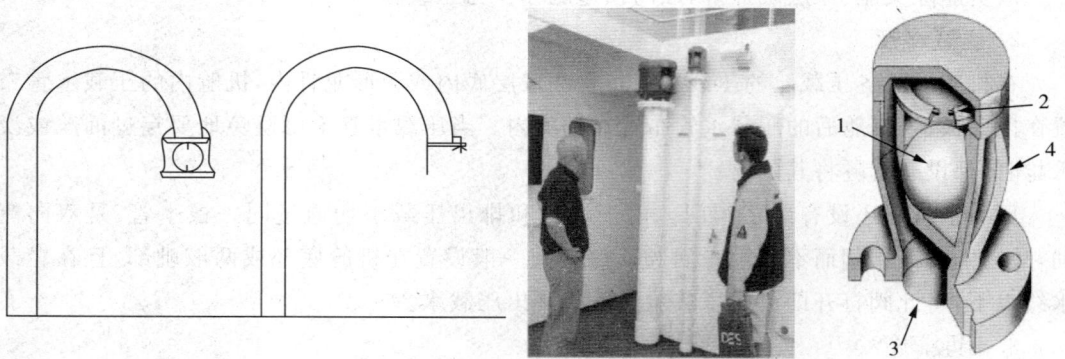

1—塑料球;2—橡皮垫圈;3—空气管上部端口;4—空气和水释放管。

图 2-3　空气管

2. 测量管

在船上的每一个液舱、隔离空舱管隧和不易经常接近的污水沟(井)中,均应设一根测量管,用于测量舱内的水深。以测得水深为引数查舱容刻度表就可以得知存水量。

测量管的下端口应位于液舱最深处,管口有开式和闭式两种。前者需在船底板上焊一圆形垫板,称为防击板(striking plate),以免测量时钢尺经常与船底板撞击而损伤船底板。测量管的上端口直通舱壁甲板,并设有螺纹盖(threaded cap),盖上有标明所属舱室的铭牌。当测量管腐蚀或损坏时,可旋开螺纹管接头,更换新管。在机舱或轴隧内的测量管,其上端口只延伸到机舱铺板、轴隧铺板以上 1 m 左右。为了避免注入的油、水从测量管溢出,在管口设有自动关闭阀(self - closing device)。如图 2-5 所示是一种重锤式自动关闭阀。重锤的重量使锤杆处于铅垂位置、自闭阀处于关闭状态。测量时只要将锤杆提至水平位置,阀口与管口对直,便可伸入测深棒。

第四节　通风管系的识别

一、通风管系的作用

为防止货舱内货物变质或自燃,以及改善船员住舱的生活、工作条件,船上设有舱室通风管系。它能排出舱内浊气,补充新鲜空气,以及调节舱内温度及湿度。

二、通风方式

船上的通风方式有自然通风、机械通风及运用空调系统等。

1. 自然通风

自然通风利用空气流动时通风筒内外压力差而使舱室达到通风换气的目的。自然通风在航行中效果较佳,可分为对流循环通风及自然排气通风。自然排气通风如图2-4(a)所示,将通风筒全部朝向下风面,使舱内较热的潮湿空气徐徐上升排出舱外,这是一种缓慢而安全的调节方法。通常每一货舱有进气和排气用通风筒各两支,排气通风筒在可能范围内应尽量升高,以便利用舱内外空气的密度差,达到最大通风效果。对流循环通风如图2-4(b)所示,它将上风面的通风筒朝向下风面,当作排气口,将下风面的通风筒朝向上风面,当作进气口,这是一种快速的调节方法,并可减少浪花浸入舱内,但空气潮湿时不宜采用。

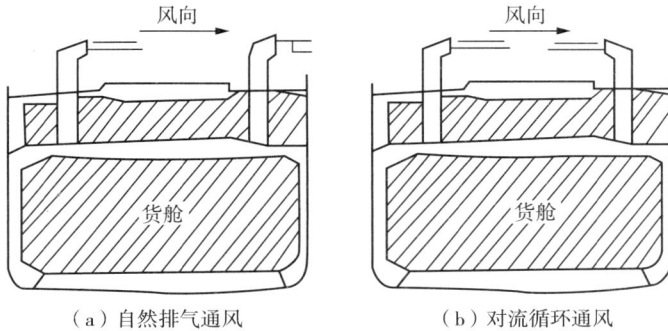

（a）自然排气通风　　　　　　　　（b）对流循环通风

图2-4　自然通风原理示意图

2. 机械通风

自然通风容易受风向、风力及通风筒截面大小的限制,而且通风量有时不能满足需求,或受到自然条件的限制,如雨天就不能进行自然通风,因此船上一般均装有机械通风装置,利用装置在进气和排气通风筒的鼓风机进行强力通风,不论在航行或靠泊中,均可将新鲜空气注入舱内,或将舱内空气抽出舱外,达到舱内强制通风换气的目的。机械通风不受风向及舱内、外温度差的影响,可以主动调节舱内所需风量及换气次数,且可与自然通风搭配使用。机械通风管路布置示意图如图2-5所示。

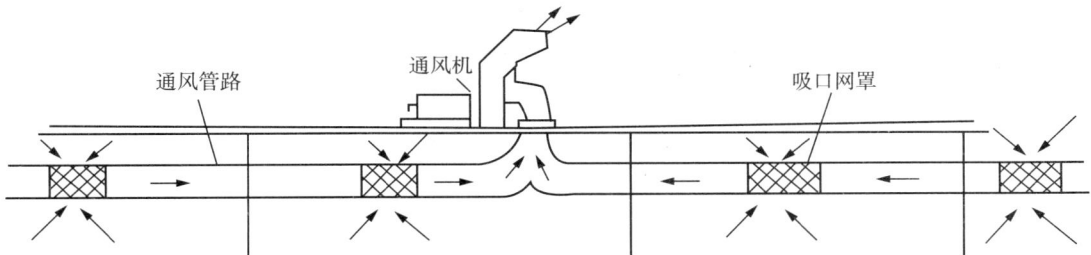

图2-5　机械通风管路布置示意图

3. 运用空调系统

空调系统对外界空气进行过滤、加热(或冷却)和加湿(或去湿),并把处理后的空气送至各舱室来调节室内温度和湿度,起到改善船员和旅客的生活居住条件的作用。

三、通风帽的种类

通风筒上口设有通风帽，又称风斗。常用的有烟斗式、鹅颈式和蘑菇式（菌型通风筒），如图2-6所示。

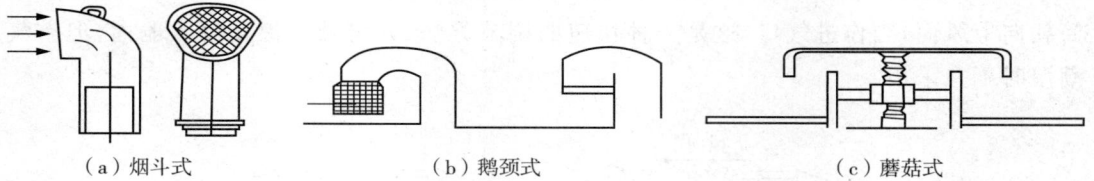

（a）烟斗式　　　　　　　　（b）鹅颈式　　　　　　　　（c）蘑菇式

图2-6　通风帽

1. 烟斗式通风帽

烟斗式通风帽多用于小型船舶货舱和机舱通风，可分上、下两部分，下部分为由钢板制成的圆柱形管座，安装于上甲板上，上部（风斗）套在管座上，上面有把用于转动风斗，调整通风筒方向，既可当进气也可当排气之用，筒口有金属网，以防杂物进入。

2. 鹅颈式通风帽

鹅颈式通风帽用于水柜或油柜上，上口设有滤网，由钢管弯曲而成，弯曲部分能防止水进入，但通风阻力大。其实物如图2-7所示。

图2-7　鹅颈式通风帽实物

3. 蘑菇式通风帽

蘑菇式通风帽多用于桅房与货舱通风,亦可用于厨房、住舱及机舱通风。上装有可调节螺杆,转动手轮可调节开口的大小。不受天气影响,对于雨水及浪花的浸入也较烟斗式更佳。其实物如图2-8所示。

图2-8 蘑菇式通风帽实物

四、通风管系的布置要求

(1)通风管口应设置在开敞甲板之上,并尽量远离排气管口、天窗和升降口等处。

(2)通风筒上口在甲板上应具有一定的高度,必要时设置风雨密装置。具体要求在《船舶入级和建造规范》里有详细规定。

(3)通风管道不得穿过舱壁甲板以下的水密舱壁。

(4)主要进风口和出风口都能在通风处所的外部加以关闭。

五、通风管系使用注意事项

(1)发生火灾时要关闭通风装置,以防止火势蔓延。

(2)根据货物的性质选择适当的通风方式。如运煤时宜采用表面通风,而不用循环通风。

(3)根据天气情况选择适当的通风方式。如雾天就不应进行循环通风或机械通风。

（4）台风或暴风雨袭来前要关闭通风，必要时拔掉风斗（烟斗式），加盖板和帆布罩，保证水密。

第五节　消防管系的识别

消防管系是船舶按规范设置的各种固定式灭火系统。对于干散货船而言，船上的消防管系一般包括水灭火系统、气体灭火系统、泡沫灭火系统、水雾灭火系统、自动喷水系统。

其中水灭火系统的甲板管系除主要用于灭火外，平时还可用于冲洗甲板，起锚时冲洗锚链，向顶边仓灌压载水及手提泡沫枪装置配套使用。

第六节　日用水管系

日用水管系用于供应船舶管理和船员生活用水，主要有日用淡水管系、日用热水系统及饮用水系统等。一般有重力水柜、压力水柜和循环泵三种供水法。

第七节　甲板排水管系的识别

一、甲板排水管系的作用

甲板排水管系排出甲板或地板的积水，如甲板上浪或下雨所产生的积水。

二、甲板排水管系的组成

甲板排水管系由甲板排水器和排水管组成。

三、甲板排水管系的设置

为防止海水从甲板排水管进入船内，要求：
（1）非封闭的上层建筑和甲板室的排水管和泄水管应引至舷外；
（2）排水孔应避免开在救生艇及舷梯吊放区内，否则必须设有挡水罩或其他有效装置；
（3）为防止船舶破损后海水浸入，密封的上层建筑和甲板室或从干舷甲板以下穿过外板的排水管和泄水管，其管壁必须加厚。在外板开孔处及管段中还设置坚固和便于检查的关闭装置，如止回阀和截止止回阀等。

第八节　卫生排泄系统

卫生排泄系统是船上冲洗卫生设备的系统。为防止造成海洋环境污染，排泄物经粪便处理系统处理，方可排放入海。

第三章 船舶起重设备的操作与管理

通过本章的学习与训练,学员掌握船舶绳索、钢丝、滑车以及其他货物索具使用与保养、货物装卸设备操作与安全基本的知识。达到《STCW78/95 公约》中表 A－Ⅱ/1 操作级功能块"货物装卸和积载"有关船舶结构知识、理解和熟练的最低法定要求。

第一节 滑车与绞辘的操作与管理

一、滑车

滑车又名起重滑车,船上常用的滑车有铁质和木质两种,滑车按轮数的多少分为单轮滑车、双轮滑车和多轮滑车,不同种类的滑车结构基本上是相同的。

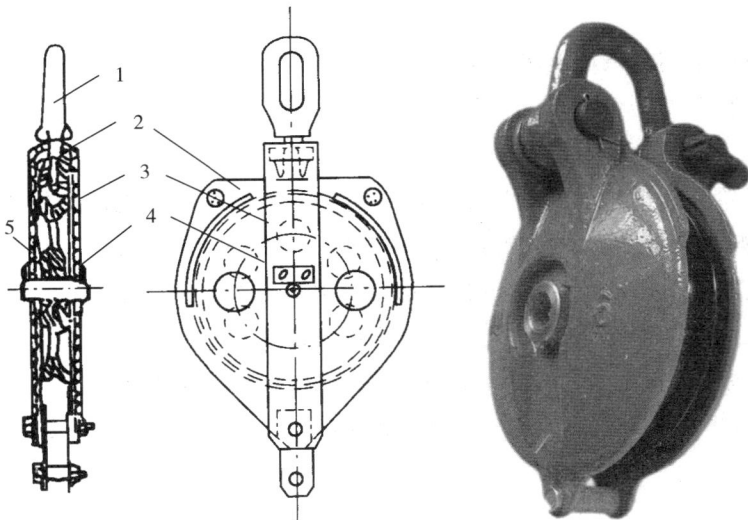

1—挂头;2—车壳和隔板;3—车带;4—轴;5—滑轮和轴承。

图 3-1 铁滑车结构

船舶起重设备的
操作与管理

(1)挂头:滑车的挂头形式很多,有钩子、眼环、旋转环和卸扣等,可根据工作需要来选取。它的强度代表滑车的强度。

(2)车壳和隔板:车壳用铁板或木头制成,用以保护滑轮和防止绳索滑脱。多轮滑车的滑轮之间则用隔板加以隔开。

(3)车带：它直接连在车壳上，滑轮轴上的力由车带来承受，然后传递到挂头上。

(4)轴：轴用钢制成，它穿过滑轮后固定在车带上。其固定的方法有单头螺丝、双头螺丝和压板三种，受力大的滑车的轴都应采用压扳固定法来进行固定。

(5)滑轮和轴承：铁滑车的滑轮是用钢铁制成的，木滑车的滑轮用铁、铜或硬木制成。滑轮的中心为一轴承，系由铜、合金钢或滚珠制成。轴穿过轴承，滑轮在轴上可以自由转动。

滑车的构造应使滑轮与外壳隔板之间保持较小的间隙，以免卡住绳索。滑车应具有有效的润滑，并能在不拆卸情况下对所有的轴承与头部吊环加注润滑油，在起重设备系统中不允许使用开口滑车。

二、绞辘

滑车与绳索配合在一起使用称为绞辘。

1. 绞辘各部位名称

(1)辘绳：贯穿在滑车上的绳索。

(2)力端：辘绳用力拉的一端。

(3)根端：辘绳固定在滑车上的一端。

(4)定滑车：固定在某处不动的滑车。

(5)动滑车：吊重受力时移动的滑车。

2. 绞辘的种类

(1)单绞辘：用一个单滑车和一条辘绳组合而成。

(2)复绞辘：由一个定滑车和一个动滑车与辘绳组合而成，又称滑车组。

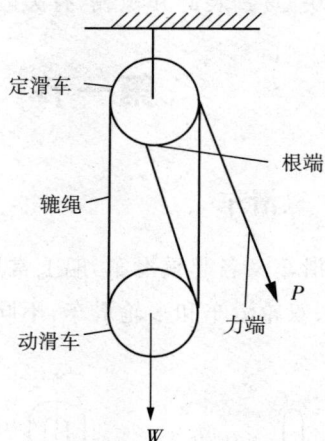

图 3-2 绞辘结构

它的命名是根据定滑轮和动滑轮的滑轮数来定的。由定滑轮和动滑轮组成的绞辘依次为 1—1 绞辘，2—1 绞辘，2—2 绞辘，3—2 绞辘，前一位数为定滑轮的个数，后一位数为动滑轮的个数。当定滑轮与动滑轮的数目不一时，一般情况下数目多的用作定滑轮。

(3)机械差动绞辘：又称差动滑车、机械滑车、神仙葫芦。它是利用齿轮传动比来达到省力目的的。它具有结构坚固、省力大、占地小、使用方便等特点，适宜于在狭小的地方进行起重作业，但工作速度较慢且吊升高度有限。其起重能力有 1/2 吨、1 吨、3 吨或更多，分别烙印在滑车上。

(4)绞辘的拉力计算。

绞辘拉力的近似计算公式为

$$P = w(1 + f \cdot n)/m \times 9.8$$

式中，P——绞辘力端的拉力(N)；

w——吊起的货重(kg)；

n——绞辘穿过的滑轮数；

m——动滑轮上的绳索根数；

f——每一滑轮的摩擦系数,对滑动轴承为 5%,滚动轴承为 2%,木滑车为 10%。

三、滑车的规格及辘绳的配置

铁制滑车的大小规格是以滑轮的直径(mm)或起重量(t)来表示的,木制滑车则以车壳的长度(inch)来表示。

滑轮的直径应量至滑轮索槽底部,钢贯滑轮应为钢制的,钢索通过滑轮或滑行车,应考虑摩擦系数和钢索的僵性损失情况,此数值对滑动轴承取 5%,对滚动轴承取 2%。滑车的大小与所配置的辘绳有一定的比例关系。根据《规范》的要求,滑轮的直径与绳索直径之比例应不小于表 3-1 规定的值。

表 3-1 滑轮直径与索径比例

滑轮用途		滑轮直径、索径直径(mm)	
		动索	静索
钢索	吊杆装置(包括吊杆式起重机)	13	8
	起重机、潜水器吊放系统	19	8
纤维索		6	

四、绞辘的检查和养护

(1)平时在使用时,对滑轮轴衬、轮轴等转动部位应经常加油保持润滑。如在吊重时滑车发出"吱吱"响声则表示缺油,应立即注油。

(2)吊重时,不但要检查滑车本身是否良好,而且要检查滑车的属件(如钩、转环、卸扣、辘绳等)是否正常,吊重时不能超过负荷。

(3)挂绞辘时,应使力端绳孔正对用力的人或绞缆机械,注意辘绳不要纠缠,吊放重物时,动作要缓慢,不要急剧松紧,以防辘绳受突然的拉力而破断。

(4)定期拆开检查,把油垢、铁锈清除干净,发现车壳有裂痕,轮轴、衬套及属件等磨损过度或变形应换新。检查后应充分加油。装配时应将轮轴的上下部调换,装有多轮的滑车,其接近力端的滑轮转动多,应与远离力端的滑轮互换位置,辘绳的根端与力端也应交换使用,以防其中一端过度磨损。

(5)收藏绞辘时,应存放在干燥位置,防止受潮腐烂。

第二节 常用索具的操作与管理

索具是吊运物品时,钩挂在物品上具有挠性的组合取物装置。它是由高强度挠性件(钢丝绳、起重环链、人造纤维带)配以端部环、钩、卸扣等组合而成的。吊索的极限工作载荷是在一般使用条件下,单支吊索垂直悬挂时允许承受物品的最大质量。除垂直悬挂使用外,吊索吊点与物品间均存在着夹角,使吊索受力产生变化,在特定吊挂方式下允许承受的最大质量,称为吊索的最大安全工作载荷。配合绳索使用的配件统称为索具。索具主要有卸扣、钩、眼板、眼环、心环、紧夹索、索头环和松紧螺旋扣等。

一、索具的通用安全规定

吊具、索具是直接承受起重载荷的构件,其产品的质量直接关系到安全生产,因此应遵守以下安全规定。

1. 索具的购置

购置的索具必须是专业厂按国家标准规定生产,检验,具有合格证和维护、保养说明书的产品。在产品明显处必须有不易磨损的额定起重量、生产编号、制造日期、生产厂名等标志。使用单位应根据说明书和使用环境特点编制安全使用规程和维护保养制度。

2. 材料

制造索具用的材料及外购零部件,必须具有材质单、生产制造厂合格证等技术证明文件。否则应进行检验,查明性能后方可使用。

3. 索具的载荷验证

自制、改造、修复和新购置的索具,应在空载运行、试验合格的基础上,按规定的试验载荷、试验方法试验合格后方可投入使用。

二、船舶索具

1. 卸扣

卸扣分直形卸扣(图 3 - 3)和圆形卸扣(图 3 - 4)两种,可作为端部配件直接吊装物品或构成挠性索具连接件。卸扣产品规格较多,根据实际使用状况,按产品额定载荷直接选取。

$$直形卸扣的许用负荷 = 4.5D^2(\text{kg}) = 44.1D^2(\text{N})$$

$$圆形卸扣的许用负荷 = 3.7D^2(\text{kg}) = 36.26D^2(\text{N})$$

式中,D——卸扣本体直径(mm)。

图 3 - 3　直形卸扣　　　　　图 3 - 4　圆形卸扣

2. 钩

钩由钩把、钩背、钩尖三部分组成。钩子用以钩挂物体,强度一般比卸扣小。待挂物体的质量大时,使用卸扣比钩子安全。钩子斜钩在甲板、舷墙等处的活动眼环上时,应使钩尖朝上才不易滑脱。钩的种类较多,船上使用最广的是普通钩。钩的强度比卸扣小,使用钩子时,应让钩背受力,以防止钩子拉直或变形。为了防止使用时脱落,可在钩尖与钩背之间用绳子缠住。

在吊货钩的本体上应标有许用负荷。圆背钩(图 3-5)的许用负荷(N)可用下式进行估算。

$$许用负荷 = 9.8 D^2 (N)$$

式中,D——圆背钩钩背的直径(mm)。

美式货钩　　　　眼形滑钩　　　　鼻形钩

图 3-5　圆背钩

3. 眼板

眼板是一块带眼的钢板,它焊接在舷墙顶板上或甲板上,供拴系支索、稳索或绑索之用,如图 3-6 所示。三角眼板供拴系吊货索及钩子。眼板的强度是根据眼板的厚度来估算的。

$$眼板许用负荷 = 75.46 D^2 (N)$$

式中,D——眼板的厚度(mm)。

图 3-6　眼板

4. 眼环

眼环由一个固定的眼环和一个活动眼环组成,用以钩挂各种动索,如千斤索、稳索等,如图 3-7 所示,其强度不如眼板大。

$$眼环许用负荷 = 29.4 D^2 (N)$$

式中,D——活动眼环的直径(mm)。

5. 心环

心环也叫嵌环,用于嵌在索眼中来防止绳索过度弯曲和磨损,如图 3-8 所示。心环是钢制的心形环。绳索在插接眼环时,将其固紧在眼环内,可避免绳索受力时的急折,并减少摩擦。选用心环时,应使心环的槽宽比绳索的直径大 1.5~2.0 mm。

图 3-7 眼环

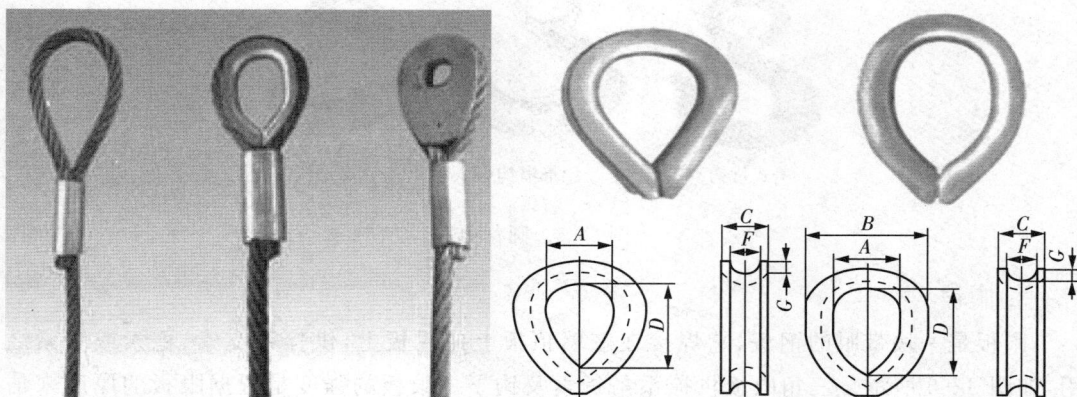

图 3-8 心环

6. 紧索夹

紧索夹也叫钢丝夹头或绳头卸扣,由"U"形环和夹座两个主要部分组成。用于将钢丝绳的绳端和其绳干扎紧形成一个绳环,以便系在眼环、眼板或其他物件上;也可以利用两根直径相近的钢丝绳临时连接在一起。拆装迅速,使用方便,常用于绑扎货物和支索端部,作为临时边接。

紧索夹的大小是以"U"形螺栓的开档来衡量的,选用时,开档的尺寸与钢丝绳的直径相匹配。使用时,其圆头应向着绳活端,使用的个数应由钢丝绳的直径确定,钢丝绳越粗,选用紧索夹的个数就越多。相邻紧索夹之间的间隔约为钢丝绳直径的 6 倍,如图 3-9 所示。

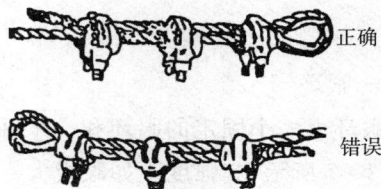

图 3-9 紧索夹

7. 索头环

索头环(图 3-10)有开式和闭式两种,常用于桅支索等强度要求大的静索,为一带锥形孔的空心锥形体,与锥底环体或叉体(带横销)连成一体,锥头部的圆孔内径与钢丝绳的直径相同,用于对钢丝绳绳头的固定连接,卸扣等索具可与环部或横销相连接。钢索索节的强度是以环部或横销的强度来衡量的。将钢丝绳绳头由小孔穿入,绳头散开,然后注以铅锌金属溶液,绳头与环连成一体。

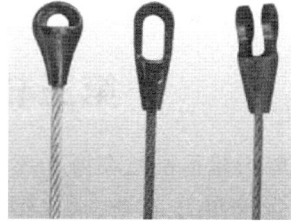

图 3-10　索头环

8. 松紧螺旋扣

松紧螺旋扣又称花篮螺丝,有闭式和开式两种,在起重设备系统中,把非永久性附连于起重设备上的零部件称可卸零部件,如链条、三角眼板、吊钩、滑车、卸扣、转环、钢索索节、有节定位索和松紧螺旋扣等。吊梁、吊架、吊框与类似设备亦称为可卸零部件。图 3-11所示为松紧螺旋扣(开式),图 3-12 所示为松紧螺旋扣(闭式)。

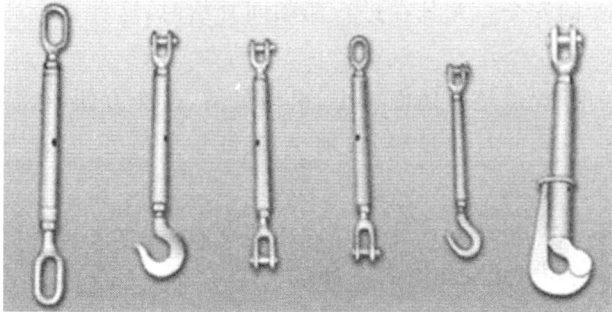

图 3-11　松紧螺旋扣(开式)

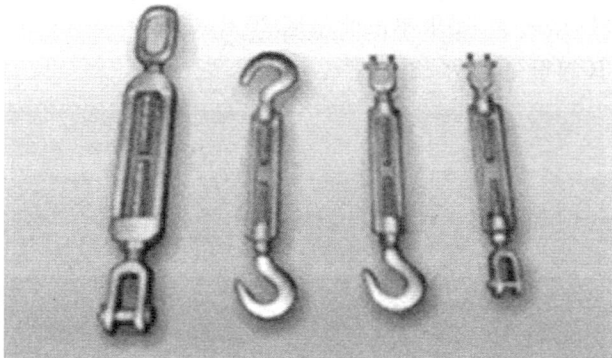

图 3-12　松紧螺旋扣(闭式)

松紧螺旋扣的大小以整个螺旋扣最大与最小长度和螺杆的直径来表示。使用时,以其螺杆上的钩、卸扣或环的强度为依据。松紧螺旋扣要注意加油活络,保证能灵活转动。用于露天静索时,螺旋扣要采用闭式的,在涂油后应用帆布包扎,防止生锈。为了防止松紧螺旋扣受力或经常震动引起自由转动,可在螺杆间嵌入制止块。起重设备系统中不得使用带钩子的松紧螺旋扣。

第三节　甲板起重机的操作与管理

船用起重机是在海上环境中执行运输作业的一种特殊起重机,主要用于船舶间货物的运输转移、海上补给、水下作业设备的投放与回收等重要任务。海上特殊的应用环境给船用起重机的控制带来了很大的挑战性。一方面,类似陆上各种驱动吊车设备,需要控制负载运输过程中产生的摆动,保证其定位精度与运输效率;另一方面,由于这种起重机固定于船舶等运动平台上,平台本身的运动会对负载运动产生强烈的影响,且很多情况下,负载起吊与降落点处的运动情况与吊车本身的运动情况不一致。在工作过程中,吊车船与接收船会随海浪纵摇、横摇与升沉,这些运动将导致负载发生摆动;特别是在升降过程中,船舶的此类运动易导致已吊起的负载再次与甲板相撞,或使已放下但尚未脱离吊钩的负载再次悬空,这些都会威胁作业的安全。尤其在进行船舶间补给时,这种耦合运动可能会造成非常严重的后果。

起重机俗称克令吊,优点是占地面积小,机动灵活,操作方便,在装卸作业前后没有烦琐准备和收检索具等工作,并且重量轻,占地少,装卸效率高等。其缺点是结构复杂,投资高,出现故障修复难度比较大。

船用甲板起重机,按其传动方式有电力传动和电力-液压传动两种。按其使用方式的不同,又可分为回转式、悬臂式和组合式三种。

一、回转式起重机

回转式起重机应用最广,可以单独或成对地在左右舷作业,如图3-13所示。起重量一般为3~5 t。在多用途船上,要求单吊能吊起20 ft(1 ft=0.3048 m)集装箱,双吊能吊起40 ft集装箱(30 t),其起重量可达25~30 t。

图3-13　回转式起重机

1. 基本结构

起重机由基座、旋转塔架、吊臂、操纵室、操纵装置等组成。基座固定在甲板上,并有旋转支承装置(即上坐圈、下坐圈、外围支承板)和旋转机构(即电动机、小齿轮、大齿轮)。

2. 基本参数

起重机的基本参数亦随起重机的使用方式不同而不同。以某制造厂的电力式甲板起重机为例。

起重量:5 t。

工作倾角:27°~79°,最低放置角8°。

工作幅度:3.5~16 m。

回转角:360°。

船舶倾角:横倾5°,纵倾2°。

起重设备

3. 操纵主令及基本工作原理

在操纵室内,座椅两侧装有电机运转控制器。

控制吊货索起升的为单主令:手柄向前,吊钩降下;手柄向后,吊钩上升。

控制吊臂变幅和塔架旋转的为双主令:手柄向前,幅度增大;手柄向后,幅度减小;手柄向左,起重机左转;手柄向右,则右转。旋转手柄在"O"挡为空挡,即刹车合上,定子断电,电子转子为自由状态。上述三个动作可单独进行,也可两两组合,甚至三个动作同时进行。

4. 回转式起重机操作注意事项

(1)使用准备

① 打开水密门以便检查或通风,天热时须启动轴流风机。

② 检查卷筒上的钢丝排列是否正常。

③ 将吊臂升起,仰角应大于27°。

④ 检查安全装置和刹车。

(2)运转要点

① 绝对不允许横向斜拉货物。

② 注意吊钩的位置,在吊钩着地后不得再松钢丝绳,也不能在地上拖吊钩。

③ 在传动失灵时,可以将货物放到地上和将吊臂放下,将电机的刹车小心地、慢慢地松开。

④ 发生危急情况时,按紧急开关,使各动作停止。

⑤ 起升钢丝绳切忌在舱口摩擦,平时应加强检查。

⑥ 在船舶倾角较大(接近5°)或刮大风时,避免在最大幅度时旋转。

⑦ 在吊着货物时,操作者不能离开。

(3)放置

先将吊臂转到支架上方,再把旋转手柄放在空挡,然后脚踏转换开关,将吊臂落到支架上,再将旋转手柄转回到零位。此时变幅钢丝绳稍有收紧,切忌很紧或很松,以免钢丝绳在卷筒上松脱或乱绕,然后关闭各门窗。

二、悬臂式甲板起重机

悬臂式甲板起重机是新型的甲板起重机,它是利用可伸出(或转出)舷外的水平悬臂和在悬臂上行走的滑车组来起吊和移动货物的。其主要用于集装箱的装卸。悬臂式起重机与回转式起重机相比,具有结构简单、装卸效率高、维修方便等特点。常见的悬臂式甲板起重机有下列形式。

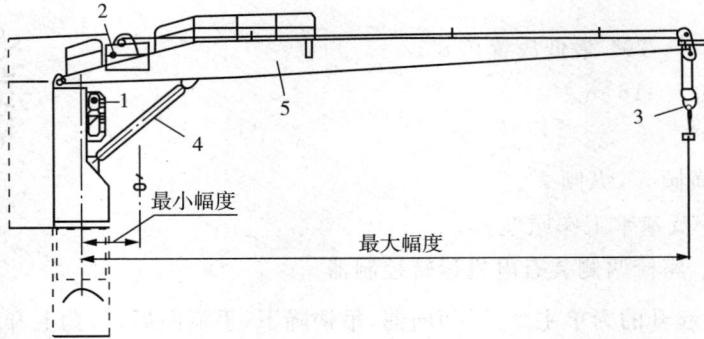

1—控抽室;2—起货机;3—吊货滑车;4—液压千斤顶;5—吊臂。

图 3 - 14 变幅回转式起重机

1. 龙门式悬臂起重机

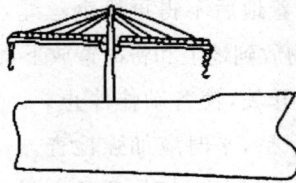

有些集装箱船设置的龙门起重机在其桥架上设伸向舷外的固定悬臂或伸缩悬臂。如图 3 - 15(a)所示。

2. 柱式悬臂起重机

柱式悬臂起重机如图 3 - 15(b)所示,又称为旋臂起重机,其基架为固定立柱,水平悬臂可通过回转机构回转,或利用悬臂牵索把悬臂拉进舷内或拉出舷外,吊货滑车组可沿着悬臂滚动变幅。

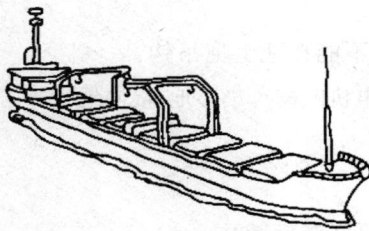

(a)龙门式悬臂起重机　　　　(b)柱式悬臂起重机　　　　(c)实船悬臂起重机

图 3 - 15 悬臂式甲板起重机

3. 基本工作原理

(1)起重机可沿甲板上的轨道前后移动,悬臂可向两舷伸出。

(2)在起重柱上设水平悬臂代替吊杆,利用悬臂牵索把悬臂拉出舷外,而滑车组可沿着悬臂前后滚动,水平悬臂可从舷门伸出。

（3）悬臂式甲板起重机操作注意事项如下。

① 每班开动前必须进行以下各项检查。

a. 吊钩钩头、滑轮有无缺陷。

b. 钢丝绳是否完好,在卷筒上固定是否牢固,有无脱槽现象。

c. 电动葫芦的制动器是否安全可靠。

d. 各传动机构是否正常,各安全开关是否灵敏可靠,起升限位是否正常。

e. 起重机运行有无异声:若发现缺陷或不正常现象,应立即进行检修,不得迁就使用。

② 严禁超规范使用起重机,必须遵守《起重机械安全规程》中"十不吊"的规定。

③ 每班第一次吊重物时(或在负荷达到最大时),应在吊离地面高度 0.5 m 后,将重物下放,以检查制动器的性能,确认可靠后再进行操作。

④ 操作控制器时,必须按档次进行。要保持被吊物平稳,吊钩转动时不准起升,防止钢丝绳出槽。

⑤ 电动葫芦行驶接近终点时,应降低速度,严禁用终点开关作为停车手段,也不准用反车达到停车的目的。

⑥ 操作者在作业中,应按规定对下列各项作业鸣铃报警(若无报警装置,应特别提醒周围人员注意安全)。

a. 起升、降落重物时。

b. 起重机在视线不清楚时,要连续鸣铃报警。

c. 吊运重物接近人员时。

⑦ 禁止起重机吊着重物在空中长时间停留,起重机吊着重物时,操作者和挂索人不得随意离开工作岗位。

⑧ 起重机运行时,操作者集中精神,禁止人员从事检修。

⑨ 在正常工作中变换运行方向时,须等机构完全停止转动后再换向开车,操作时不得同时按下快、慢按钮和同一电机的反正转按钮。

⑩ 电器各保护装置必须保持完好,不准随意调整和更换。

⑪ 工作中,制动器、轴承和电器等部位有过热、异音或异常现象时,应将控制器手柄扳到零位,立即切断电源,进行检修。

⑫ 吊运作业完毕后,将起重机转至指定地点,小车开到吊梁一端,吊钩升起 2.5 m 以上,控制板的电源控制开关拨至"OFF",切断电源,清理现场工地。

三、组合式起重机

组合式起重机俗称双联回转式起货机,如图 3-16 所示。

1. 结构特点

两个单回转式起重机同装在一个转动平台上。它们可以像两台独立的起重机一样分别进行各自的作业,也能够并联在一起,用以起吊重量大的货物,例如组合体货、大件货等。

（a）组合式起重机　　　　　　　　　　　　（b）实船组合式起重机

图 3 - 16　组合式起重机

2. 工作原理

当两台起重机独立工作时,要将操纵室内的转换开关置于"单吊"位置,两台起重机就互相脱开。两台起重机分别绕各自的小转盘旋转。但最大旋转角度要受到限制,一般为220°左右(各自在相反的方向上起算),同时,应该注意到两吊都能够回转进入干涉区。为此,设置了相应的安全装置。在 140°范围内设置相应的极限开关。当一台吊进入干涉区时,极限开关起作用,使另一台吊不能越出 140°的范围,从而避免两吊发生碰撞。

新型船舶已开始使用电脑来控制组合式起重机,使并机起吊实现三个自由度上的同步作业,整个操作只需一人在控制室内进行,也可实现遥控操作。

3. 组合式起重机操作注意事项

（1）行车前的检查

操作前注意检查以下情况,一切正常方可工作。

① 运转时有无异常的声音和异味。

② 控制器触头接触是否良好,保证调速正常。

③ 各制动器是否灵活可靠(特别是卷扬机构)。

④ 大、小车缓冲器及行程开关是否完整可靠。

⑤ 各安全开关是否完整、灵活、可靠(特别是升降及开闭机构)。

⑥ 钢丝绳的紧固、卷绕是否正确,其损坏是否超过报废标准,钢丝绳扎头是否牢固可靠。

⑦ 在无载荷情况下,接通电流,开动并检查各运转机构,控制系统和安全装置是否灵敏准确,安全可靠方可使用。

（2）使用注意事项

① 起重机驾驶人员应持有特殊工种操作证，或是起重机专业维修人员，严禁非驾驶人员操作。驾驶人员应了解起重机的结构和性能，熟悉安装维护说明书及本安全操作规程。

② 操作人员应随时观察操作现场及起重机运行情况，主要观察吊钩运行情况、钢丝绳状态、滑导线运行情况及周边环境。

③ 吊运工件时必须吊挂牢固平稳，吊运时应先点动按钮，使重物拉紧钢丝绳后再行起吊，看绳扣有无扣牢，使重物稍离地面，经试吊无问题后再吊运。

④ 必须在垂直位置上起升重物，禁止斜拉斜吊。

⑤ 起重机运行时，严禁各控制开关同步进行，以防电流过载，反向运行时，停稳后方可进行反向操作，以免损坏行走机构。

⑥ 起吊重物停车后，如发现制动失灵，应保持镇静，应迅速按"上升"按钮，再按"下降"按钮，如此反复多次，使重物缓慢降至地面再检修；如遇停电等情况，应将各控制开关归零位，并切断空气开关。

⑦ 吊装过程中，禁止吊装物从人头顶上越过，禁止任何人员处在吊装物正下方。

⑧ 要保持组合按钮的整洁和干燥，禁止手上带水时操作组合按钮。

⑨ 限位开关是发生事故的保险装置，不应作为行程开关经常使用，更不得拆卸。

⑩ 操作者在使用过程中如发现有异常现象，应停止使用并关闭总电源开关，通知维修人员查明原因，等待修复后再使用。

四、起重机的控制与限位装置

1. 起重机的控制装置

（1）起重机应设有起升、回转、变幅和行走（如适用时）机构的控制系统，能够有效控制速度、运转方向及停止运转以确保作业安全。

（2）起重机控制站应设有应急切断装置。用于在应急情况下停止起重设备工作，使起重机的升降、回转和变幅等动作立即停止。此应急切断装置应独立于起重机控制系统，并应具有清楚的标志与适当的保护以防止发生意外动作。

（3）起重机应设有超负荷保护或负荷指示器。超负荷保护应调整在不超过110％安全工作负荷时动作。

（4）不同安全工作负荷和不同臂幅的起重机，应设有臂幅指示器和在给定臂幅的前提下能自动显示最大安全工作负荷的载荷指示器，并在载荷到达95％安全工作负荷时应发出报警，到达110％安全工作负荷时能自动切断运转动力。

（5）起重机的各机构应设计有制动器。起升与变幅机构的制动器应为常闭式，并应具有应急释放的装置以使任何载荷能下降与就位，制动器的安全系数（制动力矩与额定力矩之比）应不小于1.5。

（6）行走式起重机应装有夹轨装置，以防止起重机在风力或船倾作用下自动滑行。还应设有锚定装置,以供起重机停用时给予固定。

（7）起重机应设有防声、光信号装置。行走式起重机在轨道上行走时,应同时发出声、光信号。

2. 起重机的保安装置

（1）起升高度限位器:限制吊钩组合进入吊臂头部是由差动型装置来限制的,不管吊臂在什么位置,当吊钩组合在距吊臂头部一定距离（约 2 m）时,起升的上升方向与变幅的下降方向自动停止,吊钩可以放下,吊臂可以上扬。

（2）最大与最小臂幅限位器:起重机工作幅度有一定的范围,相应的吊臂仰角也有最小和最大角度范围（例如 27°～79°）。其角度的限制由装在塔架转台侧面的吊臂脚接触的限位开关来保证。当仰角大于设计最大角度时,塔架头上装有两个缓冲器顶住吊臂的横档。如起重机的某一机构需要越过限位器所限制的位置（如需将臂架放平于支架上）,则设有可停止限位器动作的越控开关,此开关应适当保护,防止发生意外动作。吊臂需要放置于支架上时,通过转换越控开关取消最小仰角制。

（3）回转角度限位器:非全回转的甲板起重机回转角度受限制,需设此限位器。

（4）行程限位器:适用于行走式起重机与桥式起重机的行走吊车。行走式起重机与行走式吊车在行程限位器后还应设有缓冲器与缓冲挡座。

上述限位器动作后,应发出报警信号,切断运转动力并应能将吊运的载荷与起重机保持在限位器动作时的位置上,辅助起重机（如食品吊等）除外。

（5）其他。

① 吊臂最高、最低位置的限制系由起升卷筒旁边的限位装置保证,同时防止钢丝绳松脱。吊钩放到最低位置（碰舱底板）时,卷筒上留有的钢丝绳不少于 4 圈,吊钩升到最高位置时,卷筒上留出空槽约 1 圈。

② 紧急按钮。装有紧急按钮,按此按钮可使起重机的两个动作立即停止。

第四节　轻型吊杆的操作与管理

船用吊杆装置根据起重量的不同分为轻型和重型两种。安全工作负荷（safe working load,SWL）大于 10 t（98 kN）的吊杆称为重型吊杆,安全工作负荷（SWL）小于或等于 10 t（98 kN）的吊杆称为轻型吊杆。

一、轻型吊杆类型

1. 轻型吊杆组成

轻型吊杆是由起重柱（桅）、吊杆装置和起货机械三大部分组成的（图 3-17）。

起重柱（桅）是起货设备中主要组件之一,它的作用是在柱的下部设置吊杆承座,以支持吊杆旋转和承受吊杆在作业时的受力,在柱的上部设置千斤索眼板座,以承受吊杆作业时千斤索的张力。吊杆装置由吊货杆、绳索及索具等组成,在吊货杆头部装有吊杆环眼箍,以对该部位做适当加强,环眼箍上设有千斤索眼板、起货滑车眼板及保险稳索眼板等;吊杆根部由鹅颈头与固定在桅或起重柱上的吊杆承座相连接。吊杆装置中所使用绳索主要有千斤索、起货索、稳索等,千斤索可控制吊杆的俯仰及回转,起货索则控制货物的起升和降落,稳索的布置与作用随轻型吊杆形式的不同而不同。

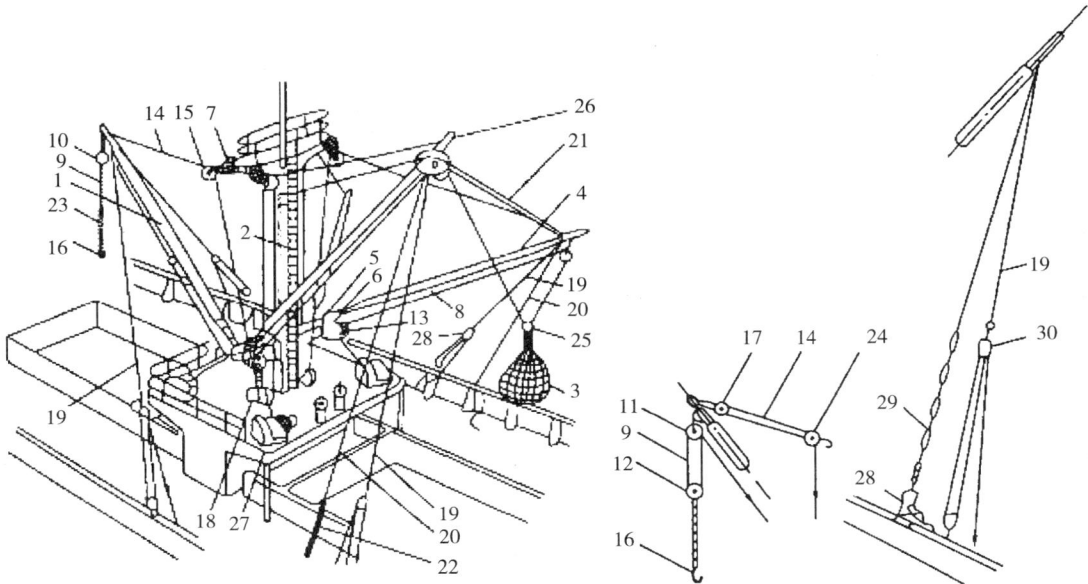

（a）普通轻型单吊杆和双吊杆　　　　　　（b）普通双吊杆头部索具

（c）实船轻型单吊杆和双吊杆

1—吊杆;2—桅;3—吊货网兜;4—舷外吊杆;5—吊杆台;6—用杆座;7—千斤座;8—护索环;9—用货索;
10—吊货滑车;11—上吊货滑车;12—下吊货滑车;13—吊杆座滑车门;14—千斤索;15—千斤索滑车;16—吊货钩;
17—下千斤滑车;18—千斤索卷车;19—摆动稳索;20—保险稳索;21—吊杆间牵索;22—保险稳索链;23—吊货短链;
24—上千斤滑车;25—三角眼板;26—舱口吊杆;27—起货绞车;28—有节定位索夹头;29—有节定位索;30—稳索滑车。

图 3 - 17　轻型吊杆装置

起货机械由起货机和其操纵机构组成，它是起重设备的动力源。

2. 吊杆装置

吊杆装置由吊杆绳索及索具等组成。

1) 吊杆

钢制吊杆(boom)为在全长范围内直径与厚度保持不变的圆筒形等截面杆件，或中段直径与厚度保持一定长度不变，再向两端直径逐渐减少的变截面杆件，用以支撑吊货滑车。任何情况下钢质吊杆的壁厚不得小于 4 mm。吊杆头部装有吊杆环眼箍，以对该部位做适当加强，环眼箍上设有千斤索眼板、起货滑车眼板及稳索眼板等。吊杆根部由叉头装眼板通过吊杆转轴(鹅颈头)与固定在桅或起重柱上的吊杆承座相连接，以实现吊杆旋转及变幅。

2) 绳索与索具

吊杆装置中所使用的绳索主要有千斤索、起(吊)货索、稳索等，吊杆装置中的索具有吊货与吊货导向滑车、千斤索与千斤索导向滑车、稳索用滑车、有节定位索、三角眼板、卸扣及吊货钩等。

(1) 千斤索

千斤索是承受吊杆载荷，并控制吊杆仰俯和/或回转的钢索。千斤索的根端通过千斤索滑车组的千斤索滑车与吊杆环眼箍或眼板相连接，另一端穿过千斤索导向滑车后垂直向下通至千斤索绞车，利用千斤索绞车的绞收或松放来控制千斤索的长度，实现调整吊杆仰角和/或左右回转(双千斤索无稳索)。

(2) 吊货索

吊货索是吊放货物、控制货物起升或降落的钢索。吊货索的一端与吊货钩相连(采用吊货滑车组的，则通过吊货滑车与吊货钩相连)，双杠联合作业时，则通过三角眼板将两根吊货索与吊货钩相连；另一端经吊杆头部的吊货滑车、中部的过桥滑车及吊杆根部的吊货导向滑车后引至起货绞车。吊货索动作频繁，是最易磨损的绳索。

(3) 稳索

稳索是用于调整和固定吊杆位置的钢索和/或纤维索。稳索的种类随轻型吊杆使用形式的不同而不同。

稳索的一端连接在吊杆头部吊杆环眼箍的两侧或该处两侧的眼板上，另一端引至稳索绞车或系固在舷墙地令(或眼板)上。对采用单千斤索单杆操作的轻型吊杆来说，稳索的另一端引至稳索绞车，并由绞车操作，此时的稳索称摆动稳索(又称牵索)，摆动稳索通常在吊杆头部左右各设一根，通过绞车一绞一松，即可实现单杆的左右回转动作。对采用双杆联合作业的轻型吊杆来说，每根吊杆头部的外侧设两根稳索，称边稳索(俗称边盖)，其中一根称调整稳索(俗称软盖)，一般由钢索与纤维索绞辘组合而成，其中绞辘中的定滑车通过卸扣与舷墙地令(或眼板)相连，操作人员手握辘绳力端。调整稳索仅用于吊杆的布置与调整，吊杆工作过程中基本不受力；另一根为保险稳索(俗称老盖)，一般由有节定位索或钢索制成，其另一端与舷墙专用装置相连。保险稳索用于固定吊杆工作时的位置，并承受吊货时吊货索的水平张力,保险稳索是受力最大的绳索;两吊杆头部内侧间由一纤维索绞辘相连,称中稳索(俗称中盖),绳辘力端通过设在起重柱(桅)肩上的导向滑车引至起重柱(桅)下部,并挽在专用羊角上固定。中稳索用于吊杆的布置、调整及防止吊杆在工作过程中的外张与晃动,受力最小。

3)起重设备动力机械

起重设备动力机械(起货机)为布置起重设备与装卸货物的动力源。

(1)起货机的种类和特点。

船用起货机主要有电动和电动液压两大类。电动起货机线路比较复杂,需要较高的管理维护水平,但其具有操作简单、运转平稳等特点,船上应用较为广泛。液压起货机与电动起货机相比具有重量轻、体积小、操作方便、工作平稳等优点,并具有良好的制动能组,制造安装较复杂,维护管理要求高,若使用或维护不当,高压油管接头及油管本身易爆裂造成漏油。目前,液压起货机已在船上广泛应用,并显示出其独特的优越性。

(2)起货机的一般性能要求。

① 起货机的离合器和刹车应灵活可靠;

② 制动器(刹车)的有效制动力矩应不小于其额定值的1.5倍;

③ 在电源中断或管路失压时,应设有防止货物落下的制动装置;

④ 应设有过载保护装置;

⑤ 操纵手柄的动作方向应与吊货钩的动作方向一致。

(3)电动起货机的操作步骤与使用注意事项。

① 操作步骤。

a. 通知机舱供电;

b. 接通控制箱上的电源开关;

c. 扳动操纵手柄于相应位置,即可获得相应的转动方向和回转速度;

d. 使用完毕后断开控制箱上的电源开关,并通知机舱停止供电。

② 使用注意事项。

a. 使用前应顺、倒车空转片刻,以确认起货机是否正常,同时检查刹车的可靠性;

b. 在增减运转速度时,应缓慢加速,以防因负荷突然加大而烧毁电机;

c. 顺、倒车换挡时,应先将操纵手柄在断电点零位(空挡)处略停片刻,随后才可变换操纵方向;

d. 装卸货作业时,起货机副卷筒也同步转动,但严禁同时使用以防过载而发生事故;

e. 如电动机升温过高或减速箱内的油温超过规定值,应立即停止工作并请轮机人员检查。

(4)液压起货机的操作步骤与使用注意事项。

① 操作步骤。

a. 通知机舱供电,合上电动机电源开关,开启高压油泵阀门;

b. 检查高压油泵的压力是否正常,如不正常,须调节至适当压力;

c. 启动控制箱上的油泵开关时,应先按辅助油泵开关,过 1 min 后再按主油泵开关,并检查压力表指针是否正常;

d. 扳动操纵手柄,即可控制油马达的转动方向和回转速度;

e. 使用结束后,应先关闭主油泵再关闭轴助油泵,并通知机舱停止供电,最后关闭高压油泵阀门。

② 使用注意事项。

a. 使用前应顺、倒车空转片刻,以确认起货机是否正常,同时检查刹车的可靠性。

b. 操纵时应缓慢加大油压,以防油压突增造成油管接头爆裂而导致漏油。

c. 装卸货作业时,起货机副卷筒也同步转动,但严禁同时使用以防过载而发生事故。

d. 使用过程中如发现升降速度不一致,可按下述方法进行零位调整。

第一步:扳动操纵手柄使零位指示灯亮。

第二步:开启手柄旁的小阀。

第三步:将手柄置于中间位置。

第四步:关闭小阀。

3. 普通轻型单吊杆

普通轻型单吊杆使用操作时,通常是调整好稳索、千斤索使吊杆置于某一合适的位置,吊货索也处于可用状态。当卸货时,使吊杆处于舱口上方,吊杆仰角的大小由千斤索收放来控制,松放吊货索即入舱吊货。当绞收吊货索把货物吊至超过舱口上沿后,松出吊杆转向相反一侧的稳索,同时收入同向一侧的稳索,松放过程中,吊杆慢慢地转向卸货地点,到达合适的位置停下,松下吊货索将货物卸到指定的位置上。

4. K-7 式单吊杆

该吊杆是在普通轻型单吊杆基础上改进的一种轻型单吊杆。它配置有两套专用动力绞车的牵索索具,使吊杆既能回转又能变幅。由于两根牵索是以相反的方向缠绕在卷筒绞车上的,当一只卷筒放出牵索时,另一卷筒将收进相同长度的牵索,即左右牵索的长度之和为一定值。因此,吊杆顶端的运动轨迹是一椭圆弧,而实际吊杆顶端只能作圆弧运动。两者的差异将造成牵索出现松弛或绷紧的现象,称为吊杆的失稳。为此,实际装置中是将千斤索和牵索以某种方式联系起来的,通过连接点的位移来补偿牵索长度之和为定值带来的松弛或绷紧现象,使吊杆能稳定地回转,如图 3-18 所示。

5. 双千斤索单吊杆

该吊杆无牵索工具,而由左右分开的两套千斤索具来操纵吊杆。这种吊杆装置主要是维列式。它的两台千斤索绞车均为双卷筒式。其中一台控制变幅,即将两根千斤索的一端按相同方向绕进一对卷筒,绞车转动时,两根千斤索同时收进或放出,使吊杆变幅。另一台绞车控制吊杆回转,即将两根千斤索的另一端按相反方向绕在卷筒上,绞车转动,两根千斤索一收一放,使吊杆回转,如图 3-18 所示。

6. 千斤-牵索单吊杆

由千斤索和牵索相互贯通的两组索具操纵吊杆操作的吊杆装置。每一根千斤索的起

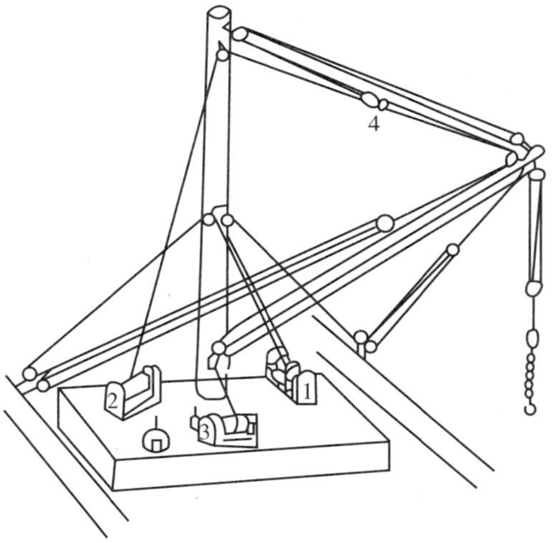
4
2
3
1

（a）装置形式

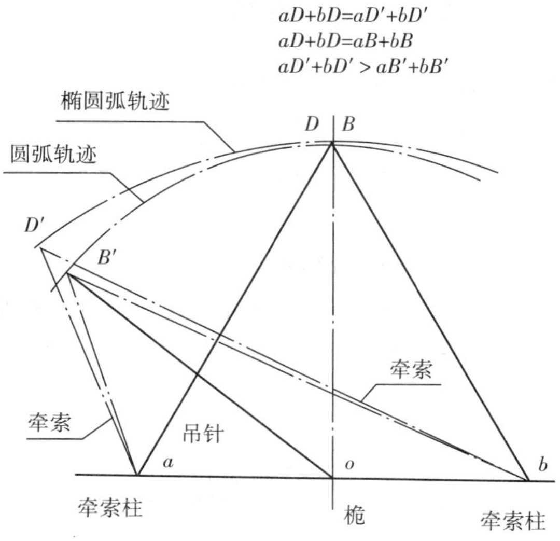
aD+bD=aD′+bD′
aD+bD=aB+bB
aD′+bD′ > aB′+bB′
椭圆弧轨迹
圆弧轨迹
D
B
D′
B′
牵索
牵索
吊针
a
o
b
牵索柱
桅
牵索柱

（b）吊杆头及牵索交点的运动轨迹

1—回转绞车；2—变幅绞车；3—起货绞车；4—连接点。

图 3－18　K－7 式单吊杆装置

端固定在桅肩上，千斤索经吊杆头部通向牵索下滑车，再回到吊杆头部的滑车和桅肩处的导向滑车。末端通向千斤索双卷筒绞车的一个卷筒上，千斤索绞车的一对卷筒能同时旋转或分开旋转，这样就能实现吊杆的回转与变幅运动，牵索的下滑车生根在两舷侧的牵索短柱上，如图 3－19 所示。

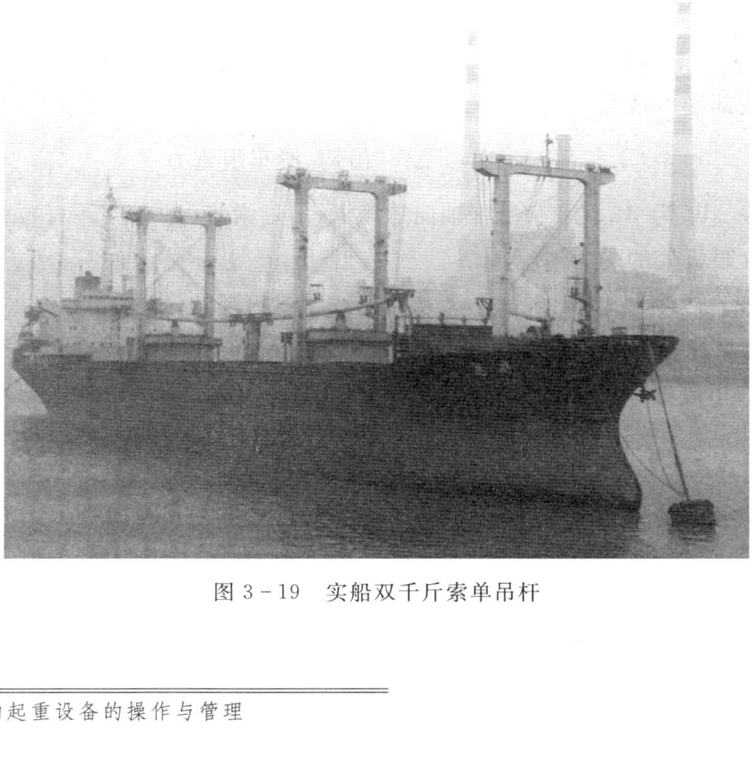

图 3－19　实船双千斤索单吊杆

二、单吊杆受力分析

吊杆在装卸货物过程中,由于船舶的倾斜、外力和货物摆动过程中的惯性等影响,各部分的构件及属具可能超出最大工况时的受力,正确地分析和计算某一工况时的各部分受力,对确保装卸货物的安全及发生装卸事故后的正确处理有着极其重要的指导意义。

1. 图解法

轻型单吊杆操作时,其整个装置中各构件所受之力都作用在吊杆和千斤索所组成的垂直平面内,为简化起见,可假定这些力分别汇交于吊杆头部、根部及千斤索眼板三处。单吊杆受力分析如图 3-20 所示。

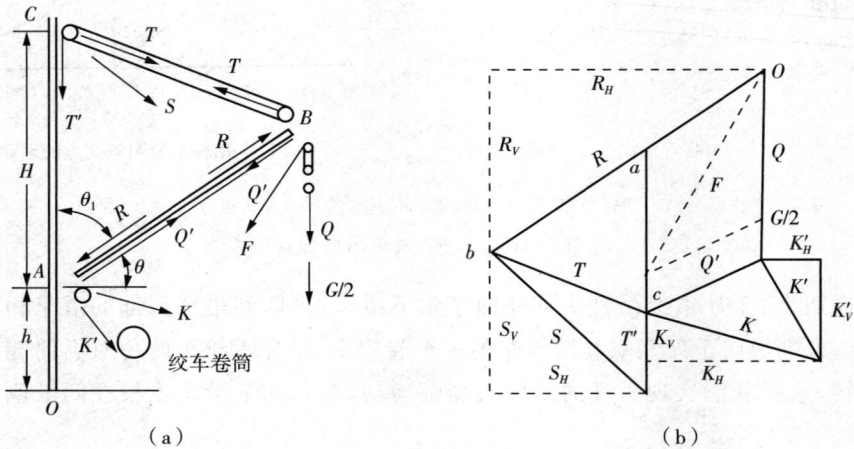

图 3-20 单吊杆受力分析

2. 解析法对单杆操作受力分析

(1)吊杆头部受力情况

$$载荷\ Q=Ws+\Delta W(吊钩、滑车组重力)$$

说明:一般 ΔW 为 Ws 的 2% 吊杆轴向压力 R;吊货索张力为 Q';吊杆自重为 $G/2$。

(2)千斤索眼板处的受力情况

解析法求千斤索张力的反作用力 R 和通向绞车卷筒上的拉力 T。

令 ac 表示吊杆头上的荷重 Q 与吊杆重量 $G/2$ 的和,记作 $[Q]$。根据力三角形 abc 与几何三角形 ABC 相似,即可得

$$R=\frac{L}{H}[Q]+Q'$$

$$T=[Q]\sqrt{\left(\frac{L}{H}\right)^2-2\frac{L}{H}\cos Q_1+1}$$

式中,Q_1——吊杆与铅垂线之夹角。

由解析法可得出如下结论：

① 在同样载荷条件下，吊杆的轴向力 R 与仰角无关，而取决于比值 L/H（吊杆长度 L 与支悬高度 H 之比）及吊货滑车组的滑轮数目 m，L/H 越大，m 越小（即 Q' 越大），则吊杆的轴向力也越大；

② 在同样载荷条件下，千斤索张力 T 与吊货滑车组的滑轮数目 m 无关，而与 L/H 和仰角 θ 有关，L/H 越大，仰角 θ 越小，则千斤索的张力 T 也越大。

由此可见，千斤索的受力与吊杆工作时的仰角 θ 有关，根据我国起货设备相关规范，受力计算时，轻型吊杆取仰角 $\theta=15°$，或按实际可能出现的最小仰角计算。

稳索受力较小，可按载荷的 20% 计算。

三、双吊杆布置基本要求

双杆作业布置要点如下：

(1)舷内保险稳索的布置：尽量使其的水平投影与吊杆水平投影成 90°，以减小吊杆的水平分力，同时保险稳索应尽量布置在舷墙的地令或卡板上，以减小保险稳索的张力。如果吊杆的仰角较大，保险稳索可略向前布置一些，这样可增大稳索与吊杆的夹角。

(2)舷内吊杆仰角的布置：舷内吊杆的仰角不要太大，最大仰角应小于 75°，以防止翻关。

(3)舷外吊杆仰角的布置：应大于 15°，吊杆仰角大小会导致千斤索张力太大。吊杆与船舶纵中线的水平投影夹角保持在 45°～65°，这样可以保证吊杆在舷外有一定的跨度，又可以防止两吊杆头部的距离过大，同时可避免两吊货索受力过大。

(4)舷外保险稳索的布置：舷外保险稳索应尽量向后并且高一些，以减小对吊杆的作用力。舷外吊杆的跨距应保证在 3.5 mm 以上。

(5)其他布置注意事项。

① 正确合理地选择舷墙上专用于系固保险稳索部的眼板或地令，是双杆联合作业时的布置重点。

② 双杆作业布置比较复杂，装卸货之前需近 1 小时的时间进行整理准备，在装卸货物过程中，根据货物的堆垛情况进行适当调整。

③ 双杆操作时，在轴向压力相同的条件下，其安全工作负荷为单杆操作的 40%～60%。

四、起落吊杆操作及注意事项

1. 双杆作业时操作注意事项

(1)严禁超关、拖关、摔关和游关。

(2)货物不应吊起太高，防止两吊货索张角大于 120°，以免吊货索张力剧增而导致严重后果。

(3)装卸货时应避免突然转向或刹车。

(4)在作业中发现有异常情况或异常声响应立即停止工作，待检查并消除故障后再进行工作。

（5）装卸货作业中吊杆的调整应由值班驾驶员负责。不能让装卸工人任意改变布置状态。

（6）起吊时，吊杆下严禁站人。暂不工作时，吊货索应收绞起来，使货钩不碰到人头。吊货索不应盘在甲板上。

2. 轻型吊杆的起落操作

船舶靠、离泊期间，吊杆的起落操作应在正、副水手长指挥下进行。操作前，应将操作要点及注意事项交代清楚，并试验起货机。轻型单吊杆的起落操作比较简单。现就轻型双吊杆的起落操作叙述如下。

（1）起吊杆

① 先打开吊杆支架的铁箍，并将稳索、吊货索、千斤索整理清楚，检查各个卸扣插销、细铁丝有无松动、脱落现象，再将吊货索松出。

② 将调整稳索（软盖）的活端扣结在舷边眼环上，再将辘绳在羊角上挽一道，握住尾端，起吊杆时适当溜出，使吊杆不左右摆动，同时由一人把中稳索做适当的收放。

③ 操纵千斤索升降机使吊杆升起，同时松出调整稳索，当吊杆起至需要高度时，按制动开关使升降机停住，插上保险销子。

④ 调整好吊杆位置后，将调整稳索收紧，以保证保险稳索系妥，收紧扣住，放松调整稳索，然后挽住。

⑤ 利用吊货钩吊起重物，使保险稳索受力后，收紧中稳索并挽牢。

（2）落吊杆

① 解开保险稳索，将舷外吊杆拉入舷内。

② 拔出千斤索升降机的保险销，脱开自动铁舌，启动升降机反转，松落吊杆。

③ 在吊杆接近支架时，必须特别缓慢、细心地操作，以免发生事故。

④ 支架受力后，扣上铁箍，将稳索、吊货索整理清楚，检查保险销、制动铁舌是否放好。

（3）起落吊杆时注意事项

① 操作人员要精力集中，注意指挥者的指挥，不要左顾右盼。

② 指挥者应站在适当的地点，使作业人员能清楚地看到指挥动作，以便正确执行。

③ 吊杆底下不准站人。

④ 应配备足够的作业人员。如果人员不足，应一根一根地起落。

⑤ 双杆同时起落时，操纵起货机者应互相配合好。

⑥ 在起落中，如发现滑车或起货机的转动有不正常的声音，应暂时停止工作并进行详细检查，以防发生事故。

⑦ 一切绳索必须整理清楚，勿使在吊杆的起落过程中有盘住或钩住他物的现象发生。

第四章　货舱、舱盖及压载舱的缺陷、损坏检查和报告

通过本章的学习与训练,学员应对船舶舱盖结构、种类及舱盖的操作、货舱内设施、货舱、舱盖及压载舱的缺陷与损坏进行检查和报告,学员能依据 PSC 检查要求和船舶安全自查指南要求,对货舱、舱盖及压载舱的缺陷与损坏进行检查,并能对不相符项目进行报告和相应整改,达到 STCW95 公约表 A－Ⅱ/1 操作级功能块"货物装卸和积载"有关船舶结构知识、理解和熟练的最低法定要求。

货舱、舱盖及压载舱的缺陷和损坏检查和报告

第一节　舱盖结构识别

目前,船舶主要采用的货舱盖形式有滚动式、折叠式和吊移式三种。按启闭动力不同,舱盖可分机械牵引式和液压启闭式两种。

货舱舱盖

一、滚动式舱盖

滚动式舱盖又可分为滚翻式、滚移式和滚卷式三种。现仅以常用的滚翻式为例进行介绍。

滚翻式舱盖由盖板、水密装置、滚轮装置、导向曳行装置和压紧装置五部分组成。各盖板之间用链条连接,每一块盖板上都有一对行走滚轮(偏心轮),可沿舱口围板两边的面板行走,还有一个平衡轮,它不设置在板宽的中点处。当盖板进入舱口端的收藏坡道时,在重力作用下盖板便翻转成直立状态而存放,如图 4－1 所示。舱口较长时可将全部盖板分成两半,开启后,分别存放在舱口的两端。

关闭时,将钢索穿入舱口正前方的开口导向滑车内,再用卸扣与收藏处的首端盖板相连接。操纵起货绞车或克令吊,绞动钢索拖带前面的一块盖板,导轮沿导板滚动,继后盖板之间相互由链条拉动。当盖板后部滚轮与导板接触后,则盖板绕导轮轴转动,直至其衔接轮与前块盖板上的衔接轮座吻合为止,以后继续沿舱口围板水平桁材上滚动,至首端盖板与制动器相碰时为止。

滚翻式舱盖的最大优点是结构比较简单。相对于其他类型的机械舱盖,它价格便宜,便于(分块)维修,在尺度、布置和用途上限制较少,因而在各种类型的船上获得广泛的应用。它的不足之处是所需的存放空间较大,提升及压紧作业所需的时间也较长。

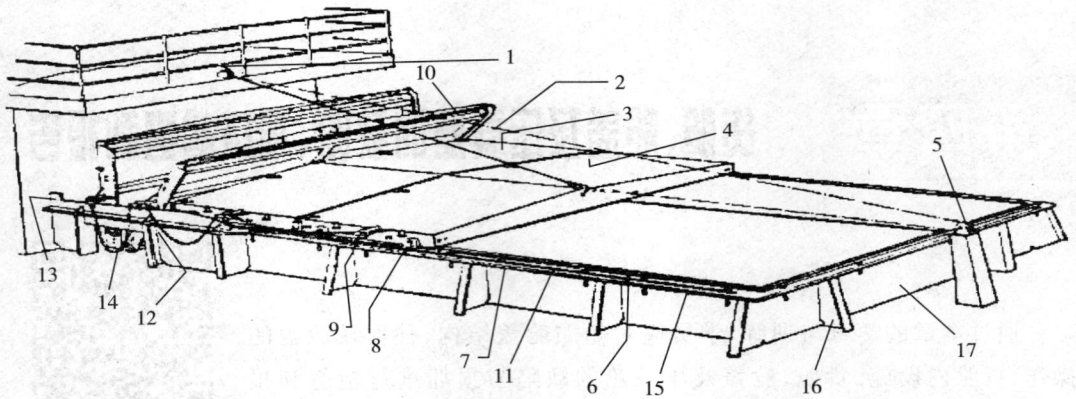

1—钢索(至绞车或吊钩);2—拖索;3—顶板;4—连接处压紧器;5—滑轮;6—承压条;
7—螺旋扣;8—偏心轮;9—平衡轮;10—橡皮填料;11—轮轨;12—下落轨;13—上升轨;
14—板边链;15—舱口转板面板;16—垂直加强筋;17—舱口围板。

图 4-1 滚翻式舱盖

二、折叠式舱盖

折叠式舱盖(或称铰链舱盖),按其驱动方式可分为液压驱动式(用液压)、直接拉动式(用船上起重机或吊杆)、钢索拖曳式(用绞车)。折叠式舱盖装置与滚动式舱盖装置类似,不同的是盖板间用铰链连接。

1. 液压驱动式折叠舱盖

(1)两页液压铰链式舱盖

两页液压铰链式舱盖(图 4-2)启闭过程比较简单:开启时,油缸柱塞伸长,使铰接点上升,两块盖板便翻转折合起来,其中靠近舱口端的盖板较短,因为它与铰接臂相连,所以它的转轴离开舱口有一定的距离。

(2)四页液压铰链式舱盖

四页液压铰链式舱盖如图 4-3 所示。四页盖板启闭过程的顺序如下。

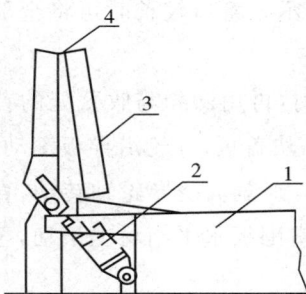

1—舱口围板;2—液压千斤顶;
3—舱盖;4—铰链。

图 4-2 两页液压铰链式舱盖

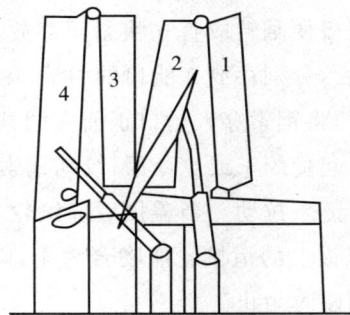

图 4-3 四页液压铰链式舱盖

① 开启过程

第二组盖板(3+4)开始起升,同时拖动第一组盖板(1+2)。第二组盖板起升结束,第一组盖板才开始起升,直至全部开启完毕。当舱盖开启到储存位置时,收藏钩自动落下,扣住舱盖,使之完好固定。

② 关闭过程

第一组盖板下滑完毕,第二组盖板开始下滑同时推动第一组盖板,第二组盖板下滑结束,全部关闭完毕。处于收藏位置时两盖板间的张角 α 大小应适当,使盖板易于滑下又不致倾倒。

2. 直接拉动式折叠舱盖

直接拉动式折叠舱盖(图4-4)由三块铰接的盖板组成。它利用船上的起货机械将盖板收藏于舱口端部。钢索穿过铰链接于端板上的滑车,再与中间盖板相连接,拉紧(或放松)钢索可开启(关闭)舱口。图4-4中铰接滑车、拖曳眼板置于板宽之中点,其余构件成对地安装在盖板的两边。

直接拉动式折叠舱盖便于采用自动压紧装置,使压紧的操作与关闭舱口的过程同时进行,因而与滚翻式相比操作更为简捷,而与液压折叠式相比价格又较便宜,但是需利用船上的吊杆(或起重机)相配合。

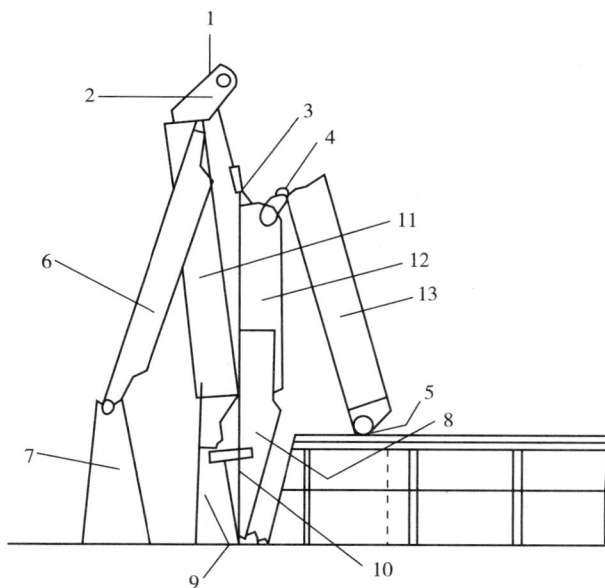

1—钢索;2—铰接滑车;3—拖曳眼板;4—铰链;5—轮;6—存放臂;7—存放臂支架;
8—关闭臂;9—关闭臂导轨;10—安全阀;11—板;12—板;13—板。

图4-4 直接拉动式折叠舱盖

3. 钢索拖曳式折叠舱盖

钢索拖曳式折叠舱盖(图4-5)在操作时,其相应的构件动作与液压式完全相似,但由于穿导钢索比较麻烦(尤其是多块折叠时),因而启闭舱口所需的时间长。

无论是滚动式舱盖还是折叠式舱盖,开舱前应先松脱压紧装置,并检查滚轮及导向曳行装置,当确认无阻碍时,按操作规程规定的顺序开启,开启后应用固定钩或链条固定于收藏处所,以防滑动。关舱时应检查导板周围确无障碍后,脱开固定钩或链条按顺序关闭,并将压紧器及压紧楔压上,以保证舱盖水密。

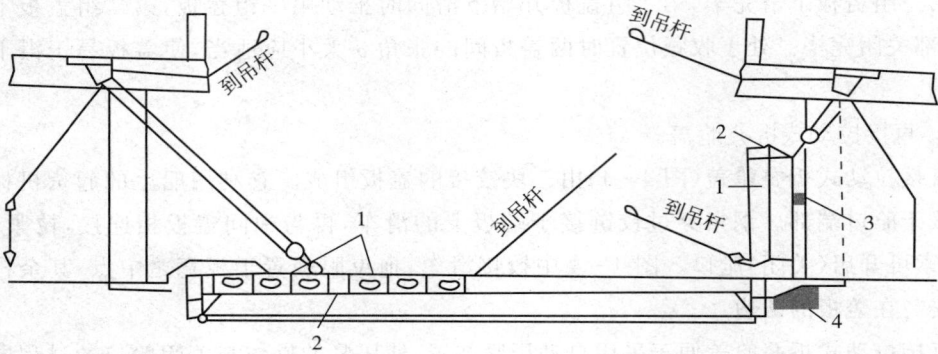

1—舱盖板;2—铰链;3—保险钩;4—缓冲器。

图4-5 钢索拖曳式折叠舱盖

三、吊移式(提升式)货舱盖

吊移式货舱盖又称箱形舱盖。它通常用金属或玻璃钢将盖板拼制成箱形剖面,其盖板平面内设有若干埋置吊环。箱形舱盖(图4-6)本身不带专门的驱动机构,由船上或港口的起货机械来吊移。开舱时,可将舱盖板堆放在甲板上、码头边,如制成密封状可提供浮力,还可存放在舷边的水中。箱形拼装舱口盖的结构及操作都十分简便,而且可获得最大的甲板开口面积,因而最适宜集装箱船采用。箱形舱盖的尺度一般都比较大,设计时应注意使箱形舱盖不超过起货设备的起重能力。实船吊移式货舱盖如图4-7所示。

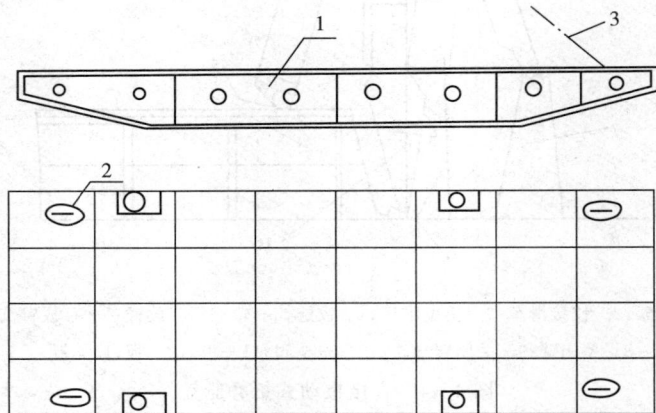

1—舱盖桁材;2—埋置吊环;3—钢索。

图4-6 箱形舱盖

图 4-7　实船吊移式货舱盖

四、侧移型舱盖

侧移型舱盖通常由两块舱盖板组成(舱口较小时也有制成一块的),舱盖板的四角都装有行走滚轮。开启时舱盖板分别向舱口两侧或两端平移,并存放在存放轨道上,存放轨道通常是可拆的。这种舱盖不需要翻转,亦不需要折叠,结构及操作是最简单的一种,并便于维修。但它需要较大的存放空间,因而对舱口尺度有所限制。盖板存放在两舷时,舱口宽度不得超过船宽一半。盖板存放在两端,舱口长度将更受到限制,所以侧移型舱盖多采用侧置式。侧移型舱盖主要用于大型散货船或油矿两用船上,其舱盖的尺度较大,一般采用液压提升装置。单侧横移型货舱盖和两侧横移型货舱盖如图 4-8 和图 4-9 所示。

图 4-8　单侧横移型货舱盖

图 4 - 9   两侧横移型货舱盖

五、背载型舱盖

背载型舱盖与侧移型舱盖相类似,其特点是两块盖板中有一块带有动力的滚轮。开舱时,先利用安装在舱口围板上的四个液压顶杆将不带动力的盖板顶到足够的高度,以便带有动力的盖板滚到其下面,将不带动力的盖板放置在带有动力的盖板之上,两块板便可一起移向存放处。如不需要将舱口完全打开,便可将盖板存放在舱口围板的一端,这样不必占用甲板作为存放空间。侧移型舱盖和背载型舱盖的结构和操作方式与滚动式舱盖相似,属于滚动式舱盖的范畴。

六、舱口盖操作

1. 舱口盖的开启

(1)必须检查:①舱盖设备上有无其他物件;②舱盖轨道的清洁情况;③舱盖滚轮、轴是否变形和磨损情况;④运动部件的润滑情况;⑤舱盖压紧和锁扣是否已全部打开;⑥其他有碍开关舱的事项。

(2)打开舱口盖盖板顶部横向接缝处的顶部压紧器及盖板侧部的快速压紧器。

(3)用液压缸顶起盖板的托轮架组,插上液压缸上部托轮架的保险销。再将盖板上的牵引装置与链条连接,插好插销。

(4)启动舱口盖绞车,链条带动舱口盖开启,盖板打开并运行到限位架上后,停止绞车运行。

(5)系好舱口盖固定装置,将链条与盖板上牵引装置的插销拔掉、脱离,即完成货舱舱口盖的开启。

2. 舱口盖的关闭

(1)检查托轮架组的每一个托轮架面板上平面与舱口围栏面板上平面是否在同一个平

面内,在一个平面内则可进行以下步骤。

(2)将链条与舱口盖盖板上的牵引装置连接,插好插销,再松开舱口盖的固定装置,启动舱口盖绞车,链条带动舱口盖关闭。

(3)舱口盖板被限位装置限位后,停止绞车运行,拔掉液压缸上部托轮架的保险销,放下托轮架组。

(4)舱盖板全部落位后,将链条与盖板上牵引装置的插销拔掉、脱离,并打好盖板上各接缝处的顶部压紧器及盖板侧部的快速压紧器,即完成舱口盖的关闭。

3. 开启及关闭的注意事项

(1)舱口盖组所有机械传动部件在安装及使用时,要加强保养,经常注意从油杯处加油,以保证工作时转动灵活,使用方便。

(2)开舱前必须先检查所有的压紧装置包括顶部压紧器、侧部压紧器、两端限位器(即端部制动装置)是否全部松开,牵引装置是否安装无误。

(3)开、关舱时,船两舷必须有船员关注舱盖的运行状况,如发现舱盖运行异常,导轮偏离导轨,或有"卡壳"等现象,应及时停止运行,待排除异常状况后,才能操作舱盖继续运行,不能强行操作,以免造成事故。

(4)导轮、滚轮、油杯要求经常贮装黄油,以保持导轮、滚轮正常运行。

(5)开舱(或关舱)前,牵引链条盒内的矿砂要求清理干净,方能进行开舱(或关舱)。

(6)特别注意事项。

① 船舶纵倾过大时不得强行开关舱! 一般在空船或满载时前后舱应一次性开关作业,特殊情况下应调整压载水,尽量保持船舶纵倾不大于 10°。

② 舱盖轨道未清洁,不允许开关舱。

③ 传动系统已发现异常的,不允许开关舱。

④ 舱盖左右舷移动产生偏差时,必须调整均匀后才能操作。

⑤ 舱口盖需完全落下时,一定要拔掉液压缸上部托轮架的保险销,否则液压缸活塞回缩时会毁损液压缸上部与托轮架相连的 U 型构件,而导致无法开、关舱口盖。

第二节　舱内设施

一、舱内设施

在装卸货物时,为了保护货舱内的内底板和船壳板不被碰撞,防止在航行途中船舶出汗紧贴钢板或货物造成汗湿货损,一般在杂货船的货舱内,铺设有木铺板和护舷木条(板)。另 500 总吨及以上国际航行的所有散货船,均要在货舱、压载舱和干燥处所安装符合规定要求和型式认可的水位探测器。

1. 舱底木铺板

在单层底的肋板、舭肘板上以及双层底船的舱部污水沟上,应铺设遮蔽板并应设有局部的活动铺板,以便打开进行检查。如果在货舱口下方的内底板上铺设木铺板,则木铺板下面应垫木条,该木条的厚度至少为 30 mm。如在双层底内不装燃油,则可直接铺设在先涂好一层沥青化合物或其他有效敷料的内底板上。

无论是单层底还是双层底,如果在货舱内铺设木铺板,则厚度应根据船长 L 按下列规定选取:

(1) $L \leqslant 60$ m,本铺板厚度应不小于 50 mm;

(2) 60 m $<L \leqslant 90$ m,木铺板厚度应不小于 55 mm;

(3) $L > 90$ m,木铺板厚度应不小于 60 mm。

但位于货舱口下方的内底板或轴隧顶板如增厚 2 mm,可免铺设木铺板;如使用抓斗或其他类似机械进行装卸,则在货舱口下方的内底板上铺设符合上述要求的双层木铺板,已增厚 5 mm,可免铺设木铺板。

货舱内的人孔盖及其附件,应尽量不高出内底板或木铺板。若高出内底板,则对每一个人孔先加钢镶框,再加上木铺板或钢盖板,使其逐渐过渡。

如果在舱内设有二层舱或三层舱,则二层舱或三层舱通常不铺设木铺板。

2. 护舷木条

在装运杂货的舱内,其两舷侧的肋骨沿船长方向由上而下每隔一定间距焊上朝上的铁钩,护舷木条可直接架在铁钩上。护舷木条边缘之间不超过 300 mm,其宽度与厚度应根据船长按下列规定选取:

(1) $L \leqslant 60$ m,护舷木条的宽度应不小于 100 mm,厚度应不小于 30 mm;

(2) 60 m $<L \leqslant 90$ m,护舷木条的宽度应不小于 120 mm,厚度应不小于 40 mm;

(3) $L > 90$ m,护舷木条的宽度应不小于 150 mm,厚度应不小于 50 mm。

护舷木条也可采用钢材。木铺板及护舷木板经常在装卸货物时被碰断,舱底板受水湿后易腐烂,故舱内应尽量保持干燥,发现腐烂及折断的木板,应及时更换。

3. 水位探测器

(1) 技术要求

① 水位探测器和报警系统应能在驾驶台报警并显示,并能探测货舱和船首干舱处所以及防撞舱壁之前压载舱的进水。通常,首尖舱、延伸至首货舱前的任何部位的舱室[如水手长贮藏室、首楼处所(除锚链舱以外)],均属于上述处所。系统的型号应为认可型,由两套独立的电力设备供应,并在主电源供电发生故障时发出报警。

② 对于我国船级社在 2003 年 10 月 1 日及以后接受认可申请的设备,应满足 IMO MSC.145(77)号决议和 IACS UISC180 的要求;对 2007 年 1 月 1 日及以后签订建造合同的散货船,则其安装的水位探测器性能标准还应满足 IMO MSC./Circ.1176 的有关要求。

③ SOLAS 第 Ⅻ/12 条要求的散货船水位探测器同样适用于双舷侧散货船。

④ 位于首货舱前方,并在干舷甲板以上的舱室,如水手长贮藏室、油漆间和工具间等,如其容量超过船舶最大排水量的 0.1%,也应安装水位探测器和排水系统。

⑤ 对于已经按照 SOLAS 第Ⅻ/9.2 条要求设置了舱底水井高水位探测器和报警装置的船舶,还需要在货舱内设置能在水位高度达到不小于货舱深度 15%,但不超过 2 m 时发出报警的水位探测器和报警装置。到 2004 年 1 月 1 日为止,尚未满足 SOLAS Ⅻ/9 条的散货船,应按 SOLAS 第Ⅻ/12 条的时间,安排满足 SOLAS Ⅻ/12 条。此类散货船在满足 SOLAS 第Ⅻ/12 条的要求后,可不必满足 SOLAS Ⅻ/9.2 关于设置舱底水井高水位报警的要求。水位探测器和报警系统布置的示例如图 4-10 所示。

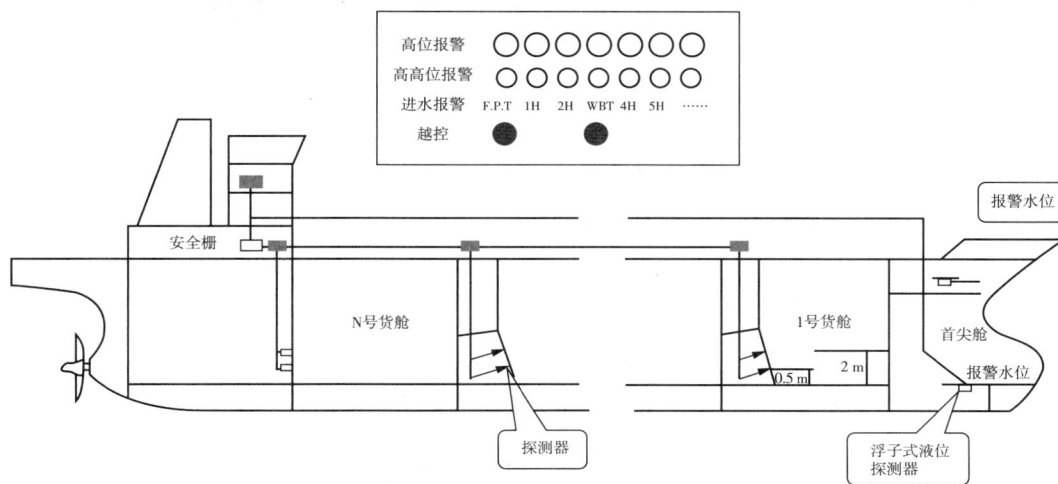

图 4-10　水位探测器和报警系统布置的示例

(2)水位探测器装置检查和维护

① 启动时,检查测试电源系统。电源电路由两个独立的电源供电,即主电源和应急电源,主电源电路采用开关电源,为系统提供 24 V 直流电源。当主电源掉电时,应急电源立即工作。

② 定期检查清洁控制箱内部和 PLC、开关、指示灯工作状况。

③ 当散货船货舱被用作压载舱时,或者艏尖舱压水时,本系统会触发报警,中央控制系统中设有报警越控开关,用于屏蔽报警点,当不压水时,越控开关自动复位。

④ 按"停闪"和"停声"按钮,可消除报警指示灯闪烁和蜂鸣器的鸣叫,声光报警触发后只能由操作者手动关闭,如果有报警信号发生,操作者必须查明原因。

⑤ 通常将液位探测器越控选择开关拨至正常位置,如需越控,拨至越控位置。越控功能的作用:如果当前压载舱或者艏尖舱需要压水,越控开关上的绿色指示灯长亮,当压载舱室里水位达到最低报警位置时,越控功能起作用,屏蔽报警信号,不触发声光报警;当水位低于最低报警位置时,越控功能自动复位,越控开关绿色指示灯灭,此时,如果舱内进水,控制器正常报警。

⑥ 艏尖舱和物资间以及其他受监控舱室的监控水位只有一个主报警点,一般艏尖舱为其舱容 10% 水线位置报警,物资间及其他干舱为 0.1 m 水位。

⑦ 严禁安全栅接线箱及其各个电缆入端与其他电路连接或接触。

⑧ 如果发现探测器的保护滤器内的滤网已经被堵住,应该及时清洗或者更换。

⑨ 如果报警面板显示是误报警,检查探测器的外观,看白色的传感器感压膜片上是否有货物积压或者黏结铁锈,如果有锈,用盐酸浸泡传感器进行处理。

⑩ 每次卸货后清洗货舱时清洁滤器、检查探头。

第三节　货舱、舱盖及压载舱的检查、评估及报告

目前对于散货船的检查,主要有三种形式:港口国监督检查(PSC)、船旗国监督检查(FSC)以及 Right Ship 检查。前两种检查属于主管机关检查,而 Right Ship 不隶属于任何政府机构,也不属于民间行业协会或组织,是一个纯私有的独立船舶检验和评估企业。Right Ship 根据船舶规范、船东、管理公司、船级社以及船舶实际营运状况等诸多因素,结合登轮实地检查的结果,对系统内的每艘船舶进行分析和评分,把船舶分为 1 星到 5 星五个等级。在 Right Ship 网站数据内,星级高的船舶在出租机会和租金方面有明显的优势,船东在货物承运方面有了更多的选择,影响力主要体现在澳大利亚、巴西等地的矿石、煤炭、谷物等干散货运输上,尤其是海峡型船舶,越来越受到船东的重视。

对船舶的货舱、舱盖及压载舱进行有效的检查、评估和报告,是《SOLAS 公约》的规定,亦是应对以上检查和保证船舶营运安全的保障。

一、船舶抵港前检查、评估与报告

抵港前应重点检查船壳板、舱盖及舱口、梯道、栏杆和管路盖板的锈蚀程度与损坏情况,做好自查自检工作,部分自查项目及要求见表 4 - 1。

表 4 - 1　船舶抵港前关于货舱、舱盖与压载舱部分 PSC 自查项目表

类　别	检查项目	检查要求	检查结果
文　件	维护计划	船舶结构与设备的维护保养已按计划进行,状况良好,无明显缺陷或缺陷已经按照程序要求上报公司	
载重线设备	通风筒	通风筒的围壁、支撑结构状况良好,无明显锈迹及破损洞穿或其他临时性修理措施(如粘贴胶布等);通风挡板完整、活络、无破损洞穿;风雨密闭装置结构完好,开关活络,能有效开启和关闭,"开""关"方向及舱名标志清晰	
	空气管	空气管及管头结构(特别是管子根部及背部不易保养的部位)良好,无明显锈迹及破损洞穿。浮球活络水密,工作正常,防火网无破损	
	风雨密门	风雨密门结构良好,无明显锈迹及破损;门及门框无变形,能有效关闭;橡皮胶条完整且有弹性,表面无油漆,密性效果良好,无明显漏水痕迹	

类　别	检查项目	检查要求	检查结果
载重线设备	载重线标识	甲板线、所有载重线标识清晰、准确且与背景颜色反差明显	
	上层建筑	上层建筑围壁结构良好，无明显锈迹、破损洞穿及变形	
	货舱舱口	舱口盖、舱口围板及附连的肘板结构良好，无明显锈蚀、裂纹、破损洞穿及变形；舱口盖关闭正常，橡皮胶条完整且有弹性，表面无油漆，无明显漏水痕迹；开关装置的滚轮、导轨、铰链状态正常，无过度腐蚀，液压管路无泄漏，系固螺栓完好且无过度腐蚀，舱口盖上的卡扣、舱口围下的止回泄水阀状况良好	
	干舷甲板及上层建筑甲板上除货舱舱口外的各种开口和机舱开口	盖板、围板及附连的加强结构良好，无明显锈迹、破损洞穿及变形；盖板关闭正常，橡皮胶条完整且有弹性，表面无油漆，无明显漏水痕迹。各种人孔、小导门、测量管结构良好，无明显锈迹、破损洞穿及变形；盖板关闭正常，橡皮胶条完整且有弹性，表面无油漆，无明显漏水痕迹。各种标示清楚	
船体结构	船壳板	水线上船壳板无开裂、洞穿、严重变形（每档肋距范围内不超过8 mm），无漏水现象	
	压载舱	压载舱液位无异常变化，其周围处所无进水发生，压载舱导门状况良好，无严重锈蚀、螺栓丢失。压载舱内构件无严重腐蚀、裂纹或洞穿	
	货舱	货舱污水井液位无异常变化，具备条件时进入货舱对货舱内部构件进行目视检查，无明显锈蚀、洞穿、裂纹及严重变形（每档肋距范围内不超过8 mm），无明显渗水痕迹	
	水密门	水密门结构状况良好，能有效关闭，就地及遥控开关正常，声光报警正常，液压系统无渗漏痕迹	
	甲板	主甲板及各层生活区甲板结构良好，无明显破损、洞穿、裂纹及严重变形（每档肋距范围内不超过8 mm），无明显渗水痕迹	
其他	船水位报警系统	散货船货舱、压载舱、干隔舱进水报警系统试验正常	

二、平时维护保养和自查时应注意的事项

（1）船体结构因锈蚀或受损而造成的穿孔、裂口、裂缝等应进行永久性修复。

（2）舱口舱盖、通风筒、水密门、货舱道门都要保持良好水密性能与封闭功能。

（3）测量孔盖齐全有效。

（4）压载舱空气管透气正常。

（5）散装船要特别注意各横舱壁、上边舱的纵桁、横框架、斜底板等处是否有扭曲变形现象。

（6）舱盖操作系统。

① 锁紧装置：目视检查锁紧装置的腐蚀、变形情况，进行功能检查和验证操作灵活性。

② 止动装置：目视检查止动装置的腐蚀、变形情况，检查止动装置与其下面的加强构件对位是否准确，加强对构件焊接及腐蚀变形情况的检查。

③ 导向装置：目视检查导向装置的腐蚀、变形情况，进行功能检查和验证操作灵活性。

④ 操作装置与舱盖操作试验功能检查和验证。

⑤ 液压系统：目视检查，功能检查和验证。

⑥ 液压油：取油样。

⑦ 舱盖的液压管路：应涂层完好，无明显腐蚀。

三、货舱、舱盖和压载舱缺陷和损坏的评估及采取的措施

本航次的装载计划，包括排压载水的计划要完善，检验人员要查看计划是否周全，强度、吃水和稳性是否在允许值之内。风暴压载舱的压载水操作要有相关的操作程序。同样，装卸期间和海上置换的压载水操作过程要有详细的记录。

对于较新的船，检验人员检查的重点往往会放在管理上；而对老旧船，重点则放在船体结构的腐蚀程度、压载舱及货舱涂层状况和甲板机械的状况等上面。检验人员会仔细查找各舱室的各个部分边角的腐蚀和裂缝，对于结构性的缺陷会如实记录。因此，船舶在平时的自检自查中，对舱室的状况应予以足够的重视。

对于压载舱，上边柜基本上选择前、中、后各一，左右交替，如果需要可能会要求多开两个上边柜，首、尾尖舱。通常风暴压载舱是必查的。检验人员将按其检查提纲，每个舱都有十多个检查项目。十年以上的船舶，压载舱的状况很难令人满意，主要表现为腐蚀，舱内涂料脱落，阴极保护不到位，钢板和框架的腐蚀速度加快，骨架、纵骨等构件边缘严重锈蚀，导致强度减弱。针对老旧船舶的首尖舱、上边柜等，应利用进厂机会，通过测厚，更换超耗构件，对这些舱做涂料处理。

其次是货舱的舱口围和舱盖。因舱口围构架较多，还吸附各种管系，如开舱液压管、电缆管等，船员日常保养很难到位，导致舱口围衬板边缘锈蚀严重，与甲板连接处产生锈裂等现象。这些部件在修船时，要尽可能做割换处理，同时应加强对这些部件的保养力度，如一次性做喷砂处理。舱盖边缘、胶条槽及舱口边水槽也容易锈蚀，这些部位因开关舱盖滚动，油漆很快被破坏，是生锈的重灾区，船舶应重点做好这些部位的保养。

对压载舱、货舱和空舱的检查，通常是根据五年自检计划的周期来做，但船员对船东自检报告，多数没有做到位，公司应详细列出检查部位，做出评估。

双层底内的淤泥，厂修时要进行清理，掏出淤泥，既减小船舶常数，也保护了压载舱。在保证安全的前提下，船舶在有泥沙的港口，尽可能不加载压载水，待到海上进行压载。

第五章　船舶货物基础知识

船舶货物基础知识

本章介绍与海上货物运输有关的船舶知识和货物知识。本章主要内容:船舶浮态,船舶重量性能和容积性能,船舶静水力资料图表的使用方法,平均吃水的计算,载重线标志和载重线海图的使用;货物海运性质,货物标志,货物计量,货物自然减量和积载因数等。

第一节　船舶浮性

船舶浮性

浮性是指船舶在一定装载情况下具有漂浮在水面并保持平衡位置的能力。浮性是船舶的基本性能之一,任何船舶都必须具有一定的浮性。

一、船舶的平衡条件

船舶在任何装载情况下,漂浮在水面一定位置时,是一个平衡状态的浮体。这时作用在船上的力有船舶本身的重力以及静水压力所形成的浮力。

作用在船上的重力是由船舶本身各部分的重量所组成的,如船体构件、机电设备、人员行李及货物等的重量。这些重量形成一个铅垂向下的合力,此合力就是船舶的重力 W,重力的作用中心称为船舶的重心 G。

作用在船上的浮力和重力如图 5-1 所示。当船舶漂浮于水面一定位置时,船体浸水表面的每一点都受到水的静压力,静水压力总是垂直作用在船体表面的,其大小与浸水深度成正比;静水压力的水平分力互相抵消,垂直分力则形成一个铅垂向上的合力,此合力就是船舶的浮力,浮力的作用点称为浮心 B,也就是船舶水线下船体排水体积的中心。

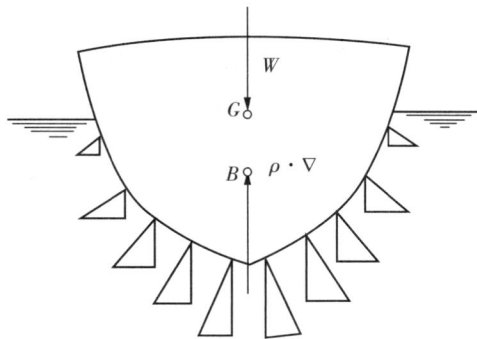

图 5-1　作用在船体上的浮力和重力

根据阿基米德定理,物体在水中所受到的浮力等于该物体所排开的水的重量。因此船舶所受到的浮力等于船舶所排开的水的重量,即

$$\Delta = \rho \cdot \nabla \tag{5-1}$$

式中，$\triangle$——船舶排水量（t）；

　　∇——船舶排水体积（m³）；

　　ρ——水的密度（t/m³），淡水 $\rho=1$ t/m³，标准海水 $\rho=1.025$ t/m³。

　　综上所述，船舶静止漂浮于水中一定位置时只受到两个作用力，即作用于重心 G 点并垂直向下的重力 W 和作用于浮心 B 点并垂直向上的浮力∇。

　　船舶的平衡条件：

　　（1）船舶的重力与浮力大小相等而方向相反，即

$$W=\rho \cdot \nabla \tag{5-2}$$

　　（2）重心与浮心在同一条铅垂线上。

二、船舶的浮态

　　浮态即船舶漂浮于静水的平衡状态，是指船舶在静水中处于平衡时船与静水平面的相对位置。船舶的浮态有四种：正浮、横倾、纵倾和任意倾（横倾与纵倾兼有）。

　　船舶的浮态与船舶的重力、浮力及其作用点的位置有关。为了确切表达重心和浮心的位置，一般在船体上建立如图 5-2 所示的 $OXYZ$ 直角坐标系。它以船体上三个相互垂直的平面（即基平面、中站面和中线面）的交点作为原点 O，以三个平面之间的交线作为坐标轴，基平面与中线面的交线是 X 轴，指向船首为正方向；基平面与中站面的交线是 Y 轴，指向右舷为正方向；中线面与中站面的交线是 Z 轴，向上为正方向。国外也有将船舶坐标的原点取在船舶尾垂线与船底基线的交点处的，在使用船舶资料时应予以注意。

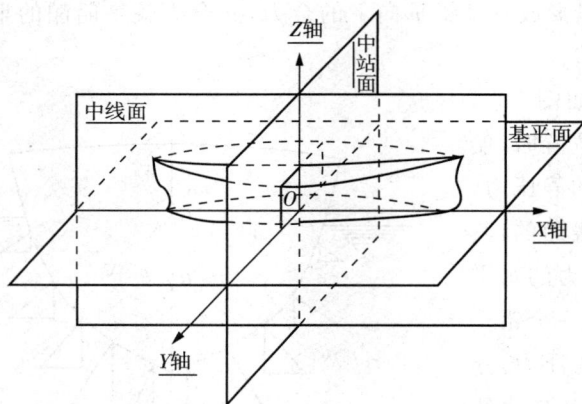

图 5-2　船体坐标系

船体形态及其参数

　　船舶的浮态可以用吃水、横倾角和纵倾角等参数表示，若用坐标值（X_g、Y_g、Z_g）表示船舶重心 G 的位置，坐标值（X_b、Y_b、Z_b）表示船舶浮心 B 的位置，则可将船舶的四种浮态描述如下：

　　1. 正浮

　　正浮是船体中线面和中站面都垂直于静水面的一种浮态，如图 5-3 所示，OX 轴和 OY

轴都是水平的,船舶既无横倾又无纵倾。

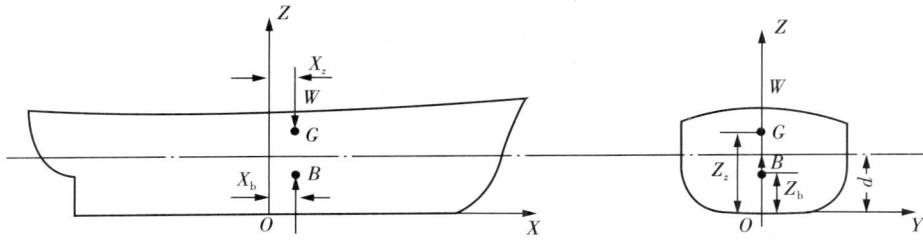

图 5-3 船舶正浮状态

2. 横倾

横倾是船舶从正浮位置向右舷或左舷方向倾斜的一种浮态,如图 5-4 所示,OX 轴与静水平面平行,OY 轴是倾斜的,船体中线面与铅垂面成一角度 θ,此即船舶正浮时的水线面与横倾后的水线面的交角,角度 θ 叫横倾角,船舶横倾的大小用横倾角来表示;横倾有右倾和左倾之分。

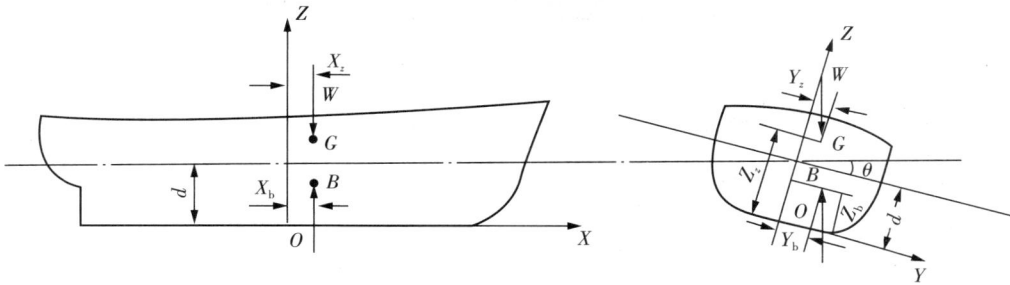

图 5-4 船舶横倾状态

3. 纵倾

纵倾是船舶从正浮位置向船首方向或船尾方向倾斜的一种浮态,如图 5-5 所示,OY 轴与静水平面平行,OX 轴是倾斜的,船体中站面与铅垂面相交成一角度 φ,此即船舶正浮时的水线面与纵倾后的水线面的交角,角度 φ 称为纵倾角。船舶纵倾的大小用纵倾角或首尾吃水差表示,向首部方向的倾斜称为首倾;向尾部方向的倾斜称为尾倾。

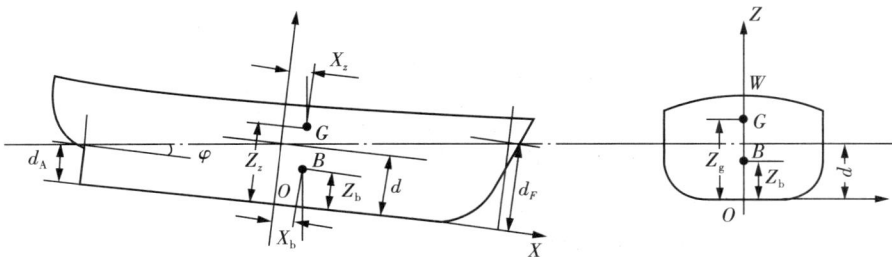

图 5-5 船舶纵倾状态

4. 任意倾

任意倾是船舶既有横倾又有纵倾的一种状态,如图 5-6 所示,OX 轴和 OY 轴都是倾斜的,船体的中线面与铅垂面成一横倾角 θ,同时中站面与铅垂平面成一纵倾角 φ。

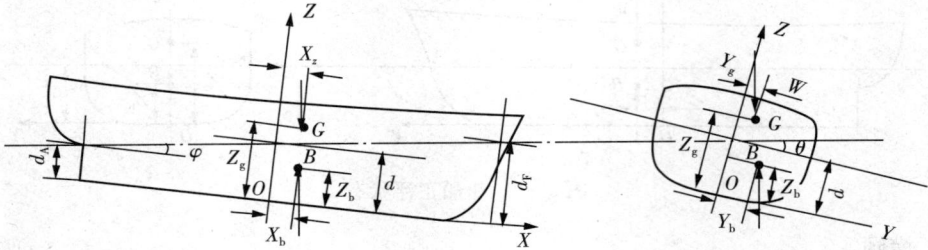

图 5-6 船舶任意倾状态

一般船舶在正常情况下航行应处于无横倾和稍有尾倾的状态,但大型船舶过浅水区时通常要求保持平吃水。

第二节 船舶重量性能和容积性能

一、船舶的重量性能

船舶的重量性能包括排水量和载重量。

1. 排水量(displacement)Δ

排水量是指船舶在静水中处于自由漂浮状态时船体所排开水的重量,它等于该装载状态下船舶的总重量。其计算公式为

$$\Delta = \nabla \cdot \rho \qquad (5-3)$$

式中,Δ——船舶排水量(t);

∇——船体排开水的体积(m^3);

ρ——舷外水的密度(t/m^3)。

按照船舶的装载状况的不同,排水量可分为:

(1)空船排水量(light ship displacement)Δ_L

空船排水量指船舶装备齐全但无载重时的排水量。空船排水量等于空船重量,是船体、机器及设备、机器中的燃料及润料、锅炉中的燃料和淡水以及冷凝器中的淡水等重量的总和。新船空船排水量为一定值,相应的吃水为空船吃水,数值可以在船舶资料中查得。

(2)满载排水量(full loaded displacement)Δ_S

满载排水量指船舶吃水达到规定的满载水线时的排水量。满载排水量等于船舶满载时的总重量,是空船重量和货物、燃料、润料、淡水、压载水、船员、行李、粮食和供应品、船用备品以及船舶常数等各类载荷重量的总和。若未特别说明,它则常指船舶吃水达到夏季载

重线时的排水量。

（3）装载排水量（loaded displacement）Δ

装载排水量指船舶在空载水线与满载水线之间任一吃水下的排水量。其值为该装载状态下空船、货物、航次储备量、压载水等重量之和。

2. 载重量

船舶所能装载的载荷重量称为载重量。载重量分为总载重量和净载重量。

（1）总载重量（dead weight）DW

总载重量指船舶在任一装载吃水时船舶所装载的载荷总重量。总载重量等于该装载状态所包括的所有货物、燃料、润料、淡水、压载水、船员、行李、备品及船舶常数等重量的总和。其值等于该装载吃水时船舶的排水量与空船排水量的差值，即

$$DW = \Delta - \Delta_L \qquad (5-4)$$

式中，DW——总载重量（t）；

Δ——船舶装载排水量（t）；

Δ_L——船舶空船排水量（t）。

总载重量随船舶排水量的变化而变化，与航行区域和季节有关。船舶资料中作为船舶主要参数给出的总载重量一般指船舶夏季满载排水量与空船排水量之差，其值为定值，是船舶载重能力的重要指标，通常用来表征船舶大小和统计船舶拥有量，作为航线配船、订舱配载、船舶配载及签订租船合同的依据。

（2）净载重量（net dead weight）NDW

净载重量是指船舶在具体航次中所能装载货物重量的最大值，与航次储备量和船舶常数有关。其值等于总载重量与航次储备量和船舶常数之差：

$$NDW = DW - \sum G - C \qquad (5-5)$$

式中，NDW——净载重量（t）；

$\sum G$——航次储备量（t）；

C——船舶常数（t）。

总载重量表示船舶载重能力的大小，净载重量表示船舶载货重量能力的大小。它们都是海上货物运输管理中计算航次货运量的根据。

（3）航次储备量（stores）$\sum G$

航次储备量是指船舶在具体航次中为维持正常运输和生活需要必须储备的所有重量的总和。按其构成分为固定储备量和可变储备量。固定储备量包括船员和行李、粮食和供应品及船用备品，这部分重量在储备量中占的比例很小，因此无论航次时间长短，在计算 NDW 时可取一定值。可变储备量包括燃料、润料和淡水，随航次时间长短及补给方案不同而变化。

（4）船舶常数（constant）C

船舶经过一段时间营运后的实际空船重量与新出厂时的空船重量之差称为船舶常数。

船舶常数可以通过测定求得,其值等于测定时空船排水量(已包含船舶常数)Δ_{L+c}与新出厂时空船排水量 Δ_L 的差值。

船舶常数通常包括以下几部分重量:

① 船体、机械等进行定期修理和局部改装而导致的空船重量的改变量;

② 船上库存的破旧机件、器材和各种废旧物料的重量;

③ 货舱内的残留物、垫舱物料及垃圾的重量;

④ 油、水舱柜及污水井内残留的污油、污水及沉淀物的重量;

⑤ 船体外附着物如海藻、贝壳等的重量。

船舶常数的大小随以上各项重量的变化而变化,因此不是一个固定值。为了比较准确地掌握船舶常数的大小,一般在大修后对其测定一次,测得的常数值一般延续使用到下次重新测定为止,或者在必要的情况下重新测定。

综上所述,船舶在使用夏季载重线且无压载的条件下,船舶排水量和载重量之间的关系如下:

$$
\text{夏季满载排水量 } \Delta_S \text{(船舶的总重量 } W)
\begin{cases}
\text{空船排水量 } \Delta_L \text{(空船重量 } W_L) \\
\text{总载重量 } DW
\begin{cases}
\text{净载重量 } NDW \\
\text{航次储备量 } \sum G \\
\text{船舶常数 } C
\end{cases}
\end{cases}
$$

二、船舶的容积性能

船舶的装载能力除受船舶的载重性能限制外,还受船舶容积性能的限制。船舶所具有的容纳各类载荷体积的性能称为船舶容积性能,用来表征船舶容积性能的指标包括舱柜容积、舱容系数、船舶登记吨位及甲板货位等。

船舶容积性能

1. 舱柜容积(compartment capacity)

舱柜容积是指船体内部用来装载货物或燃料、淡水等液体载荷的围蔽处所的容积。按照丈量原则和适用对象的不同,舱柜容积可用货舱散装容积、货舱包装容积、液货舱容积、液舱容积等参数表示。

(1)货舱散装容积(grain capacity)

货舱散装容积指干货舱内所能容纳无包装的小块状、颗粒状、粉末状的散货(如谷物、矿砂等)的最大容积。

它包括舱口围在内,量自内底板或舱底板上面、舱壁板表面、甲板和外板之内面,是型容积扣除舱内骨架、支柱、货舱护板、通风筒等所占空间后而得的船舶各货舱的总容积或其中任一货舱的单舱容积。

(2)货舱包装容积(bale capacity)

货舱包装容积指干货舱内所能容纳具有一定尺度的成件包装或裸装货物的最大体积。

它包括舱口围在内，量自内底板或舱底板上面、横梁或甲板纵骨的下缘、肋骨或舷侧纵内缘、横舱壁骨架的自由翼缘或量自货舱护板的表面，是型容积扣除舱内支柱、通风筒等所占空间后而得的船舶各货舱的总容积或其中任一货舱的单舱容积。

一般货舱的包装容积为散装容积的 90%～95%。在件杂货运输时，均使用包装容积。

（3）液货舱容积（liquid capacity）

液货舱容积指船舶的液货舱内所能容纳特定的液体货物的最大容积。

（4）液舱容积（tank capacity）

液舱容积指船舶的燃料、润料舱柜、淡水舱柜、压载水舱内所能容纳相应液体载荷的最大容积。

在船舶资料中有舱容图、货舱容积表和液舱容积表，驾驶员可利用这些资料直接查取有关舱柜容积的具体数据。

2. 舱容系数（coefficient of load）

舱容系数指船舶货舱的总容积与船舶净载重量之比，即每一净载重吨所占有的货舱容积。

其计算公式如下：

$$\mu = \frac{V}{NDW} \qquad\qquad (5-6)$$

式中，μ——舱容系数（m^3/t）；

V——船舶货舱的总容积（m^3）；

NDW——船舶净载重量（t）。

在船舶资料中，船舶舱容系数是指船舶在夏季满载，按最大续航能力配备燃油、淡水、供应品等情况下的数值，它是一个固定值。

舱容系数是表征船舶适宜装轻货或重货的重要容积性能系数。舱容系数较大的船舶适用于装轻货，舱容系数较小的船舶适用于装重货。一般杂货船的舱容系数在 1.5～2.1 m^3/t 之间。

3. 登记吨位（registered tonnage）

船舶的登记吨位是指船舶为了登记注册及便于海上运输，按照《1969 年国际船舶吨位丈量公约》或各国制定的丈量规范丈量确定的船舶容积。

我国按照《船舶与海上设施法定检验规则》（简称《法定规则》）中关于吨位丈量的规定确定船舶登记吨位并核发吨位证书。我国政府已参加了《1969 年国际船舶吨位丈量公约》，《法定规则》的制定遵守了该公约的规定，因此，《法定规则》中有关国际航行船舶的吨位丈量方法与该国际公约一致。

根据丈量范围和用途的不同，船舶登记吨位可分为总吨位、净吨位和运河吨位三种。

（1）总吨位（gross tonnage）GT

总吨位指根据《1969 年国际船舶吨位丈量公约》或各国制定的丈量规范丈量确定的船

舶总容积。

船舶总吨位的主要用途有：

① 表示船舶规模的大小，作为商船拥有量的统计单位；

② 作为船舶规范、国际公约中划分船舶等级及对船舶进行技术管理的依据和标准；

③ 作为估算船舶建造、买卖、租赁的费用及海损事故最高赔偿额的基准；

④ 作为某些港口使用费的计算基准；

⑤ 作为计算净吨位的基础；

⑥ 作为船舶登记、检验和丈量等收费的标准；

⑦ 作为国际劳工组织（ILO）关于各种船舶人员配备要求的依据；

⑧ 作为船公司向船东保赔协会交付保险费用的依据。

（2）净吨位（net tonnage）NT

净吨位是按照《1969年国际船舶吨位丈量公约》或各国制定的丈量规范丈量确定的船舶有效容积。

净吨位的主要用途是作为计算船舶各种港口使费或税金（如港务费、引航费、灯塔费、码头费、进坞费、吨税等）的基准。各国港口的规定有所不同，有些港口也有按船舶的总吨位、吃水等计收费用的。

船舶吨位证书中的总吨位和净吨位的数值应采用整数，不计小数点以下的数值，总吨位、净吨位只填写数字，数字后面没有单位"吨"。

（3）运河吨位（canal tonnage）

苏伊士运河当局和巴拿马运河当局为维护各自国家的利益，均制定了相应的船舶吨位丈量规范。运河吨位是船舶按运河当局制定的船舶吨位丈量规范而量取的登记吨位。运河吨位主要有：苏伊士运河吨位和巴拿马运河吨位，分别包括总吨位和净吨位。同一船舶运河总吨位和净吨位一般比该船总吨位和净吨位大。

运河吨位的主要用途是在船舶经过运河时，作为向运河当局交纳通航费的计费依据。普通商船以运河净吨位为基准计算运河通航费。Q轮登记吨位一栏表见表5-1所列。

表5-1　Q轮登记吨位一栏表

总吨位	净吨位	苏伊士运河吨位		巴拿马运河吨位	
GT	NT	GT	NT	GT	NT
10267	5388	10673	7533	10830	7068

第三节　船舶静水力资料

船舶在营运过程中，经常需要根据具体装载情况计算和校核船舶的浮态、稳性等性能，而船舶的浮态、稳性等性能与船体所受的浮力及其分布密切相关。为此，船舶设计部门根据船体型线图把若干表示浮力及其分布的性能参数与船舶平均吃水之间的函数关系预先加以计算并编制

船舶静水力资料

成船舶静水力资料,供船舶使用者查用。船舶静水力资料包括静水力曲线图、载重表尺和静水力参数表。

静水力参数图表中所涉及的参数,若无特别说明,都是指船舶静止正浮在标准海水中计算得出的结果。

一、静水力曲线图

静水力曲线图(hydrostatic curves plan):表示船舶在静止正浮状态时的浮性参数、稳性参数和船型系数随平均吃水变化的关系曲线图。图5-7所示为"Q"轮的静水力曲线图。

静水力曲线图上的曲线包括浮性曲线、稳性曲线和船型系数曲线。静水力曲线图全面表达了船舶在静止正浮状态下浮性和稳性要素随吃水而变化的规律。

1. 静水力曲线图的组成

(1)型排水体积(volume of moulded displacement)曲线:表示船舶型排水体积随平均吃水变化的关系曲线。

型排水体积∇_M:根据船体型线图近似计算求得,没有把水下部分的船壳及船壳外的螺旋桨、舵、舭龙骨等附体的体积计算在内。

实际排水体积(volume of real displacement)∇:型排水体积加上船壳及附体体积的总和。其用公式表示为

$$\nabla = k \cdot \nabla_M \quad (m^3) \tag{5-7}$$

式中,k——船壳系数,k值在$1.006 \sim 1.030$范围内。一般情况下,对于不同船舶,小船k值较大,大船k值较小;对于同一船舶,吃水较小时k取大些,吃水较大时k取小些。新船k值可在船舶资料中查取。

(2)排水量(displacement)Δ曲线:表示排水量随平均吃水变化而变化的曲线,一般包括标准海水排水量Δ与标准淡水排水量Δ_f两条曲线。

$$\Delta_f = 1.000 \cdot \nabla \quad (t) \tag{5-8}$$

$$\Delta = 1.025 \cdot \nabla \quad (t) \tag{5-9}$$

(3)浮心距船中距离(longitudinal center of buoyancy from midship)曲线:表示浮心纵坐标X_b随平均吃水变化而变化的曲线,简称X_b曲线。我国规定,浮心B的纵向位置用其距船中的距离X_b表示,船中前为正($+$),船中后为负($-$)。

(4)浮心距基线高度(vertical center of buoyancy above baseline)曲线:表示浮心B距基线的垂直高度KB随平均吃水变化的关系曲线。

(5)水线面面积(area of water planes)曲线:表示水线面面积A_W随平均吃水变化的关系曲线,简称A_W曲线。所谓水线面是指船体型表面与静水面的交线所围成的水平面。

(6)漂心距船中距离(longitudinal center of floatation from midship)曲线:表示漂心纵坐标X_f随平均吃水变化的关系曲线。水线面的形心称为漂心,用F表示。我国规定漂心

型吃水（m）

主尺度

两柱间长 148.00 m
型　宽 21.20 m
型　深 12.50 m
设计吃水 9.20 m

cm

浮心距基线高度 K_B 1 cm=0.2 m

纵稳心距基线高度 KM_L 1 cm=20 m

每厘米纵倾力矩 MTC 1 cm=98.1 kN·m/cm

水线面面积 A_w 1 cm=100 m²

每厘米吃水吨数 TPC

横稳心距基线高度 KM 1 cm=0.4 m

1 cm=1 t/cm

型排水体积 ∇_M 1 cm=400 m³

排水量（海水）1 cm=400 t

船中后

船中前

漂心距船中距离 X_f 1 cm=1 m

浮心距船中距离 X_b 1 cm=0.2 m

排水量（淡水）1 cm=400 t

0.5

0.5

方形系数 C_b

棱形系数 C_p

0.7

水线面系数 C_w

0.8

0.9

船中剖面系数 C_0

1.0

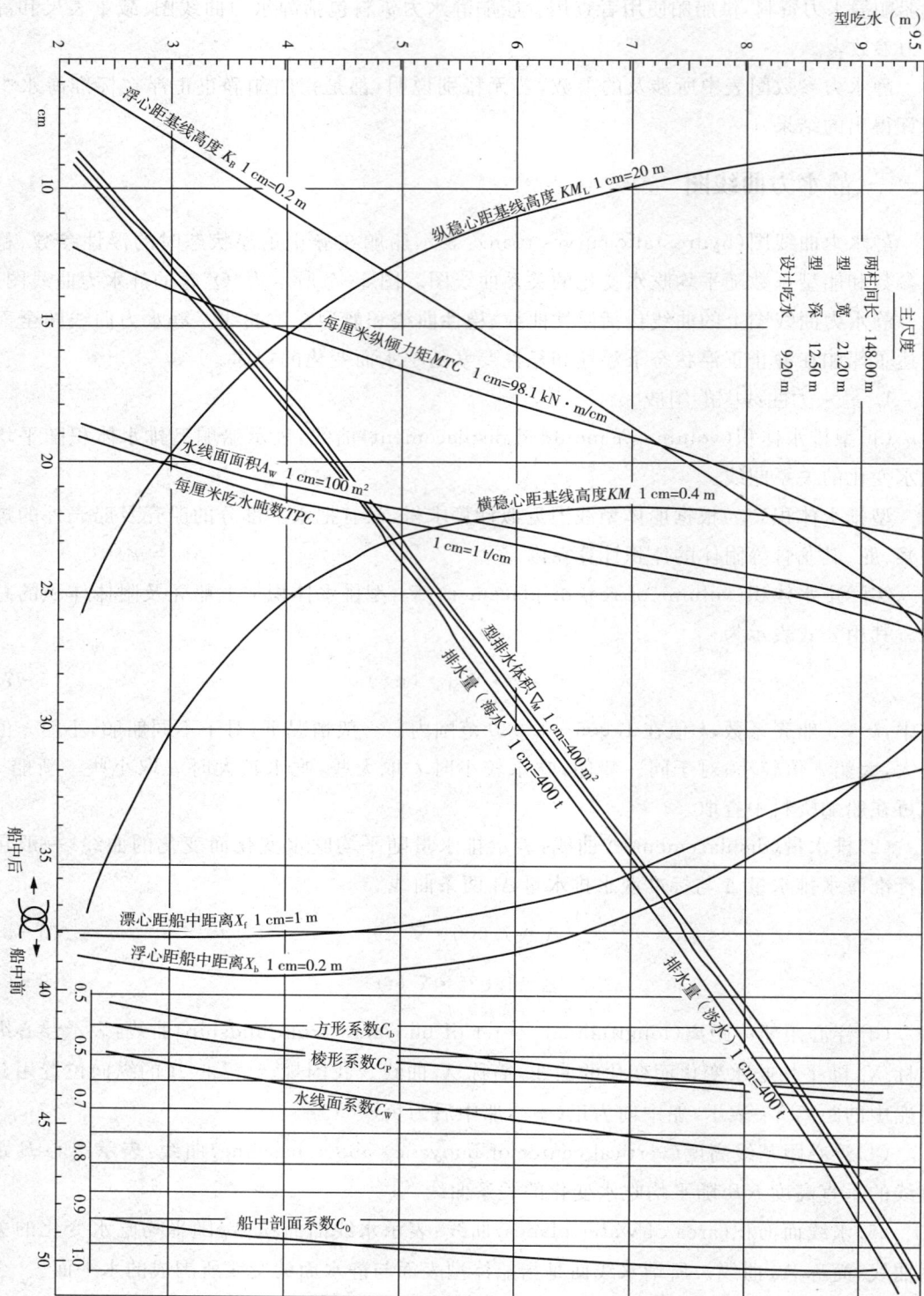

图 5-7 "Q"轮的静水力曲线图

船舶结构与货运

的位置用其距船中的距离 X_f 表示,船中前为正(+),船中后为负(−)。

(7)每厘米吃水吨数(metric tons per centimeter immersion)曲线:TPC 是指船舶平均吃水变化 1 cm 时,船舶排水量的变化量。表示每厘米吃水吨数随平均型吃水变化的关系曲线,简称 TPC 曲线。

每厘米吃水吨数 TPC 值是表示船舶平均吃水变化 1 cm 时,船舶排水量的变化值。

$$TPC = \frac{\rho A_{\rm w}}{100} \quad (\text{t/cm}) \tag{5-10}$$

式中,ρ——水的密度(t/m³)。

$A_{\rm w}$——水线面面积(m²)。

显然,每厘米吃水吨数曲线与水线面面积曲线的变化规律是一致的。

(8)横稳心距基线高度(transverse metacenter above baseline)曲线:表示横稳心点 M 距基线的高度 KM 随平均吃水变化的关系曲线,简称 KM 曲线。

所谓横稳心 M 是指船舶横倾前的浮力作用线与横倾后的浮力作用线的交点。

(9)纵稳心距基线高度(longitudinal metacenter above baseline)曲线:表示纵稳心点 $M_{\rm L}$ 距基线的高度 $KM_{\rm L}$ 随平均吃水变化的关系曲线,简称 $KM_{\rm L}$ 曲线。

所谓纵稳心 $M_{\rm L}$ 是指船舶纵倾前的浮力作用线与纵倾后的浮力作用线的交点。

(10)每厘米纵倾力矩(moment to change trim one centimeter)曲线:表示每厘米纵倾力矩 MTC 随平均吃水变化的关系曲线,简称 MTC 曲线。

所谓每厘米纵倾力矩 MTC 是指使船舶首、尾吃水差值改变 1 cm 所需要的力矩。

(11)水线面系数(water plane coefficient)曲线:表示水线面系数 $C_{\rm W}$ 随平均吃水变化的关系曲线。

(12)中横剖面系数(midship section coefficient)曲线:表示中横剖面系数 $C_{\rm M}$ 随平均吃水变化的关系曲线。

(13)方形系数(displacement coefficient)曲线:表示方形系数 $C_{\rm b}$ 随平均吃水变化的关系曲线。

(14)棱形系数(prismatic coefficient)曲线:表示纵向棱形系数 $C_{\rm P}$ 随平均吃水变化的关系曲线。

2. 静水力曲线图的使用方法

船舶静水力曲线图汇集了三组共十五条曲线。为使这些曲线能在同一平面直角坐标系下表示且布局合理,曲线的横坐标值与各曲线所表示的参数数值之间必须采用不同的比例。

如图 5-7 所示,静水力曲线图中的纵坐标表示船舶的型吃水,它是各参数共同的自变量;横坐标则表示与各参数数值有关的参考坐标值,称为计量长度。浮性曲线和稳性曲线上都标有各自的参数数值与厘米数之间的比值。

静水力曲线图的使用方法如下:

（1）根据装载状态下的船舶型平均吃水在纵坐标轴上确定一点；

（2）通过该点作与横坐标轴平行的横线与所要查取的曲线相交；

（3）按照该交点的横坐标读取计量长度；

（4）将读取的计量长度与该曲线上标示的单位长度所代表的参数数值相乘即得相应参数的数值。

计量长度读数的起点，除 X_f 曲线和 X_b 曲线为船中外，其余浮性曲线和所有稳性曲线都为坐标系的原点。所有船型系数曲线，都从图 5-7 右下方独立的横坐标上读取数值。

【例题 5-1】 试求"Q"轮在平均吃水 8 m 时各曲线相应参数的具体数值。

解：根据平均吃水 8 m，查"Q"轮静水力曲线图，得各参数的具体数值见表 5-2。

表 5-2 例题 5-1 附表

编　号	曲线名称	每厘米计量长度代表的数值	计量长度/cm	所求得的参数值
1	型排水体积 ∇_M	400 m³	40.4	$400\times40.4=16160$ m³
2	淡水排水量 Δ_f	400 t	40.6	$400\times40.6=16240$ t
3	海水排水量 Δ	400 t	41.7	$400\times41.7=16680$ t
4	浮心距船中距离 X_b	0.2 m	−2.9	$0.2\times(-2.9)=-0.58$ m（中后）
5	浮心距基线高度 K_B	0.2 m	21.6	$0.2\times21.6=4.32$ m
6	水线面面积 A_W	100 m²	24.1	$100\times24.1=2410$ m²
7	漂心距船中距离 X_f	1.0 m	−4.3	$1.0\times(-4.3)=-4.3$ m（中后）
8	每厘米吃水吨数 TPC	1.0 t/cm	24.6	$1.0\times24.6=24.6$ t/cm
9	横稳心距基线高度 KM	0.4 m	21.9	$0.4\times21.9=8.76$ m
10	纵稳心距基线高度 KM_L	20.0 m	9.2	$20.0\times9.2=184$ m
11	每厘米纵倾力矩 MTC	98.1 kN·m/cm	20.6	$98.1\times20.6\approx2021$ kN·m/cm

二、载重表尺

载重表尺（deadweight scale）是指船舶在静止、正浮状态时船舶浮性参数和稳性参数随船舶实际平均吃水变化的关系图表。在船舶出厂时，船厂计算出该船不同的平均吃水与其对应的排水量、总载重量、横稳心距基线高度、每厘米吃水吨数、每厘米纵倾力矩等数值，列成图表，有的还附上载重线标志，如图 5-8 所示。

利用载重表尺求取有关参数比使用静水力曲线图更直观和实用。其查取方法：根据装载状态下的实际平均吃水作一水平线，该线与所查参数栏刻度相交，直接读出刻度对应数值即为所查参数值。也可以根据排水量查取平均吃水及其他各参数。

有些载重表尺上标示出不同吃水和不同水密度时的排水量和总载重量标尺。从该标尺上可以求取不同吃水、不同水密度时的船舶排水量和总载重量值，也可以求取某一排水量和不同水密度条件下的船舶平均吃水的改变量。

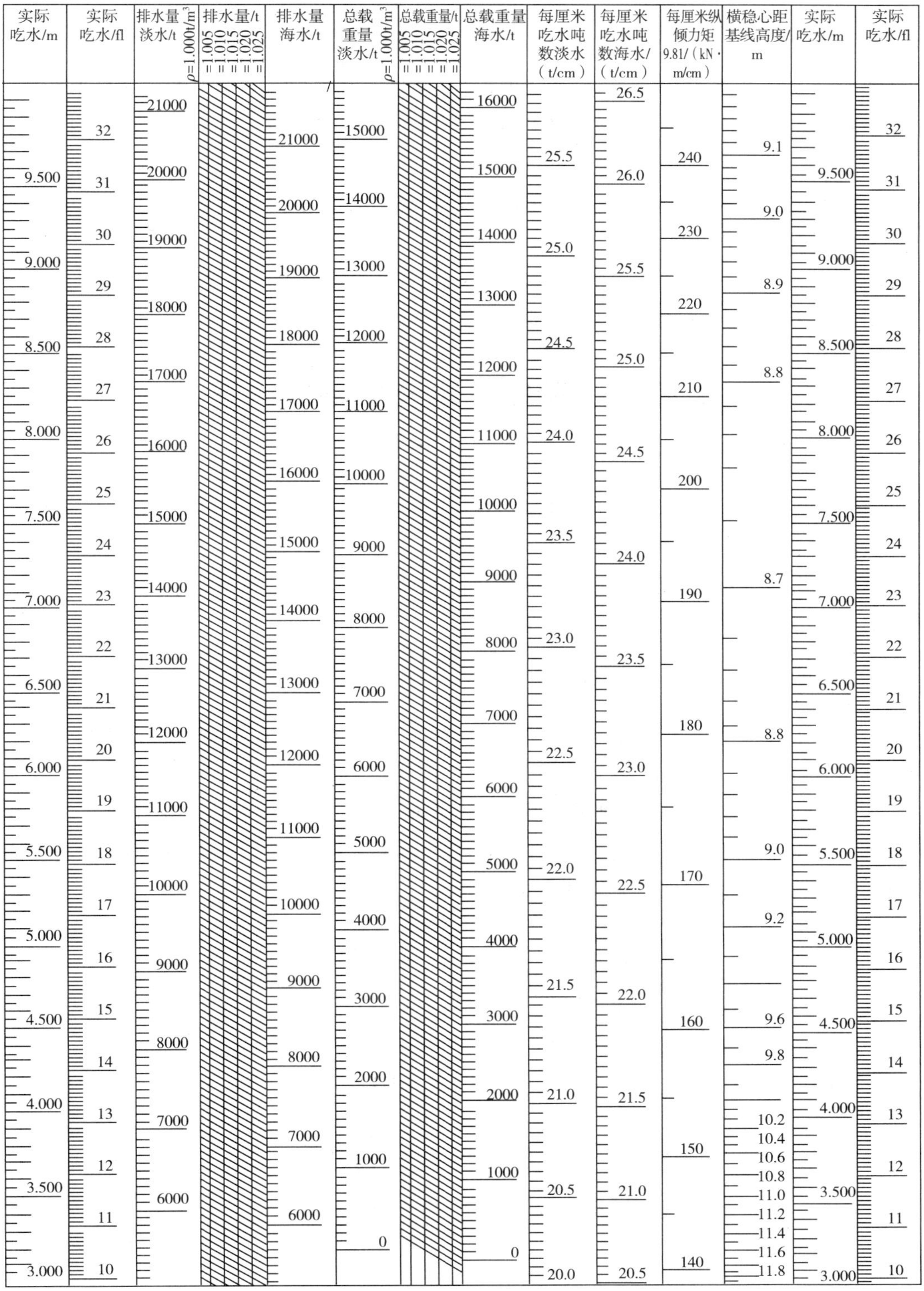
实际吃水/m
9.500 9.000 8.500 8.000 7.500 7.000 6.500 6.000 5.500 5.000 4.500 4.000 3.500 3.000
实际吃水/ft
32 31 30 29 28 27 26 25 24 23 22 21 20 19 18 17 16 15 14 13 12 11 10
排水量淡水/t ρ=1.000t/m³
21000 20000 19000 18000 17000 16000 15000 14000 13000 12000 11000 10000 9000 8000 7000 6000
排水量/t
1.005 1.010 1.015 1.020 1.025
排水量海水/t
21000 20000 19000 18000 17000 16000 15000 14000 13000 12000 11000 10000 9000 8000 7000 6000
总载重量淡水/t ρ=1.000t/m³
15000 14000 13000 12000 11000 10000 9000 8000 7000 6000 5000 4000 3000 2000 1000 0
总载重量/t
1.005 1.010 1.015 1.020 1.025
总载重量海水/t
16000 15000 14000 13000 12000 11000 10000 9000 8000 7000 6000 5000 4000 3000 2000 1000 0
每厘米吃水吨数淡水（t/cm）
25.5 25.0 24.5 24.0 23.5 23.0 22.5 22.0 21.5 21.0 20.5 20.0
每厘米吃水吨数海水/（t/cm）
26.5 26.0 25.5 25.0 24.5 24.0 23.5 23.0 22.5 22.0 21.5 21.0 20.5
每厘米纵倾力矩 9.81/（kN·m/cm）
240 230 220 210 200 190 180 170 160 150 140
横稳心距基线高度/m
9.1 9.0 8.9 8.8 8.7 8.8 9.0 9.2 9.6 9.8 10.2 10.4 10.6 10.8 11.0 11.2 11.4 11.6 11.8
实际吃水/m
9.500 9.000 8.500 8.000 7.500 7.000 6.500 6.000 5.500 5.000 4.500 4.000 3.500 3.000
实际吃水/ft
32 31 30 29 28 27 26 25 24 23 22 21 20 19 18 17 16 15 14 13 12 11 10

图 5－8 “Q”轮载重表尺

三、静水力参数表

静水力参数表(hydrostatic data table)又称船舶性能数据表,以数值表格的形式给出了船舶在静止正浮的条件下其型平均吃水与各性能参数之间的关系。与上两种形式的图表比较,静水力参数表具有简便、可靠的特点。若已知船舶型吃水,则可直接在表中查取有关参数值而无须进行辅助线和比例转换。为了减小查表误差,建议尽量使用静水力参数表。

在查用静水力参数表时,若查表引数不在表中,可用线性内插法求取有关参数值。

附录一表 F1-1 列出的是"Q"轮的静水力性能数据表。

第四节　船舶吃水及水密度修正

船舶吃水(draft)是指水线面下船体的深度,即水线面与船底之间的垂直距离。根据量取方法和作用的不同,吃水可分为实际吃水(real draft)和型吃水(moulded draft)两种。

实际吃水:水线面到船底龙骨板下缘的垂直距离。实际吃水的大小可以根据水尺标志读取。型吃水:水线面到船底龙骨板上缘的垂直距离。实际吃水与型吃水相差一个龙骨板的厚度。

一、船舶吃水及水尺标志观测方法

船舶的水尺标志(draft mark)勘绘在船体的首、中、尾部左右两舷的船壳外板上,共6处,是以数字表示船舶实际吃水的一种标记。

水尺标志有公制和英制两种形式,如图 5-9 所示。公制水尺标志以阿拉伯数字表示,字体高度为 10 cm,字与字之间的垂向间隔也为 10 cm。英制水尺标志以罗马数字表示,字体高度为 6 in,字与字之间的垂向间隔也为 6 in。

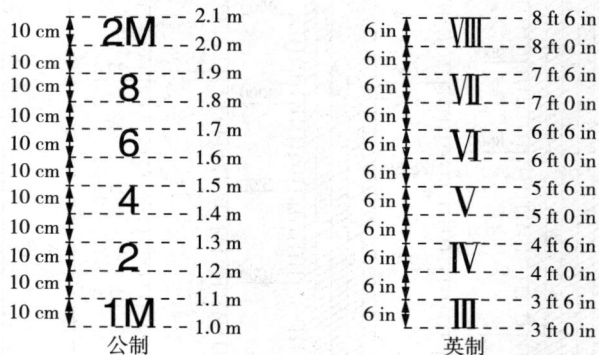

图 5-9　船舶水尺标志

观察实际吃水的方法:水线达到水尺标志上某数字的字底边缘时,表示该处的实际吃水值为该数字所表示的数值;水线刚好淹没该数字,表示该处的实际吃水为该数字所表示的数值加上相应的字高。当水面有波动时,应根据若干次观测所得的平均值确定实际水线的位置。为了提高观测精度,应选择水面较平静的时候观测,且保持视线与水面的夹角尽可能小。

二、平均吃水及其计算方法

1. 平均吃水的概念

所谓平均吃水是指在该排水量时对应船舶正浮条件下的吃水,平均吃水亦称等容吃水。静水力参数资料中所涉及的数值都是按船舶正浮状态计算得出的结果,所以从船舶静水力参数资料中查取有关参数时,均是以船舶的平均吃水为依据的。

如果船舶存在横倾或纵倾,那么从各水尺标志上读取的吃水值不相等,这时就需要将这些吃水值换算成一个与正浮状态相当的平均吃水值,然后才能查取有关参数值。

所谓与正浮状态相当的平均吃水是指船舶纵倾或横倾状态下的排水量与船舶某一正浮状态时的排水量相同时该正浮状态所对应的船舶吃水。小倾角横倾和纵倾时船舶的型平均吃水和实际平均吃水均是指船舶漂心处的吃水。

型平均吃水:在船舶中线面上,从正浮时的水线与倾斜后的水线的交点处,沿垂直于基平面的方向量到龙骨板上缘的垂直距离。

实际平均吃水:在船舶中线面上,从正浮时的水线与倾斜后的水线的交点处,沿垂直于基平面的方向量到龙骨板下缘的垂直距离。

2. 平均吃水的计算方法

(1)船舶处于正浮状态时,船舶各处的吃水值完全一致,此时,任何位置的吃水值都为实际平均吃水 d_m。

(2)当船舶处于纵倾(无横倾)状态时,实际平均吃水按下式计算:

$$d_m = \frac{d_F + d_A}{2} + \frac{t}{L_{bp}} \cdot X_f \qquad (5-11)$$

式中,d_F——首吃水(m);

d_A——尾吃水(m);

t——船舶吃水差,$t = d_F - d_A$(m);

L_{bp}——船舶垂线间长(m);

X_f——船舶漂心距船中距离(m),漂心 F 在船中前为 +,船中后为 −。

当漂心在船中,即 $X_f = 0$ 时,船舶的平均吃水可按下式求取:

$$d_m = \frac{d_F + d_A}{2} \qquad (5-12)$$

(3)当船舶既有纵倾又有横倾时,实际平均吃水按下式计算:

$$d_m = \frac{d_{FP} + d_{FS} + d_{MP} + d_{MS} + d_{AP} + d_{AS}}{6} + \frac{t}{L_{bp}} \cdot X_f \qquad (5-13)$$

式中，$t=\dfrac{d_{FP}+d_{FS}}{2}-\dfrac{d_{AP}+d_{AS}}{2}$（m）；

d_{FP}、d_{FS}——船舶首部左、右舷吃水（m）；

d_{MP}、d_{MS}——船舶中部左、右舷吃水（m）；

d_{AP}、d_{AS}——船舶尾部左、右舷吃水（m）。

（4）有纵横倾又有纵向变形时，用以上公式计算求得的平均吃水值均将船体视为刚体，而实际上船体为一弹性体，在某一浮态下可能存在一定纵向弯曲变形，当船舶存在拱垂变形时，按上述方法求得的平均吃水与实际平均吃水相比，存在一定误差，实际平均吃水可按下式计算：

$$d_m=\frac{\overline{d}_F+6\,\overline{d}_M+\overline{d}_A}{8}+\frac{X_f\cdot t}{L_{bp}} \tag{5-14}$$

式中，$\overline{d}_F$，$\overline{d}_M$，$\overline{d}_A$——船舶首、舯和尾部左右平均吃水（m）。

三、舷外水密度的变化对船舶吃水的影响

船舶航行于不同水域之间，舷外水密度经常发生变化。同一条船舶在排水量（即船舶的总重量）不变的情况下，舷外水密度的改变必然导致船舶排水体积发生变化，从而保持重力与浮力的平衡，而船舶排水体积改变，必然由船舶吃水的改变反映出来。

船舶由密度大的水域进入密度小的水域，吃水会增大，反之，吃水会减小，所以当船舶舷外水密度发生改变时需对船舶吃水进行修正。

当船舶停泊在非标准海水密度的水域时，从水尺标志上观测到的船舶吃水换算成平均吃水后不能直接用来从静水力参数资料中查取有关参数，而必须把此平均吃水换算成标准海水（$\rho=1.025\ \text{g/cm}^3$）中的平均吃水后才能查取有关参数值。

当利用水尺计算装卸货物重量以及判断船舶能否安全通过有水深限制的浅水区域时，必须用密度计测定当地水域的实际密度，修正水密度不同对船舶吃水的影响。

1. 新水域船舶平均吃水的求法

（1）用载重表尺直接查取

载重表尺图表中列出了不同水密度时排水量与平均吃水的关系，则可根据排水量和舷外水密度值查出相应的平均吃水。

（2）用基本公式计算平均吃水的变化值

船舶由水密度为 ρ_1 的水域进入水密度为 ρ_2 的水域时，舷外水密度变化引起的平均吃水的变化量为

$$\delta d=\frac{\Delta}{100\,TPC}\cdot\left(\frac{\rho_s}{\rho_2}-\frac{\rho_s}{\rho_1}\right) \tag{5-15}$$

式中，δd——舷外水密度变化引起的平均吃水变化量（m）；

Δ——船舶排水量（t）；

TPC——船舶当时平均吃水时的每厘米吃水吨数（t/cm）；

ρ_s——标准海水密度(1.025 t/cm^3)；

ρ_1——原水域水密度(t/cm^3)；

ρ_2——新水域水密度(t/cm^3)。

【例题 5-2】 已知某船排水量 $\Delta = 18000$ t，在海水中的吃水 $d_s = 8.60$ m，$TPC = 25$ t/cm，上海港的水密度 $\rho = 1.010$ t/m^3，求该船驶入上海港后的吃水。

解： 船舶由海水进入上海港后的平均吃水变化量为

$$\delta d = \frac{\Delta}{100TPC} \cdot \left(\frac{\rho_s}{\rho_2} - \frac{\rho_s}{\rho_1} \right) = \frac{18000}{100 \times 25} \cdot \left(\frac{1.025}{1.010} - \frac{1.025}{1.025} \right) \approx 0.11 (\text{m})$$

船舶驶入上海港后的吃水为

$$d = d_海 + \delta d = 8.60 + 0.11 = 8.71 (\text{m})$$

该船驶入上海港后的吃水增加了 0.11 m，吃水为 8.71 m。

（3）近似计算新水域的平均吃水

新水域船舶的平均吃水可由下式近似计算

$$d_1 = \frac{\rho_0}{\rho_1} \cdot d_0 \qquad\qquad (5-16)$$

式中，d_0——原平均吃水(m)；

d_1——新平均吃水(m)；

ρ_0——原水域水密度(t/m^3)；

ρ_1——新水域水密度(t/m^3)。

【例题 5-3】 已知某船排水量 $\Delta = 18000$ t，在海水中的吃水 $d_s = 8.60$ m，$TPC = 25$ t/cm，上海港的水密度 $\rho_1 = 1.010$ t/m^3，求该船驶入上海港后的吃水。

解： 船舶驶入上海港后的吃水为

$$d_1 = \frac{\rho_0}{\rho_1} \cdot d_0 = \frac{1.025}{1.010} \times 8.60 \approx 8.73 (\text{m})$$

该船驶入上海港后的吃水为 8.73 m。

2. 淡水水尺超额量和半淡水水尺超额量

（1）淡水水尺超额量（fresh water allowance）

船舶由标准海水$(\rho_s = 1.025 \text{ g/cm}^3)$进入标准淡水$(\rho_2 = 1.000 \text{ g/cm}^3)$时，其平均吃水增量称为淡水水尺超额量，用 FWA 表示。

$$FWA = \frac{\Delta}{TPC} \left(\frac{1.025}{1.000} - \frac{1.025}{1.025} \right) = \frac{\Delta}{4000TPC} (\text{m}) = \frac{\Delta}{40TPC} (\text{cm}) \qquad (5-17)$$

（2）半淡水水尺超额量（semi fresh water allowance）

船舶由标准海水水域进入半淡水$(1.000 \text{ g/cm}^3 < \rho < 1.025 \text{ g/cm}^3)$水域时平均吃水的增加量称为半淡水水尺超额量 $SFWA$，可按以下公式求取：

$$\delta d = 40 \times (1.025 - \rho) \cdot FWA \ (\text{cm}) \qquad\qquad (5-18)$$

式中，ρ——半淡水密度。

第五节　船舶载重线

为保障船舶航行安全和发生海损时仍能保持一定的航海性能，并使船舶具有尽可能大的装载能力，《1966年国际船舶载重线公约》及《钢质海船入级规范》均规定必须在船舶两舷勘绘载重线标志，以限制船舶满载最大吃水。

一、储备浮力和干舷

1. 储备浮力(reserved buoyancy)

储备浮力是指满载水线以上船体水密空间所能提供的浮力。为了保证船舶浮性，需要在满载水线以上储备一定的水密船体容积，以适应临时性载荷增加而为船体提供相应浮力的需要。储备浮力是船舶适航性的重要指标，储备浮力的大小与船舶尺度、类型、航区和航行季节等因素有关，海船的储备浮力为排水量的 $25\% \sim 50\%$。

2. 干舷(free board)

干舷是指在船中从干舷甲板上边缘向下量至载重线上边缘(或满载水线)的垂直距离。干舷甲板指用以计算干舷的甲板，通常指最高一层露天全通甲板。

干舷的计算公式如下：

$$F = D + \delta - d \qquad\qquad (5-19)$$

式中，F——干舷(m)；

$\quad\ \ D$——型深(m)；

$\quad\ \ \delta$——干舷甲板边板的厚度(m)；

$\quad\ \ d$——船舶型吃水(m)。

干舷可以作为衡量储备浮力大小的尺度。显然，吃水越大，干舷就越小，储备浮力也越小；反之，吃水越小，干舷越大，储备浮力也越大。为了保障船舶安全并使船舶具有尽可能大的装载能力，《1966年国际船舶载重线公约》和《钢质海船入级规范》都规定了船舶在任何装载情况下应具有的最小干舷值。

船舶最小干舷分为夏季、热带、冬季、北大西洋冬季和淡水、热带淡水干舷，其中夏季最小干舷是确定其他最小干舷的基准，而夏季最小干舷是由船舶主尺度、丰满度、船舶类型、上层建筑、舷弧等因素决定的。

勘绘载重线确定相应的干舷高度时除必须满足储备浮力的要求外，还必须根据船舶用途、航区和船舶结构，全面满足对船舶强度、完整稳性、破舱稳性等各方面的综合要求。当按上述要求所核定的干舷值不一致时，应取其中的最大值作为最小干舷，以最大限度地确保船舶的航行安全。

二、载重线标志

船舶载重线标志(load line marks)是指勘绘于船中两舷、标明载重线位置以限制船舶最大吃水、确保船舶最小干舷的标志。

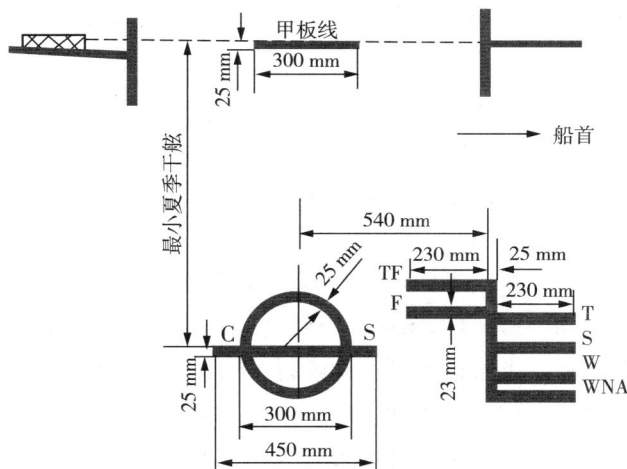

船舶装载后实际水线未淹没相应载重线的上边缘,则视为满足最小干舷的要求。

各类船舶载重线标志的特点介绍如下。

1. 国际航行船舶的载重线标志

除木材甲板货运输船舶以外的国际航行船舶载重线标志如图 5－10 所示,其由甲板线、载重线圈、各载重线三个部分组成。

图 5－10　载重线标志

(1)甲板线(deck line)

甲板线勘绘于船中两舷,其上边缘与干舷甲板边缘上表面处于同一水平位置,用以表明干舷甲板位置,作为量取有关最小干舷的基准线。

(2)载重线圈(load line ring)

载重线圈由中心位置位于船中的圆环和上边缘中点通过圆环中心的水平线两部分组成。圆环两侧标有船级社名称字母缩写,如字母"CS"为中国船级社(China Classification Society),"LR"为英国劳氏船级社。

从甲板线上边缘至圆环中心的垂直距离为夏季最小干舷。

(3)各载重线(load lines)

位于载重线圈船首方向的与一根铅垂线垂直的若干水平线表示不同种类的载重线。由甲板线上边缘至各载重线上边缘的垂直距离即规定的各种最小干舷的大小。载重线共有以下 6 种。

① 夏季载重线(summer load line):其高度与载重线圈中的水平线一致,标有字母"S"。

通常所说的船舶满载吃水是指龙骨基线至夏季载重线上边缘的垂直距离,称夏季吃水。

② 热带载重线(tropical load line):标有字母"T",热带干舷较夏季干舷小 1/48 的夏季吃水。

③ 冬季载重线(winter load line):标有字母"W",冬季干舷较夏季干舷大 1/48 的夏季吃水。

④ 夏季淡水载重线(fresh water load line in summer):标有字母"F",夏季淡水干舷较夏季干舷小 $\Delta_s/40TPC$(cm)或 1/48 的夏季吃水。

⑤ 热带淡水载重线(tropical fresh water load line):标有字母"TF",热带淡水干舷较热带干舷小 $\Delta_s/40TPC$(cm)或 1/48 的夏季吃水。

⑥ 北大西洋冬季载重线(North Atlantic winter load line):标有字母"WNA",北大西洋冬季干舷较冬季干舷大 50 mm。船长不大于 100 m 的船需要勘绘北大西洋冬季载重线。

2. 国际航行木材甲板货运输船的载重线标志

《1966 年国际船舶载重线公约》和《钢质海船入级规范》规定,对于在干舷甲板或上层建筑的露天部分装载木材货物,且船舶结构、设备和装载均满足二者要求的木材甲板货运输船,可勘绘和使用木材载重线。

由于木材甲板货给船舶提供了一定的附加浮力,因而木材船最小干舷比相应的其他船舶最小干舷小些。对于同一艘船舶,木材载重线高于相应的非木材载重线。

木材载重线在非木材载重线以外另行勘绘,位于载重线圈的船尾一侧一定距离处。各载重线一端在规定字母标志前加标英文字母"L"(lumber)。木材载重线标志如图 5-11 所示,LT 干舷较 LS 干舷小 1/48 的夏季木材型吃水,LW 干舷较 LS 干舷大 1/36 的夏季木材型吃水,LWNA 干舷与 WNA 干舷相同,淡水木材干舷的规定同其他货船。

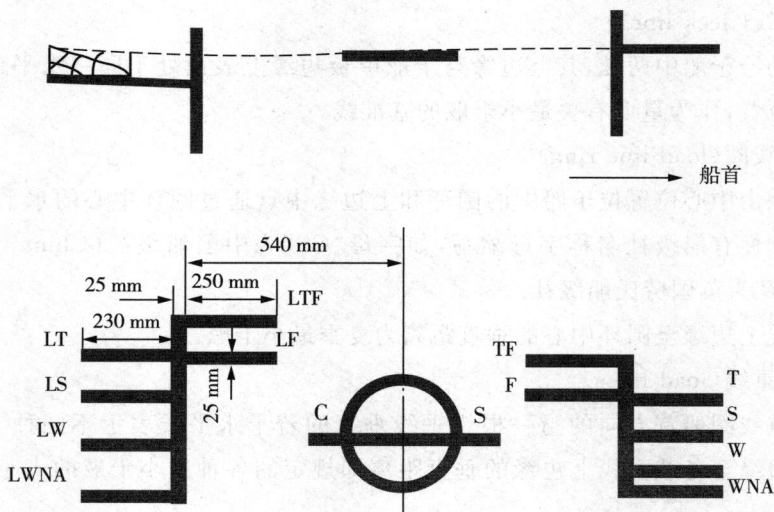

图 5-11 木材载重线标志

3. 国内航行船舶载重线标志

对于我国国内沿海航行的船舶，由于沿岸海面风浪较小，对稳性、强度、抗沉性等的要求可低于国际航行船舶，储备浮力可相应减小，因此，根据《钢质海船入级规范》规定，国内航行船舶的最小干舷比国际航行船舶的最小干舷小。

对于我国国内沿海航行的船舶，根据《钢质海船入级规范》规定，其干舷可适当降低要求。国内航行船舶的载重线标志如图5-12所示。载重线圈下半部与标志同色，两侧标为字母"ZC"。所勘绘的载重线有热带载重线（标以字母"R"）、夏季载重线（标以字母"X"）、热带淡水载重线（标以字母"RQ"）和夏季淡水载重线（标以字母"Q"）。我国沿海海区定为季节热带区域，所以没有标有冬季载重线。

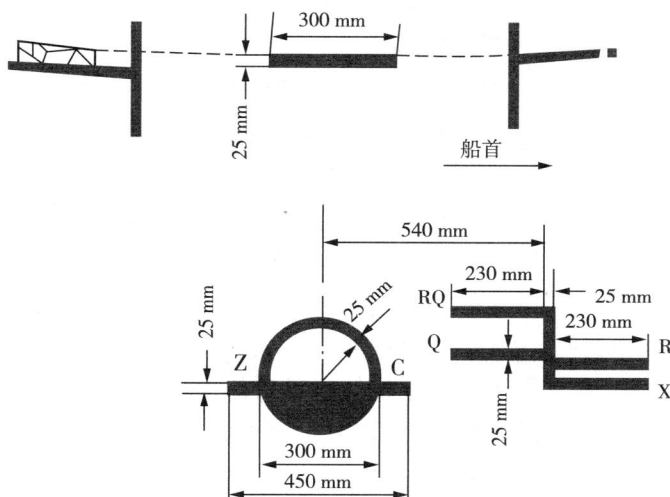

图5-12 国内航行船舶的载重线标志

三、载重线海图

船舶航行于不同海区和季节，可能遭遇的风浪大小不同，《1966年国际船舶载重线公约》和《钢质海船入级规范》要求在不同的风浪条件下使用不同的载重线以确定所允许装载的最大吃水。根据世界各海区在不同季节的风浪状况，《1966年国际船舶载重线公约》和《钢质海船入级规范》中的《商船用区带、区域和季节期海图》（简称《载重线海图》）将其划分成不同的区带和季节区域。

载重线海图

1. 海区划分的标准

《1966年国际船舶载重线公约》规定世界海区划分的标准如下。

夏季：蒲氏8级及以上风力不超过10%。

热带：蒲氏8级及以上风力不超过1%，并且10年内任一单独日历月在5°×5°区域内热带风暴不多于一次。

冬季:其余风力情况。

2.《载重线海图》对世界海区的划分

根据长期观测和积累的全球不同海区在不同季节内风浪的大小和频率的资料,将世界海区划分为以下几类。

(1)区带(zones)

区带指一年各季节中风浪变化不大,因此允许船舶全年使用同一载重线的海区。区带可分为热带区带和夏季区带。

① 热带区带(tropical zones):指允许在该区带航行的船舶全年使用热带载重线的海区。

② 夏季区带(summer zones):指允许在该区带航行的船舶全年使用夏季载重线的海区,该海区出现大风的频率较热带区带高些。

(2)季节区带或季节区域(seasonal zones or seasonal areas)

季节区带指一年各季节风浪变化较大、船舶在不同的季节期要使用不同载重线的海区。季节区域(带)可分为热带季节区域(带)和冬季季节区域(带)。

① 热带季节区域(带)(tropical seasonal zones or area):在该区域内航行的船舶,根据季节交替使用热带载重线和夏季载重线。当处于规定的热带季节期时,允许使用热带载重线;当处于规定的夏季季节期时,则允许使用夏季载重线。

② 冬季季节区域(带)(winter seasonal zones or area):在该区域内航行的船舶,根据季节交替使用冬季载重线和夏季载重线。当处于规定的冬季季节期时,允许使用冬季载重线;当处于规定的夏季季节期时,则允许使用夏季载重线。

(3)北大西洋冬季季节区带(North Atlantic winter seasonal zone)

它是指北大西洋冬季季节区带 I 的全部和 II 中位于 15°W 和 50°W 两子午线之间的部分。凡船长小于或等于 100 m 的船舶航行于这两个海区时,均应在规定的冬季季节期使用北大西洋冬季载重线,而在其余时间使用夏季载重线。对于船长大于 100 m 的船舶,在该区带根据季节交替使用冬季载重线和夏季载重线。

3. 我国沿海海区的划分

(1)国际航行船舶

根据公约规定,我国沿海海区分别属于夏季区带和热带季节区域。我国政府在加入《1966 年国际船舶载重线公约》时就将该公约对我国沿海海区划分的规定声明保留。我国政府规定,我国沿海海区分为南、北两个热带季节区域:

① 中国香港—苏阿尔恒向线以北:夏季季节期自 10 月 1 日至来年 4 月 15 日,热带季节期自 4 月 16 日至 9 月 30 日。

② 中国香港—苏阿尔恒向线以南:夏季季节期自 10 月 1 日至来年 1 月 20 日;热带季节期自 1 月 21 日至 9 月 30 日,比公约规定延长了 5 个月。

国际航行的中国籍船舶可按上述规定执行,而悬挂缔约国国旗的外国籍船舶仍可执行公约的规定。

中华人民共和国海事局 1999 年《国际航行海船法定检验技术规则》中保留了该划分标准。但是从 2008 年《国际航行海船法定检验技术规则》开始,直至现行的 2014 年《国际航行海船法定检验技术规则》均不再保留该划分标准,要求与《1966 年国际船舶载重线公约》对我国沿海海区的划分一致。

（2）国内航行船舶

我国政府在加入《1966 年国际船舶载重线公约》时,就该公约对我国沿海海区划分的规定声明保留。我国政府规定,我国沿海航行的船舶海区分为南、北两个热带季节区域。《钢质海船入级规范》中对于国内航行船舶的季节区域和季节期的划分做了如下规定。

① 汕头以北的中国沿海季节期。

热带——自 4 月 16 日至 10 月 31 日。

夏季——自 11 月 1 日至来年 4 月 15 日。

② 汕头以南的中国沿海季节期。

热带——自 2 月 16 日至 10 月 31 日。

夏季——自 11 月 1 日至来年 2 月 15 日。

四、载重线标志的使用

依据《1966 年国际船舶载重线公约》和《钢质海船入级规范》所核定的船舶最小干舷,由船级社或由其委托指定机关负责勘绘船舶载重线标志,并发给国际船舶载重线证书。《1966 年国际船舶载重线公约》规定,国际航行的船舶出入有关国家的港口时,必须接受海事部门的检查,确保船舶载重线标志的有效并按规定使用载重线标志。

船舶在营运期间使用载重线标志时,应注意以下事项。

（1）船舶所勘绘的载重线位置与证书所载相符合。

（2）保持载重线标志清晰可见。

（3）保持证书在有效期内,展期不超过 5 个月。国际船舶载重线证书有效期为 5 年,在证书签发每周年前后 3 个月进行年度检验,以保证船体和上层建筑无实质性改变。

（4）船舶总载重量必须受到限制,船舶无论在出港时、航行中,还是到港时,船中两舷按航区和季节所确定的载重线的上边缘不被水线淹没。

（5）封闭的上层建筑所有出口关闭设备应当能够保持风雨密,其出入口的门槛高度至少为 380 mm。

（6）当船舶的始发港、中途港或终点港在淡水水域时,应根据港口所在的位置及季节期使用相应的淡水载重线。船舶载重量应受到限制以保证船舶无论在出港时、航行中还是到港时,按区带或区域、季节期所确定的载重线不被水线淹没。

（7）船舶从江河或内陆水域的港口驶出时,准许适当超载,超载量应等于或小于船舶在内河航行期间消耗的燃油及淡水等重量。

（8）船舶由于天气恶劣或其他不可抗力的原因而发生绕航或延滞情况,可背离《1966 年国际船舶载重线公约》中的有关规定。

(9)当船舶处于密度为 1.000 g/cm³ 的淡水中,应根据水域位置及季节期使用淡水或热带淡水载重线。若密度大于 1.000 g/cm³,此宽限量应以 1.025 g/cm³ 和实际密度的差值按此比例确定。

第六节　货物基础知识

杂货(general cargo)是指有包装或无包装的、按件托运或承运的货物,也称件杂货。杂货一般批量小、种类繁多、性质各异,包装形式多样,对运输的要求也各不相同,一般由杂货船承运。杂货船运输特点:航线靠港多、装卸作业时间长,船舶积载工作较其他船舶复杂。

一、件杂货的分类

根据货物的性质和装运保管条件的要求,杂货可以分成以下几大类。

(1)危险货物(dangerous cargo):指具有爆炸、易燃、毒害、腐蚀、放射性等特性,在运输、装卸和储存过程中,容易造成人身伤亡、财产毁损和环境污染而需要特别防护的货物。

(2)散装货物(bulk cargo):指非整船装运的不加包装的块状、颗粒状、粉末状的货物,如煤、矿石、粮谷等。

(3)重大件货物(awkward and lengthy cargo):凡货物的单件重量或单件尺度超过规定限额的货物即为重大件货物,如成套设备、机车车辆等。

(4)易腐冷藏货物(perishable and reefer cargo):在常温下易于腐败变质、要求在一定的低温条件下运输的货物,如冻鱼、冻肉、禽蛋、水果、蔬菜等。

(5)液体货物(liquid cargo):指在杂货船的深舱内装运的散装液体货(如植物油、矿物油等)和在普通货舱内装运的有包装的液体货,如酱油、酒类、蜂蜜、化工产品等。

(6)气味货物(smelly cargo):指能散发特殊气味的货物,如生皮、猪鬃、骨粉、樟脑、大蒜等。

(7)扬尘污染货物(dusty and dirty cargo):指极易扬尘并能使其他货物污染的货物,如水泥、炭黑、各种矿石和矿粉等。

(8)清洁货物(clean or fine cargo):指运输中本身不易变质,外观清洁干燥,对其他货物无污染,但不能混入杂质或不能被玷污的货物,如棉毛织品、滑石粉、纸浆等。

(9)易碎货物(fragile cargo):指机械强度低,不能受压、易于损坏的货物,如玻璃制品、陶瓷制品、精密仪器、各种瓶装酒类等。

(10)贵重货物(valuable cargo):指价格昂贵或具有特殊使用价值的货物,如金银、历史文物、名贵药材等。

(11)活的动植物(live cargo):指在运输过程中仍需不断照料、维持生命和生长机制,不

货物分类与货物性质

使其发生死亡或枯萎的动物和植物,如鱼苗、蜜蜂、牲畜、花卉、树苗等。

(12)普通货物(general cargo):杂货中除上述货类以外的其他货物。它们对装卸和积载无特殊的要求。

二、货物的海运性质

在海上运输过程中,由于货物本身的自然特性、化学组成与结构不同,受到温度、湿度、微生物等环境因素的影响以及装卸作业引起货物质量变化,往往会造成货物使用价值的下降或丧失以及货物数量的减少。货物发生质量和数量上的变化,主要是其物理、化学、生物和机械性质引起的。为保证人员、船舶的安全和货物运输质量,应了解各种货物的相关特性。

1. 物理性质

货物的物理性质是指货物受外界因素影响而发生物理变化的性质,包括吸湿、散湿、冻结、熔化、吸附、挥发、胀缩、物理爆炸、放射性等性质。

(1)吸湿性和散湿性:是指货物具有吸收水分或者散发水分的性质。

(2)冻结性和熔化性:冻结性是指含水分较多的货物在低温下容易冻结的性质。熔化性是指货物遇高温会熔化,从而失去形状,影响纯度并污染其他货物。

(3)吸附性:是指某些货物具有黏附杂质或者吸收异味的性质。

(4)挥发性:是指液体货物表面能迅速气化变成气体向周围空间散发的性质。

(5)胀缩性和物理爆炸性:胀缩性是指不少液体货物和气体货物具有热胀冷缩的特性。物理爆炸性是指装于容器内的压缩气体遇高温可能引起内部气压急剧上升,当其超过容器耐压值时,会引起物理爆炸。

(6)放射性:是指放射性物质由于其本身性质放射出有害射线的性质。

2. 机械性质

货物的机械性质是指货物的形态、结构在外力作用下发生机械变化的性质,主要形式有货物的破碎、变形、渗漏、结块、散捆等。

3. 化学性质

货物的化学性质是指货物的形态、结构以及货物在光、热、氧、水、酸、碱等作用下,发生化学变化的性质。主要形式有货物的氧化、腐蚀、燃烧、爆炸等。

(1)氧化性:是指货物与空气中的氧和其他物质放出的氧接触,发生与氧结合的化学变化。绝大多数金属及制品被氧化而锈蚀。

(2)腐蚀性:是指某些货物具有的能对其他物质产生破坏作用的性质。如强酸、强碱等化学物质如果从容器中泄漏,会对船体及其他货物造成腐蚀。

(3)燃烧性:是指某些货物在自热的基础上导致温度升高引起燃烧的性质。

(4)爆炸性:是指货物在外界的高温、高压或机械冲击等的诱发下发生的剧烈的氧化反应。

4. 生物性质

货物的生物性质是指有生命的有机体货物,在外界各种条件的影响下,为了维持其生命而发生生物变化的性质。主要形式有呼吸、发芽、胚胎发育、后熟、微生物作用和受虫害影响等。

三、货物的包装

货物的包装(package)通常分为内包装和外包装两种。内包装又称为商品包装,它是指直接盛装或包裹货物的一种包装,它能弥补外包装在防潮、防振以及防止气味的侵入和散失方面的不足;外包装又称运输包装,它是指能保护货物以适应运输过程中正常的装卸和堆码,能承受外界环境的变化及一般的碰撞、挤压、摔跌等外力的作用的一种包装。货物的包装常见的有箱装、袋装、捆装、桶装、坛装、瓶装、篓装等,详见附录二中的表 F2-1。

在货物积载中,为各种包装货物选定合适的舱位是保证货运质量的重要措施之一。但是,对货物包装不良所引起的货损,承运人不负赔偿责任。

四、货物的标志

货物标志(mark)的作用是建立货物本身与其运输单证的联系,便于工作人员在货物运输的每个环节中识别和区分货物,启示货物的正确装运、交接和保管。货件缺少标志或标志不全,除会造成运输作业困难或货主拒收货物外,有时还会引发其他事故。

海运货物标志

目前,在国际贸易中已形成了较为统一和完整的货物标志。根据货物标志中各部分的作用不同,货物标志可分为以下 7 种。

1. 主标志(main mark)

主标志又称发货标志(shipping mark),俗称"唛头"。主标志是货主的代号,是货物运输中识别同批货物的基本标志。其内容一般为收货人名称的缩写或代号、贸易合同号、订单号或信用证号等。在有关的贸易或运输单证中,都记载有主标志的内容。

2. 副标志(counter mark)

副标志是附加在主标志范围内的补充记号。其主要用于在同批货物中区别不同供货人、不同收货人或区分不同规格、品质和等级的货物,以方便货物的交接,包括发货港、货物名称等。

3. 件号标志(package number mark)

件号标志又称箱(包)号。它是将同一主标志的货物分成若干批,再将每批按顺序逐件在货物或外包装上编印的箱(包)件顺序号。件号标志主要作用是辅助主标志区分货组,便于计算每一货组和整批货组的件数。当一批货物同时投入运输时,应按顺序号码对货件逐一制作件号标志。

货物件号的编制形式通常有以下几种:

(1)按顺序号逐件编排,如 No.1,No.2 等。

(2)按货组编制统号,如 No.201/300 表示品质、规格完全相同,序号自 201 至 300 的一组货件中的某一件。

（3）按货组编制组合号，如 No. 8/20 - 5 表示该票货物系第 5 批，该批货物共有 20 件，此件为第 8 件。

（4）成套设备可编制套号，如 SET. C/No.（2）- 2/3 表示第 2 套成套设备共有 3 箱，此箱为第 2 箱。

4. 目的地标志（destination mark）

目的地标志又称港埠标志，标示货物运往的目的地名称。目的地标志必须书写目的地的完整全名，而且必须书写正确，以防止造成货物错卸或漏卸。当过境货物的目的地尚未确定时，可用"过境"（through）字样以示货物还需继续转运。

5. 原产国标志（original mark）

它是国际贸易中特殊的一种标志，表明货物在某个国家生产制造。不少国家禁止无原产国标志的货物进口，大多数国家对不符合原产国标志规定的进口商品处以罚款。

6. 包件尺寸重量标志

包件尺寸是指货物外包装及裸装货件的外形尺寸，需要注明单位。包件重量包括毛重、净重和皮重，应标明单位。该标志所记载的内容是运输部门确定货物计费标准以及安排货物合理舱位的重要依据。

7. 注意标志（cautionary mark or care mark）

注意标志用于标注货物在装卸、运输、保管过程中应予以注意的具体事项，一般以图形或文字表示。注意标志包括用于表示危险货物特性的警戒标志和用于其他货物的指示标志两种。

警戒标志又称危险品标志（详见第十章），用于指示危险货物的性质。

指示标志又称保护标志。它根据货物特性指示有关人员按一定要求操作和保管货物，以保护货物的安全和质量。常用的指示标志如图 5 - 13 所示。

小心轻放　　禁用手钩　　由此吊起　　怕湿　　堆码极限

向上　　怕热　　重心点　　禁止滚翻　　温度限制

图 5 - 13　货物指示标志

除以上标志外,根据有些国家海关的规定或收货人的要求,在货件上还可以标注货名、商标、型号、规格、出厂编号等。这些内容根据需要可多可少,但危险货物必须标示其正确的运输名称。

在有些资料中将货物标志分为三类,其中将上述标志中的 3、4、5 和 6 归入副标志。

货物托运人应负责保证货物标志的正确和完整以及在目的地交货时仍能保持其完整和清晰。船方在收受货物时,如遇标志不清或不符合要求,应要求货主及时按规定加以纠正,否则船方可以拒绝货物装船。船方在货物积载、装卸和保管中,应严格按货物标志分隔货物,合理安排舱位,并按标志所指示的要求处理货物。

五、货物积载因数

每吨货物所占货舱容积或货物量尺体积称为货物的积载因数,积载因数分为包括亏舱的积载因数和不包括亏舱的积载因数两种。

1. 包括亏舱的积载因数 SF

$$SF = \frac{V_{ch}}{Q} \tag{5-20}$$

式中,Q——货物重量(t);

V_{ch}——货物所占舱容。

2. 不包括亏舱的积载因数 SF_0

$$SF_0 = \frac{V_c}{Q} \tag{5-21}$$

式中,V_c——货物的量尺体积(m^3)。

3. 积载因数的应用

不包括亏舱的积载因数一般由货主提供。按照国际惯例,当货物的积载因数小于 40 ft^3/t(1.1328 m^3/t) 时,该货物为计重货物;当货物的积载因数大于 40 ft^3/t(1.1328 m^3/t)时,该货物为容积货物。在我国,当货物的积载因数小于 1.00 m^3/t 时,该货物为计重货物;当货物的积载因数大于 1.00 m^3/t 时,该货物为容积货物。

在货源充裕的条件下,当货物平均积载因数小于船舶舱容系数时,船舶满载但不满舱;当货物平均积载因数大于舱容系数时,船舶满舱但不满载;但货物平均积载因数等于船舶舱容系数时,船舶既满载又满舱。

六、货物亏舱率

1. 亏舱舱容 δV(broken stowage)

货物所占的货舱容积与货物体积之差称为亏舱,是货物堆装技术不完善和货物包装与货舱不相适应等而造成的舱容损失。

$$\delta V = V_{ch} - V_c \tag{5-22}$$

货物计量、亏舱
和积载因数

式中, δV——亏舱(m^3);

V_{ch}——货物所占货舱容积(m^3);

V_c——货物量尺体积(m^3)。

2.亏舱率 C_{bs}(rate of broken stowage)

各类货物的亏舱大小通常以亏舱率为衡量指标。亏舱率是指亏舱舱容与货物所占舱容的百分比。

$$C_{bs} = \frac{V_{ch} - V_c}{V_{ch}} \times 100\% \qquad (5-23)$$

亏舱率大小与许多因素有关,如货物种类和性质,包装大小与形态,货舱大小、形状及舱内设备布置,货物堆垛方式和质量,装载技术等。

3. SF 与 C_{bs} 的关系

根据亏舱率和积载因数的定义,亏舱率和两种积载因数之间存在如下关系:

$$SF = \frac{SF_0}{1 - C_{bs}} \qquad (5-25)$$

七、货物自然损耗

货物在运输过程中,因货物本身原因、自然条件和运输技术条件的限制而产生的货物重量上不可避免的减少,称为自然减量或自然损耗。

造成自然损耗的原因:干耗和挥发、渗漏和沾染、飞扬和散失。

货物自然减量的大小通常以自然损耗率来表示,它是指货物自然损耗占原来总重量的百分比。货物自然损耗率与货物种类、装卸方式、装卸次数、气候条件、包装形式和运输时间长短等因素有关。在贸易合同中可订有损耗限度条款。货物在运输中非事故性减量在公认的自然损耗率或贸易合同规定的损耗限度内时,船方不承担赔偿责任。

第六章　船舶载货能力

本章介绍船舶载货能力的概念、船舶载货能力的核算、充分利用船舶载货能力的主要途径。

第一节　船舶载货能力概述

船舶载货能力概述

一、船舶载货能力的概念及其表示

船舶的载货能力是指船舶在具体航次中所能装运货物的种类和数量的最大限制。它由载货重量能力、载货容量能力和其他载货能力三项组成。

载货重量能力是指船舶在具体航次中所能承运货物重量的最大限额，即船舶的航次净载重量。其大小受到船舶航经海区所允许使用的载重线、航线上的限制水深、航程长短、油水及其他储备品的装载及补给计划、船舶稳性及强度、船舶常数等因素的限制。

载货容量能力是指船舶所能容纳货物体积的最大限额。各种不同的船舶,其载货容量能力有所不同。对必须装于舱内的件杂货,容量能力用货舱总包装舱容表示;对于固体散装货物,容量能力用货舱总散装舱容表示。液体散装货船的载货容量能力应为扣减膨胀余量后的液舱容积。

其他载货能力是指船舶结构和设备所具有的装载某些特殊货物的能力,即所能承运特殊货物数量的最大限额。对于杂货船而言,它是指对于性质相抵货物的隔离能力及对重大件、危险货物、冷藏货、散装液体货等的承运能力。它可用船上可供装载特殊货物舱室的容积、结构和有关设备的性能来表示。

二、核算船舶载货能力的目的

船公司在为具体的船舶下达货运任务时,需先核算船舶的载货能力,然后以装货清单的形式送交船上大副。

船舶大副根据公司下达的货运任务,在编制货物积载计划前,也需核算船舶的载货能力。校核船舶的载货能力是否与航次货运任务相适应,以便判明船舶能否承运装货清单中所列的货物品种及数量。如果装货清单中所列货物的总数过多,在重量、体积、货物的特殊要求等方面有一项或数项超过了船舶相应能力,致使货物不能全部装船,则应及早退掉部分货载,以免影响货主备货、货物报关及船舶装载和开航。如果出现船舶的载货重量能力和容积能力均未得到充分利用，即亏舱或亏载过多，应联系追加货物，以免造成运力浪费，充分利用船舶的载货能力，提高船舶营运效益。

第二节　航次净载重量计算

对于某一艘具体船舶而言，其载货容量能力和其他载货能力是固定不变的，我们可以查阅有关的船舶资料及根据对船舶熟悉了解的情况确定。船舶的载货重量能力，随航行区域、所处季节期、航程长短、航线及港口水深是否受限制等而变化。因此，为确定船舶在具体航次中的载货重量能力，每一个航次均应计算航次净载重量。

航次净载重量计算

船舶航次最大载货重量，即净载重量 NDW 可按下式计算：

$$NDW = DW - \sum G - C \qquad\qquad (6-1)$$

式中，DW——船舶总载重量(t)；

$\sum G$——航次储备量(t)；

C——船舶常数(t)。

在式(6-1)中，总载重量 DW、航次储备量 $\sum G$ 及船舶常数 C 均为变量。如果要求取航次净载重量，则需要逐一确定式(6-1)右边的总载重量、航次储备量及船舶常数。

下面分别介绍不同条件下船舶总载重量、航次储备量及船舶常数的确定方法。

一、船舶总载重量的确定

当船舶的吃水不受水深限制时，总载重量根据该航次所允许使用的载重线来确定；当船舶的吃水受水深限制时，总载重量则根据允许的最大装载平均吃水来确定。

1. 船舶的吃水不受水深限制时总载重量的确定

船舶的吃水不受水深限制时，根据本航次船舶航行经过的海区及季节期，利用《载重线海图》确定船舶所允许使用的载重线，据此可以求得载重线限制下的船舶总载重量。由于不同航线上航经的海区种类不同，因而载重线限制下的总载重量确定方法也不相同，具体又分以下几种情况。

(1)当船舶整个航次在使用同一条载重线的海区航行时，这时船舶的总载重量可根据该载重线求得。

例如，船舶整个航次在使用热带载重线的海区航行时，船舶的总载重量可根据热带载重线确定，按下式求取：

$$DW_T = \Delta_T - \Delta_L \qquad\qquad (6-2)$$

式中，DW_T——使用热带载重线时的总载重量(t)；

Δ_T——热带排水量(t)，查船舶资料求得；

Δ_L——空船排水量(t),查船舶资料求得。

(2)当船舶由使用较低载重线的海区航行至使用较高载重线的海区时,为满足船舶在始发港载重线的要求,只能允许使用较低载重线,按较低载重线确定总载重量。

例如,当船舶由使用夏季载重线的海区航行至使用热带载重线的海区时,总载重量应按夏季载重线确定,即

$$DW_S = \Delta_S - \Delta_L(t) \tag{6-3}$$

(3)当船舶由使用较高载重线的海区航行至使用较低载重线的海区时,应视其高载重线海区段油水消耗量情况来确定船舶总载重量。

① 计算求出使用高、低两条载重线时排水量的差值,符号记作 $\delta\Delta_{H-L}$

例如,船舶从热带载重线海区航行至夏季载重线海区时,高、低两条载重线对应的船舶排水量的差值为

$$\delta\Delta_{H-L} = \Delta_T - \Delta_S(t) \tag{6-4}$$

② 计算求出船舶在高载重线航段内的燃油、淡水的消耗量,符号记作 δG_H。

船舶在高载重线航段内的燃油、淡水的消耗量可根据船舶在高载重线航段内的航行天数乘以每天燃油、淡水的消耗定额求得,见表6-1。

表6-1 "Q"轮航次其他储备量及油水消耗定额表

项 目	船用备品、粮食和供应品、船员和行李/t			燃油消耗量/(t/d)				淡水消耗量/(t/d)		燃油及淡水消耗量/(t/d)		
				航行		停泊				航行	停泊	
	粮食和供应品	船员和行李	船用备品	主机	辅机	使用装卸设备	不使用装卸设备	航行	停泊		使用装卸设备	不使用装卸设备
数 量	8	10	10	25	2	2	1	20	15	47	17	16

当计算求得的船舶在高载重线航段内的燃油、淡水的消耗量大于或等于计算求得的船舶使用高、低两载重线时排水量的差值时,则在始发港可允许使用高载重线对应的总载重量。

当 $\delta G_H \geqslant \delta\Delta_{H-L}$ 时,

$$DW = \Delta_H - \Delta_L(t) \tag{6-5}$$

当计算求得的船舶在高载重线航段内的燃油、淡水的消耗量小于计算求得的船舶使用高、低两载重线所对应的排水量的差值时,则总载重量可按低载重线确定,再加上船舶在高载重线航段内燃油、淡水的消耗量,也就是船舶在始发港的最大吃水是高、低载重线之间的某一水线。

当 $\delta G_H < \delta\Delta_{H-L}$ 时,

$$DW = \Delta_{L0} - \Delta_L + \delta G_H(t) \qquad (6-6)$$

式中,Δ_{L0}——根据低载重线确定的船舶排水量(t)。

(4)船舶由使用高载重线海区航行至低载重线海区再航行至更低载重线的海区时,如船舶由使用热带载重线的海区航行至使用夏季载重线的海区,再航行至使用冬季载重线的海区,这时可根据以上类似的原理确定船舶航次的总载重量。

此外,根据《1966 年国际船舶载重线公约》的规定,当船舶从内河港口驶出时,允许船舶超载,允许的超载量等于从出发港到入海口航行所需消耗的燃油、淡水的重量。如果内河航程较长,则应充分利用这一允许超载的船舶载重量。

2. 船舶吃水受水深限制时总载重量的确定

当船舶的吃水受航线(港口、航道)水深限制时,可根据航线上最浅处的水深及其他一些影响水深的因素来确定船舶在装货港允许装载的最大平均吃水,然后根据该平均吃水及港口水密度在载重表尺上求取船舶的总载重量。

船舶在装货港允许的最大装载平均吃水可由下式求得:

$$d_{\max} = D_d + H_w + \delta d_g \pm \delta d_\rho - D_a - \frac{|t|}{2} \qquad (6-7)$$

式中,D_d——港口或航道最浅处的基准水深(m),即最浅处的海图水深。

H_w——航道最浅处可利用的潮高(m),可从潮汐表查取。

δd_g——由始发港到航线上最浅处船舶燃油、淡水的消耗量对平均吃水的影响值(m)。

δd_ρ——始发港与航线上最浅处舷外水密度不同引起的平均吃水变化量(m)。

D_a——船舶通过浅水区时应留出的富裕水深(m),该值应根据船舶大小、浅水区的水底质及船上所载货物种类等因素来确定。显然,当船舶较大,装载危险货物,浅水区为石底质时,富裕水深应取得大些,否则可小些。富裕水深一般可取 0.5~0.7 m。

如果经过浅水区时船舶存在吃水差,则最大装载平均吃水还要减少 $|t|/2$,则总载重量值就受到影响。因此,在始发港须安排好船上各类载荷的纵向分布,使船舶过浅水区时正好处于平吃水状态。

二、船舶航次储备量的确定

航次的储备量可以分成两类:油水储备量 G_1 和其他储备量 G_2。

1. 油水储备量 G_1

这类储备量包括燃油、润滑油、淡水及压载水。航次所需的油水储备量随航次时间的不同其数量变化较大。它的数量取决于船舶的航次油水补给方案。航次的油水补给可以采用在始发港一次性装足的方案,也可采用在中途港进行油水补给的方案。航次燃油、淡水的装载及补给方案应根据具体情况及考虑充分发挥船舶的运输能力、达到良好的营运效益等因素来确定。

航次所需的燃油、淡水的储备量可按下式计算:

$$G_1 = \left(\frac{S}{24 \cdot v} + t_{rs} \right) \cdot g_s + t_b \cdot g_b \qquad (6-8)$$

式中，S——从始发港到油水补给港的距离(n mile)；

v——船舶航速(kn)；

t_{rs}——船舶航行储备时间(也称荒天储备时间)，船舶航行途中可能受恶劣天气影响而延长的航行时间，该值取决于船舶的航行区域、季节期以及航程，一般沿海、近洋航线取 3 d，远洋航线取 5~7 d；

g_s——船舶航行每天油水消耗定额(t/d)，在确定淡水消耗定额时，对具有制淡设备的船舶，只需考虑船员生活用水的消耗量；

t_b——到下次补给油水前在各港口的总停泊时间(d)；

g_b——船舶停泊每天的油水消耗定额(t/d)，通常又分为使用和不使用装卸设备两个值。

2. 其他储备量 G_2

其他储备量包括粮食和供应品 G_p、船员和行李 G_{ce} 及船用备品 G_s 三项。因其数量变化较小，总重量也相对较小，所以对于特定船舶，不论航次时间长短，其大小可按船舶资料中的数值，一般可取定值。

$$G_2 = G_p + G_{ce} + G_s (\text{t}) \qquad (6-9)$$

船舶航次储备量 $\sum G$ 可按下式求取：

$$\sum G = G_1 + G_2 (\text{t}) \qquad (6-10)$$

三、船舶常数的测定

船舶常数是船舶营运一段时间后，实际空船重量与船舶新出厂时空船重量的差值，也就是船舶重量中产生的一些难以确知的重量的总和。因此，船舶常数只能用实际测定的方法求得，一般在年度修理后进行测定，测定后的一定时间内认为该值不变。测定船舶常数的步骤如下：

(1)选择水面平静时观测船舶六面水尺读数，并用密度计测定舷外水密度；

(2)计算测定时的船舶平均吃水；

(3)根据船舶的平均吃水及舷外水密度求取测定时的船舶排水量 Δ；

(4)根据实际装载状况计算船上除组成船舶常数以外的其他载荷的总重量 $\sum P$；

(5)从上述船舶排水量 Δ 中扣除 $\sum P$，得到测定时的实际空船排水量 Δ_{L+C}，即

$$\Delta_{L+C} = \Delta - \sum P (\text{t}) \qquad (6-11)$$

（6）按下式计算船舶常数 C，即

$$C = \Delta_{L+c} - \Delta_L (t) \tag{6-12}$$

【**例题 6-1**】"Q"轮停泊在上海港测定船舶常数，实测黄浦江水密度为 $1.005\ \text{g/cm}^3$，当时船舶实际吃水：首吃水（左 3.30 m、右 3.25 m）、中吃水（左 4.78 m、右 4.65 m）、尾吃水（左 5.80 m、右 5.77 m）。漂心距船中距离为 0.11 m。船上存有燃油 693 t，淡水 350 t，压载水 1644 t，其他储备量 28 t，出厂时空船重量为 5565 t，试求船舶常数。

解：（1）计算船舶平均吃水 d_m。

$$d_m = \frac{d_{FP} + d_{FS} + d_{MP} + d_{MS} + d_{AP} + d_{AS}}{6} + \frac{d_{FP} + d_{FS} - d_{AP} - d_{AS}}{2} \cdot \frac{X_f}{L_{bp}}$$

$$= \frac{3.30 + 3.25 + 4.78 + 4.65 + 5.80 + 5.77}{6} + \frac{3.30 + 3.25 - 5.80 - 5.77}{2} \times \frac{0.11}{148}$$

$$\approx 4.59 (\text{m})$$

（2）求测定常数时的船舶排水量 Δ。

根据水密度 $1.005\ \text{g/cm}^3$ 及平均吃水 4.59 m，查载重表尺，得测定常数时的排水量为 8500 t。

（3）计算测定船舶常数时船上所有载荷（不含船舶常数）重量 $\sum P$。

$$\sum P = 693 + 350 + 1644 + 28 = 2715(\text{t})$$

（4）计算测定船舶常数时的实际空船重量。

$$\Delta_{L+c} = \Delta - \sum P = 8500 - 2715 = 5785(\text{t})$$

（5）求船舶常数 C。

$$C = \Delta_{L+c} - \Delta_L = 5785 - 5565 = 220(\text{t})$$

【**例题 6-2**】"Q"轮 $\Delta_L = 5565$ t，$\Delta_T = 20205$ t，$\Delta_s = 19710$ t，2 月 15 日由大连开往新加坡，大连—新加坡 2619 n mile，香港—新加坡 1438 n mile，航速 13 kn，燃料及淡水每天消耗 47 t，船员行李、粮食备品 28 t，船舶常数 220 t，航行储备 3 d，在新加坡装卸 5 d 后开回大连。求往返两个航次的净载重量。

解：
（1）求大连至新加坡航次的净载重量。
① 确定总载重量。

根据开航时间及航线情况查《载重线海图》可知：大连至香港海区属夏季季节期，使用夏季载重线，而香港至新加坡海区属热带季节期及热带区带，使用热带载重线，因此本航次的总载重量应按夏季载重线确定。该轮使用夏季载重线时总载重量 $DW_s = 19710 - 5565 = 14145(\text{t})$。

② 计算该轮航次储备量 $\sum G$。

全程需要载燃油、淡水为： $G_1 = (\dfrac{2619}{24 \times 13} + 3) \times 47 \approx 536(t)$

航次储备量 $\sum G = G_1 + G_2 = 536 + 28 = 564(t)$

③ 已知船舶常数 $C = 220$ t。

④ 计算航次净载重量 NDW。

$$NDW = DW_s - \sum G - C = 14145 - 564 - 220 = 13361(t)$$

（2）求新加坡至大连航次的净载重量 NDW。

① 确定总载重量 DW。

根据开航时间及航线情况查《载重线海图》可知：新加坡至香港海区可使用热带载重线，香港至大连海区应使用夏季载重线，所以应通过计算比较才能确定总载重量。

a. 计算从新加坡至香港段航程船舶所消耗的燃料及淡水重量 δG_H。

$$\delta G_H = \frac{S}{24v} \times g_s = \frac{1438}{13 \times 24} \times 47 \approx 217$$

b. 计算该轮热带排水量与夏季排水量的差值 $\delta \Delta_{T-S}$。

$$\delta \Delta_{T-S} = \Delta_T - \Delta_S = 20205 - 19710 = 495$$

c. 比较，因为 $\delta G_H < \delta \Delta_{T-S}$，所以离开新加坡时的排水量

$$\Delta = 19710 + 217 = 19927(t)$$

② 求航次储备量 $\sum G$。

$$\sum G = G_1 + G_2 = 536 + 28 = 564(t)$$

③ 船舶常数 $C = 220$ t。

④ 计算航次净载重量 NDW。

$$NDW = DW - \sum G - C = (19927 - 5565) - 564 - 220 = 13578(t)$$

第三节　充分利用船舶载货能力的主要途径

如前所述，船舶的载货能力包括载货重量能力、载货容量能力和其他载货能力三项。要充分利用船舶的载货能力就需从这三个方面分别加以考虑，其主要途径如下。

一、提高船舶的载货重量能力

（1）正确确定和使用船舶的载重线或装载吃水；

（2）合理确定船舶航次所需的燃料及淡水重量；

（3）及时清除船上垃圾、废物等重量，以减小船舶常数；

（4）吃水受限时，各舱货物的重量分配应保证船舶过浅滩时平吃水且无初始横倾。

二、充分利用船舶的载货容量能力

在确定了船舶航次的载货重量能力，即确定了船舶航次净载重量后，还有一个如何同时充分利用船舶载货容积的问题。尽量做到载货重量等于航次净载重量，同时载货体积也要接近于货舱容积，即通常称之为"满载满舱"，这样就不会造成船舶运力的浪费。具体办法是：

1. 轻重货物合理搭配

对于杂货船，在货源充足且航次货载有较大的选择余地时，应注意轻重货物合理搭配，尽量使船舶能够满载满舱，使船舶的载重能力与容量能力能同时得到充分利用。

设船舶货舱总容积为 $\sum V_{ch}(\mathrm{m}^3)$，航次净载重量为 $NDW(\mathrm{t})$，现拟装轻、重两种货，轻货的积载因数为 $SF_L(\mathrm{m}^3/\mathrm{t})$，重货的积载因数为 $SF_H(\mathrm{m}^3/\mathrm{t})$。为使船舶达到满载又满舱，轻货 P_L 和重货 P_H 要满足下列要求：

$$\begin{cases} P_L + P_H = NDW \\ SF_L \cdot P_L + SF_H \cdot P_H = \sum V_{ch} \end{cases} \tag{6-13}$$

如果航次货载不止两票，为使船舶达到满载又满舱，各票货物的重量应满足式（6-14）要求。配货时往往是多种货物的品种及数量已经确定，而待选的货物品种及数量是其中的若干种。此时，在待选的货物中选择一票重货和一票轻货，就能通过求解方程组，以求取所选重货和轻货的重量。

$$\begin{cases} P_1 + P_2 + P_3 + P_4 + \cdots = NDW \\ P_1 \cdot SF_1 + P_2 \cdot SF_2 + P_3 \cdot SF_3 + P_4 \cdot SF_4 + \cdots = \sum V_{ch} \end{cases} \tag{6-14}$$

式中，P_1、P_2、P_3、P_4……——每票货物的重量（t）；

SF_1、SF_2、SF_3、SF_4……——每票货物（包括亏舱）的积载因数（m^3/t）。

【例题 6-3】 "Q"轮某航次由新加坡港装运铜锭、棉花、沥青和亚麻返回大连港，该航次净载重量为 13375 t，查得船舶总包装舱容为 19591 m^3。已知这 4 种货物（包括亏舱）的积载因数分别为 0.37 m^3/t、2.83 m^3/t、1.36 m^3/t 和 2.80 m^3/t。现计划装铜锭 5200 t，棉花 1000 t，问该轮应装多少吨沥青和亚麻才能使船舶达到满载满舱？

解：设应装沥青 P_3 吨和亚麻 P_4 吨，才能使船舶达到满载满舱。将数字代入式（6-14）得方程组为

$$\begin{cases} 5200 + 1000 + P_3 + P_4 = 13375 \\ 5200 \times 0.37 + 1000 \times 2.83 + P_3 \times 1.36 + P_4 \times 2.80 = 19591 \end{cases}$$

解得 $P_3 = 3648$ t，$P_4 = 3527$ t。

2. 合理确定货位，紧密堆装，减少亏舱

除了货种的轻重搭配外，在编制货物积载图时需根据货种特点合理选择舱位，如将笨重大件货、大的箱子货、大的桶装货等考虑配装在船舶中部的大舱并配装一些小件货填补空位；体积小的货物、软包装货应配装在狭窄的舱位。同样，二层舱因高度较小，一般不宜配装包装尺寸很大的货件，以避免二层舱上部出现无法被利用的舱容。另外，装货的质量也直接影响舱容的利用程度，因此还要和港方搞好协作关系，驾驶人员及看舱人员需经常下舱查看货物的堆装情况，要求装卸工人紧密堆装，尽量减少亏舱。

三、充分利用船舶的其他载货能力

当船舶承运有特殊要求的货物，或遇舱容不足时，应当创造条件，挖掘船舶潜力，尽可能充分利用船上的特殊舱室或舱面装载货物。例如，可考虑把一些重量轻、易于搬运的小、软包装的货物装于未被利用的深舱或冷藏舱内，把一些在航海习惯上或有关货运单证上确认可以装于舱面的货物装于舱面等，以充分利用船舶运力，增加船舶营运效益。

第七章   船舶稳性

船舶稳性

本章介绍船舶稳性概念,船舶稳性计算,自由液面、载荷移动、载荷重量改变、悬挂载荷对稳性的影响,以及船舶大倾角稳性和船舶动稳性,船舶稳性的要求,船舶稳性判断及稳性调整。

船舶稳性(stability)是指船舶在外力作用下发生倾斜但不倾覆,当外力消失后能自行回复到原平衡位置的能力。

船舶稳性与航行安全有密切的关系,为防止倾覆,首先要求船舶具有足够的稳性;同时,稳性过大又会引起船舶剧烈横摇,对船员、货物、船体结构和航海仪器的使用等产生不利的影响。因此,营运中应保证船舶具有适度的稳性。稳性的大小除了跟船体几何形状有关外,主要与载荷分布状况有关,这是船舶在积载过程中所要解决的问题。

第一节   船舶稳性基本概念

一、稳性的分类

船舶初稳性

1. 按船舶倾斜方向分类

按船舶不同的倾斜方向,稳性可分为横稳性和纵稳性。

横稳性(transverse stability):船舶在横倾力矩作用下发生横倾后所表现的稳性。纵稳性(longitudinal stability):船舶在纵倾力矩作用下发生纵倾后所表现的稳性。由于纵稳性力矩远大于横稳性力矩,一般不可能因纵稳性不足而使船舶倾覆。

2. 按倾角大小分类

按船舶倾角大小,稳性可分为初稳性和大倾角稳性。

初稳性(initial stability):指倾斜角小于 $10°$,且上甲板边缘开始入水前的稳性,又称为小倾角稳性。大倾角稳性(stability at large angles):指倾斜角度大于 $10°$ 或上甲板边缘开始入水后的稳性。

3. 按作用力矩的性质分类

按作用力矩的性质,稳性可分为静稳性和动稳性。

静稳性(static stability):船舶在倾斜过程中不计及角加速度和惯性矩的稳性,即倾斜力矩的作用是从零开始逐渐增大,使船舶倾斜时的角加速度很小,可以忽略。动稳性(dynamical stability):船舶在倾斜过程中要计及角加速度和惯性矩的稳性,即倾斜力矩突然作用在船上,使船舶倾斜有明显的角加速度变化。

4. 按船舱是否进水分类

按船舶是否破舱进水,将稳性分成完整稳性和破舱稳性。

完整稳性(intact stability):船体在完整状态时的稳性称为完整稳性。破舱稳性(damaged stability):船体破舱进水后所具有的稳性称为破舱稳性。

二、稳性力矩(stability moment)

如图 7-1 所示,船舶在外力(倾斜力矩)作用下缓慢地倾斜一小角度时,水线由正浮时的 WL 变成倾斜后的 W_1L_1。船的重量在倾斜前后没有改变,重心保持在原来的位置;船的排水体积的大小没有变化,但船体水下体积的形状发生了改变,浮心由原来的位置 B 点移到了 B_1 点。这时,浮心和重心不再位于同一铅垂线上,因而浮力和重力形成一个力偶。浮力的作用线垂

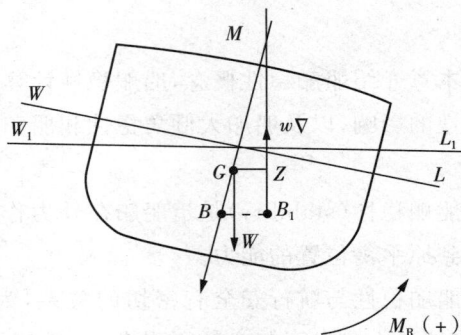

图 7-1 船舶的稳性力矩

直于 W_1L_1 并与中线相交于 M 点。船舶在微倾过程中,浮力作用线的交点均通过 M 点,M 点称为船舶稳心。

重力和浮力形成的力偶矩称为稳性力矩(或复原力矩),用 M_R 表示。与船舶倾斜方向相反的力矩定为正值。

自重心 G 作直线 GZ 垂直于通过 B_1 的垂线(即浮力作用线),则稳性力矩为

$$M_R = \Delta \cdot GZ(9.81 \text{ kN} \cdot \text{m}) \tag{7-1}$$

式中,Δ——船舶排水量(t);

GZ——复原力臂(m)。

使得船舶离开原来平衡位置的是倾斜力矩,通常由风和浪的作用、船上货物的移动、旅客集中一舷、拖船急牵及船舶回转等产生,其大小取决于这些外部条件。促使船舶回复到原来平衡位置的是稳性力矩,其大小取决于排水量、重心高度及浮心移动的距离等因素。

三、船舶的三种平衡状态

从重心 G 和稳心 M 的相对位置关系,可以判断稳性力矩 M_R 的性质,而稳性力矩的性质决定了船舶原平衡状态的稳定性能。

如图 7-2 所示,船舶的平衡状态有三种。

1. 稳定平衡状态(stable equilibrium)

重心 G 在稳心 M 之下,稳性力矩 M_R 的方向与船舶倾斜方向相反,起着抵抗倾斜力矩的作用,在此力矩作用下,船舶将会回复到初始平衡状态。此时,M_R 为正值,重心 G 到稳

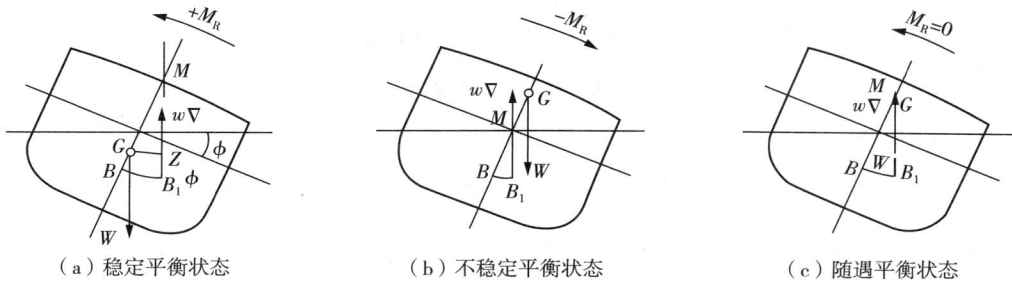

（a）稳定平衡状态　　　　　　（b）不稳定平衡状态　　　　　　（c）随遇平衡状态

图 7-2　船舶的三种平衡状态

心 M 之间的距离 $GM>0$。

2. 不稳定平衡状态(unstable equilibrium)

重心 G 在稳心 M 之上，稳性力矩 M_R 的方向与船舶倾斜方向相同，不仅不起抵抗倾斜力矩的作用，反而促使船舶继续倾斜。此时，M_R 为负值，重心 G 到稳心 M 之间的距离 $GM<0$。

3. 随遇平衡状态(neutral equilibrium)

重心 G 与稳心 M 重合，稳性力矩 M_R 等于零，当外力消失后，船舶不会回复到原来的位置，也不会继续倾斜。此时，M_R 为零，重心 G 到稳心 M 之间的距离 $GM=0$。

处于不稳定平衡状态的船舶，当其受到外力矩作用而离开平衡位置时，即使外力矩马上消失，在倾覆力矩作用下船舶仍将继续倾斜，最终导致船舶倾覆；处于随遇平衡状态的船舶受外力矩作用发生倾斜，当外力矩消失后，船舶因复原力矩为零，不可能回至原来的平衡位置，如较长时间受到外力矩作用，船舶的横倾角将在一定范围内不断增大，最终仍有可能导致船舶倾覆；只有处于稳定平衡状态的船舶，才具有一定的抵抗外力矩能力，且当外力矩消失后，在复原力矩作用下，能自行回到原来的平衡位置。

第二节　初稳性

一、船舶初稳性的标志

1. 船舶初稳性的特征

如图 7-3 所示，船舶初稳性具有以下特征：

（1）船舶微倾前后水线面的交线过原水线面的漂心 F，即倾斜前后漂心不变；

（2）浮心移动轨迹为圆弧段，圆心为定点 M（稳心），半径为 BM（稳心半径）。

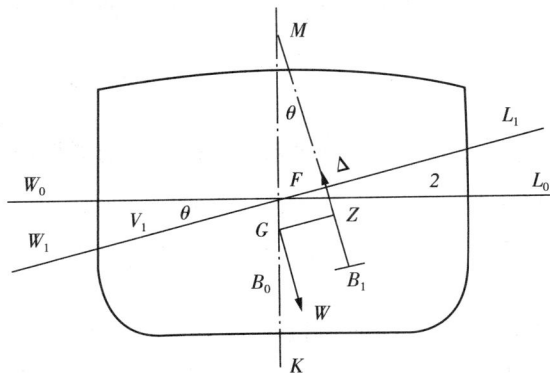

图 7-3　船舶的小角度倾斜

2. 初稳性方程式

根据船舶小角度倾斜所具有的特点,由图 7 - 3 得初稳性方程式为

$$M_R = \Delta \cdot GZ(9.81 \text{ kN} \cdot \text{m}) \tag{7-2}$$

当横倾角较小时,上式可写成

$$M_R = \Delta \cdot GM \cdot \sin\theta \tag{7-3}$$

式中,M_R——复原力矩(9.81 kN·m);

   Δ——排水量(t);

   θ——船舶横倾角;

   GZ——静稳性力臂,也称复原力臂(m);

   GM——初稳性高度(m)。

影响初稳性的因素

由此可知,当船舶在一定排水量下发生小角度横倾时,复原力矩的大小与初稳性高度 GM 成正比。初稳性高度 GM 是衡量初稳性大小的基本标志。要使船舶产生正的复原力矩,必须使 GM 为正值,若要保证船舶有一定量的复原力矩,则必须适当增大船舶的初稳性高度。

二、初稳性高度的计算

1. 初稳性高度的计算公式

初稳性高度 GM 是衡量船舶初稳性的重要指标,如图 7 - 3 所示,初稳性高度可由下式计算:

$$GM = KM - KG \tag{7-4}$$

式中,① KM——船舶横稳心距基线高度(m),由静水力参数资料查得,也可以由下式求得:

$$KM = KB + BM \tag{7-5}$$

式中,KB——船舶浮心距基线高度(m),由静水力参数资料查得。

   BM——稳心半径(m),可以根据平均吃水或排水量查取,或按下式计算:

$$BM = \frac{I_x}{\nabla_M}(\text{m}) \tag{7-6}$$

式中,I_x——船舶水线面面积对于横倾轴的惯性矩,$I_x = KL_{bp}B^3(\text{m}^4)$,对于一般货船,$K = 0.045 \sim 0.065$;

   L_{bp}——船舶垂线间长(m);

   B——船舶型宽(m);

   ∇_M——船舶排水体积(m^3)。

② KG——船舶重心距基线高度(m),其值与空船重心高度及载荷配置方案有关,根据合力矩原理,可按下式求取:

$$KG = \frac{\sum P_i \cdot Z_i}{\Delta} \qquad (7-7)$$

其中:P_i——构成船舶排水量的各项重量(t),包括空船重量、各货物重量、各液舱油水重量、船员及行李、粮食供应品、船用备品、船舶常数等。

Z_i——载荷 P_i 对应的重心距基线高度(m)。

2.载荷重心距基线高度的求法

(1)估算法。

将装在同一舱内且积载因数相近、位置相邻的货物合并起来视为一类货物,然后分别估算各大类货物的重心距基线高度。它与货物体积、舱内货堆高度、货舱结构形式有关,可近似地加以确定。船舶中部的舱室,货堆的重心可取为 50% 的货堆高度;在船首、船尾等部位的舱室,货堆的重心高度可取货堆高度的 54%~58%。

如中部的舱室:

$$Kg_i = \frac{1}{2}\text{货高} + \text{货物底边距基线高} \quad (7-8)$$

【例题 7-1】 某船第二货舱舱容为 3070 m³,舱高 7.8 m,双层底高 1.5 m,该舱底舱装棉布 1300 t($S.F_1 = 0.74$ m³/t)、纸张 900 t($S.F_2 = 2.13$ m³/t)两种货物,货物在舱内的配置如图 7-4 所示。试按估算法求各大类货物的重心高度及该舱的合重心高度。

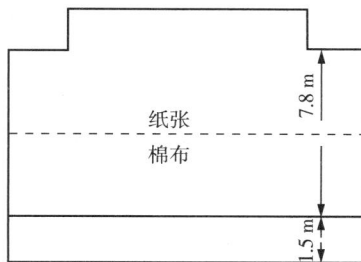

图 7-4　货物在船舱内配置图

解:列表计算各类货物的重心高度如下:

表 7-1　例题 7-1 附表

货　名	重量/t	$S.F/$ (m³/t)	货物容积/ m³	占舱容 百分比/%	货堆高度/m	货物重心高度/m
棉　布	1300	0.74	962	31.3	0.313×7.8≈2.44	1.5+2.44/2=2.72
纸　张	900	2.13	1917	62.4	0.624×7.8≈4.87	1.5+2.44+4.87/2≈6.38

该舱货物的合重心高度为

$$Kg_i = \frac{1300 \times 2.72 + 900 \times 6.38}{1300 + 900} \approx 4.22(\text{m})$$

答:棉布重心高度为 2.72 m,纸张重心高度为 6.37 m,该舱货物的合重心高度为 4.22 m。

(2)利用舱容曲线图确定载荷重心高度。

对于散货船和杂货船,船舶资料中提供了舱容曲线资料,每一货舱有一张曲线图,其下面横坐标为货舱容积,纵坐标为货堆表面距基线高度,上面横坐标为容积中心距基线高度,图上有两条曲线,分别是舱容曲线和容积中心距基线高度曲线。

如图 7-5 所示,利用舱容曲线图确定载荷重心高度的方法如下:

① 根据装载货物所占的舱容,在下面横坐标上找到相应的位置点。

② 过该点作垂直于下面横轴的直线交舱容曲线于一点 A。

③ 过 A 点作横轴的平行线,交纵坐标轴于一点,即可读得该货物表面距基线高度。

④ 过 A 点作平行于横轴的直线交容积中心距基线高度曲线于 B 点,过 B 点向上作横轴的垂线,即可在上面的横坐标轴上读得该货物的容积中心距基线高度。当所装货物为均质货时,该中心等于货物的重心。

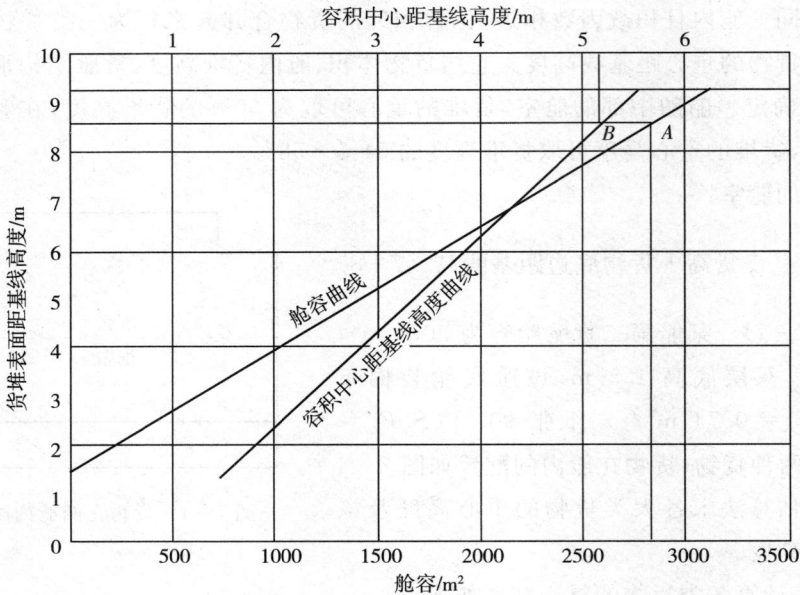

图 7-5 舱容曲线图

(3)以合体积中心作为该舱货物的合重心高度。

在实际工作中,上述两种方法均嫌麻烦,在杂货船上很少被采用。目前绝大多数杂货船,均以舱内所装货物的合体积中心作为该舱货物的合重心,如果货物接近满舱,则取舱容中心为货物合重心。使用这种方法所得的货物重心显然与实际的重心高度有出入,但因方法简便,而且所求得的 GM 值比实际值偏小,偏于安全,所以这种方法经常被采用。

【例题 7-2】 某船某航次在上海装货,计划各舱柜载荷重量见表 7-2 所列,查资料得 $KM=8.67$ m。试求开航时船舶的初稳性高度 GM。

解:(1)列表求船舶的排水量、垂向重量力矩,见表 7-2。

(2)求船舶重心高度:

$$KG=\frac{\sum P_i \cdot Z_i}{\Delta}=\frac{153563}{20540}\approx 7.48(\text{m})$$

(3)计算初稳性高度:

$$GM=KM-KG=8.67-7.48=1.19(\text{m})$$

表 7 - 2 船舶重量、垂向重量力矩计算表

舱 别		载荷重量/t	重心距基线高度/m	垂向重量力矩/ (9.81 kN·m)
货舱	No.1 二层舱	900	11.27	10143
	底舱	906	5.90	5345
	No.2 二层舱	882	11.05	9746
	底舱	1612	5.18	8350
	No.3 二层舱	942	10.87	10240
	底舱	1537	5.15	7916
	No.4 二层舱	1387	10.87	15077
	底舱	2401	5.15	12365
	No.5 二层舱	1060	10.87	11522
	底舱	1482	5.24	7766
	合计	13109	5.24	98470
油舱	No.1 燃油舱（左）	107	0.74	79
	No.1 燃油舱（右）	102	0.74	75
	No.2 燃油舱（左）	107	0.74	79
	No.2 燃油舱（右）	107	0.74	79
	No.3 燃油舱（左）	148	0.74	110
	No.3 燃油舱（右）	148	0.74	110
	No.4 燃油舱（左）	107	0.74	79
	No.4 燃油舱（右）	107	0.74	79
	燃油日用舱	20	10.80	216
	燃油沉淀舱	22	10.80	238
	No.1 重柴油舱（左）	230	1.44	331
	No.1 重柴油舱（右）	213	1.51	322
	重柴油日用舱	10	10.78	108
	重柴油沉淀舱	10	10.78	108
	轻柴油舱	22	0.98	22
	轻柴油日用舱	6	10.74	64
	滑油净油舱（左）	12	5.95	71
	滑油储存舱	15	5.95	89
	滑油循环舱	16	1.15	18
	No.1 气缸油储存舱	4	10.75	43
	No.2 气缸油储存舱	9	10.79	47
	合计	1522		2367

	舱　　别	载荷重量/t	重心距基线高度/m	垂向重量力矩/ (9.81 kN·m)
淡水	饮水舱（左）	49	11.31	554
	饮水舱（右）	49	11.31	554
	尾尖舱（淡水）	153	7.91	1210
	淡水舱	37	0.94	35
	蒸馏水舱	32	0.89	20
	合　计	320		2373
其他	船员及行李	6	18.00	108
	供应品	20	13.50	270
	备品	30	11.50	345
	常数	172	10.62	1827
	合　计	228		2550
	空船重量	5371	8.891	47754
	总　计	20550		153514

三、载荷的垂向移动对稳性的影响及计算

当计算所得船舶初稳性高度 GM 值过大时，可以采取由下层舱往上层舱移动货物的方法，以提高船舶的重心高度，降低 GM 值；反之，GM 过小，可以采取由上层舱往下层舱移动货物的方法，以降低船舶的重心高度，提高 GM 值。

如图 7-6 所示，将船上某一重量为 P 的货物自 A 点（垂向坐标为 z_1）沿垂向移至 A_1 点（垂向坐标为 z_2），移动的距离为 $Z = z_2 - z_1$。

由于船的排水量和船体浸水部分的形状都没有发生变化，M 的位置保持不变，也就是 KM 不变。至于船的重心，则由原来的 G 点垂向移动至 G_1 点，根据重心移动的原理可得

$$GG_1 = \frac{P(z_2 - z_1)}{\Delta} \qquad (7-9)$$

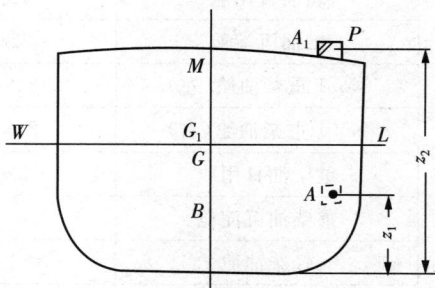

图 7-6　货物的垂向移动

重心的移动引起初稳性高度的改变。原来的初稳性高为 GM，新的初稳性高为 GM_1：

$$GM_1 = GM - GG_1$$

即

$$GM_1 = GM - \frac{P(z_2 - z_1)}{\Delta} \qquad\qquad (7-10)$$

则初稳性高度的改变量 δGM 为

$$\delta GM = \frac{PZ}{\Delta} \qquad\qquad (7-11)$$

式中，P——垂向移动载荷的重量（t）；

Z——载荷移动的垂直距离（m）。下移时取正（＋），上移时取负（－）。

由上可知，船内载荷上移，船舶重心也上移，KG 变大，GM 变小，δGM 为负（－）；船内载荷下移，船舶重心也下移，KG 变小，GM 变大，δGM 为正（＋）。因此在编制积载图时，若上、下层的货舱没有安排满货物，按照上述方法移动重量是可行的。但是如果上、下层货舱均已安排满货物，则需将上、下层轻、重货物进行等体积对调，才能实现移动载荷的要求。对调货物的重量需要满足下列联立方程：

$$\begin{cases} P_1 - P_2 = P \\ P_1 \cdot S.F_1 - P_2 \cdot S.F_2 = 0 \end{cases} \qquad\qquad (7-12)$$

式中，P_1——应移动的重货重量（t）；

P_2——应移动的轻货重量（t）；

$S.F_1$——重货积载因数（m³/t）；

$S.F_2$——轻货积载因数（m³/t）。

【例题 7-3】 某船排水量＝19382 t，$GM=0.89$ m，现要求 GM 达到 1 m，由二层舱往底舱垂向移动货物，移动的距离为 5.67 m，求上、下层货物移动重量。

解：(1)初稳性高度的改变量 $\delta GM = 1 - 0.89 = 0.11$(m)。

(2)垂向移动的货物重量为

$$P = \frac{\Delta \cdot \delta GM}{Z} = \frac{19382 \times 0.11}{5.67} \approx 376(t)$$

为了使 GM 变大，应该由二层舱往底舱移货，移货重量为 376 t。

四、载荷改变对初稳性高度的影响及计算

船舶在营运中，部分货物的装卸，油水的补给和消耗，压载水的注入和排放，船体结冰及甲板上浪等均可视为重量增减。船上重量增减后船舶排水量发生变化，船舶重心 G 及稳心 M 的位置也发生改变，从而引起初稳性高度 GM 的改变。

重量增减可分成大量增减和少量增减两种情况。若船舶初始排水量为 Δ，重量增减量为 $\sum P_i$，当 $\sum P_i$ 超过 10%Δ 时为重量的大量增减；当 $\sum P_i$ 不超过 10%Δ 时为重量的少量增减。

1. 重量大量增减

当船上增加或卸除大量载荷时，船舶的吃水变化较大，应根据新的吃水或排水量查船

舶的静水力资料,查重量变化后的 KM 值,还要重新计算重量变化后的 KG 值。

设重量增减前船舶的排水量为 Δ,重心高度为 KG;$\sum P_i$ 为重量增减量,Z_i 为各项重量 P_i 的重心高度,则重量增减后船舶新的重心高度 KG_1 为

$$KG_1 = \frac{\Delta \cdot KG + \sum P_i Z_i}{\Delta + \sum P_i} \qquad (7-13)$$

根据重量增减后船舶新的排水量 $\Delta_1 = + \sum P_i$,查静水力资料,可得重量增减后的稳心距基线高度 KM_1,于是重量增减后船舶新的初稳性高度 GM_1 为

$$GM_1 = KM_1 - KG_1 \qquad (7-14)$$

2. 重量少量增减

当 $\sum P_i$ 不超过 $10\% \Delta$ 时,可以用近似方法求载荷改变对 GM 的影响值,从而求新的 GM 值。

如图 7-7 所示,已知船舶初始排水量为 Δ,重心位于 G_0 点,重心高度为 KG。现在船上加载重量为 P 货物(增加重量 P 为正值,减少重量 P 为负值),其重心高度为 KP。则加载后船舶新的重心高度 KG_1 为

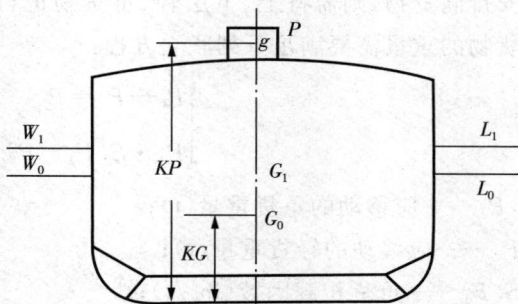

图 7-7 载荷改变对稳性的影响

$$KG_1 = \frac{\Delta \cdot KG + P \cdot KP}{\Delta + P} \qquad (7-15)$$

加载前船舶初稳性高度 $GM = KM - KG$,由于平均吃水变化不大,可假设加载后稳心 M 点的位置不变,即忽略载荷变动对船舶横稳心距基线高度 KM 的影响,船舶初稳性高度的变化值就等于船舶重心高度的变化值,但符号相反。

加载后船舶新的初稳性高度 GM_1 为

$$GM_1 = KM - KG_1$$

加载前后初稳性高度的改变量为

$$\delta GM = \frac{P(KG - KP)}{\Delta + P} \qquad (7-16)$$

式中,KG——重量增减前船舶的重心高度(m);

Δ——重量增减前船舶的排水量(t);

P——载荷变化量(t),增加为 +,减少为 -;

KP——载荷 P 重心距基线高度(m)。

当多个载荷增减后,初稳性高度的改变量为

$$\delta GM = \frac{\sum P_i(KG - Kg_i)}{\Delta + \sum P_i}(\mathrm{m}) \qquad (7-17)$$

式中,P_i——各项重量变动量(t),增加为$+$,减少为$-$;

$\quad Kg_i$——各项载荷P_i的合重心距基线高度(m)。

新的初稳性高度为

$$GM_1 = GM + \delta GM \qquad (7-18)$$

【例题 7-4】 某船排水量$\Delta = 18111\ \mathrm{t}$,$GM = 0.56\ \mathrm{m}$,$KG = 8.31\ \mathrm{m}$,若往尾尖舱内打满压载水 283 t,其重心高度$KP = 9.58\ \mathrm{m}$。求压载后的初稳性高度。

解: 设船舶横稳心距基线高度KM不变。

$$\delta GM = \frac{P(KG - KP)}{\Delta + P} = \frac{283 \times (8.31 - 9.58)}{18111 + 283} \approx -0.02(\mathrm{m})$$

$$GM_1 = GM + \delta GM = 0.56 + (-0.02) = 0.54(\mathrm{m})$$

五、悬挂载荷对稳性影响及计算

如图 7-8 所示,使用船吊吊卸重大件货物,悬挂于m点,船舶的重心在G_1点。重大件重心会随着船舶的横倾而向倾斜的一侧移动。由此产生的倾侧力矩也会部分抵消复原力矩的作用,从而对船舶稳性产生不利影响。新的稳性力矩为

$$M_R = \Delta \cdot GM_0 \cdot \sin\theta - l \cdot P \cdot \sin\theta$$

$$= \Delta \cdot \left(GM_0 - \frac{l \cdot P}{\Delta}\right) \cdot \sin\theta \qquad (7-19)$$

式中,M_R——新的稳性力矩(kN·m);

$\quad \Delta$——排水量(t);

$\quad \theta$——船舶横倾角度数(°);

$\quad GM_0$——悬挂前船舶初稳性高度(m);

$\quad P$——悬挂载荷重量(t);

$\quad l$——悬挂载荷重心到悬挂点的距离(m)。

悬挂载荷P对船舶的初稳性高度影响值为

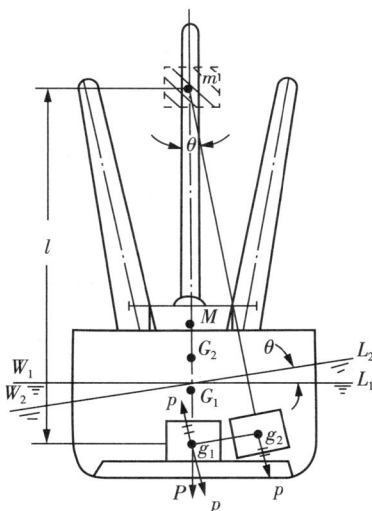

图 7-8 船内悬挂重物

$$\delta GM = \frac{P \cdot l}{\Delta} \qquad (7-20)$$

因δGM值等于将载荷P向移至悬挂点所产生对GM值的变化量,所以称悬挂点为悬挂载荷的虚重心。载荷被悬挂后初稳性高度降低,悬挂载荷的重量越大,悬挂点越高,船舶的稳性高度降低越多;悬挂载荷情况相同时,船舶的排水量越小,稳性高度降低越多。

为避免悬挂载荷使船舶稳性高度过低而发生事故,船舶有悬挂载荷时应十分谨慎。主要安全措施有:

(1)航行前要放下悬挂货物并牢固绑扎;

(2)装卸重大件货时,要先核算稳性及最大横倾角,如超过规定横倾角,必须提前采取减小横倾角的措施。

六、自由液面对初稳性高度的影响及计算

船上设有淡水舱、燃油舱、压载水舱等舱柜,如果舱内液体没有装满,则船舶在倾斜时,舱内的液体也将向船舶倾斜一侧流动,这种舱内未装满的液体可以自由流动的液面称为自由液面(free surface)。

舱内液体的流动,使其重心向船舶倾斜的方向移动,液体重心移动所产生的力矩称为自由液面倾侧力矩,它将部分抵消复原力矩,从而使船舶初稳性高度 GM 减小,影响船舶安全。

如图 7-9 所示,当双层底舱内未装满液体时(设舱内液体密度为 ρ,液体体积为 V),若船舶横倾一小角度 θ,舱内液体表面 $a_0 b_0$ 变为 $a_1 b_1$,重心由 g_0 移到 g_1,这和船舶

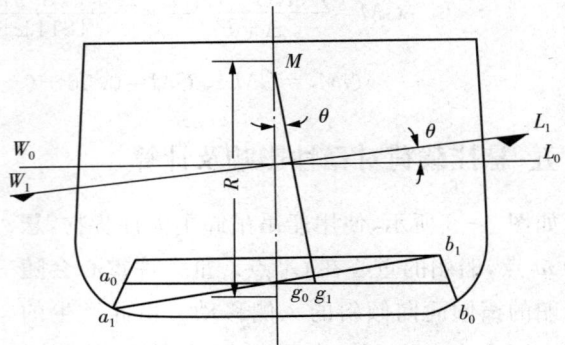

图 7-9 自由液面

横倾时一样,M 点是横倾前、后液体载荷两重力线的交点,液体重心是液体体积的几何中心,则和求稳心半径一样,舱内液体重心移动的曲率半径为

$$R = \frac{i_x}{V} \tag{7-21}$$

式中,R——舱内液体重心移动曲率半径(m);

i_x——自由液面的面积对其倾斜轴线的惯性矩(m^4)。

这时,船舶的复原力矩将减小,船舶的实际复原力矩为

$$M_{R1} = 9.81\Delta \cdot GM \cdot \sin\theta - 9.81 \cdot V \cdot \rho \cdot R \cdot \sin\theta$$

$$= 9.81\Delta \cdot GM \cdot \sin\theta - 9.81 \cdot \rho \cdot i_x \cdot \sin\theta$$

$$= 9.81\Delta \left(GM - \frac{\rho \cdot i_x}{\Delta} \right) \cdot \sin\theta (kN \cdot m) \tag{7-22}$$

这时船舶新的初稳性高度为

$$GM_1 = GM - \frac{\rho \cdot i_x}{\Delta} \tag{7-23}$$

即有

$$\delta GM = \frac{\rho \cdot i_x}{\Delta}(\mathrm{m}) \qquad (7-24)$$

式中，ρ——液舱中液体的密度（t/m³）；

Δ——船舶排水量（t）。

δGM 称为自由液面对初稳性高度的修正值，即自由液面使 GM 减少的量。其数值只与舱内自由液面的大小、形状及船舶的排水量有关，而与舱内液体体积无关。

当多个液体舱同时存在自由液面时，自由液面修正值应累计计算：

$$\delta GM = \frac{\sum \rho \cdot i_x}{\Delta}(\mathrm{m}) \qquad (7-25)$$

液舱自由液面惯性矩 i_x 的具体数值，一般可以从船舶资料中查得。如无资料，也可用公式计算，它是一个与液面水平截面形状、大小有关的参数。

对于水平截面是矩形的自由液面，其面积惯性矩为

$$i_x = \frac{lb^3}{12}(\mathrm{m}^4) \qquad (7-26)$$

式中，l——沿船舶纵向的液舱长度（m）；

b——沿船舶横向的液舱宽度（m）。

对于水平截面是等腰梯形的自由液面，其面积惯性矩为

$$i_x = \frac{1}{48}l(b_1 + b_2)(b_1^2 + b_2^2)(\mathrm{m}^4) \qquad (7-27)$$

式中，l——沿船舶纵向的液舱长度（m）；

b_1，b_2——梯形液舱两端的宽度（m）。

为了减小自由液面对稳性的影响，在液体舱安排中要注意尽量不要产生过多的自由液面。在船舶建造时，比较有效的办法是在舱柜中间设置水密纵向舱壁。如自由液面为矩形的液舱用纵向舱壁将其分隔成左、右两部分后，自由液面对稳性的不利影响可以减少至原来的 1/4。同样，将舱室进行纵向 n 等份分隔后，自由液面的影响可减小到未分舱前的 $1/n^2$。因此，船上宽度较大的油舱、水舱通常在液舱内设置一道或者两道纵向舱壁，以减小自由液面对稳性的不利影响。

【例题 7-5】 某船排水量 $\Delta = 28000$ t，尾尖舱未装满压载水存在自由液面，液体表面是等腰梯形，长 $L = 5$ m，宽 $b_1 = 25$ m，$b_2 = 20$ m，试求自由液面对初稳性高度的影响值。

解：
$$i_x = \frac{1}{48} \times 5 \times (25 + 20) \times (25^2 + 20^2) \approx 4805(\mathrm{m}^4)$$

$$\delta GM = \frac{\rho \cdot i_x}{\Delta} = \frac{1.025 \times 4805}{28000} \approx 0.18(\mathrm{m})$$

由于尾尖舱存在自由液面，初稳性高度 GM 减小 0.18 m。

第三节　大倾角稳性

船舶大倾角稳性

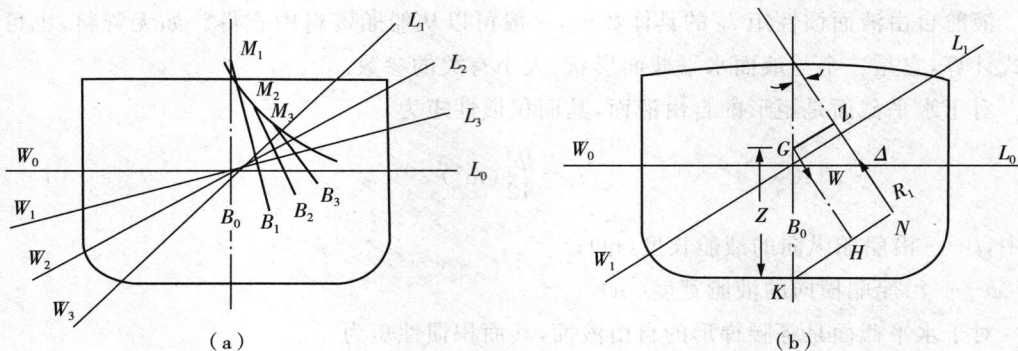

一、大倾角稳性的基本概念

船舶在海上航行时,受风浪作用而发生大角度横倾的情况也经常发生。当横倾角超过10°或上甲板边缘入水后,其水下部分形状发生明显变化,倾斜轴不再通过初始水线面的漂心 F,横稳心 M 也不再是定点,而是随横倾角 θ 的变化而变化,如图 7-10所示。船舶不但要有足够的初稳性,而且还必须具有足够的大倾角稳性,大倾角稳性的大小仍然取决于稳性力矩的大小,但不能用初稳性高度 GM 来表征。

图 7-10　大倾角稳性

稳性力矩的计算公式:

$$M_R = \Delta \cdot GZ = \Delta \cdot (KN - KH)(9.81 \text{ kN} \cdot \text{m}) \qquad (7-28)$$

式中,Δ——排水量(t);

GZ——静稳性力臂,也称复原力臂(m);

KN——形状稳性力臂(m);

KH——重量稳性力臂(m)。

当船舶的排水量一定时,稳性力矩大小取决于船舶重心 G 到倾斜后浮力作用线的垂直距离,即取决于静稳性力臂 GZ,并与 GZ 成正比。所以通常可以用静稳性力臂 GZ 来表示大倾角稳性。

二、大倾角稳性的计算

由于船舶资料中提供的稳性交叉曲线不同,静稳性力臂的表达式也不同,常见的有基点法、假定重心法、初稳心点法和初始浮心法。下面仅介绍最常用的基点法,如图 7-10所示,复原力臂可按下式计算:

$$GZ = KN - KH = KN - KG \cdot \sin\theta \qquad (7-29)$$

1. 利用稳性交叉曲线求取形状稳性力臂 KN 值

稳性交叉曲线(cross curves of stability):船舶设计部门绘制的在一定横倾角下,形状稳性力臂 KN 随排水体积变化的关系曲线。

图 7-11 所示为某船稳性交叉曲线,横坐标为排水量或型排水体积,纵坐标为形状稳性力臂 KN。查用时,根据已知的排水量或型排水体积在横坐标上找到相应的一点,过此点作横轴的垂线与图中相应横倾角的曲线相交。通过相交点作横坐标的平行线,即可在纵坐标上读得相应横倾角对应的形状稳性力臂值。

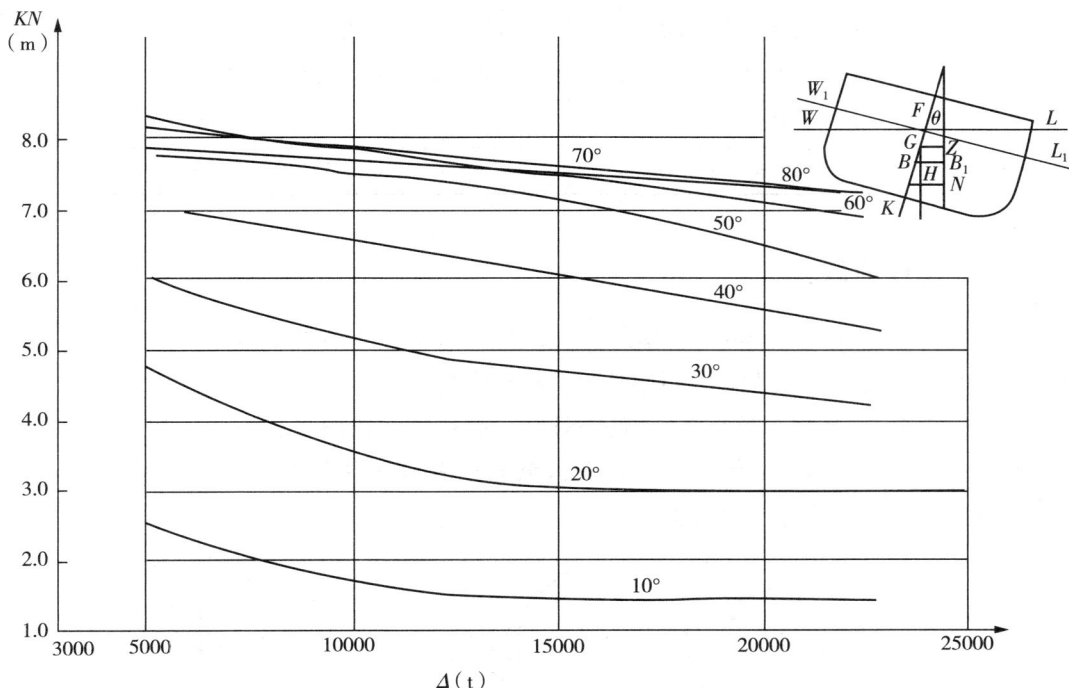

图 7-11 稳性交叉曲线

2. 利用公式计算重量稳性力臂 KH 值

重量稳性力臂 KH 按下式计算:

$$KH = KG \cdot \sin\theta \; (\text{m}) \qquad (7-30)$$

KG 根据船舶装载情况计算求出。当存在自由液面时,可以把自由液面的影响看作把船舶重心提高了一些,从而使重量稳性力臂值提高,复原力臂值减小,即

$$KH = (KG + \delta GM) \cdot \sin\theta \qquad (7-31)$$

式中,KG——船舶重心高度(m);

δGM——自由液面对初稳性高度的修正值(m)。

综上所述,用基点法计算复原力臂的公式为

$$GZ = KN - (KG + \delta GM) \cdot \sin\theta (\text{m}) \qquad (7-32)$$

【例题 7-6】 某船排水量 $\Delta = 20881$ t,重心高 $KG = 7.40$ m,求不同横倾角 θ 时的复原力臂 GZ。

解:根据排水量 $\Delta = 20881$ t,查稳性交叉曲线图(图 7-11)得不同横倾角 θ 对应的形状稳性力臂 KN 值,不同横倾角对应的 GZ 列表计算见表 7-3:

表 7-3　例题 7-6 附表

θ	10°	20°	30°	40°	50°	60°
KN(m)	1.520	3.055	4.401	5.518	6.378	6.910
$\sin\theta$	0.1737	0.3420	0.5000	0.6428	0.7660	0.8660
$KG\sin\theta$(m)	1.285	2.531	3.701	4.758	5.670	6.410
GZ(m)	0.235	0.524	0.700	0.760	0.708	0.500

三、静稳性曲线

静稳性曲线(curve of static stability)是表示船舶在某一排水量和一定重心高度时的复原力臂 GZ(或复原力矩 M_R)与横倾角 θ 关系的曲线。

对于一艘船舶,当排水量及重心高度不同时,静稳性曲线图也就不同。如图 7-12 所示,在静稳性曲线图上,横坐标表示横倾角 θ,纵坐标表示复原力臂 GZ(或复原力矩 M_R)。该曲线是反映船舶稳性特征的重要资料。

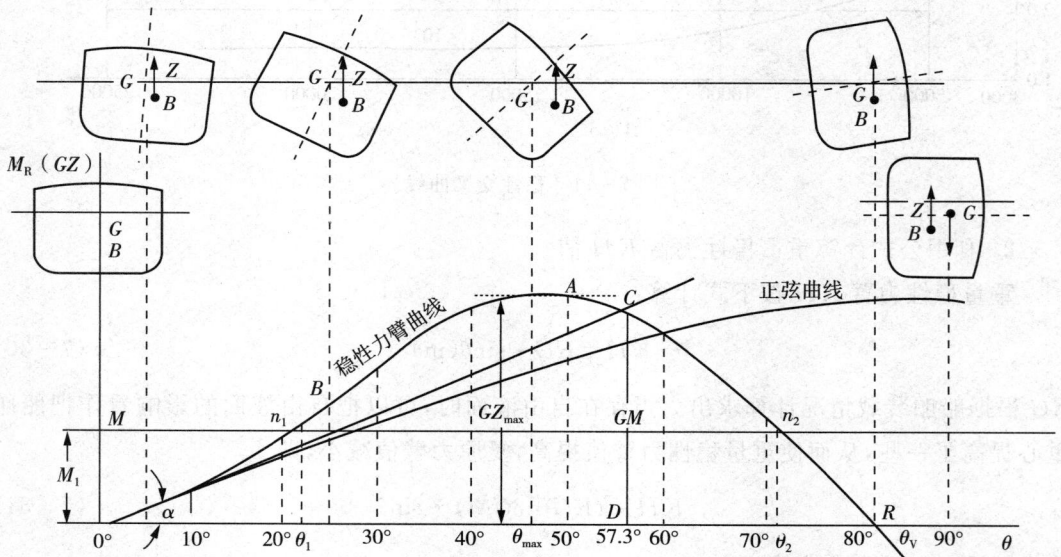

图 7-12　静稳性曲线图

1. 静稳性曲线图的主要特征

(1)在小横倾角($\theta<10°$)时,静稳性曲线为正弦曲线,即在小角度范围内,GZ 曲线与正弦曲线重合,说明此时 GZ 可以用 $GM \cdot \sin\theta$ 表示。

(2)横倾角 θ 逐渐增大后,GZ 曲线逐渐向上弯曲,与正弦曲线的差别越来越大,说明大倾角时 GZ 与 $GM \cdot \sin\theta$ 不再一致。

(3)横倾角 θ 继续增大,GZ 曲线达到最大值 A 点后开始下降。A 点处的稳性力臂称为最大复原力臂 GZ_{max},也称最大静稳性力臂,它表示船舶在静力作用下抵抗外力矩的能力,所以 GZ_{max} 越大,稳性也越大。A 点对应的横坐标为最大复原力臂对应角 θ_{smax},称为极限静倾角。

(4)当横倾角 $\theta=\theta_v$ 时,$GZ=0$ 称为稳性消失角。静稳性曲线在 $0\sim\theta_v$ 称为稳性范围,在稳性范围内船舶复原力矩(臂)是正值。当 $\theta>\theta_v$ 时,GZ 为负值,船舶将产生倾覆力矩。

(5)静稳性曲线在原点处的斜率等于初稳性高度 GM。过坐标原点作 GZ 曲线的切线,并在横坐标 $\theta=57.3°$ 处作横轴的垂线与该切线相交,交点到横轴的距离即为初稳性高度 GM 值。

(6)当上甲板边缘浸水后,水线面以下船体的形状将发生突变,复原力矩(臂)增长减缓,曲线出现反曲点,该点所对应的横倾角相当于甲板浸水角 θ_{im}。

2. 影响静稳性曲线的主要因素

(1)船宽:其他条件相同的船舶,若船宽不同,则静稳性曲线的形状不同。因为船宽增加,船舶的形状稳性力臂也增大,复原力臂随之增大,但同时甲板浸水角将减小。所以,船宽越大,其静稳性曲线最高点的位置将在较小的横倾角时出现,即船宽越大,最大复原力臂 GZ_{max} 越大,但最大复原力臂对应的横倾角 θ_{max} 及稳性消失角 θ_v 越小,如图 7-13 所示。对于经常出现大角度倾斜的海船来说,这种稳性状况是不满意的。

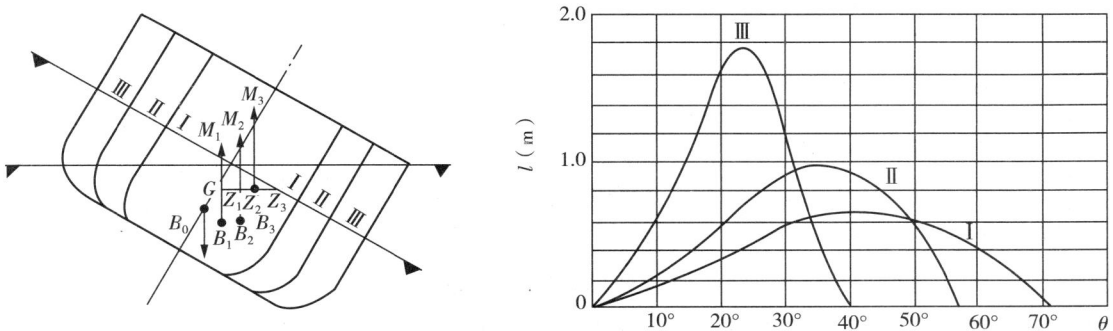

图 7-13 船宽对静稳性曲线的影响

(2)干舷:在其他条件相同的情况下,船舶的干舷越小,则甲板浸水角越小,静稳性曲线的最大复原力臂 GZ_{max}、最大复原力臂对应角 θ_{max} 及稳性消失角 θ_v 越小。而甲板浸水角以前的曲线部分不受影响。也就是说,船舶干舷的大小对初稳性不产生影响,而对大倾角稳性有影响,如图 7-14 所示。

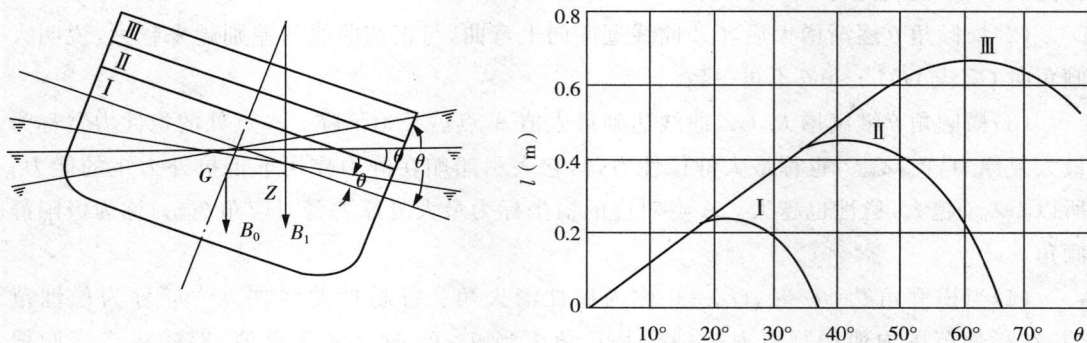

图 7-14 干舷对静稳性曲线的影响

（3）排水量：对于同一艘船舶,排水量不同,其静稳性曲线也不同。因为排水量不同时其形状稳性力臂值不同,所以复原力臂也不同。

（4）船舶重心高度：同一艘船舶,在同一排水量时,其装载方案不同,即船舶的重心高度不同,则其重量稳性力臂不同,所以复原力臂值也不同。

（5）自由液面：自由液面对船舶稳性的影响相当于增大了船舶重心高度,因而,自由液面的存在使静稳性曲线下降,最大复原力臂和稳性消失角减小。

（6）初始横倾：当船舶重心偏离中纵剖面时,船舶会出现初始横倾角。初始横倾角的存在同样会使静稳性曲线下降,最大稳性力臂和稳性消失角减小。

第四节　动稳性

一、动稳性的表示及计算

1. 动稳性概念及动平衡

船舶在海上航行时,经常受到阵风的突然袭击及海浪的猛烈冲击,这种作用称为外力矩的动力作用。在横倾力矩 M_h 突然作用下,船舶开始横倾,在横倾的初始阶段,由于横倾力矩 M_h 大于复原力矩 M_R,船舶加速横倾,角速度逐步增大。当外力矩 M_h 和复原力矩 M_R 相等时,由于惯性力船舶不能停止而继续倾斜,只有当外力矩所做的功 A_h 与复原力矩所做的功 A_R 完全抵消,船舶的倾斜角速度才能等于零而停止倾斜,此时横倾角达到最大。我们称这种稳性为动稳性。这时船舶的倾斜角为动平衡角或称动倾角 θ_d,如图 7-15 所示。由此可知,船舶受动力作用后将在静倾角 θ_s 周围做周期性的运动,在水和空气的阻尼作用下,最后停止在 θ_s 处,但运动中可能出现的最大横倾角将在 θ_d 处,从图中可以看出,动倾角比静倾角大得多。

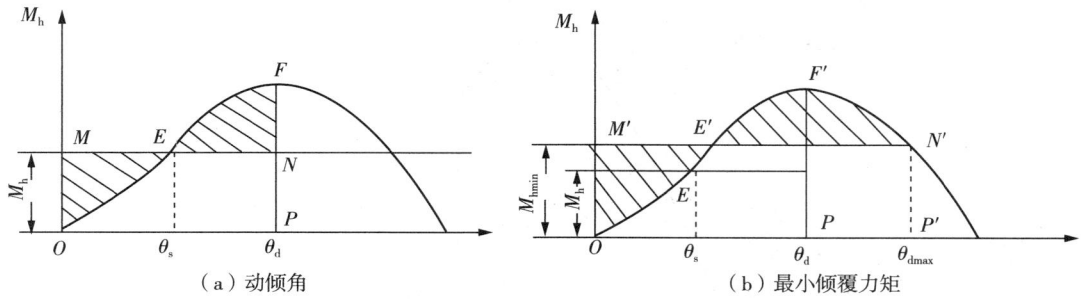

图 7-15 动稳性的概念

2. 动稳性的表示方法

船舶在动力横倾力矩作用下达到动平衡的条件:外力矩所做的功 A_h 等于复原力矩所做的功 A_R。我们知道:力矩所做的功等于力矩乘以力矩作用下的横倾角。

从静稳性图上可以看出,外力矩 M_h 所做的功等于 $OMNP$ 的面积,稳性力矩 M_R 所做的功等于 $OEFP$ 的面积,某一角度下,当这两块面积相等时,船舶达到动平衡,如图 7-15 (a)所示。

3. 最小倾覆力矩

如图 7-15(b)所示,增大横倾力矩,当面积 $OM'E'$ 等于面积 $E'F'N'$ 时船舶达到动平衡,此时的横倾力矩值称为极限横倾力矩。它表示船舶在动平衡条件下能够承受的横倾力矩的极限值。

显然,当船舶实际受到的外力矩大于横倾力矩的极限值时,船舶的动平衡遭到破坏,船舶就会倾覆,故这个横倾力矩的极限值又称为最小倾覆力矩(minimum capsizing moment),即能使船舶倾覆的最小动态横倾外力矩,用 M_{hmin} 表示,它是衡量船舶动稳性的重要指标。

最小倾覆力矩所对应的动倾角称为极限动倾角(maximum angle of dynamical inclination),用 θ_{dmax} 表示。

从动稳性要求考虑,保证船舶不致倾覆的条件是外力矩不得大于最小倾覆力矩,即 $M_h < M_{hmin}$。

二、动稳性曲线图

复原力矩所做的功称为动稳性力矩 A_R,动稳性力矩与排水量的比值称为动稳性力臂 L_d。船舶动稳性的有关参数可用动稳性曲线表示,如图 7-16 所示。动稳性曲线是表示动稳性力矩 A_R 或动稳性力臂 L_d 与横倾角的关系曲线。不同横倾角时的动稳性力臂 L_d 为相应横倾角时静稳性力臂 GZ 曲线所围面积,即静稳性曲线的积分曲线。该曲线的横坐标为横倾角 θ,纵坐标为动稳性力矩 A_R 或动稳性力臂 L_d,且有

$$L_d = A_R/9.81\Delta \tag{7-33}$$

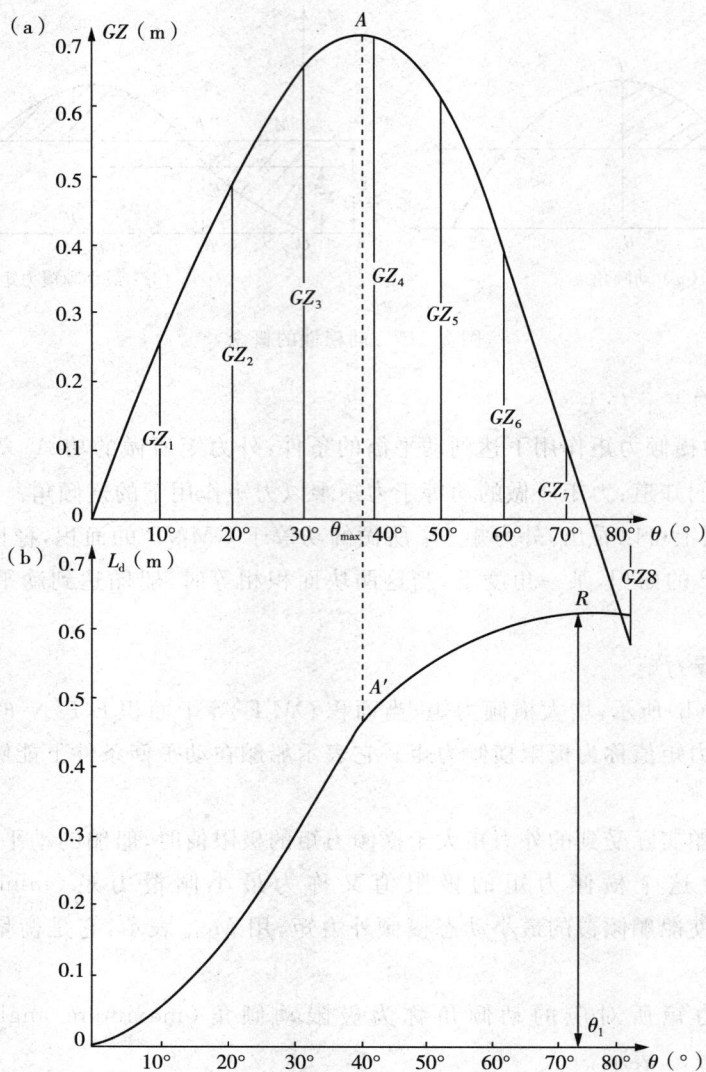

图 7-16 动稳性曲线

动稳性曲线和静稳性曲线之间关系：

（1）当横倾角 $\theta = 0°$ 时，静稳性力臂 GZ 和动稳性力臂 L_d 均为 0。

（2）当横倾角 $\theta = \theta_{smax}$ 时，在静稳性力臂曲线上出现最高点，而在动稳性力臂曲线上则出现反曲点 A'。

（3）当横倾角 $\theta = \theta_v$ 时，静稳性力臂 $GZ = 0$，而在动稳性力臂曲线上则出现最高点。

动稳性曲线的用途：已知外力矩 M_h，根据动稳性曲线求动倾角 θ_d、最小倾覆力矩 M_{hmin} 和极限动倾角 θ_{dmax}。

第五节 稳性的要求

为保证船舶营运安全,国际海事组织(International Maritime Organization 简称 IMO)和各航运国家的主管机关都以法规形式对船舶稳性有关的各项指标做出强制性的规定,以便对船舶的设计、建造和使用中的有关问题进行约束。我国《钢质海船入级规范》对国际航行船舶和非国际航行船舶分别提出了要求。

一、IMO 关于适合各种类型船舶的完整稳性规则

IMO《2008 年国际完整稳性规则》(简称《2008 年 IS 规则》)规定:船长大于或等于 24 m 的下列类型船舶和其他海上运输工具,应满足规则中的相应完整稳性衡准要求。具体包括:货船、载运木材甲板货的货船、客船、渔船、特种用途船、近海供应船、海上移动钻井平台、方驳和在甲板上载运集装箱的货船和集装箱船。

IMO 完整稳性衡准要求船舶在核算装载状况下经自由液面修正后同时满足:

(1)初稳性高度 GM 应不小于 0.15 m。

(2)复原力臂 GZ 曲线下的面积在横倾角 0°～30°所围面积应不小于 0.055 m·rad;

(3)复原力臂 GZ 曲线下的面积在横倾角 0°～40°或进水角中较小者之间所围面积应不小于 0.090 m·rad;

(4)复原力臂 GZ 曲线下的面积在横倾角 30°～40°或进水角中较小者之间所围面积应不小于 0.030 m·rad;

(5)横倾角等于或大于 30°处的复原力臂 GZ_{30} 应不小于 0.20 m;

(6)最大复原力臂对应的横倾角 θ_{smax} 应不小于 25°;

(7)对于船长≥24 m 的船舶,还要满足天气衡准的要求。

《2008 年国际完整稳性规则》规定了在正常装载状态下船舶为抵抗横风和横摇联合作用应具有的能力。

(1)船舶受到稳定的正横风的压力,其方向垂直于船舶的纵中剖面,风压倾侧力臂为 L_{W1},此时船舶的倾斜角为静倾角 θ_0,横倾角 θ_0 不应超过 16°或甲板边缘浸水角的 80%,取小者。

(2)在静倾角 θ_0 处,假定船舶受到波浪的作用,船舶朝着风的方向横倾到 θ_1 角度。

(3)船舶受到一个阵风(突风)作用,产生阵风风压倾侧力臂,为 L_{W2}。

(4)在此情况下,在复原力臂曲线(GZ 曲线)中,应满足面积 B≥面积 A,如图 7-17 所

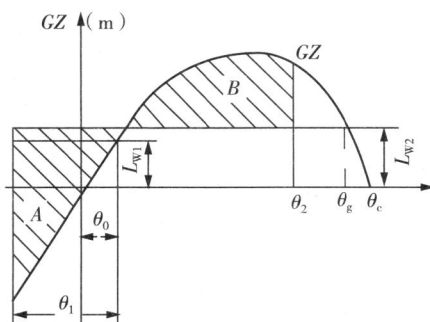

图 7-17 天气衡准

示。船舶的复原力臂曲线应已计及自由液面的影响。

图 7-17 中：L_{W1}——稳定风压产生的风压倾侧力臂；

L_{W2}——突风倾侧力臂；

θ_0——稳定风压作用下的船舶静倾角；

θ_1——船舶受到波浪的作用朝着风的方向横摇的角度；

θ_2——进水角 θ_f 或 50° 或 θ_c 三者中取小者；

θ_c——突风倾侧力臂的平行直线与静稳性曲线的第二个交点对应的横倾角。

其中：

$$L_{W1} = \frac{P \cdot A \cdot Z}{\Delta} (m)$$

$$L_{W2} = 1.5 L_{W1} (m) \tag{7-34}$$

式中，P——单位计算风压，取 $P = 504\ Pa$；

A——水线以上船体和上层建筑、甲板货件的受风侧面积（m^2）；

Z——面积 A 中心到水线下船体侧面积中心的垂直距离或近似取为 1/2 吃水的垂直距离（m）；

Δ——排水量（t）。

二、我国《规范》要求

《规范》对我国国际航行的船舶，其完整稳性要求应符合 IMO《2008 年国际完整稳性规则》的规定。对非国际航行船舶的稳性衡准要求：经自由液面修正后，要求同时满足：

(1)初稳性高度 GM 应不小于 0.15 m；

(2)复原力臂 GZ 曲线上，在横倾角等于或大于 30° 处的复原力臂 GZ_{30} 应不小于 0.20 m。若进水角小于 30°，则进水角处的复原力臂应不小于该值；

(3)最大复原力臂对应的横倾角 θ_{smax} 应不小于 25°。如进水角小于最大复原力臂所对应的横倾角，则进水角即最大复原力臂所对应的横倾角。

对 θ_{smax} 的衡准要求，当船舶的宽深比（B/D）大于 2 时，对 θ_{smax} 的要求可以适当降低，可以减少值 $\delta\theta$ 为

$$\delta\theta = 20(B/D - 2)(K - 1) \tag{7-35}$$

式中，B——船舶型宽（m），当 $B/D > 2.5$ 时，取 $B/D = 2.5$；

D——船舶型深（m）；

K——稳性衡准数，当 $K > 1.5$ 时，取 $K = 1.5$。

(4)稳性衡准数 K 不小于 1，即 $K \geqslant 1$。

稳性衡准数 K 是衡量船舶具有的抵御最小倾覆力矩的能力，是指船舶的最小倾覆力矩 M_{hmin} 与风压倾侧力矩 M_W 的比值，或最小倾覆力臂 L_{hmin} 与风压倾侧力臂 L_W 的比值，即

$$K = \frac{M_{hmin}}{M_w} = \frac{L_{hmin}}{L_w} \geqslant 1 \qquad\qquad (7-36)$$

《规范》规定：船舶在各种装载状态下的稳性衡准数 K 不小于1。稳性衡准数 K 是衡量船舶动稳性的重要参数，可以利用静稳性曲线图求取，也可以用动稳性曲线图求取。

三、最小许用初稳性高度和许用重心高度

根据我国《规范》，船舶的每个装载状态，其稳性必须同时满足初稳性、大倾角稳性和动稳性的各项要求。在实际工作中，为了便于船员校核船舶实际营运中的稳性，《规范》规定，设计部门应为船舶提供"最小许用初稳性高度曲线"或"许用重心高度曲线"，以简化稳性衡准。

1. 最小许用初稳性高度曲线

最小许用初稳性高度，也称临界稳性高度 GM_C，是指同时满足《规范》对船舶稳性全部要求时，经自由液面修正后初稳性高度的最小值。

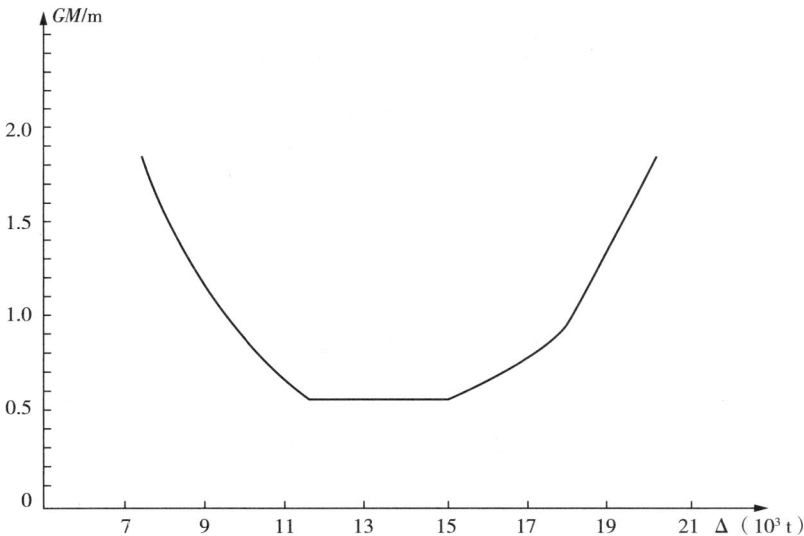

图 7-18 许用初稳性高度曲线

最小许用初稳性高度随排水量的变化而变化。最小许用初稳性高度 GM_C 和排水量的关系曲线图称为最小许用初稳性高度曲线图。其形式如图 7-18 所示。使用时，根据船舶排水量，在横坐标轴上找到对应点，向上作一垂直线，与最小许用初稳性高度曲线相交。该交点的纵坐标读数值即该排水量对应的最小许用初稳性高度。当船舶实际装载方案经自由液面修正后的初稳性高度不小于该状态下的最小许用初稳性高度值时（即 $GM \geqslant GM_C$），船舶的稳性已满足《规范》规定的衡准指标。

2. 许用重心高度曲线

许用重心高度，也称极限重心高度 KG_C，是指同时满足《规范》对船舶稳性全部要求时，

船舶重心高度的最大值。

许用重心高度 KG_C 值亦随排水量的变化而变化。如果已知最小许用初稳性高度 GM_C,则根据公式可以求出相应的许用重心高度 KG_C。许用重心高度和排水量的关系曲线称为许用重心高度曲线,如图 7-19 所示。使用时,根据船舶的排水量,在横坐标轴上找到一点,向上作垂线,与许用重心高度曲线相交的点的纵坐标读数值即该排水量对应的许用重心高度值。实际装载方案经自由液面修正后的船舶重心高度如果不超过查得的许用重心高度值(即 $KG \leqslant KG_C$),则船舶的稳性已满足《规范》规定的衡准指标。

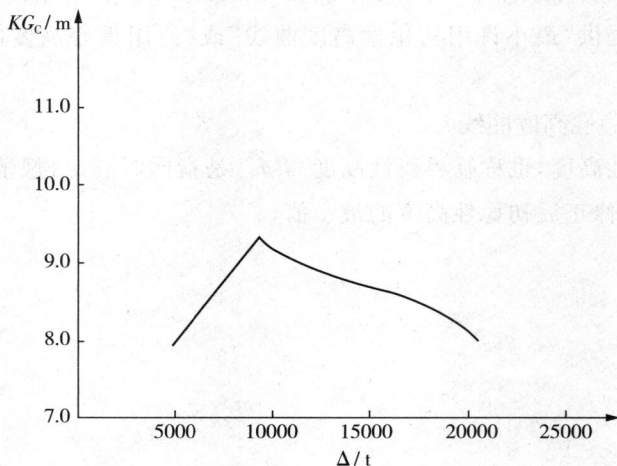

图 7-19 许用重心高度曲线

为了保证船舶的安全,船舶稳性必须在满足《规范》最低要求的基础上保留一定的安全余量,安全余量一般取 0.20 m。由此,在任何装载状态下,船舶经自由液面修正后的初稳性高度应满足如下要求:

$$GM \geqslant GM_C + 0.20(m) \tag{7-37}$$

或者,在任何装载状态下船舶重心高度应满足:

$$KG \leqslant KG_C - 0.20(m) \tag{7-38}$$

船舶在不同排水量时的最小许用初稳性高度和许用重心高度值也可以列成数表,供船员在实际工作中查取。

四、船舶稳性资料应用简介

为便于驾驶人员掌握船舶稳性情况,《规范》规定,船舶设计或建造部门应负责提供经船级社核准的船舶《稳性报告书》或《船舶装载手册》,其主要内容包括:

(1)船舶主要参数;

(2)基本装载情况稳性总结表;

(3)主要使用说明;

（4）各类基本装载情况稳性计算；

（5）液体舱自由液面惯性矩表及对初稳性高度修正表；

（6）进水点位置和进水角曲线；

（7）许用重心高度曲线图或最小许用初稳性高度曲线图。

此外，内容还包括船舶静水力参数、货舱容积和舱容中心位置表、液舱容积和舱容中心位置表、风压倾侧力臂、加载 100 t 首、尾吃水变化标尺或图表、横摇周期与 GM 的关系曲线、稳性横交参数、载荷弯矩许用力矩表。对于有稳性衡准特殊要求的船舶，在报告书或手册中还需提供相关的计算资料。

船舶驾驶人员可利用《稳性报告书》了解和掌握船舶稳性的整体状况，核算船舶实际装载状态下的稳性及校核船舶的摇摆性等。

应该指出，不同国家的报告书或手册对于不同船舶其所包括的内容不完全相同，在使用时必须首先了解其基本内容及所适应的稳性规则。

第六节　船舶稳性检验和判断

在船舶稳性校核中，由于各种固有误差和计算误差的影响，稳性计算结果与船舶实际稳性状况往往难以完全吻合。因此，驾驶人员应采取一定方法，进行实船的稳性检验及判断，以便能及时发现问题，正确评价船舶稳性状态，并采取必要措施，确保船舶安全营运。

一、船舶稳性的检验

1. 实测横摇周期检验初稳性高度

船舶横摇周期是指船舶横摇一个全摆程所需的时间。船舶自正浮起向一舷横倾一定的角度称为一个摆幅，4 个摆幅为一个全摆程。船舶在波浪中航行其摆幅可能发生变化，但摇摆周期基本稳定而与摆幅无关。

船舶在静水中无阻尼横摇称为自由横摇，简称自摇，自摇周期与船舶初稳性高度 GM 在数值上存在一定关系，因而通过测定船舶自摇周期可检验船舶稳性大小。

在波浪中测定的横摇周期因舷外水的阻尼、波浪的干扰、液舱内未满舱的液体移动等因素的影响而与船舶自摇周期有所差异，从而影响自摇周期测定的可靠性，但自由摇摆的特征是每一全摆程周期相同，只要留心观察即可分辨出来。

横摇周期 T_θ 与 GM 的关系如下：

（1）《规范》中提供的船舶横摇周期 T_θ 与 GM 的关系式：

$$T_\theta = 0.58f\sqrt{\frac{B^2 + 4KG^2}{GM}}\,(\text{s}) \qquad (7-39)$$

式中，f——系数，根据船宽吃水比（B/d）查表（见表 7-4）；

B——船舶型宽（m）；

KG——船舶重心高度（m）；

GM——未经自由液面修正的初稳性高度（m）。

表 7-4　f 值查算表

B/d	≤2.5	3.0	3.5	4.0	4.5	5.0	5.5	6.0	6.5	≥7.0
f	1.00	1.03	1.07	1.10	1.14	1.17	1.21	1.24	1.27	1.30

注：d——船舶型吃水（m）。

船舶设计单位常根据式(7-39)计算并绘出在不同排水量时 T_θ 与 GM 的关系曲线图，以方便船舶驾驶员使用，如图 7-20 所示。

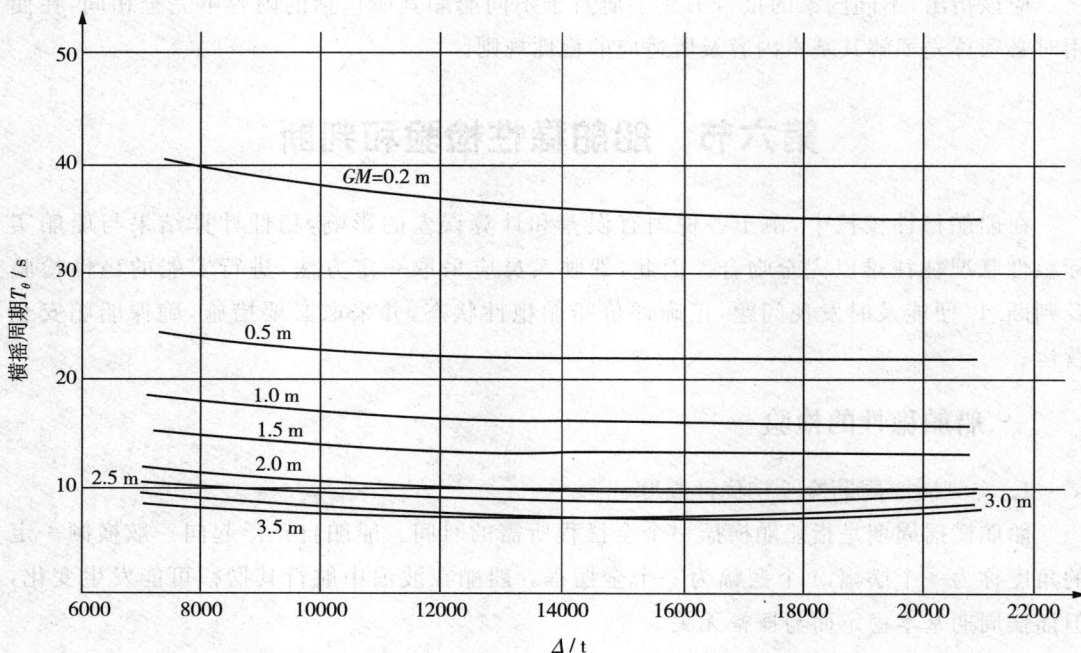

图 7-20　不同排水量时 T_θ 与 GM 的关系曲线图

(2)IMO 稳性规则中提供的船舶横摇周期 T_θ 与 GM 的关系式：

$$T_\theta = \frac{2.01CB}{\sqrt{GM}} \qquad (7-40)$$

式中，C——横摇周期系数，按下式计算：

$$C = 0.3725 + 0.0227(B/d) - 0.0043(L./10)$$

如船中部舷侧为倾斜式或外漂式，则

$$C = 0.3085 + 0.0227(B/d) - 0.0043(L./10)$$

(3)对于船长不超过 70 m 的船舶,IMO 建议使用如下经验公式:

$$T_\theta = \frac{f'B}{\sqrt{GM}} \text{(m)} \tag{7-41}$$

式中,f'——船舶横摇周期系数,其值与船舶大小、形状、重量分布等因素有关,一般货船
$\qquad f' = 0.7 \sim 0.8$。

在测定船舶横摇周期求取 GM 时,应注意以下几点:

① 在实测 T_θ 时,应测量几个(一般 $n \geqslant 5$)全摆程所需要的时间 t,以减小测量误差,
$T_\theta = t/n$;并重复测量 $2 \sim 3$ 次,以校正每次测量的误差。

② 应选择海浪较小的时机进行实测,以减小波浪周期的干扰。

③ 应注意抛弃那些偏离其他大多数测定值较远的读数。

④ 用 T_θ 求得的 GM 只能作为估算和检验船舶稳性的近似手段。

【例题 7-7】 某船在开航后连测船舶横摇周期 10 次的总时间为 120 s,已知该船的型宽为 15.24 m,横摇周期系数为 0.8,用经验公式求 GM。

解:$GM = \left(\frac{f' \cdot B}{T_\theta}\right)^2 = \left(\frac{0.8 \times 15.24}{12}\right)^2 \approx 1.03 \text{(m)}$

2. 横向移动载荷检验稳性

检验船舶停泊时的稳性,可以通过调拨左右舱压载水、在一舷压载舱压排海水、消耗一舷油水或用吊杆起吊一舷货物等方法使船舶产生一个横倾角,以此检验船舶初稳性高度。

船上载荷横向移动后将产生横倾力矩,引起船舶横倾,横倾角可在船舶倾斜仪上读得。设横移载荷的总重量为 P,其重心移动的距离为 Y,船舶的横倾角为 θ,此时船舶的重心由 G 移动到 G_1,如图 7-21 所示,根据力的平行移动原理可得:

$$P \cdot Y = \Delta \cdot GG_1 = \Delta \cdot GM \cdot \tan\theta$$

$$GM = \frac{P \cdot Y}{\Delta \cdot \tan\theta} \tag{7-42}$$

式中,P——横移或起吊载荷的重量(t);

$\qquad Y$——P 的重心横移的距离或起吊货物的重心距船舶中线面的横向距离(m);

$\qquad \theta$——船舶横倾角(°);

$\qquad GM$——载荷移动前或起吊货物前的初稳性高度(m)。

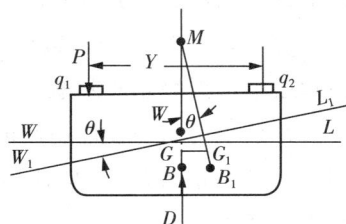

图 7-21 载荷横向移动

【例题 7-8】 某船排水量为 9000 t,船宽为 28 m,$GM = 0.70$ m,在港停泊,为修理左舷中部水线下 1 m 处的船体外板变形,须将左舷水舱内的水移到右舷水舱使左舷损坏处露出水面,设左右水舱间水平距离为 18 m,移水后其重心高度不变。试求:至少需要将左舷水舱内的水

抽取多少吨到右舷水舱?

解:(1)左舷中部水线下 1 m 的损坏处露出水面需横倾的角度 $\tan\theta=1/14$。

(2)从左舷水舱内需抽取的水的吨数:

$$P=\frac{\Delta \cdot GM \cdot \tan\theta}{Y}=\frac{0.70\times9000\times1/14}{18}=25(\text{t})$$

3. 观察船舶

船舶稳性过小时,由于稳性力矩小而抵抗横倾力矩的能力减弱,因而即使船舶在较小横倾力矩作用下,也会出现较大横倾角,具体表现在:

(1)船舶在较小风浪中航行时,横摇摆幅较大,摇摆周期较长;

(2)油水使用左右不均时,船舶很快偏向一舷;

(3)用舵转向或拖船拖顶时,船舶明显倾斜且复原缓慢;

(4)甲板上浪、舱内货物少量移动、货舱少量进水时船舶出现较大横倾角;

(5)货物装卸时因吊杆起落摆动或舱内货物左右不均而横倾异常,或缆绳受力过大。

船舶稳性过大主要表现为航行中稍有风浪即摇摆剧烈,横摇周期较小。

二、船舶稳性的判断

稳性过小或过大都对船舶安全产生不利影响,因此在营运中,船舶应具有适度稳性,需采取必要措施保证船舶稳性,满足其安全要求。

1. 稳性对船舶安全的影响

船舶稳性过小时,首先,不能保证船舶具有抵御风浪的能力,导致船舶倾覆;其次,影响船舶正常操纵,船舶在用舵转向或避让来船时,产生转船力矩使船横倾,当稳性过小时,出现较大横倾角;最后,稳性过小时,船舶横摇周期增大,维持在倾斜状态的时间延长,给主辅机工况带来不利影响。

稳性过大时,船舶摇摆剧烈,船员工作、生活不适,对船用仪器正常使用不利,船舶结构受力过大。更严重的是,货物因剧烈摇摆容易产生移动,从而使船舶出现较大初始横倾,船舶稳性降低,具有倾覆的危险性。

2. 船舶适度稳性的经验数据

在营运中根据船舶实际航行的状况,确定一个适度的稳性范围。可以考虑将船舶稳性的最低值在最小许用初稳性高度的基础上再加上一个安全余量,即 $GM \geqslant GM_c+0.20(\text{m})$。对于船舶稳性的最大值,一般认为万吨级船舶,未经自由液面修正的初稳性高度的最大值应不大于横摇周期 $T_\theta=9$ s 时的对应值,即 $GM \leqslant GM \mid T=9$ s。

一般远洋船舶满载时的 GM 为 $4\%\sim5\%$ 船宽比较合适,横摇周期以 $14\sim15$ s 为宜。

3. 保证船舶具有适度稳性的措施

为使船舶在整个营运中具有安全而适度的稳性,驾驶人员应采取必要的措施,以确保船舶营运安全,这些措施归纳起来大体有以下两项。

（1）了解船舶状况及航线情况

驾驶人员应对所在船舶的技术状况做认真的分析和研究,从中了解船舶装载或压载的能力、重量分布及相应的稳性状态;熟悉本航线所经海区的自然条件、可能出现的气象现象等,根据这些情况确定既安全又适当的稳性值。

船舶稳性检验与调整

（2）合理积载

在编制积载图时,根据所确定的适度稳性大小,合理分配各层舱配货比例,合理搭配各类货物,制订切实可行的系固方案,以适应船舶稳性需要。为便于在船舶稳性校核前就能有效地控制船舶重心高度,减少或避免船舶装载方案确定后出现稳性校核不适当的情况,驾驶人员应当注意不断总结特定船舶在不同排水量条件下,各层舱或舱面间的合理分配货物重量比例。一般认为:对于具有两层舱的船舶,二层舱的装货量占全船装货量的30%～35%,底舱的装货量占全船装货量的65%～70%。如果还需装甲板货,则底舱占65%,二层舱占25%左右,甲板货不超过10%,而且其堆装高度不宜超过船宽的1/5～1/6。对于有三层舱的船舶,上二层舱占20%左右,下二层舱占25%左右,底舱装货量应占55%左右。

第七节　船舶稳性的调整

为保证船舶安全,《规范》从保证船舶安全出发,对船舶稳性的最低要求做出了强制规定,在整个航次中船舶应具有适度的稳性。当稳性不符合要求时,必须采取相应的措施进行稳性的调整,直至满足要求。

稳性调整的方法可概括为:船内载荷的垂向移动及载荷横向对称增减调整船舶初稳性高度,船内载荷横向移动及载荷横向不对称增减调整船舶初始横倾角。

一、船舶初稳性高度的调整

1. 载荷垂向移动调整 GM

由于载荷垂向移动前后排水量不变,故横稳心距基线高度 KM 不变,因此,载荷垂移引起的船舶重心高度改变量在数值上就等于初稳性高度改变量。载荷垂向移动调整初稳性的手段适合于积载图编制阶段,经校核若初稳性高度过大,将载荷上移;若初稳性高度过小,则将载荷下移。

设船舶的排水量为 Δ,调整前初稳性高度为 GM,要求调整后的初稳性高为 GM_1,则初稳性高的调整幅度为

$$\delta GM = GM_1 - GM \tag{7-43}$$

若采用垂直移动货物的方法来调整,设移动货物的重量为 P,垂移距离为 z,则有

$$\delta GM = \frac{P \cdot Z}{\Delta} (\text{m}) \tag{7-44}$$

垂向移动的货物的重量为

$$P = \frac{\Delta \cdot \delta GM}{Z}(t) \qquad\qquad (7-45)$$

当上、下舱单向移货因满舱而无法实现时,可采用上、下舱轻、重货等体积双向互换舱位的方法达到调整稳性的目的。

【例题 7-9】 某船某航次积载图拟就后,算得 $\Delta = 20000$ t,全船垂向重量力矩为 126000×9.81 kN·m,查得 $KM = 7.00$ m。求:(1)初稳性高度;(2)若将初稳性高度调整至 0.85 m,拟将二层舱的五金($S.F_1 = 0.75$ m³/t,$Z_{P1} = 11.20$ m)和底舱的麻袋($S.F_2 = 2.88$ m³/t,$Z_{P2} = 6.20$ m)互换位置,试计算这两种货物各应调换多少吨。

解:

(1)求初始初稳性高 GM。

$$KG = \frac{\sum P_i \cdot Z_i}{\Delta} = \frac{126000}{20000} = 6.30(m)$$

$$GM = KM - KG = 7.00 - 6.30 = 0.70(m)$$

(2)求五金和麻袋调整量 P_1 和 P_2。

① GM 调整量:$\delta GM = GM_1 - GM = 0.85 - 0.70 = 0.15(m)$

② 货物垂向移动距离:$Z = Z_{P1} - Z_{P2} = 11.20 - 6.20 = 5.00(m)$

③ 二层舱向底舱移动载荷重量:$P = \dfrac{\Delta \cdot \delta GM}{Z} = \dfrac{20000 \times 0.15}{5.00} = 600(t)$

④ 五金 P_1 和麻袋 P_2 调换的重量:

$$\begin{cases} P_1 - P_2 = P \\ P_1 \cdot S.F_1 = P_2 \cdot S.F_2 \end{cases} \quad \text{代入} \quad \begin{cases} P_1 - P_2 = 600 \\ P_1 \times 0.75 = P_2 \times 2.88 \end{cases}$$

解得五金 $P_1 = 811.3(t)$,麻袋 $P_2 = 211.3(t)$

2. 载荷增减调整 GM

船舶积载时、装载后或航行中在某些情况下可利用载荷增减方法调整稳性。如果船舶未满载,可以加压载水、加装货物;吃水较大或满载时可以排压载水,或者抛货等。一般用这种调整方法增减载荷,可以根据少量载荷变动对初稳性高度的影响公式计算。

设载荷改变前船舶初始状态参数分别为 Δ、KG、KM、GM,现拟在重心高度 KP 处增减载荷,使船舶初稳性高度达到 GM_1 值,则可按以下方法求取载荷增减量 P。

(1)载荷增减量 P 可按下式求出:

$$P = \frac{\Delta \cdot \delta GM}{KG - KP - \delta GM} \qquad\qquad (7-46)$$

或

$$P = \frac{\Delta \cdot \delta GM}{KM - GM_1 - KP} \qquad\qquad (7-47)$$

式中，δGM——初稳性高的调整量（m），$\delta GM = GM_1 - GM$。

若液舱内存在自由液面，则载荷增减量 P 的计算式为

$$P = \frac{\Delta \cdot \delta GM + \sum \rho i_x}{KG - KP - \delta GM} \tag{7-48}$$

或

$$P = \frac{\Delta \cdot \delta GM + \sum \rho i_x}{KM - GM_1 - KP} \tag{7-49}$$

（2）由 $\Delta_1 = \Delta + P$ 查取 KM_1，并与初始状态的 KM 进行比较，若两者相差较小，则由式 (7-46)(7-47) 或式 (7-48)(7-49) 计算的载荷增减量为最终结果；若两者相差较大，则由式 (7-48) 计算的载荷增减量作为中间结果，需进行第二次近似计算。

（3）载荷增减量 P 的第二次近似计算式如下：

$$P = \frac{\Delta(\delta GM - \delta KM)}{KG - KP - \delta GM + \delta KM} \tag{7-50}$$

或

$$P = \frac{\Delta(\delta GM - \delta KM)}{KM_1 - GM_1 - KP} \tag{7-51}$$

考虑自由液面的影响后，式 (7-50) 应为

$$P = \frac{\Delta(\delta GM - \delta KM) + \sum \rho i_x}{KG - KP - \delta GM + \delta KM} \tag{7-52}$$

或

$$P = \frac{\Delta(\delta GM - \delta KM) + \sum \rho i_x}{KM_1 - GM_1 - KP} \tag{7-53}$$

应该指出，船舶排水量一般在半载以下时，其横稳心距基线高度 KM 值随排水量改变而变化较快，因而船舶初始状态吃水较小时，即使载荷变动不大，也会产生相对较大的 KM 改变量，此时应进行二次近似计算。

虽然可以通过以上两种方法调整船舶稳性，使其满足安全营运需要，但应该注意，加压载水后船舶重量增加，可能会引起船舶消耗功率增大，从而增加了燃油耗量，且在水深受限航道处造成船舶富裕水深不足。因此，在制订积载计划时，应统筹考虑各种因素，在重载时尽量不用加压载水的方法调整稳性，而采取垂向移货的方法对稳性予以适当调整。在轻载状态下，可以考虑使用加载压舱水的方法调整稳性。

【例题 7-10】 某船某航次 $\Delta = 20375$ t，$d = 8.80$ m，$KM = 8.66$ m，$KG = 8.06$ m，现拟采取加压载水的方法调整稳性，问需在 No.2 压载舱（$KP = 0.80$ m）内加多少吨海水才能使初稳性高度调至 0.80 m？（自由液面影响不计）

解：

（1）船舶初始初稳性高度 $GM=8.66-8.06=0.60(\text{m})$

（2）初稳性高度调整量 $\delta GM=GM_1-GM=0.80-0.60=0.20(\text{m})$

（3）求压载水注入吨数：

$$\delta GM=\frac{P(KG-KP)}{\Delta+P} \qquad 代入 \qquad \frac{P(8.06-0.80)}{20375+P}=0.20$$

解得

$$P=577(\text{t})$$

二、船舶初始横倾角的调整

当船舶重心偏离中纵剖面时，则会出现初始横倾角，它将使船舶稳性力矩减小，从而降低各项稳性指标，对船舶安全营运是十分不利的。因此，船舶在航行中，应保持无初始横倾角。在装卸货期间，也应采取一定措施限制货物装卸过程中出现较大的横倾角（一般不超过 $3°$），以保证船舶的安全和货物装卸的顺利进行。消除和调整船舶横倾角的方法有以下两种。

1. 横向移动载荷

货物横向移动、压载水或淡水的横向调拨等可用来调整船舶初始横倾角。

设船舶的排水量为 Δ，初稳性高度为 GM，船舶初始横倾角为 θ，要求调至 θ_1，横移载荷的重量为 P，其重心移动的距离为 Y。根据载荷横移原理，载荷横移产生的横倾力矩应等于调整前后船舶所受横倾力矩之差，即

$$PY=\Delta GM(\tan\theta-\tan\theta_1) \tag{7-54}$$

于是，

$$P=\frac{\Delta \cdot GM(\tan\theta-\tan\theta_1)}{Y} \tag{7-55}$$

式中，Y——载荷横移距离（m）。

若要消除初始横倾角，即使 $\theta_1=0$，式(7-54)变为

$$PY=\Delta \cdot GM \cdot \tan\theta \tag{7-56}$$

$$P=\frac{\Delta \cdot GM \cdot \tan\theta}{Y} \tag{7-57}$$

【例题 7-11】 某船装载后 $\Delta=18000\ \text{t}$，$GM=1.02\ \text{m}$，船舶由于装载原因右倾 $2°$，现拟调拨 No.2 压载舱（左、右）的压载水将船调至正浮，已知两压载舱容积中心横向间距为 $10\ \text{m}$，求压载水调拨数量。

解： 已知 $\theta=2°$，$Y=10\ \text{m}$，需调拨的压载水量为

$$P=\frac{\Delta \cdot GM \cdot \tan\theta}{Y}=\frac{18000\times1.02\times\tan2°}{10}\approx64.1(\text{t})$$

2. 在船舶一舷增减少量载荷

用载荷横向不均衡增减方法调整船舶横倾包括：一舷注入（排出）压载水、在某些情况下一舷加载部分货物、海上一舷抛弃货物、油水横向不对称装载或使用等，但最常用的仍是通过注排压载水将初始横倾予以消除或减小。

设已知初始排水量和初稳性高度 GM，为了消除或减小初始横倾角 θ，需将载荷 P 加载到距中纵剖面的横向距离 Y_P 处，使其横倾角降至 θ_1。此时，需调整的横倾力矩值 $P \cdot Y_P$ 与调整后船舶的稳性力矩 $(\Delta + P)GM_1 \tan\theta_1$ 作用方向相同，两者之和应与载荷增加前船舶所承受的横倾力矩 $GM\tan\theta_1$ 相等，即

$$P \cdot Y_P + (\Delta + P)GM_1 \cdot \tan\theta_1 = \Delta \cdot GM \cdot \tan\theta$$

即有

$$P[Y_P + (KM - KP) \cdot \tan\theta_1] = \Delta \cdot GM(\tan\theta - \tan\theta_1)$$

载荷增减量 P 的表达式为

$$P = \frac{\Delta \cdot GM(\tan\theta - \tan\theta_1)}{Y_P + (KM - KP) \cdot \tan\theta_1} \tag{7-58}$$

当载荷增减后 KM 值变化较大时，载荷增减量 P 需在第一次近似计算的基础上进行第二次近似计算，以减小过大误差，第二次近似计算式如下：

$$P = \frac{\Delta[GM(\tan\theta - \tan\theta_1) - \delta GM \cdot \tan\theta_1]}{Y_P + (KM - KP) \cdot \tan\theta_1 + \delta KM \cdot \tan\theta_1} \tag{7-59}$$

若要完全消除初始横倾角，即 $\theta_1 = 0$，则载荷增减量 P 的计算式简化为

$$P = \frac{\Delta \cdot GM\tan\theta}{Y_P} \tag{7-60}$$

由式（7-60）可见，船舶在利用少量载荷增减调整横倾使之正浮时，与变化大小无关，即式（7-60）适合于任意装载状态下的横倾角调整计算。

【例题 7-12】 某船 $\Delta = 19869$ t，$KM = 8.62$ m，$KG = 7.51$ m，船舶右倾 $\theta = 3°$。现拟在 No.4 压载舱（$Y_P = 5.25$ m，$KP = 0.79$ m）内注入压载水以消除船舶横倾。应加多少吨压载水可以满足要求？

解：应加压载水的量为

$$P = \frac{\Delta \cdot GM\tan\theta}{Y_P} = \frac{19869 \times (8.62 - 7.51) \times \tan3°}{5.25} \approx 220.2(\text{t})$$

第八章　船舶吃水差

本章介绍船舶对吃水和吃水差的要求，以及吃水差和首、尾吃水计算方法，载荷变动对船舶吃水差和首、尾吃水改变量的计算，吃水差调整方法，保证船舶具有适当吃水差的经验配货方法，吃水差比尺的使用。

第一节　船舶吃水差概述

一、吃水差的概念

纵向上，船舶重力作用线与正浮时的浮力作用线不在同一垂线上时，就会产生吃水差。船舶吃水差（trim）是指船舶首吃水 d_F（draft forward）与尾吃水 d_A（draft aft）的差值，用符号 t 表示，$t=d_F-d_A$。当船舶首、尾吃水相等，即吃水差等于零时，称为平吃水（even keel）；尾吃水大于首吃水时，称为尾吃水差（trim by stern），也叫尾倾，一般用负值表示；首吃水大于尾吃水时，称为首吃水差（trim by head），也叫首倾，俗称拱头，一般用正值表示。世界上某些国家将尾吃水与首吃水的差值定义为吃水差，与我国定义的吃水差符号刚好相反。

吃水差的大小对船舶的操纵性、快速性和耐波性有直接的影响。船舶在航行中保持足够的吃水和适度的尾倾，能使螺旋桨和舵叶及船首底部在水面下具有足够深度，能使船体水下部分流体线形良好，螺旋桨沉深增大，有利于提高推进效率，同时也改善了舵效，操纵更为灵活，减少甲板上浪及波浪对船首底部结构的拍击，并增大了船舶的抗风浪能力，保证主机均衡工作，也便于驾驶台瞭望。吃水差的大小同时也影响船舶进出吃水受限制的港口及通过浅水航道时载重量的利用。显然，在吃水受限的情况下，船舶平吃水时的装载量要比有吃水差时的装载量大。

二、对船舶吃水及吃水差的要求

1. 对装载状态下船舶吃水差的要求

船舶航行中适当的尾倾值应根据具体船舶的不同装载状态确定。根据经验，万吨级货船的吃水差值，满载时要求 $t=-0.3\sim-0.5$ m，半载时要求 $t=-0.6\sim-0.8$ m，轻载时要求 $t=-0.9\sim-1.9$ m。大吨位船舶满载通过浅水区时要求平吃水，以免搁浅，并有利于在吃水受限的情况下多装货。部分港口的港口使费与船舶最大吃水有关，出入此类港口的船舶应设法调平船舶的吃水。

2. 对空载航行的船舶吃水及吃水差的要求

船舶空载航行时,因吃水小,螺旋桨露出水面,推进效率降低;同时因受风面积大而增加阻力,影响航速;另外,空船时一般船舶重心较高,因而稳性较差,影响船舶的安全。所以,船舶空载时,必须通过压载降低船舶重心、增加船舶吃水、保持适当的吃水差,消除各种不利因素对船舶航行的影响。

(1)空船压载航行时对吃水的要求

船舶空船压载航行时的吃水,至少应达到夏季满载吃水的 50% 以上,冬季航行时应使其达到夏季满载吃水的 55% 以上。研究认为:船舶空船压载航行时的最小首吃水 $d_{\mathrm{F.min}}$ 及最小平均吃水 $d_{\mathrm{M.min}}$ 应满足下列要求:

① 当 $L_{\mathrm{BP}} \leqslant 150$ m 时,

$$d_{\mathrm{F.min}} \geqslant 0.025 L_{\mathrm{BP}}(\mathrm{m})$$

$$d_{\mathrm{M.min}} \geqslant 0.02 L_{\mathrm{BP}} + 2(\mathrm{m}) \tag{8-1}$$

② 当 $L_{\mathrm{BP}} > 150$ m 时,

$$d_{\mathrm{F.min}} \geqslant 0.012 L_{\mathrm{BP}} + 2(\mathrm{m})$$

$$d_{\mathrm{M.min}} \geqslant 0.02 L_{\mathrm{BP}} + 2(\mathrm{m}) \tag{8-2}$$

式中:L_{BP}——船舶垂线间长(m)。

(2)空船压载航行时对吃水差的要求

空船压载航行时,为了使螺旋桨和舵有一定的入水深度以保证船舶的适航性,必须同时满足以下两方面的要求:

① 螺旋桨轴至水面的高度 I 与螺旋桨直径 D 之比(螺旋桨沉深比)在静水中不小于 0.5,在风浪中不小于 0.65～0.75,这样快速性可以达到满意的效果。在恶劣天气条件下,螺旋桨应具有较大的沉深,从而避免螺旋桨叶梢露出水面或在风浪中出现"飞车"等不利情况。

② 吃水差 $|t|$ 与船舶垂线间长 L_{BP} 之比应小于 2.5%,即纵倾角 φ 小于 1.5°。

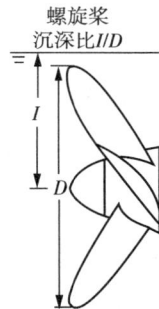

图 8-1

第二节　吃水差的计算与调整

一、吃水差及首、尾吃水的计算

1. 吃水差的计算

船舶装载后由于重心纵向位置与正浮时浮心纵向位置不在同一垂线上,浮力与重力形成一力偶,产生一纵向力矩 M_{L}。吃水差可由下式求得:

船舶吃水差及
首尾吃水的计算

$$t = \frac{M_L}{100 \times MTC}(\text{m}) \qquad (8-3)$$

式中,M_L——船舶纵倾力矩(9.81 kN·m);

MTC——每厘米纵倾力矩(9.81 kN·m/cm)。

由图 8-2 知,船舶纵倾力矩 M_L 是船舶的重力作用线和浮力作用线沿纵向不在同一条垂直线上而产生的,纵倾力臂 l_L 等于重力作用线与浮力作用线之间的水平距离,即

$$l_L = X_g - X_b(\text{m}) \qquad (8-4)$$

式中,X_g——船舶重心距船中距离(m),船中前取正(+),船中后取负(−);

X_b——船舶浮心距船中距离(m),船中前取正(+),船中后取负(−)。

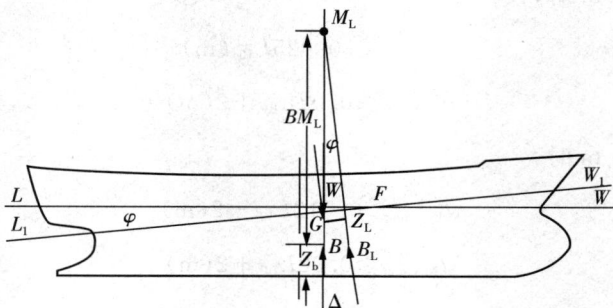

图 8-2 吃水差原理图

因为 $M_L = \Delta \cdot l_L = \Delta(X_g - X_b)$,所以,可以得出吃水差的基本计算公式:

$$t = \frac{\Delta(X_g - X_b)}{100 \times MTC}(\text{m}) \qquad (8-5)$$

由式(8-5)可知,当船舶重心在浮心之前时,吃水差为正,船舶首倾;反之,当船舶重心在浮心之后时,吃水差为负,船舶尾倾。

式(8-5)中,船舶浮心距船中距离 X_b(m)及每厘米纵倾力矩 MTC(9.81 kN·m/cm)可根据船舶排水量 Δ 或平均吃水 d_M 从船舶静水力资料中查得,而船舶重心距船中距离 X_g 则按下式计算求得:

$$X_g = \frac{\sum P_i \cdot X_i}{\Delta}(\text{m}) \qquad (8-6)$$

式中,P_i——构成船舶排水量的各项重量(t),包括空船重量 Δ_L,船舶常数 C,各货舱货物重量 $\sum Q$,各油、水舱中的油水重量以及船员、行李、粮食、供应品等重量 $\sum G$;

X_i——P_i 距船中距离(m),船中前取正(+),船中后取负(−);

$\sum P_i X_i$——包括空船重量在内的各个载荷对中力矩代数和(9.81 kN·m)。

2. 构成船舶排水量的各项重量的重心距中距离的确定方法

(1)空船重心距中距离的确定

空船重心距中距离应从船舶资料中查得。

(2)液体载荷重心距中距离的确定

一般以液舱舱容中心距中距离作为该舱满舱液体载荷重心距中距离,该距离可从"液舱容积表"中查得。

(3)船舶常数及船员、行李、粮食、供应品等载荷重心距中距离的确定

船舶常数及船员、行李、粮食、供应品等载荷重心距中距离的确定可参照《船舶稳性报告书》中的典型装载状态下的数据。如将船舶常数重心取在船中处,船员、行李、粮食、供应品等载荷重心取在船员生活区中部处。

(4)货物载荷重心距中距离的确定

正确的方法是先计算每票货物重心距中距离,然后计算舱内货物的合重心距中距离。

一般来说,各舱货物重心可近似取该舱舱容中心,货舱舱容中心距中距离可从船舶资料"货舱容积表"中查得。

3. 船舶首、尾吃水的计算

从图 8-3 可以看出:

$$\tan\varphi = \frac{t}{L_{BP}} = \frac{\delta d_F}{0.5L_{BP} - X_f} = \frac{\delta d_A}{0.5L_{BP} + X_f} \tag{8-7}$$

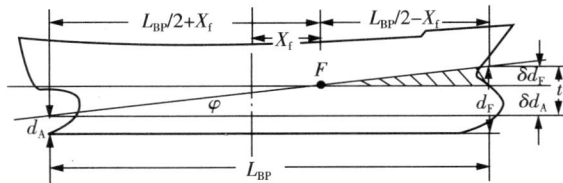

图 8-3 首、尾吃水计算原理图

式中,φ——船舶纵倾角;

L_{BP}——船舶垂线间长(m);

X_f——漂心距中距离(m),船中前取正(+),船中后取负(−);

δd_F——吃水差在船首的分配量(m);

δd_A——吃水差在船尾的分配量(m)。

由式(8-7)及图 8-3 可以导出船舶的首吃水 d_F 及尾吃水 d_A 的计算公式:

$$\begin{cases} d_F = d_M + \left(\dfrac{L_{BP}}{2} - X_f\right)\dfrac{t}{L_{BP}} \text{(m)} \\[4mm] d_A = d_M - \left(\dfrac{L_{BP}}{2} + X_f\right)\dfrac{t}{L_{BP}} \text{(m)} \end{cases} \tag{8-8}$$

式中,d_M——船舶平均吃水(m),根据船舶实际排水量 Δ,查船舶静水力资料获得;

t——船舶吃水差(m)。

当船舶漂心在船中处时,式(8-8)可简化为

$$\begin{cases} d_{\mathrm{F}} = d_{\mathrm{M}} + 0.5t(\mathrm{m}) \\ d_{\mathrm{A}} = d_{\mathrm{M}} - 0.5t(\mathrm{m}) \end{cases} \tag{8-9}$$

在实际工作中,如果不要求计算精确的船舶首、尾吃水值,则可以用式(8-9)求取船舶首、尾吃水近似的值。

【例题8-1】 某轮某航次各舱装载计划如表8-1所列(各舱载荷重心取舱容中心),试求船舶的吃水差及首尾吃水。

表8-1 某轮某航次各舱装载计划

舱 别	载荷力矩	载荷重量/t	重心距基线高度/m	垂向载荷力矩/(9.81 kN·m)	重心距中距离/m	纵向载荷力矩/(9.81 kN·m)
货 物	No.1 二层舱	970	9.80	9506	48.16	46715
	No.1 底舱	1400	4.90	6860	47.11	65954
	No.2 二层舱	1500	10.00	15000	22.65	33975
	No.2 底舱	2300	4.75	10925	22.52	51796
	No.3 二层舱	1200	8.90	10680	-2.70	-3240
	No.3 底舱	2050	4.10	8405	-2.75	-5638
	No.4 二层舱	1400	10.70	14980	-28.10	-39340
	No.4 底舱	2300	3.50	8050	-27.75	-63825
	合计	13120		84406		86397
油 水	No.1 燃油舱	350	0.75	262.5	-7.62	-2667
	重柴油舱	350	0.75	262.5	5.12	1792
	轻柴油舱	25	1.00	25	-50.26	-1257
	滑油循环舱	18	1.10	19.8	-50.90	-916
	淡水舱	200	8.50	1700	-66.85	-13370
	合 计	943		2269.8		-16418
其 他	供应品等	9	10.50	94.5	-52.50	-473
	备品	18	12.80	230.4	12.87	232
	船舶常数	150	10.00	1500	0	0
	合计	177		1824.9		-241
空船重量		6282	10.05	63134	-9.60	-60307
总计		20522		151634.7		9431

解:(1)列表计算船舶排水量、纵向重量力矩(表8-1),$\Delta = 20522$ t,$\sum P_i X_i =$

9431(9.81 kN·m)。

（2）根据船舶排水量 $\Delta=20522$ t，查该船舶静水力资料得平均吃水 $d_M=8.8$ m，每厘米纵倾力矩 $MTC=226$(9.81 kN·m/cm)，浮心距船中距离 $X_b=0.98$ m，漂心距船中距离 $X_f=-2.53$ m。

（3）计算船舶重心距船中距离。

$$X_g=\frac{\sum P_i\cdot X_i}{\Delta}=\frac{9431}{20522}\approx 0.46(\text{m})$$

（4）计算吃水差。

$$t=\frac{\Delta\cdot(X_g-X_b)}{100\times MTC}=\frac{20522\times(0.46-0.98)}{100\times 226}\approx -0.47(\text{m})$$

（5）计算首、尾吃水。

$$d_F=d_M+(0.5-\frac{X_f}{L_{BP}})\cdot t=8.8+(0.5+\frac{2.53}{140})\times(-0.47)\approx 8.56(\text{m})$$

$$d_A=d_F-t=8.56-(-0.47)=9.03(\text{m})$$

或

$$d_A=d_M-(0.5+\frac{X_f}{L_{BP}})\cdot t=8.8-(0.5-\frac{2.53}{140})\times(-0.47)\approx 9.03(\text{m})$$

二、少量载荷变动时的吃水差及首、尾吃水的计算

载荷变动的总重量小于排水量的 10％，则认为是少量载荷变动（图 8-4），少量载荷变动所引起的船舶平均吃水变化很小，因此可以认为载荷变动前后船舶的静水力性能参数不变，可以直接计算由此引起的吃水差和首、尾吃水的改变量，即可求取新的船舶吃水差和首、尾吃水。由于不需要重新计算总的纵倾力矩，因此相对简便。

载荷移动、改变等对船舶吃水差的影响

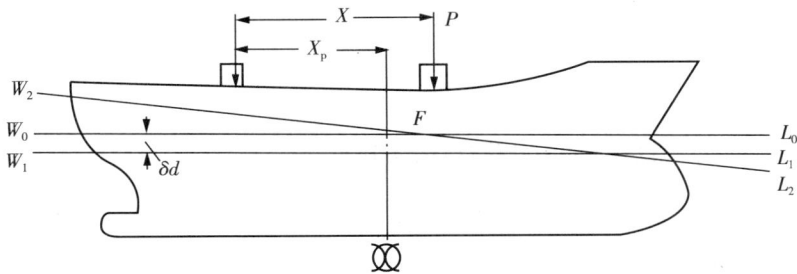

图 8-4　少量载荷变动

首先，假定将载荷装于纵向位置与漂心纵向位置相同的地方（或从该处卸出），此时，船舶将平行下沉（或上浮），没有产生纵倾改变。所以，船舶吃水变化，但吃水差不变。船舶

首、尾吃水的改变量 δd 可由下式求得:

$$\delta d = \frac{P}{100 \times TPC}(\text{m}) \tag{8-10}$$

式中，P——少量载荷变动量(t)，加载时取正($+$)，卸载时取负($-$)；

TPC——每厘米吃水吨数(t/cm)，可根据载荷改变前的船舶排水量或平均吃水从船舶静水力资料中查得。

然后，假定将载荷纵向上由漂心位置移至实际装载位置(或从实际装载位置移至漂心处)，产生纵倾力矩 M_L。

$$M_\text{L} = P \cdot (X_\text{P} - X_\text{f})(9.81 \text{ kN} \cdot \text{m}) \tag{8-11}$$

式中，X_P——载荷实际装载位置距船中的距离(m)，船中前取正($+$)，船中后取负($-$)；

X_f——漂心距船中距离(m)，船中前取正($+$)，船中后取负($-$)。

在该纵倾力矩的作用下，船舶纵倾产生变化，船舶吃水差的改变量 δt 为

$$\delta t = \frac{P(X_\text{P} - X_\text{f})}{100 \times MTC}(\text{m}) \tag{8-12}$$

式(8-12)中，漂心距船中距离 $X_\text{f}(\text{m})$ 和每厘米纵倾力矩 MTC($9.81 \text{ kN} \cdot \text{m/cm}$)均可根据载荷改变前的船舶排水量或平均吃水从船舶资料中查得。

吃水差改变量在船首、尾的分配值 $\delta d_\text{F}'$、$\delta d_\text{A}'$可由下式确定:

$$\delta d_\text{F}' = \left(0.5 - \frac{X_\text{f}}{L_\text{BP}}\right) \cdot \delta t(\text{m})$$

$$\delta d_\text{A}' = \left(0.5 + \frac{X_\text{f}}{L_\text{BP}}\right) \cdot \delta t(\text{m}) \tag{8-13}$$

少量载荷变动后，船舶首吃水改变量 δd_F，为船舶平行下沉或上浮引起的首、尾吃水改变量 δd 加上吃水差改变量在船首的分配值 $\delta d_\text{F}'$；船舶尾吃水改变量 δd_A，为船舶平行下沉或上浮引起的首尾吃水改变量 δd 减去吃水差改变量在船尾的分配值 $\delta d_\text{A}'$，即

$$\delta d_\text{F} = \delta d + \delta d_\text{F}' = \delta d + \left(0.5 - \frac{X_\text{f}}{L_\text{BP}}\right) \cdot \delta t(\text{m})$$

$$\delta d_\text{A} = \delta d - \delta d_\text{A}' = \delta d - \left(0.5 + \frac{X_\text{f}}{L_\text{BP}}\right) \cdot \delta t(\text{m}) \tag{8-14}$$

少量载荷增减后，船舶新的吃水差及首、尾吃水为

$$t_1 = t + \delta t(\text{m})$$

$$d_\text{F1} = d_\text{F} + \delta d_\text{F}(\text{m})$$

$$d_\text{A1} = d_\text{A} + \delta d_\text{A}(\text{m}) \tag{8-15}$$

【例题 8-2】 某轮排水量 $\Delta = 20522 \text{ t}$，首吃水 $d_\text{F} = 8.56 \text{ m}$，尾吃水 $d_\text{A} = 9.03 \text{ m}$。开航前加装淡水 100 t(其重心在船中后 66.85 m 处)，查得平均吃水 $d_\text{M} = 8.80 \text{ m}$，每厘米纵

倾力矩 $MTC=226(9.81\ \text{kN}\cdot\text{m/cm})$，漂心距船中距离 $X_f=-2.53\ \text{m}$。求加装淡水之后的吃水差。

解：加淡水之前的吃水差为

$$t=d_F-d_A=8.56-9.03=-0.47(\text{m})$$

加 100 t 淡水吃水差改变量为

$$\delta t=\frac{P(X_P-X_f)}{100\times MTC}=\frac{100\times(-66.85+2.53)}{100\times226}\approx-0.28(\text{m})$$

加装淡水之后的吃水差为

$$t_1=-0.47-0.28=-0.75(\text{m})$$

三、吃水差的调整

为了保证船舶具有良好的航海性能，当船舶的吃水差或首、尾吃水不符合要求时，应进行调整。其调整方法有以下两种。

1. 纵向移动载荷

在装货前和装货过程中如发现吃水差或首、尾吃水不符合要求，应该对积载方案进行调整。首先确定可移动调整的货载，再确定纵向移动的距离 X，然后根据要求调整吃水差值 δt，按下式求取需移动的货载重量 P：

$$\delta t=\frac{PX}{100\times MTC} \tag{8-16}$$

式中，δt——载荷纵向移动引起的吃水差改变量（m）；

X——载荷纵向移动的距离（m），往前移取正值，往后移取负值；

MTC——每厘米纵倾力矩（9.81 kN·m/cm），从船舶静水力参数资料中查取。

如果单向移动货物因舱容限制而不可能实现时，可采用轻、重货物等体积互换的方法达到调整的目的。如果在装货结束后发现吃水差不符合要求，也可以考虑油水的纵向移驳。仍采用式(8-16)确定所需要移驳油水的重量，但 X 的取值应为计划移驳舱室舱容中心之间的纵向距离。

【例题 8-3】 某轮 $d_F=8.60\ \text{m}$，$d_A=8.70\ \text{m}$，查得 $MTC=220(9.81\ \text{kN}\cdot\text{m/cm})$，现由第一货舱（$X_1=50\ \text{m}$）调 160 t 货物到第五货舱（$X_5=-45\ \text{m}$），问移货后船舶吃水差是多少？

解：移货产生的吃水差改变量是

$$\delta t=\frac{PX}{100\times MTC}=\frac{160\times(-95)}{100\times220}\approx-0.69(\text{m})$$

移货后船舶吃水差是

$$t_1=t+\delta t=(8.60-8.70)+(-0.69)=-0.79(\text{m})$$

2. 增加或减少载荷

如果货物已经装船,同时船舶未满载,可以利用注、排压载水来调整船舶吃水差。但排出压载水受其所在位置限制,可能达不到预期目的,注入压载水则须考虑船舶是否还有富余载重能力。注、排压载水属于少量载荷变动,可用下式确定所需要注入或排出压载水的重量 P:

$$P = \frac{100\delta t \cdot MTC}{X_P - X_f}(t) \tag{8-17}$$

该式是由式(8-12)演变而来的。

式中,δt——要求调整的吃水差值(m),等于要求调整到的吃水差值减去调整前的吃水差值;

X_P——计划注、排压载水水舱的舱容中心距船中距离(m),取值查"液舱容积表"。

X_f 和 MTC 的值,根据调整前的船舶排水量 Δ 或平均吃水 d_M 从船舶静水力资料中查取。

根据式(8-17)可以看出,如需要调整的吃水差改变量为正值(使船舶的尾倾值减小),需要在船舶漂心之前增加载荷,或在船舶漂心之后减少载荷;如需要调整的吃水差改变量为负值(使船舶的尾倾值增加或从首倾调为尾倾),需要在船舶漂心之前减少载荷,或在船舶漂心之后增加载荷。

【例题 8-4】 某轮到达港外锚地时,$\Delta = 20222$ t,$d_F = 8.61$ m,$d_A = 8.77$ m,现要求调平吃水靠泊,查该轮船舶静水力参数得 $MTC = 224.2(9.81$ kN·m/cm),$X_f = -2.6$ m。应向首尖舱(其舱容中心在船中前 65.67 m)内注入多少吨压载水才能满足要求?

解: (1)抵锚地时船舶吃水差 $t = d_F - d_A = 8.61 - 8.77 = -0.16$(m)

(2)要求调整的吃水差值 $\delta t = 0 - (-0.16) = 0.16$(t)

(3)求应向首尖舱注入压载水的重量 P:

$$P = \frac{100\delta t \cdot MTC}{X_P - X_f} = \frac{100 \times 0.16 \times 224.2}{65.67 + 2.6} \approx 53(t)$$

无论采用哪种方法调整吃水差,都要综合考虑船舶吃水差及船舶纵向受力两方面的要求,防止出现顾此失彼的情况。为此,在调整载荷的纵向配置时,应遵循下列原则。

(1)当船舶已有中拱变形时

可根据船舶的吃水差情况将船首部(首倾时)或尾部(尾倾太大时)的载荷向中部移动,调整吃水差的同时减轻船舶中拱变形。

(2)当船舶已有中垂变形时

可根据船舶的吃水差情况将中部载荷向船首部(尾倾太大时)或尾部(首倾时)移动,调整吃水差的同时减轻船舶中垂变形。

(3)当船舶无拱垂变形时

可直接沿船首部向船尾部方向移动载荷来调整船舶首倾,沿船尾部向船首部方向移动载荷来调整船舶尾倾。

（4）当船舶已有拱垂变形时

利用增加或减少载荷来调整船舶吃水差,其舱位的选择应考虑减轻而不是加重船舶的拱垂变形。

第三节　吃水与吃水差计算图表

在船舶营运过程中,吃水差和首、尾吃水的计算是一项经常性的工作。为减少计算工作量,船舶设计建造部门预先制作了几种吃水和吃水差的计算图表,随船舶资料提供。常用的吃水和吃水差计算图表有以下两种。

一、吃水差曲线图

1. 吃水差曲线图的组成

吃水差曲线图的形式如图 8-5 所示,其纵坐标为载荷对舯力矩 M_X,即船舶总载重量的所有组成部分所受的重力对舯的力矩之代数和;横坐标为船舶排水量。图中共有三组等值曲线族。第一组是吃水差曲线族,表示吃水差为某一特定值时,载荷对舯力矩随排水量变化而变化的关系,特定的吃水差值标于曲线的上方;第二组是首吃水曲线族,表示首吃水为某一特定值时,载荷对舯力矩随排水量变化而变化的关系,曲线上方标有相应的首吃水;第三组是尾吃水曲线族,表示尾吃水为某一特定值时,载荷对舯力矩随排水量变化而变化的关系,曲线上方标有相应的尾吃水。

2. 吃水差曲线图的使用方法

（1）吃水差和首、尾吃水的查取

根据船舶的装载状态计算出排水量 Δ,并据此在横坐标轴上找到相应的数值点,通过该点作垂直线。计算载荷对舯力矩,即除空船外的所有载荷重量对舯力矩的代数和,据此在纵坐标轴上找到数值点,通过该点作水平线。根据水平线与垂直线的交点所处的位置,即可从吃水差曲线、首吃水曲线和尾吃水曲线上读得吃水差 t、首吃水 d_F 和尾吃水 d_A。若交点落于图上的两条曲线之间,可用插值法求得相应数值。

（2）纵向移动载荷调整吃水差

设某装载状态下船舶的排水量为 Δ,吃水差为 t。希望通过纵向移动载荷的方法将吃水差调整为 t_1,计划移动载荷的纵向距离为 X（载荷前移为正,后移为负）。借助吃水差曲线图计算需要移动的载荷重量 P 的方法:根据排水量 Δ 和调整前的船舶吃水差 t,在图上查得调整前的载荷对舯力矩 M_{X1};根据排水量 Δ 和调整后的船舶吃水差 t_1 在图 8-5 上查得调整后的载荷对舯力矩 M_{X0}。由此,需要移动的载荷重量为

$$P = \frac{M_{X1} - M_{X0}}{X}(\text{t}) \tag{8-18}$$

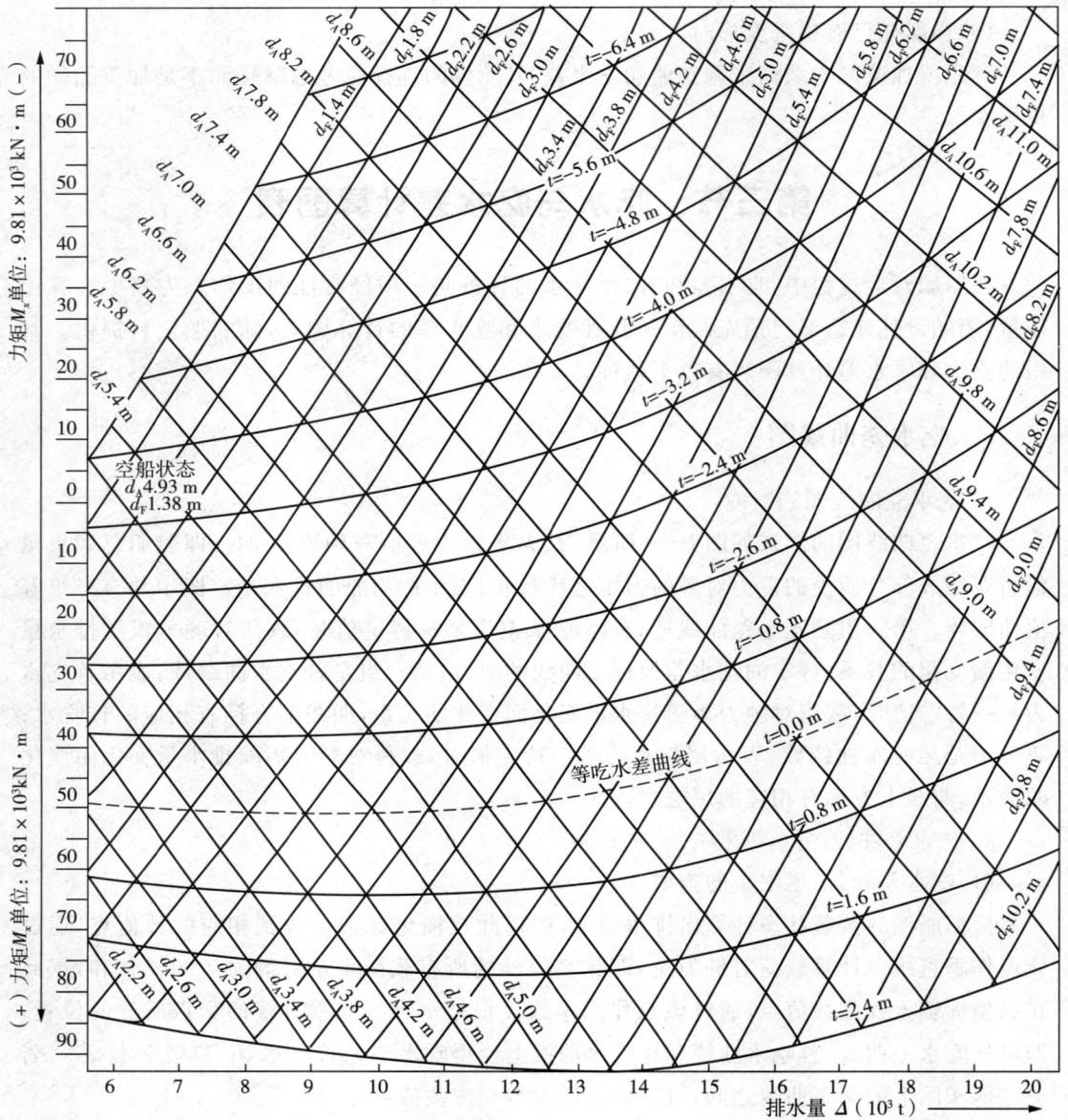

图 8-5 "Q"轮吃水差曲线图

二、吃水差比尺

吃水差比尺是表示在船上任意纵向位置装载 100 t(小型船舶为 30 t,大型船舶为 500 t)载荷时,船舶首、尾吃水改变量的曲线图,又称加载 100 t 首、尾吃水改变量曲线图。它适合于少量载荷变动时,用来计算吃水差、首吃水和尾吃水的改变量。

1. 吃水差比尺的组成

图 8-6 所示为"Q"轮加载 100 t 首、尾吃水改变量曲线图,其下部横坐标为船舶各纵

向位置距船中的距离,上部横坐标为船体肋位号,曲线上部绘有船舶舱室分布侧视图与之对应;曲线的纵坐标为平均吃水 d_M。根据式(8-14),当加载重量 P 为 100 t,且首、尾吃水的改变量为某一特定值时,因公式中的每厘米吃水吨数 TPC 和每厘米纵倾力矩 MTC 均随平均吃水 d_M 而变,故加载位置的纵坐标 X_P 与平均吃水 d_M 之间存在着确定的函数关系。如果令首吃水改变量为一系列确定的数值,便可得到一系列 X_P 随 d_M 变化的函数关系。将这些函数用曲线(实线)形式在曲线图上表示出来,曲线上标注相应的首吃水改变量,即得到首吃水改变量曲线族。按同样方法也可得到用虚线表示的尾吃水改变量曲线族,曲线上标注有相应的尾吃水改变量。首、尾吃水改变量曲线族的组合,即构成吃水差比尺。

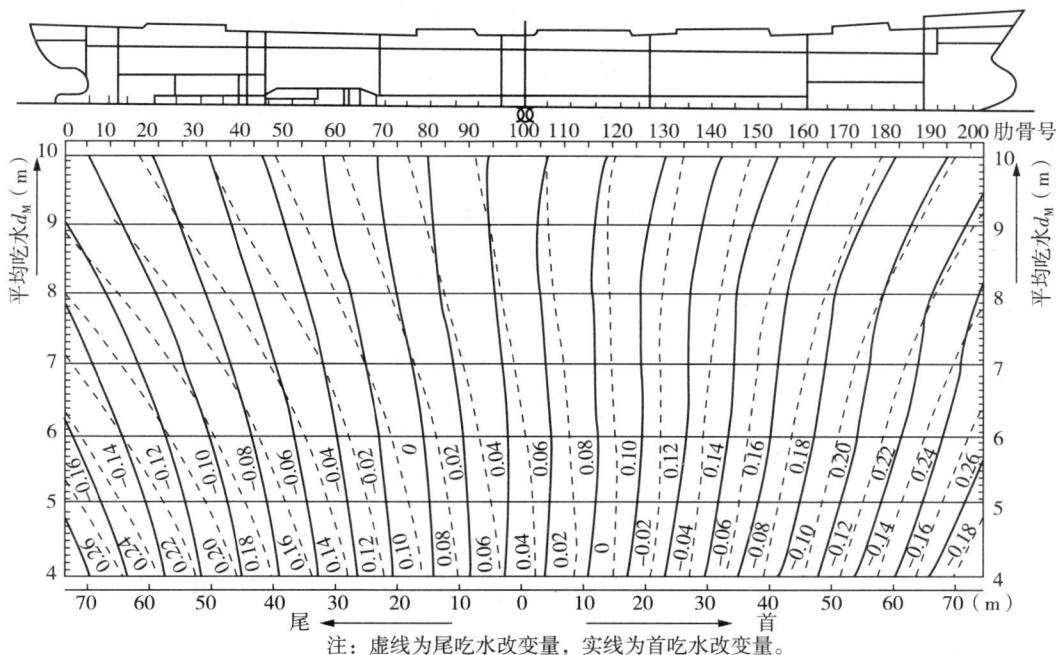

图 8-6 "Q"轮吃水差比尺

2. 吃水差比尺的使用

使用吃水差比尺的前提是载荷重量改变的累计值 $\sum P_i$ 不超过排水量的 10%。若单项载荷变动的纵坐标为 X_P,载荷变动前船舶的平均吃水为 d_M,则可根据 X_P 和 d_M 在图8-6所示的坐标平面上确定一个数值点。可用插值法求得在该位置加载 100 t 所引起的首吃水改变量 $\delta d'_F$。同样,根据与该数值点两条尾吃水改变量曲线上表示的尾吃水改变量,即可用差值法求得在该位置加载 100 t 所引起的尾吃水改变量 $\delta d'_A$。因首、尾吃水改变量与加载重量成正比,所以单项载荷变动所引起的首、尾吃水改变量可按以下公式计算:

$$\delta d_F = \delta d'_F \cdot \frac{P}{100}(\text{m}) \tag{8-19}$$

$$\delta d_A = \delta d'_A \cdot \frac{P}{100}(\text{m}) \qquad (8-20)$$

式中，P——载荷变动的重量(t)，加载时取正值，减载时取负值。

当发生多项载荷变动时，最终的首、尾吃水改变量为单项载荷变动所产生的首、尾吃水改变量的代数和。

载荷变动所引起的吃水差改变量可按下式计算：

$$\Delta \delta = \delta d_F - \delta d_A(\text{m}) \qquad (8-21)$$

三、加载 100 t 首、尾吃水变化数值表

船舶资料中通常还有加载 100 t 首、尾吃水变化数值表，由加载前吃水(或排水量)及舱名可以查出加载 100 t 首、尾吃水改变量。查取数值表比查取吃水差比尺方便，但数值表中仅提供了将载荷加在各舱舱容中心处时的首、尾吃水改变量，对于较长的货舱，会存在误差。

表 8-2　加载 100 t 首、尾吃水变化数值表

型吃水/m	排水量/t	No. 1 货舱 $X = 52.83$ m		No. 5 货舱 $X = -54.98$ m		首尖舱 $X = 69.31$ m		尾尖舱 $X = -74.43$ m	
		$\delta d_F(\text{cm})$	$\delta d_A(\text{cm})$	$\delta d_F(\text{cm})$	$\delta d_A(\text{cm})$	$\delta d_F(\text{cm})$	$\delta d_A(\text{cm})$	$\delta d_F(\text{cm})$	$\delta d_A(\text{cm})$
3.14	5565	23.406	−13.973	−14.838	24.791	29.252	−19.898	−21.737	31.784
4.00	7380	21.680	−12.510	−13.265	22.734	27.021	−17.897	−19.570	29.092
5.00	9600	20.435	−11.420	−12.054	20.999	25.401	−16.375	−17.915	26.847
6.00	11860	19.673	−10.626	−11.099	19.426	24.376	−15.220	−16.650	24.848
7.00	14240	19.224	−9.872	−10.096	17.610	23.706	−14.073	−15.386	22.568
8.00	16660	18.742	−9.032	−8.993	15.695	22.982	−12.812	−13.998	20.155
9.00	19200	17.807	−8.007	−7.799	13.943	21.721	−11.362	−12.419	17.903
9.20	19710	17.589	−7.809	−7.582	13.650	21.436	−11.090	−12.123	17.522
9.392	20205	17.381	−7.623	−7.382	13.393	21.166	−10.836	−11.849	17.185

【例题 8-5】 "Q"轮排水量 $\Delta = 19710$ t，首吃水 $d_F = 8.94$ m，尾吃水 $d_A = 9.47$ m。如果在首尖舱排出 160 t 压载水。试求压载水排出后船舶的吃水差 t_1、首吃水 d_{F1} 和尾吃水 d_{A1}。

解：(1)根据船舶排水量，从船舶资料加载 100 t 首、尾吃水变化数值表中查得首尖舱加载 100 t：

$$首吃水改变量 \; \delta d'_F = +0.214 \; \text{m}$$

$$尾吃水改变量 \delta d'_{A} = -0.111 \text{ m}$$

(2) 首尖舱加载 100 t 吃水差改变量 $\delta t' = +0.325 \text{ m}$

(3) 排出 160 t 压载水：

$$首吃水改变量 \delta d_{F} = 1.6 \times (-0.214) \approx -0.34 \text{(m)}$$

$$尾吃水改变量 \delta d_{A} = 1.6 \times (+0.111) \approx 0.18 \text{(m)}$$

$$吃水差改变量 \delta t = 1.6 \times (-0.325) = 0.52 \text{(m)} 或$$

$$\delta t = \delta d_{F} - \delta d_{A} = (-0.34) - 0.18 = -0.52 \text{(m)}$$

(4) 计算压载水排出后船舶的吃水差 t_1 及首、尾吃水 d_{F1} 和 d_{A1}。

$$t_1 = t_0 + \delta t = (8.94 - 9.47) + (-0.52) = -1.05 \text{(m)}$$

$$d_{F1} = d_{F} + \delta d_{F} = 8.94 - 0.34 = 8.60 \text{(m)}$$

$$d_{A1} = d_{A} + \delta d_{A} = 9.47 + 0.18 = 9.65 \text{(m)}$$

第九章　船舶强度

船舶强度

本章介绍船舶强度概念、种类,总纵强度的校核方法;船舶局部强度校核方法。船舶强度要求及保证船舶具有足够强度的措施。

第一节　船舶强度的概念

船舶纵向强度

船舶是一种由板材和骨架构成的浮动建筑物。船体在重力、浮力、船体摇荡运动中的惯性力、风浪力等外力作用下,将不可避免地发生变形。为保证船舶安全,船体结构必须具有抵抗发生过大变形和破坏的能力,这种能力称为船舶强度(strength of ship)。按照外力分布和船体结构变形范围的不同,船舶强度可分为总强度和局部强度,而总强度又按外力分布及相应船体变形的不同方向,分为总纵强度、扭转强度和横向强度。对于营运船舶,主要应考虑船舶总纵强度、局部强度;如果是大开口船舶,还应考虑扭转强度。

对于已投入营运的船舶,只能通过合理地分配载荷、优化载荷装卸顺序来改善船舶的受力情况,因此,正确地使用船舶,合理地配置载荷,保证船舶积载满足船舶的强度要求,对保证船舶安全运输和延长船舶的使用寿命都有现实意义。

一、纵向强度

船舶纵向强度(longitudinal strength of ship)是指船体结构抵抗纵向变形或破坏的能力,也称总纵强度。船体纵向强度要求如果得不到满足,即船体受力超过纵向强度允许范围,将导致船体纵向强力构件发生永久变形或损坏。

1. 作用于船体上的外力

作用于船体上的外力,包括重力、浮力、摇荡时的惯性力、螺旋桨的推力、水对船体的阻力、波浪的冲击力等。由于惯性力、推力、水阻力和波浪的冲击力对船舶总纵强度影响很小,可忽略不计,一般只考虑重力和浮力。

重力包括船体、机器设备、燃油、淡水、各种备品、压载水、所载货物等项重量。浮力是指船在平静水中或静置于波浪中,舷外水对船体压力的合力。从整体上讲,船舶重力的合力和浮力的合力大小相等,方向相反,并作用于同一条铅垂线上。但重力和浮力都是分布力,而且它们沿船长方向的分布规律不一致。船体纵向各区段上所受重力和浮力的差值,就是该区段船体上所受的垂向合外力,称为负荷,如图 9-1 所示。

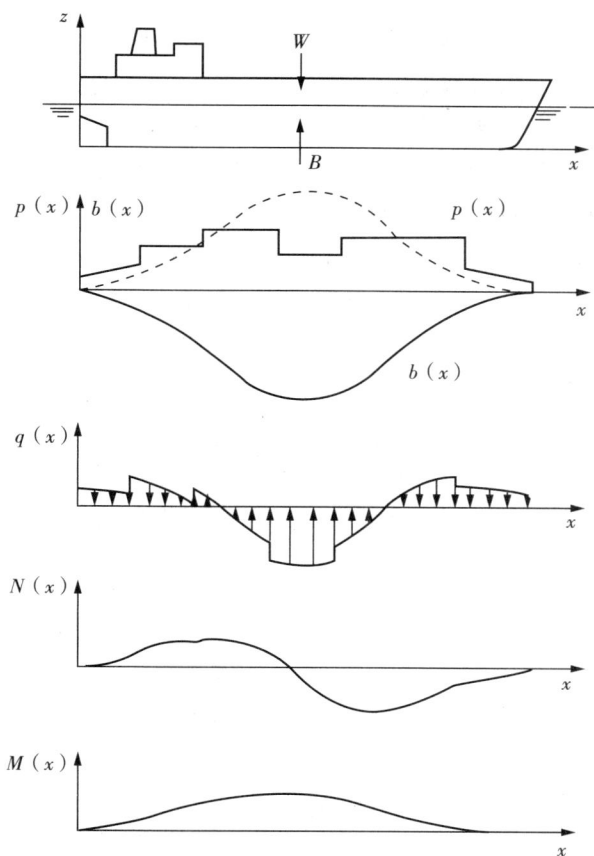

图 9-1 作用在船体上的外力

2. 横剖面上的剪力和弯矩

船体上负荷的存在,使得船体各横剖面上将产生剪力和弯矩。假设某一横剖面首向(或尾向)一侧各段负荷之和不为零,即首向(或尾向)一侧船体所受重力和浮力不相等,且该剖面两侧船体可上下自由浮动,为重新取得平衡,两侧船体必然会上下移动。实际上船体间为刚性连接而约束其自由移动,相对一侧即尾向(或首向)船体产生一个作用力通过剖面上的连接构件作用于横剖面上,该作用力称为剪力。在数值上,纵向各横剖面上的剪力等于该剖面首向或尾向一侧所受重力与浮力的差值。一般装载情况下,剪力最大值出现在距船首和船尾 1/4 船长附近。

同理,某一横剖面首向(或尾向)一侧各段上剪力对该剖面的力矩之和不为零,即首向(或尾向)一侧重力对剖面所取的力矩不等于该侧浮力对剖面所取的力矩。同样相对一侧即尾向(或首向)船体必须通过剖面上的连接构件传递一反向力矩,使得船体平衡,该力矩称为作用于横剖面上的弯矩。在数值上,剖面上所受弯矩等于该剖面首向(或尾向)一侧各段重力与浮力差值对其所取力矩的代数和。正常情况下,弯矩绝对值的最大值大约出现在船中处。

3. 船体剪切变形与弯曲变形

剪力与弯矩作用于船体上,将使船体出现剪切变形和弯曲变形。

若某一微段船体上,其前后两端受到大小相等、方向相反的剪力作用,则该段船体两端剖面会产生垂向相对位移,称为剪切变形,如图9-2所示。

同理,若某一微段船体上,其前后两端受到大小相等、方向相反的弯矩作用,则该段船体将产生如图9-2所示的弯曲变形。

若作用于船体各横剖面上的弯矩方向相同,则整个船体发生纵向弯曲变形,称为拱垂变形。当船舶首尾部重力大于浮力而中部浮力大于重力时,所出现的弯曲变形称为中拱变形。中拱变形使甲板受拉力,船底受压力,船体中部上拱。造成中拱变形的弯矩称中拱弯矩,习惯上取正值。若船舶在波浪中航行且波长等于船长,当波峰位于船中时,会加剧其中拱变形,如图9-3(a)所示。相反,当船舶中部重力大于浮力而首尾部浮力大于重力时,所出现的弯曲变形称为中垂变形。中垂变形使船底受拉力,甲板受压力,船体中部下垂。造成中垂变形的弯矩称中垂弯矩,习惯上取负值。若船舶在波浪中航行且波长等于船长,当波谷位于船中时,会加剧其中垂变形,如图9-3(b)所示。

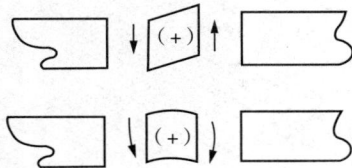

图9-2 船体的剪切和弯曲

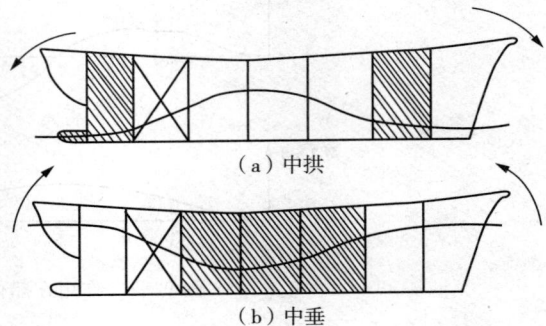

(a) 中拱

(b) 中垂

图9-3 船体中拱和中垂

二、横向强度

横向强度(transverse strength)是指船体结构抵抗横向变形或破坏的能力。

船体在外力作用下,除了发生总纵弯曲以外,还有可能发生船宽方向的变形,这是水对船壳的压力以及在甲板、内底板上大量装货的结果。船体必须有足够的能力抵抗这种变形以保证船体横向尺度不发生过大变化。

一般货船都有坚固的横向框架来支持船壳板、甲板,其横向强度是足够的,船舶很少因为横向强度不足发生过大变形或断裂的情况。但是集装箱船由于舱口宽大,在设计制造中除了要保证船体总纵强度外,还要对横向强度、扭转强度做特殊的处理。

三、扭转强度

扭转强度(torsion strength)是指船体结构抵抗扭转变形或破坏的能力。

当船舶斜置在波浪上时,纵向各段船体上其横向浮力分布不对称,产生一扭矩作用于船体上。另外,船舶各舱柜载荷横向分布不对称于中纵剖面,也会使船受到一扭矩作用。扭矩作用会造成船舶扭转变形,最大扭矩发生在船中附近。

船舶产生扭转变形的主要原因有以下三个方面:

(1)由波浪引起的,当船舶斜置在波浪上,首尾受到方向相反的水压力作用,可能产生扭转变形。

(2)船舶横摇引起扭转变形。

(3)载荷横向分布不对称。特别是货物装卸不当引起的扭转变形,如在装货时,由于某舱装货左右不均,船向一侧横倾,若简单地在其他货舱内向另一侧增加重量,企图以此来校正船舶横倾,这样便会使船舶产生扭转变形。

四、局部强度

局部强度(local strength)是指船体各部分结构抵抗局部变形或破坏的能力。

局部强度是研究船体在载荷重力作用下,局部构件抵抗弯曲和剪切的能力。局部强度虽然是局部性的,但是有时局部的破坏也会导致全船的破坏。因此,船舶驾驶员在积载时应认真校核船舶的局部强度,计算装货位置的局部强度是否符合要求,防止甲板或内底板变形或坍塌。

局部结构的弯曲变形或剪切变形超过一定限度,会造成结构损坏。若受损的局部结构属于参加抵抗总纵弯曲的构件,还会使局部损坏范围内的横剖面上抵抗总纵剪切和弯曲的有效构件数量减少,即受损构件不能有效地传递总纵弯曲应力,从而使船体总纵强度下降。对营运船舶来说,主要应考虑上甲板、中间甲板、底舱及舱口盖等载货部位的局部强度。

第二节　保证船舶纵向强度

一、船舶纵向强度校核的基本原理

校核船舶总纵强度的思路是:将所校核剖面上实际承受的静水剪力和弯矩值与该剖面所允许承受的最大静水剪力和弯矩值相比较,只要前者不大于后者,则认为该装载状态下的船舶强度满足安全要求。

1. 许用剪力和许用弯矩

船舶纵向上所能承受的最大剪力和弯矩称为许用剪力和许用弯矩。它们的大小与许多因素有关,通常根据船舶入级和建造规范中规定的许用应力、临界屈曲压应力、剖面上的静水弯矩、波浪弯矩等计算出临界值,并记载于船舶资料中,使用时可从船舶资料中直接查取。船舶许用剪力和许用弯矩一般分成以下几种情况给出:

(1)给出船中许用静水弯矩

对于较小船舶(长度常在90 m以下),船舶资料中只给出船中剖面上的许用弯矩。在进行校核计算时,只要计算表明船中剖面上实际所受静水弯矩小于这一许用弯矩,就可认为船舶的纵向强度处于安全状态。

(2)给出港内(静水中)和海上(波浪中)船中弯矩许用值

对于中等大小船舶(长度常在90～150 m),船舶资料中给出船中剖面上的静水中和波浪中的许用弯矩。在进行校核计算时,若计算表明船中剖面上实际所受静水弯矩小于静水许用弯矩、船中剖面上实际所受波浪弯矩小于波浪许用弯矩,则可认为船舶的纵向强度处于安全状态。

(3)给出重要剖面上的剪力和弯矩许用值

对于大型船舶(长度常在150 m以上),船舶资料中会给出各横舱壁所对应的横剖面处的静水许用剪力和弯矩、波浪许用剪力和弯矩;也可能将船舶纵向分成若干个站,给出各站面处的静水许用剪力和弯矩、波浪许用剪力和弯矩。校核中,应计算各横舱壁所对应的横剖面处的剪力和弯矩,或计算各站面处的剪力和弯矩,并保证不超过相应的许用值。新建造的集装箱船和大型散货船大都采用该方法。

2. 船舶实际装载状态时的剪力和弯矩

船舶实际装载状态时的剪力和弯矩可以按以下步骤估算:

(1)计算重力和重力矩

重力可认为由四部分构成,即空船、货物、航次储备量和常数,按各项沿船长方向具体分布情况计算相应的重力和重力矩。

(2)计算浮力和浮力矩

较粗略地估算时可按排水量和吃水差在船舶资料中的表格上查取,也可根据具体情况按站段计算。

(3)计算波浪弯矩

波浪弯矩的计算按《钢质海船入级与建造规范》中的规定进行,也可按其他公式进行。

3. 船舶总纵强度校核的步骤

先计算有关剖面处实际所受剪力和弯矩,再查取或计算有关剖面处的许用剪力和弯矩,如果有关剖面处实际所受剪力和弯矩不大于相应的许用剪力和弯矩,则认为船舶纵向强度处于安全状态。

二、船舶纵向强度校核的几种常见方法

1. 船中弯矩估算法

对于中小型船舶,当船舶积载时,可以先根据一定的船体中剖面模数,确定船体允许承受的最大静水弯矩,作为校核船体纵向强度的标准。然后,根据船舶具体装载状态,求出船舶在该航次实际装载时作用于船体的静水弯矩。将两者进行比较,以确定纵向强度是否满足要求。

(1)船舶允许承受的最大静水弯矩

根据我国《钢质海船入级与建造规范》对船舶甲板中剖面模数的要求,可以导出船长等

于或大于 90 m 的船舶允许承受的最大静水弯矩的计算公式：

$$M_s = W_d [\sigma_c] \times 10^{-3} - M_W (kN \cdot m) \qquad (9-1)$$

式中，W_d——按静水弯矩和波浪弯矩计算的甲板剖面模数（cm^3）；

$[\sigma_c]$——合成许用应力，取$[\sigma_c]=155$ MPa；

M_W——波浪弯矩，规范规定可用下式计算：

$$M_W = 9.81 F L_{BP}^2 \times B(C_b + 0.7) \times 10^{-2} (kN \cdot m) \qquad (9-2)$$

式中，F——系数，$F = 9.4 - 0.95 \left(\dfrac{300 - L_{BP}}{100} \right)^{3/2}$；

L_{BP}——船舶垂线间长（m）；

B——船宽（m）；

C_b——船舶在夏季载重线下的方形系数，但不得小于 0.6，在静水力曲线图上，根据夏季满载时的平均吃水，可查得船舶的方形系数。

船厂提供的《船舶纵向强度计算书》中提供了本船甲板的中剖面模数的数据资料。对营运的旧船，甲板因腐蚀变薄，强度有所降低，在使用上述的剖面模数时，需要扣除其腐蚀量，可以近似认为甲板剖面模数每年平均扣除腐蚀量为 0.4%～0.6%，使用年限小于 5 年的船舶可取下限值；使用年限在 10 年以上的船舶可取上限值。

（2）船舶在实际装载状态下静水弯矩

船舶在实际装载状态下静水弯矩 M'_s 根据下列近似公式计算：

$$M'_s = 9.81 \times \frac{1}{2} \left[(\Delta_L \cdot m + \sum P_i X_i) - \Delta \cdot C \cdot L_{BP} \right] (kN \cdot m) \qquad (9-3)$$

式中，Δ_L—— 空船重量（t）；

m—— 空船重量的相当力臂（m）：中机型船 $m = 0.2277 L_{BP}$，中后机型船 $m = 0.2353 L_{BP}$，尾机型船 $m = 0.2478 L_{BP}$；

P_i—— 载荷（包括货物、压载水、常数、燃油、淡水、粮食等）的重量（t）；

X_i—— 载荷重心至船中距离的绝对值（m）；

Δ—— 船舶在计算状态下的排水量（t）；

C—— 船体浮力的相当力臂系数，可根据船舶在计算状态下的方形系数 C_b 从规范中查得，见表 9-1；

L_{BP}——船舶垂线间长（m）。

表 9-1 船体浮力的相当力臂系数

C_b	C	C_b	C	C_b	C
0.59	0.1696	0.68	0.1854	0.77	0.2011
0.60	0.1714	0.69	0.1872	0.78	0.2029
0.61	0.1731	0.70	0.1889	0.79	0.2047

C_b	C	C_b	C	C_b	C
0.62	0.1748	0.71	0.1906	0.80	0.2065
0.63	0.1766	0.72	0.1923	0.81	0.2083
0.64	0.1783	0.73	0.1941	0.82	0.2100
0.65	0.1800	0.74	0.1959	0.83	0.2117
0.66	0.1818	0.75	0.1976	0.84	0.2135
0.67	0.1836	0.76	0.1994	0.85	0.2152

式(9-3)中，$9.81\left(\Delta_L \cdot m + \sum P_i X_i\right)$ 为船舶的重量力矩，$9.81 \cdot C \cdot L_{BP}$ 为船体的浮力矩，该数值可在船舶资料中查取，见表 9-2。

表 9-2　船体浮力矩表

型吃水 d_M/m	浮力矩 $9.81\Delta \cdot C \cdot L_{BP}$/(kN · m)	型吃水 d_M/m	浮力矩 $9.81\Delta \cdot C \cdot L_{BP}$/(kN · m)
2.62	1 364 659	6.50	3 893 893
3.00	1 623 869	7.00	4 250 526
3.50	1 934 414	7.50	4 604 824
4.00	2 252 288	8.00	4 962 957
4.50	2 570 848	8.50	5 334 511
5.00	2 902 799	9.00	5 698 315
5.50	3 239 017	9.19	5 851 479
6.00	3 570 359		

（3）对纵向强度进行判断

船舶实际装载时的静水弯矩 M'_s 为正值，说明船舶处于中拱状态；M'_s 为负值，说明船舶处于中垂状态。若该船允许承受的最大静水弯矩 M_s 大于该船在实际装载状态时静水弯矩的绝对值 $|M'_s|$，即 $|M'_s| < M_s$，说明船舶在该装载状态下满足总纵强度要求；反之，若 $|M'_s| > M_s$，说明船舶在该装载状态下不满足总纵强度的要求。

2. 强度曲线图校核法

强度曲线图又叫"力图"，强度曲线图校核法实际上是由船中弯矩估算法演变而成的。当不需要校核切力时，用强度曲线图校核船体总纵强度的方法比较简单。

（1）强度曲线图的组成（图 9-4）

强度曲线图的横坐标 d_m 表示船舶的平均型吃水，纵坐标表示除空船重量以外船上各种载荷对船中力矩的绝对值之和，即

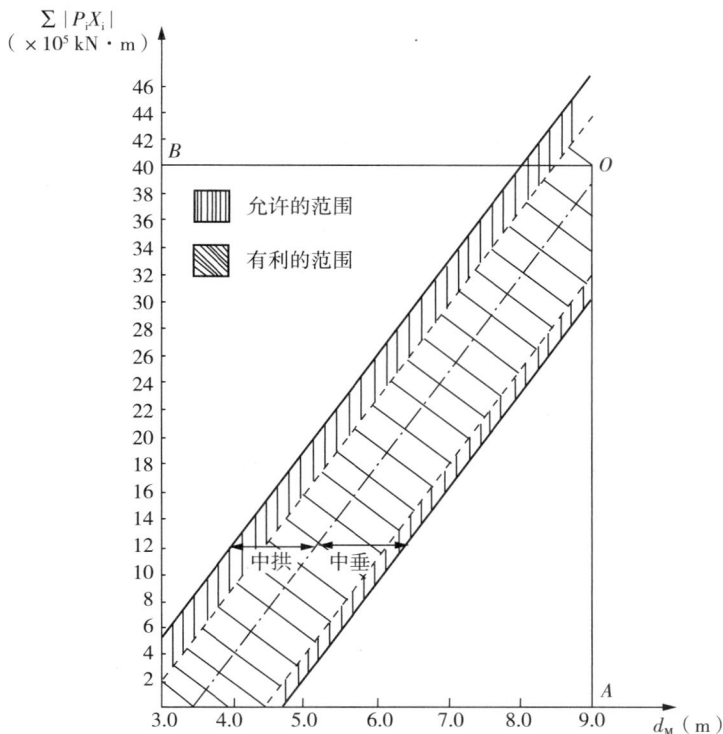

图 9 - 4　强度曲线图

$$\sum |P_i X_i| = |M_F| + |M_A| \tag{9-4}$$

式（9 - 4）中，$|M_F|$ 表示船中前力矩的绝对值，$|M_A|$ 表示船中后力矩的绝对值。

图中有五条线段，分别表示船体不同受力情况。

① 中间的点画线表示船体所受的静水弯矩为零，是船体受力的最理想状态，即船舶无拱垂变形。

② 在中间左右两边的两条虚线是船体所受的静水弯矩等于空船状态时静水弯矩的中拱或中垂边界线。

③ 最外面的两条实线表示船舶根据规范规定所能承受最大的静水弯矩中拱或中垂的边界线。

④ 点画线与虚线之间部位表示船舶在该装载状态时强度满足要求，应力处于有利的中拱或中垂范围。

⑤ 虚线与实线之间部位表示船舶在该装载状态时强度尚能满足要求，应力处于允许的中拱或中垂范围。

⑥ 超出实线以外的部位表示船体所受应力超过规范的规定，应力处于危险的中拱或中垂范围，应调整船舶的装载。

图中位于点画线左边的部位是船体处于中拱状态的范围，位于点画线右边的部位是船体处于中垂状态的范围。

（2）强度曲线图的使用方法

强度曲线图使用步骤如下：

① 根据船舶在某装载状态时的平均型吃水，在图中横坐标轴上标明相应的平均吃水的位置点，作横坐标轴的垂直线。

② 根据船舶的货物、油水、供应品、船舶常数等（不包括空船重量）求出载荷对船中力矩的绝对值之和 $\sum |P_i \cdot X_i|$，在纵坐标轴上标明相应的载荷对船中力矩的绝对值的位置点，作一条平行于横坐标轴的水平线。

③ 平行于横坐标轴的水平线与垂直线相交于一点，此点所处的位置就表示船体所受应力的状况。

【例题 9-1】 已知某船满载排水量为 20881 t 时的平均型吃水为 9.00 m，载荷对船中力矩为绝对值之和为 4003863 kN·m，使用强度曲线图求该船在满载状态下船体的受力情况。

解：如图 9-4 所示：

（1）根据平均型吃水 $d_M = 9.00$ m 在强度曲线图的横轴上找到相应位置点 A；

（2）根据载荷重量对船中力矩绝对值之和 $\sum |P_i \cdot X_i| = 4003863$ kN·m 在纵轴上找到其位置点 B；

（3）过 A 点作横轴的垂线 AO，过 B 点作纵轴的垂线 BO，两线交于 O 点；

（4）由图知道，O 点位置表示纵向强度处于中拱有利状态。

3. 载荷对船中弯矩允许范围数据表校核法

校核船舶纵向受力情况，还可以使用简便的数据表，见表 9-3，此表是根据上述强度曲线图编制的数据表，表中的数值即是在不同吃水时该曲线图横坐标轴的垂直线与图中五条曲线的交点所对应的纵坐标值即载荷对船中弯矩的绝对值。使用该数据表非常方便。

表 9-3 某轮载荷对船中弯矩允许范围数据表

型吃水 d_M/m	排水量 Δ/t	载荷对船中弯矩绝对值 $\sum |P_i \cdot X_i|$/(kN·m)			
		中拱状态		中垂状态	
		允许范围	有利范围	有利范围	允许范围
2.62	5371	207772	0	—	—
3.00	6333	466982	259210	—	—
3.50	7484	777527	569755	18903	—
4.00	8654	1095401	887629	336777	—
4.50	9821	1413861	1206189	655337	104485

船舶结构与货运

型吃水 d_M/m	排水量 Δ/t	载荷对船中弯矩绝对值 $\sum|P_i \cdot X_i|$/(kN·m)				
		中拱状态			中垂状态	
		允许范围	有利范围		有利范围	允许范围
5.00	11014	1745912	1538140	987288	436436	228664
5.50	12207	2082130	1847358	1323506	772654	564882
6.00	13421	2413472	2205700	1654848	1103996	896224
6.50	14607	2737006	2529234	1978382	1427530	1219758
7.00	15855	3093639	2885867	2335015	1784163	1576391
7.50	17089	3447937	3240165	2689313	2138461	1930689
8.00	18334	3806070	3598298	3047446	2496594	2288822
8.50	19167	4177624	3969852	3419000	2868148	2660376
9.00	20881	4541428	4333656	3782804	3231952	3024180
9.19	21367	4694592	4486820	3935968	3385116	3177344

【例题 9-2】 已知某船满载排水量为 20881 t 时的平均型吃水为 9.00 m，载荷对船中力矩的绝对值之和为 4003863 kN·m，使用载荷对船中弯矩允许范围数据表（表 9-3），求该船在满载状态下船体的受力情况。

解： 根据船舶平均型吃水 9.00 m 或排水量 20881 t，在载荷对船中弯矩允许范围数据表中查得该船载荷对船中弯矩的中拱有利范围为 3782804 ~ 4333656 kN·m，而该船的载荷对船中力矩的绝对值 $\sum|P_i \cdot X_i| = 4003863$ kN·m，在上述范围内。说明船舶该装载情况下的纵向强度处于中拱有利状态。

4. 站面强度校核表法

由于船体纵向结构非对称性和纵向载荷的非均匀性，仅以上述方法校核船中剖面弯矩显然是不够准确和全面的，尤其是对于大型船舶更是如此。为了较精确地校核船舶总纵强度，应对不同船舶剖面处的剪力和弯矩进行计算，并与相应处的许用剪力和弯矩加以比较，再判断是否符合强度要求。

（1）许用剪力和许用弯矩

大型船舶一般将海上航行状态和在港停泊状态分开校核。考虑到纵向载荷在横舱壁处的突变性，因而有必要对各横舱壁处的剪力和弯矩予以核算。船舶资料中一般提供了横舱壁处的海上航行状态、在港停泊状态的静水许用剪力值和许用弯矩值。船舶许用剪力和许用弯矩可由船舶资料中查取。

（2）舱壁站面处的实际剪力和弯矩

各站面处实际剪力和弯矩按以下方法逐步求出：

① 计算各站面处的重力和重力矩。欲计算某站面的重力和重力矩,应自船尾起向船首计至该站面的重量和重量力矩总和,即为作用于该站面上的重力和重力矩,包括空船、货物、油水等项目。

② 计算各剖面处的浮力和浮力矩。浮力和浮力矩是船尾到相应计算站面的浮力或浮力矩的累加,其值与船舶吃水及吃水差有关。一般以吃水和吃水差为引数查取船舶资料中相应表格得到。

③ 计算各站面处的剪力。相应站面处的剪力为计算的重力和浮力之差。

④ 计算各站面处的弯矩。当采用船尾坐标系计算重力矩时,相应站面处的弯矩为自船尾到该站面处的重力矩减去自船尾到该站面处的浮力矩所得数值;当采用船中坐标系计算重力矩时,则还应减去重力与计算点到船中距离的乘积。

5. 根据吃水值判断船舶纵向变形

利用首、尾平均吃水与船中两面平均吃水相比较的方法来判断船舶纵向变形的大小和方向。中部平均吃水大于首尾平均吃水时说明船舶处于中垂状态,而中部平均吃水小于首尾平均吃水时船舶处于中拱状态。

船舶中部吃水与首尾平均吃水的差值的绝对值可反映出船舶的拱垂变形程度,其计算公式为

$$\delta = \left| d_{\mathrm{M}} - \frac{d_{\mathrm{F}} + d_{\mathrm{A}}}{2} \right| \quad (\mathrm{m}) \tag{9-5}$$

式中,δ——拱垂值(m);

d_{M}——船中处的平均吃水(m);

d_{F}、d_{A}——首、尾平均吃水(m)。

船舶在装载状态或压载后,如有中拱或中垂存在,其大小可参照下列的经验数值进行比较:

$\delta \leqslant \dfrac{L_{\mathrm{BP}}}{1200}$,纵向强度处于正常范围;

$\dfrac{L_{\mathrm{BP}}}{1200} < \delta \leqslant \dfrac{L_{\mathrm{BP}}}{800}$,纵向强度处于极限范围;

$\dfrac{L_{\mathrm{BP}}}{800} < \delta \leqslant \dfrac{L_{\mathrm{BP}}}{600}$,纵向强度处于危险范围;

$\delta > \dfrac{L_{\mathrm{BP}}}{600}$,纵向强度处于破坏范围。

船舶装载或压载后的实际拱垂在正常范围内可以开航;在极限范围内只允许在预计航线上风浪较小时开航;在危险范围内不允许开航,但允许船舶在港内装卸货时短时间存在;在任何情况下都不允许拱垂值超过 $L_{\mathrm{BP}}/600$。

6. 用主机汽缸曲拐开挡差值检验拱垂变形

船舶产生拱垂变形后,会直接影响主机汽缸开挡差的大小。因此,可利用实际装载时测量的开挡值(mm)与汽缸活塞冲程(mm)进行对比校验。曲拐的开挡差值不大于汽缸活塞冲

程的万分之一为有利范围;如果曲拐的开挡差值大于汽缸活塞冲程的万分之一,而不大于万分之二,为允许范围;如果曲拐的开挡差值大于汽缸活塞冲程的万分之二,为危险范围。

三、船体布置对纵向强度的影响

船舶因机舱、油水舱、深舱位置不同,船体各段负荷的分布也各不相同,直接影响着船舶是否会出现中拱或中垂现象及其程度。对于各种不同机舱位置的船舶,除了按舱容比分配货物重量外,还必须根据船舶布置的特点,正确使用船舶。

1. 中机型船

机舱位于中部,在满载时,因机舱的重量相对较轻而出现较大的中拱变形;而在空载时,则可能出现轻微的中垂或中拱变形。所以,使用中机型船时,应特别注意尽量减缓满载状态的中拱变形。

2. 中后机型船

机舱位于船中偏后,常见的为前四后一型。在满载时,可能出现较小的中拱或中垂变形,具体结果要看机舱位置、长度和重量等因素。在空载时,船舶一般处于中拱变形状态,弯矩较满载时大一点。所以,使用中后机型船时,应注意减缓空载航行状态下的中拱变形。

3. 尾机型船

机舱位于船尾部,满载时的拱垂变形因船舶规模的不同而异,大型尾机船满载时呈中垂变形,而普通规模的尾机型船可能处于中垂或中拱变形状态。尾机型船最严重的中拱变形发生在空船压载状态。所以使用尾机型船时,应特别注意减缓其空载压载航行状态的中拱变形。

上述不同船型对船舶拱垂变形影响基于船上载荷纵向分布比较均匀情况下的一般规律,由于实际装载条件下的重量纵向分布千差万别,以及船舶相关尺度和相关尺度比也不尽相同,因此船舶在装载或压载后其纵向强度的具体状态应以实际校核为准。

四、吃水差调整时对纵向强度影响

当调整吃水差时,特别在决定纵向移货或配置压载水的部位时,要综合考虑吃水差及纵向强度两方面的要求,为此,当调整载荷纵向分布位置时,应按表 9-4 所列的原则进行。

表 9-4 载荷调整原则

计　算　结　果		载荷调整原则
吃水差	纵向强度	
首　倾	中拱	前部→中部
	中垂	中部→后部
	0	前部→后部
尾倾太大	中拱	后部→中部
	中垂	中部→前部
	0	后部→前部

计　算　结　果		载荷调整原则
吃水差	纵向强度	
平吃水	中拱	前部→中部
	中垂	中部→后部

五、保证船舶总纵强度满足要求的措施

为了保证船体纵向强度,应特别注意货物重量沿船长方向的正确配置,因为当货物的纵向配置变化时,虽然排水量保持不变,弯矩仍可能有很大的变化。为了减小弯矩,在船舶积载和装卸货物时应注意下列各点:

1. 按舱容比例分配各舱装货重量

船体所受浮力沿纵向分布是由水线下排水体积沿纵向分布决定的,而排水体积的纵向分布规律与船体内部容积沿纵向变化规律基本一致。因此,在积载中,应按各舱容积大小成正比地分配各货舱货物重量,保证重力沿纵向上的分布与浮力沿纵向上的分布一致。

具体计算公式如下:

$$P_i = \frac{V_{\text{ch}i}}{\sum V_{\text{ch}}} \times Q \pm \text{调整值} \qquad (9-6)$$

式中, P_i —— 第 i 舱应分配的货物重量(t);

$V_{\text{ch}i}$ —— 第 i 舱的舱容(m³);

$\sum V_{\text{ch}}$ —— 全船货舱总容积(m³);

Q —— 航次货运量(t)。

在实际装载中,船舶各舱装货数量除应满足纵向强度的要求外,还要考虑吃水差和所装货物的性质等因素,有时难以准确做到按舱容比例分配货物重量。因此,按上述求得的各舱分配货物的吨数允许做少量的调整,调整值以不超过夏季满载时该舱装货重量的10%为宜,也可取本航次全船载货重量按舱容比例在该舱分配值的10%。前者调整范围较宽,便于操作;后者调整范围较小,较为安全。在考虑调整值后,各舱允许装货重量就有一个上限值和一个下限值。若各舱实际的装货数量在各舱允许上、下限值的范围内,一般可保证纵向强度的要求,但仍可能产生中垂或中拱。

【例题9-3】　Q轮货舱舱容分别为:第一舱1834 m³、第二舱5049 m³、第三舱5460 m³、第四舱4402 m³ 和第五舱2846 m³,总容积 $\sum V_{\text{ch}} = 19591$ m³,夏季满载时全船载货量12180 t,本航次货运量9000 t,试用按舱容比例分配各舱装货重量的原则,计算本航次各舱允许装货重量上、下限。计算结果见表9-5:

表 9-5　按舱容比例分配各舱装货重量

舱　　名	No. 1	No. 2	No. 3	No. 4	No. 5	合计
各舱容积/m³	1834	5049	5460	4402	2846	19591
各舱舱容百分比/%	9.4	25.8	27.8	22.5	14.5	100
夏季满载时各舱按舱容比例计算装货重量/t	1145	3142	3386	2741	1766	12180
调整值1/t	115	314	339	274	177	—
本航次各舱按舱容比例计算装货重量/t	846	2322	2502	2025	1305	9000
调整值2/t	85	232	250	203	131	—
各舱允许装货重量的上、下限值1/t	961/731	2636/2008	2841/2163	2299/1751	1482/1128	—
各舱允许装货重量的上、下限值2/t	931/761	2554/2090	2752/2252	2228/1822	1436/1174	—

2. 根据机舱位置不同适当调整中区货舱货物分配量

中机型船满载时存在较大中拱变形,为此,应在中区货舱适当增大货物分配量而在首尾部货舱适当减少货物分配量,以减小中区重力和浮力的差异;对于大型尾机船因满载时呈中垂变形,则应适当减少中区货舱货物分配量并相应增大首尾货舱货物分配量。其增大或减少的货物数量一般可取按舱容比分配量的10%或更大些。

3. 应考虑中途港装卸货物对强度的影响

应防止在中途港装卸货物以后,货物重量沿船舶纵向分布不合理。中途港货物批量较大时,应按舱容比配置,不得过于集中配装在一个货舱内,以免卸货或装货后产生过大剪力或弯矩而损伤船体强度,也不应过于分散,否则会过多地移动或更换装卸工具;批量较小时,可集中选1~2个货舱配置。

4. 合理安排各舱货物装卸顺序,均衡装卸速度

货物在装卸过程中,应尽量使纵向各段上的重力和浮力保持一致,这就要求各舱货物均衡装载或卸出。在实际工作中,应争取多头装卸作业,及时更换作业舱室,即各货舱交替进行装卸,防止在作业过程中出现某一个货舱中货物与其他货舱中的货物重量相差过分悬殊的现象。应均衡各舱的装卸速度,力争同时装卸货物的重量比较均衡地分布于各货舱。

对于某些种类的专用船舶,如干散货船、液体散货船等,为防止装卸过程中出现过大剪力和弯矩,需制订货物装卸计划,确定各舱装卸顺序及压载水注入或排放顺序。此类船舶尾机型偏多,因此,满载时应先卸中部舱位的货物,以减小船舶的中垂弯矩;空载时先装中部舱位货物,以减小船舶的中拱弯矩;打排压载水也应按类似原则确定其排注顺序。

5. 合理分布和使用油水

万吨级船舶远航线营运时航次油水储备量约占满载时总载重量的 10%，油水的合理分布和使用对减小船舶弯曲应力具有不可忽视的作用。对大型船舶而言，虽然油水储备在总载重量中所占比例较小，但是从船舶合理使用角度也应尽可能予以考虑。

对中机型船，满载时常处于较大中拱状态，所以出港时油水尽量集中在中部液舱；航行中使用时，应先用首尾部液舱油水而后用中部舱位油水。

对于尾机型船，空载时一般处于较大中拱状态，因此其油水的分布和使用原则与中机型船满载时相同；大型船舶满载时常处于中垂状态，所以油水分布和使用原则与空载时相反，即中部液舱油水尽量装载少些，首尾液舱尽量满些；航行中先用中部液舱油水，后用首尾部液舱油水。

对于中后机型船，满载航行时，可能处于较小中拱或中垂状态，应依据船舶具体状态确定油水分布及使用方案；压载航行时，一般为中拱状态，因此油水分布和使用原则同尾机型船的空船压载状态。

6. 调整吃水差时兼顾改善船舶拱垂状态

在配装或实际装载时，常在首尾部货舱留有一定富余舱容，用于在装货结束前调整吃水差。由于首尾货舱距该排水量条件下的弯矩中性点较远，若调整前船舶为中拱状态，则调整后会加大其原有的中拱弯矩，当剩余的货物重量较大时，尤其应注意装载后对船体弯矩的影响。

另外，在积载时利用货物纵移调整吃水差时，也应兼顾船舶总纵强度的改善。如移货之前船舶呈中拱状态，则应依据吃水调整要求将货物由首部或尾部货舱移至中区货舱；若移货前船舶呈中垂状态，则应根据吃水调整需要将中区货舱货物移至首舱或尾舱去；若货物移动前船舶强度处于有利范围，则为了调整吃水差可将货物从中前与中后的两个弯矩中性点间纵移，这样，可继续保持其原有强度状态。

7. 合理压载

为改善船舶的航行性能，空载船舶需注入相当数量的海水以确保航行安全。对于尾机型船，空载时尾吃水差较大，且船舶处于中拱状态，欲减小船舶尾吃水差及中拱弯矩，除首部压载外，应尽量使用接近中区的压载水舱。对某些需使用中部某一货舱压载的船舶，应注意尽可能压满整个货舱，以减小自由液面对舱壁的冲击，同时也应防止重量过分集中而在前后横舱壁处产生过大的剪力，此时可根据具体情况排空压载货舱区的边舱及双层底压载水。

8. 避免船舶在波浪中纵谐摇

船舶在波浪中航行时，若船长等于波长，且船速等于波速，船舶则会出现纵谐摇，船体中部处于波谷或波峰位置上，会加大船舶的中拱弯矩或中垂弯矩，且长时间得不到改变，这对船体强度极为不利，应避免这种纵谐摇的存在和持续状态。为此，一般应采取改变航向或船速或在改变航向的基础上同时改变船速的方法，使船舶摆脱不利处境，以确保船舶纵强度不受损伤。

船舶结构与货运

第三节　保证船舶局部强度

一、局部强度的校核

船体局部强度在设计和建造时按有关建造规范要求予以满足,对于营运中的船舶,主要解决的问题是使船体所受的局部外力处于局部强度的允许范围之内,即在运输过程中只要确保载货部位的实际负荷不超过许用负荷,就认为船舶局部强度符合要求。

船舶局部强度

1. 许用负荷量的表示方法

载货部位局部强度所允许的载荷重量的最大值称为该位置的许用负荷量。根据载荷的分布情况及特征,许用负荷量有以下几种表示方法:

（1）均布载荷

均布载荷是作用在载荷部位上货物重力均匀分布在某一较大面积上,使甲板或舱底所受压力相同。由于均布载荷时载货部位上各处压力相同,因此,将载货部位单位面积上允许承受的最大重量定义为均布载荷条件下的许用负荷量 P_d,单位为 kPa。

（2）集中载荷

集中载荷是指某一特定面积上允许承受的最大重量,这个最大重量定义为集中载荷条件下的许用负荷量 P,单位为 kN。如重大件货的底脚、支架等。特定面积是指向该区域下的承重构件(如甲板纵桁)施加集中压力的骨材(如甲板纵骨和横梁)之间的面积。

表 9-6　Q 轮许用负荷一栏表

名称	货舱号		
	No. 1 货舱	No. 2～No. 4 货舱	No. 5 货舱
上甲板	均布载荷 Ⅰ. $P_h=0$ kPa 时 $P_d=32.18$ kPa(舱口外) $P_d=32.57$ kPa(舱口间) Ⅱ. $P_h=15.01$ kPa 时 $P_d=32.18$ kPa 集中载荷 $P=107.91$ kN(舱口外) $P=45.62$ kN(舱口间)	均布载荷 Ⅰ. $P_h=0$ kPa 时 $P_d=22.96$ kPa(舱口外) $P_d=17.46$ kPa(舱口间) Ⅱ. $P_h=14.13$ kPa 时 $P_d=20.96$ kPa(舱口外) $P_d=17.46$ kPa(舱口间) 集中载荷 $P=104.97$ kN(舱口外) $P=34.83$ kN(舱口间)	均布载荷 Ⅰ. $P_h=0$ kPa 时 $P_d=32.18$ kPa(舱口外) $P_d=32.57$ kPa(舱口间) Ⅱ. $P_h=14.13$ kPa 时 $P_d=19.62$ kPa(舱口外) $P_d=17.46$ kPa(舱口间) 集中载荷 $P=104.97$ kN(舱口外) $P=34.83$ kN(舱口间)

名称	货舱号		
	No.1 货舱	No.2～No.4 货舱	No.5 货舱
中间甲板	均布载荷 $P_h = P_d = 21.58$ kPa 集中载荷 $P = 103.99$ kN（舱口盖） $P = 64.75$ kN（舱口外） $P = 83.88$ kN（舱口间）	均布载荷 $P_h = P_d = 22.96$ kPa 集中载荷 $P = 77.55$ kN（舱口盖） $P = 60.14$ kN（舱口外） $P = 81.42$ kN（舱口间）	均布载荷 $P_h = P_d = 22.96$ kPa 集中载荷 $P = 77.50$ kN（舱口盖） $P = 75.64$ kN（舱口外） $P = 81.42$ kN（舱口间）
舱底或平台	压载平台载荷 在 173 肋骨前 $P = 74.95$ kPa 在 173 肋骨后 $P = 117.72$ kPa	舱底载荷 均布载荷 $P = 154.02$ kPa 集中载荷 $P = 85.84$ kPa	压载平台载荷 在 19 肋骨前 $P = 102.02$ kPa 在 19 肋骨后 $P = 37.77$ kPa

说明：① 货舱甲板、舱口盖及舱底的承载负荷可根据计算求得，供装载货物时参考。

② 载荷分集中载荷和均布载荷，所指的集中载荷其支承长度应大于一个骨材间距。

③ P_h 为舱口盖载荷，P_d 为甲板载荷。

（3）车辆载荷

车辆载荷涉及载车部位上的车辆及其所载货物的重量集中作用在特定数目的车轮上，如铲车及其所铲起的货物、拖车及其上面的集装箱等。

车辆载荷时的车、货重量作用在车轮上，所以，将载车部位在不同车轮数目时所允许承受的车辆及所载货物的最大总重称为车辆载荷条件下的许用负荷量 p_v，单位为 kN。

（4）堆积载荷

堆积载荷是指集装箱船的甲板、舱盖或舱底上不同的 20 ft 或 40 ft 集装箱底座所能承受的最大重量，也称集装箱载荷。允许承受的最大箱重称为集装箱载荷条件下的许用负荷量 P_c，单位为 kN。集装箱船许用负荷量通常以舱底板和上甲板按装载 20 ft 和 40 ft 集装箱给出。表 9-7 为某集装箱船的许用负荷量值。

表 9-7　某集装箱船许用负荷表

位置　　　箱类	20 ft 箱	40 ft 箱
上甲板/t	80.0	100.0
舱内/t	192.0	240.0

2. 许用负荷量的求取

（1）查船舶资料

船舶各载货部位的许用负荷量一般可以从船舶资料中查取。小型船舶许用负荷量给出的方式比较简单，一般不区别甲板的有关部位，甚至不区别是集中载荷还是均布载荷。大型船舶各层甲板许用负荷量常分舱、分部位按集中载荷和均布载荷给出。舱底板许用负荷量以舱为单位给出，而二层甲板和上甲板许用负荷量则以舱为单位按不同部位给出，查取时应按不同的载荷种类并根据实际装载位置读出相应数字。

（2）经验公式

若船上无上述资料，可以参考以下经验公式估算各层甲板的许用负荷量。

① 上甲板。对设计时不考虑在露天甲板装货的船舶，不允许在上甲板装货。对于装载货物的上甲板，其均布许用负荷量 P_d 可按下式估算：

$$P_d = \frac{9.81 H_C}{SF_D}(\text{kPa}) \qquad (9-7)$$

式中，H_C——上甲板货物的设计堆高，重结构船取 1.5 m，轻结构船取 1.2 m；

SF_D——船舶设计时采用的货物积载因数，等于该船的设计舱容系数 $\mu(\text{m}^3/\text{t})$。

② 中间甲板和舱底。中间甲板和舱底的单位面积许用负荷 P_d 可根据二层舱或底舱的高度 H_d 与船舶设计舱容系数 μ 确定：

$$P_d = 9.81\gamma_C \cdot H_d = \frac{9.81 H_d}{SF_D}(\text{kPa}) \qquad (9-8)$$

式中，H_d——二层舱或底舱高度（m）。

当船上没有设计舱容系数 μ 资料时，可取 $\mu=0.72\ \text{m}^3/\text{t}$，满足建造规范规定的重货加强要求的底舱，可取 $\mu=1.2\ \text{m}^3/\text{t}$。

3. 实际负荷量的计算

货物装载后实际负荷量大小应根据载荷的不同类型予以计算。

（1）集中载荷

货件的底脚、轮、支柱等部位对甲板的压力可作为集中载荷对待。如果货件的重量分布均匀且支撑点对称，则各支撑点处的压力为货件总重与支撑点数目的比值。

同一货件下各支撑点处的压力有时不相同，是由货件重量非均匀分布或支撑点不对称等原因引起的，此时应分别估算。在估算集中载荷条件下实际甲板负荷时，应根据货件装载计划及支撑点尺寸首先确定货件底部支撑面积所横跨的骨材数目 n，则每个骨材上的实际负荷为

$$P' = \frac{9.81 W}{n}(\text{kN}) \qquad (9-9)$$

式中，W——当重量均匀分布时为货件总重(t)，当重量非均匀分布时为某支承点所分担的货件重量(t)。

比较实际负荷 P' 和许用负荷 P，$P' \leqslant P$ 表示船舶局部强度满足集中载荷条件下的要求。

（2）均布载荷

各类固体散货、液体散货或普通杂货的货堆下的压力可作为均布载荷对待。均布载荷条件下的甲板实际负荷量 P'_d 可按下式计算（图 9-5）：

$$P'_d = \frac{9.81 \sum P_i}{A} \text{(kPa)}$$

或

$$P'_d = 9.81 \sum \frac{H_i}{SF_i} \text{(kPa)} \tag{9-10}$$

式中，P_i—— 各层货物的重量（t）；

    A—— 货堆底面积（m²）；

    H_i—— 各货层堆高（m），可根据货舱高度、货物体积占舱容的比例求出；

    SF_i—— 各层货物的积载因数（m³/t）。

对于装载固体散货的货舱，若装载后未予平舱，会出现如图 9-6 所示的货面起伏不平的状态，此时，应取较高货位的高度并按式（9-10）计算实际负荷量。

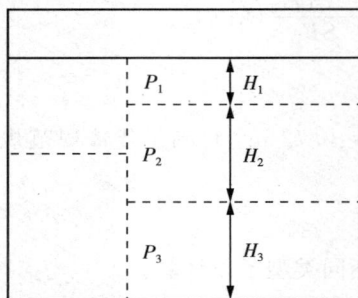

图 9-5　均布载荷求算

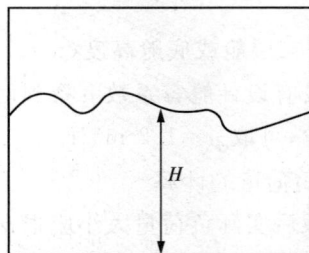

图 9-6　未平舱时的负荷求算

比较实际负荷量 P'_d 和许用负荷量 P_d，$P'_d \leqslant P_d$ 表示船舶局部强度满足均布载荷条件下的要求。

值得注意的是，在某些装载情况下，若所装载部位同时具有均布载荷和集中载荷的局部强度要求，则在校核时，均布载荷和集中载荷的局部强度条件都应满足。

（3）集装箱载荷

根据积载计划，计算确定堆装在该底座上各层集装箱重量之和，即可得到在集装箱载荷条件下的实际负荷量 P'_c，即

$$P'_c = \sum P_i \tag{9-11}$$

式中，P_i—— 同列箱位上各箱重量（t）。

比较实际负荷量 P'_c 和许用负荷量 P_c，$P'_c \leqslant P_c$ 表示船舶局部强度满足均布载荷条件

下的要求。

【例题9-4】 某船 No.3 二层舱舱高 3.5 m,舱容 1500 m³,均布载荷时的许用负荷量 P_d=24.96 kPa,所装货物如图 9-7 所示,装货后货物表面呈水平状。试校核二层甲板的局部强度,若不满足,应怎样调整,调整后的局部强度如何?

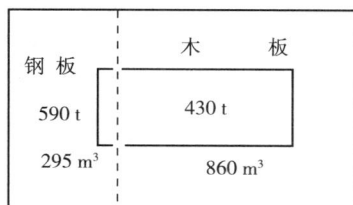

图 9-7 No.3 二层舱配载

解:

(1)求钢板和木板的货高 H。

$$H = 3.5 \times \frac{295+860}{1500} \approx 2.70 (\text{m})$$

(2)求钢板一侧甲板实际负荷量。

$$P_d' = \frac{2.70}{295/590} \times 9.81 \approx 52.97 (\text{kPa})$$

(3)判断是否满足局部强度条件。

P_d'=52.97 kPa$>P_d$=24.96 kPa,不满足强度条件。

(4)调整装载计划。

拟将钢板和木板上下分层堆装且钢板在下、木板在上平铺整个货舱。

(5)校核装载计划调整后的局部强度。

No.3 二层舱甲板面积:

$$A' = \frac{1500}{3.5} \approx 428.57 (\text{m}^2)$$

调整后甲板实际负荷量

$$P_d' = \frac{590+430}{428.57} \times 9.81 = 23.35 (\text{kPa})$$

$P_d'<P_d$,调整后满足局部强度要求。

二、保证船舶局部强度满足要求的措施

在实际工作中,应从下述几方面保证船舶局部强度:

1. 适当减小旧船的许用负荷量

在校核船舶局部强度时,对于船龄较大的船舶,船体强力构件会因锈蚀而强度降低,因此,对船舶资料中所列出的许用负荷量应适当减小,其减小量应根据船舶强力构件锈蚀的程度来确定。

2. 舱内货重分布尽量均匀

货物装载时,在满足卸货港序及货物相容性要求的前提下,货物在舱内应尽量均匀分布。重货应尽可能不扎位装载,不过分集中装于某一舱位。

3. 重大件货合理配装和衬垫

重大件货应配装在局部强度较大处。若配装在二层舱或上甲板,应尽量安排在甲板下有支柱的位置,必要时可在其下加设撑柱。重大件货受力点应尽可能落在横梁、舱壁、纵骨等强力构件处。必要时货件下应进行衬垫,以增大底部承载面积,降低实际负荷量及甲板或舱底下骨材所分担的重量。衬垫时应横跨相应骨材,使其重量分散到多个骨材上。

4. 上甲板舱盖上不装重货

除集装箱船外,一般干货船的上甲板舱盖上不允许装重货,如需要时只能装载少量轻货,以防舱盖受力过大而变形漏水。

5. 干散货装舱时应注意平舱

干散货在装载时,舱内货物表面有时会出现高低不平的现象及货物向舱口下方区域集中堆装的趋势,这势必会造成舱底负荷不均衡。对于积载因数较小的矿石类重货,货高的较大差异将极有可能使作用于舱底的实际负荷超出允许负荷,从而导致局部结构损坏。

为避免上述不利于船体强度的现象出现,除限制货舱内货物装载量外,装货时,尽可能使货物散落至货舱应达舱位,装货结束时还应采取平舱措施。

6. 重货装载时应限制其落底速度

无论是重件货还是 SF 较小的固体散货,若落底速度较大,则舱底或甲板除重力作用外,还受到一定冲击力,这对船体强度极为不利,因此,在装载时应限制其落底速度。

【例题 9-5】 Q 轮许用负荷如表 9-6 所列。某航次在 No.3 舱上甲板舱口外装载一挖土机,重量为 35 t,每条履带与甲板的接触长度为 4.0 m,宽为 0.6 m,试校核局部强度并确定衬垫方法。

解:

(1)计算甲板实际负荷量 P_d'。

$$P_d' = \frac{9.81W}{A} = \frac{9.81 \times 35}{4 \times 0.6 \times 2} \approx 71.53 (\text{kPa})$$

(2)查取甲板许用负荷量 P_d 和 P。

由表 9-6 查得 No.3 舱上甲板舱口外 $P_d = 22.96$ kPa,$P = 104.97$ kN。

(3)比较 P_d' 和 P_d,显然 $P_d' > P_d$,故需衬垫垫木。

(4)确定衬垫垫木面积 A'。

$$A' = \frac{9.81W}{P_d} = \frac{9.81 \times 35}{22.96} \approx 14.95 (\text{m}^2)$$

(5)确定衬垫方法。

挖土机重量 $W = 9.81 \times 35 = 343.35 (\text{kN})$,装载部位集中装载时的许用负荷量 $P = 104.97$ kN,两者的比值为 $\frac{W}{P} = \frac{343.35}{104.97} \approx 3.27$,所以下层垫木应沿横向跨甲板下纵骨的方向设置,其跨度为 4 倍纵骨间距。

第十章　包装危险货物运输

包装危险货物运输

本章介绍危险货物的分类、特性、包装、标志以及危险货物积载和隔离,《国际海运危险货物规则》的使用,危险货物运输单证,危险货物运输要求。

危险货物(dangerous goods or dangerous cargo)系指具有爆炸、易燃、毒害、腐蚀、放射性等特性,在运输、装卸和储存过程中,容易造成人身伤亡、财产毁损和/或环境污染,需要特别防护的货物。海上危险货物运输具有运量大、品种多、涉及部门广、运价高而风险大等特点。据统计:目前国际危险货物海运量约占各种货物海运总量的 50%,其中包装危险货物占总量的 10%~15%。常运的危险货物品种已超过 3000 种,具有明显或潜在危险性的化工新品种,每年在大量涌现,这对确保其运输安全提出了更高的要求。

危险货物运输的安全事关重大。世界许多国家都以立法形式制定了本国的危险货物运输规则。为方便并促进危险货物的国际运输,国际海事组织(IMO)制定出版了国际统一的危险货物海运规则——《国际海运危险货物规则》(*International Maritime Dangerous Goods Code*,缩写为 IMDG Code,以下简称《国际危规》)。我国政府已于 1982 年宣布承认该规则,作为《1974 年国际海上人命安全公约》(即《SOLAS 1974》)第 7 章修正案的内容,自 2004 年 1 月 1 日起,规则的绝大部分在国际危险货物海运中已具有强制性。

包装危险货物系指,除通常所指的带包装的各类危险货外,还包括载于集装箱、可移动罐柜、公路或铁路车辆等运输单元内的无包装的固体或液体的危险货物。如无特别指明,本章介绍的危险货物均指包装危险货物。

第一节　危险货物运输规则

一、《国际危规》简介

包装危险货物的分类

《国际危规》是依据《1974 年国际海上人命安全公约》(即《SOLAS 1974》)、《危险货物运输建议书》(简称联合国"橙皮书")和《1973/1978 国际防止船舶造成污染公约》(即《MARPOL 73/78》)制定的。它适用于任何总吨位船舶的包装危险货物国际航线运输,不适用于散装固体和散装液体危险货物及船用物料和设备的运输。

《国际危规》每两年修订一次,目前有效的版本是 Amdt. 39－18 修正案的英文版及中文译本。2018 年版《国际危规》第 39 套修正案,于 2019 年 1 月 1 日生效,但缔约国可以自 2019 年 1 月 1 日起在自愿基础上实施该修正案全部或部分内容,于 2020 年 1 月 1 日起强制实施。

1. 规则的主要内容

《国际危规》由三册组成,规则的主要内容如下,第 1 册包括六个部分:总则、定义和培训;分类;包装和罐柜规定;托运程序;各类包装的构造和试验;运输作业的有关规定等内容。第 2 册包括危险货物中英文名称索引;危险货物一览表、特殊规定和限量免除等内容。第 3 册是补充本,主要包括《船舶载运危险货物应急措施》(EmS)、《危险货物事故医疗急救指南》(MFAG)、报告程序、货物运输组件装载指南等内容。

危规将危险货物按其主要特性和运输要求分为九个大类,每一大类又细分为若干小类。危险货物一览表在危规中占了很大篇幅,该表是按危险货物的联合国编号(UN No.)顺序编排的。联合国编号是指由联合国危险货物专家委员会制定的《危险货物运输建议书》中对每一种危险货物用 4 位阿拉伯数字表示的编号,该编号不连续,但在各种运输方式中被公认。危险货物一览表中的条目分为四种情况:

(1)物质或物品的单一条目。

例如,UN 1090 丙酮、UN 1194 亚硝酸乙酯溶液。

(2)物质或物品的通用条目。

例如,UN 1133 胶合剂、UN 1266 香水产品。

(3)未列明的特定条目,包括具有特定化学或技术属性的物质或物品。

例如,UN 1477 硝酸盐,无机的,未列明的;UN 1987 醇类,未列明的。

(4)未列明的通用条目,包括符合一类或多类标准的物质或物品。

例如,UN 1325 易燃固体,有机的,未列明的;UN 1993 易燃液体,未列明的。

联合国编号虽然只有 3000 多个,但危规实际上将所有的危险货物(包括尚未开发的新产品)都已包括在内了,该危规采用概括描述和品种罗列并举的方法,来鉴别危险货物与非危险货物。船方在承运具有危险特性但危险货物一览表中未列明(Not Otherwise Specified 缩写为 N. O. S.)的货物时,必须要求托运人提供《危险货物技术说明书》,以确定该货物分属哪一类"未列明(N. O. S.)"条目,以便于采取相应的防护措施。

2.《国际危规》的使用方法

《国际危规》的使用方法:首先熟悉第 1 册中的总则、定义和培训分类、包装和罐柜规定、托运程序、各类包装的构造和试验以及运输作业的有关规定。然后由在第 2 册的索引查取危险货物的 UN No.,并按 UN No. 进一步查阅"危险货物一览表、特殊规定和限量免除"中的内容,在该行中列有许多代码或编号,由代码或编号再查看有关的章节或附录,就可以获得详细的说明。危规具体的查阅方法可以分为以下两个步骤:

(1)按危险货物的正确运输名称(proper shipping name,PSN)查其 UN No.

在英版 IMDG Code 中,以危险货物的正确运输名称 PSN(按英文字母顺序)查第 2 册"危险货物英文名称索引",就可以获得其分类和 UN No.。在《国际危规》中文译本中,以危险货物的正确运输名称(按汉语拼音字母顺序)查第 2 册"危险货物中文名称索引"就可以获得其分类和 UN No. 等。若以阿拉伯数字、希腊字母等作词头的,则查索引时,这类词头被忽略。例如,Calcium Carbide(碳化钙),英版按字母 c、a、l、c···顺序查取(表 10-1);中版按汉语拼音 t、a···顺序查取(表 10-2)。

表 10-1

Substance,material or article	MP	Class	UN No.
......			
Calcium Bisulphite,Solution,see	·	8	2693
CALCIUM CARBIDE	—	4.3	1402
......			

表 10-1 中,MP 列标有"P"则表示海洋污染物,标有"PP"则表示严重海洋污染物,标有"●"则表示海洋污染物仅适用本栏目或索引中标有 P 物质含量在 10% 或以上的物质或标有 PP 物质含量在 1% 或以上的物质。

表 10-2　危险货物中文名称索引(T:铊、钛、碳、羰、特、梯)

	物质、材料或物品	联合国编号
......		
T	钛粉,干的	2546
	......	
......	碳化钙	1402

(2)按货物的 UN No. 查"危险货物一览表、特殊规定和限量免除"

在《国际危规》第 2 册的第 3 部分中列有"危险货物一览表、特殊规定和限量免除"。该表按危险货物联合国编号顺序列出 3000 多个危险货物条目。例如,"碳化钙"按联合国编号 1402 可以查到如表 10-3 所示内容。

表 10-3　第 3 部分　危险货物一览表和限量内免除

UN No.	正确运输名称(PSN)	类别	副危险	包装类	特殊规定	限量	包装		中型散装容器	
							导则	规定	导则	规定
1402	碳化钙	4.3	—	Ⅱ	—	无	P403	PP31	IBC04	B1

罐柜导则			EmS	积载与隔离	特性与注意事项
IMO	UN	规定			
—	—	—	4.3-0.03	积载类 B	固体。与水接触迅速放出高度易燃气体乙炔。乙炔可与一些重金属盐组成高度爆炸性化合物。与酸类接触发生剧烈反应。

3. 危险货物事故应急措施指南

(1)船舶载运危险货物应急反应措施表及使用方法

船舶载运危险货物应急反应措施指南的目的是为涉及船上装运《国际危规》所列货物的火灾和溢漏事故应急提供指导。

在火灾和溢漏事故发生前应阅读并熟悉《国际危规》补充本"EmS 指南"中的应急措施简介,以获取九大类危险货物发生火灾和溢漏事故时的共性处置要点和其中每一类危险货物的共性处置要点。当发生火灾和溢漏事故时应首先要求参阅"EmS 指南"的总体建议部分。

"EmS 指南"中提出的消防总体建议是:启动消防程序。除非穿戴适宜的防护服和自给式呼吸器,否则应避免接触危险货物且远离烟雾和有毒气体。可能时使驾驶台和居住区保持在上风处,确认火灾部位、火灾货物和附近货物,与船公司和岸上救助协调中心保持联系,以获取相关的专家意见。

"EmS 指南"中提出溢漏总体建议除与上述消防总体建议相同的部分外,还包括启动溢漏程序。除非配戴全套防化服和自给式呼吸器外,不得进入溢漏液体或尘埃(固体)区域。

要获取具体危险货物发生火灾和溢漏事故时的个性详细资料,可依据航次所承运货物的 UN No.,查阅第二册危险货物一览表或补充本中"EmS 指南-索引",以获取与所运货物 UN No.,对应的火灾应急措施表号(共 10 个,用 F - A～F - J)和溢漏应急措施表号(共 26 个,用 S - A～S - Z)。例如,根据碳化钙(UN No.1402)可查得其表号分别是:F - G、S - N,并由此从危规补充本"EmS 指南"中按字母顺序可查。

(2)危险货物事故医疗急救指南(MFAG)

《国际危规》补充本中的"MFAG 指南"是对化学品中毒的初步治疗和利用海上有限的有效设备进行诊断提供必要的建议。"MFAG 指南"提供的紧急抢救分三步法:第一步中提供了紧急抢救和诊断的流程图,先根据伤员的危急症状由第二步中提及的"表"对伤员实施紧急抢救,随后针对所涉及的特定危险货物对伤员进行诊断,以确定治疗方案;第二步给出了第一步抢救和诊断的流程图中特殊情况简要指导的 20 个表;第三步提供了第一步诊断流程图中涉及的 15 个附录,以提供详细资料、药品清单和表中提到的化学品清单。

目前,《国际危规》每两年出版一个补篇(如 Amd.39 - 18 修正案,偶数年出版),危规补篇在奇数年(即通过后第一年)自愿实施,在偶数年(即通过后第二年)起强制实施。由于各缔约国可能选择不同的实施方式,所以在奇数年不同的国家可能根据危规补篇对同一货物采取不同的管理方式。因此,在奇数年要特别注意危规补篇的新规定,并掌握相关港口国家危规补篇的情况,使货物的运输条件满足港口国主管机关的要求,从而保障危险货物的正常运输。

二、《船舶载运危险货物安全监督管理规定》简介

《船舶载运危险货物安全监督管理规定》是为了加强船舶载运危险货物监督管理,保障水上人命、财产安全,防治船舶污染环境,依据《中华人民共和国海上交通安全法》《中华人民共和国港口法》《中华人民共和国内河交通安全管理条例》和《中华人民共和国危险化学品安全管理条例》等法律、行政法规而制定的。船舶在中华人民共和国管辖水域载运危险货物的活动,均适用本规定。

《船舶载运危险货物安全监督管理规定》共八章52条,内容包括:总则;船舶和人员管理;包装和集装箱管理;申报和报告管理;作业安全管理;监督管理;法律责任;附则。该规定所称的危险货物包括《国际危规》中的包装危险货物、固体散货中的B类或者A/B类货物、散装油类、散装液体化学品、散装液化气体及其他危险货物。

载运危险货物的船舶,其船体、构造、设备、性能和布置等方面应当符合国家船舶检验的法规、技术规范的规定;载运危险货物的国际航行船舶还应当符合有关国际公约的规定,具备相应的适航、适装条件。船舶载运危险货物应当符合有关危险货物积载、隔离和运输的安全技术规范,并符合相应的适装证书或者证明文件的要求。船舶不得受载、承运不符合包装、积载和隔离安全技术规范的危险货物。

第二节　危险货物的分类及特性

危险货物具有品种繁多,性质各异,新品不断涌现,危险程度大小不一,多数兼有多种危险性质的特点。为方便安全运输和管理,有必要对危险货物进行科学分类。《国际危规》根据货物的理化性质及对人身的伤害情况将危险货物分成九个大类。因为这种分类并不相互排斥,所以对具有多种危险性质的货物,只能以其占主导的危险性确定其归类,但运输中必须兼顾这类货物的其他危险性质。

一、第1类　爆炸品(explosives)

爆炸品是指在外界作用(如受热、撞击等)下,能发生剧烈的化学反应,瞬时产生大量的气体和热量,使周围压力急剧上升,引发爆炸的物质和物品,也包括仅产生热、光、声响或烟雾等一种或几种作用的烟火物品。

按危险程度爆炸品可细分为六个小类:

第1.1类——具有整体爆炸(一经引发,瞬间几乎影响到全部货载的爆炸)危险的物质或物品,如起爆药、爆破雷管、黑火药、导弹等。

第1.2类——具有抛射危险,但无整体爆炸危险的物质或物品,如炮弹、枪弹、火箭发动机等;

第1.3类——具有燃烧危险和较小爆炸或较小抛射危险两者之一或兼有两者,但无整体爆炸危险的物质或物品,如导火索、燃烧弹药等。

第 1.4 类——无重大危险的物质或物品。此类货物万一被点燃或引爆,其危险仅限于包装件内部,而包装件外部无重大危险,如演习手榴弹、安全导火索、礼花弹、烟火、爆竹等。

第 1.5 类——具有整体爆炸危险但极不敏感的物质或物品。此类货物性质比较稳定,在着火试验中不会爆炸。但当船上大量运载时,则其由燃烧转变为爆炸的可能性大为增加,如 E 型或 B 型引爆器、铵油、铵沥蜡炸药等。

第 1.6 类——不具有整体爆炸危险的极不敏感的物品,指仅含有极不敏感的爆炸物质,可能性极小被意外点燃或传播的单项物品。

根据其危险程度由大到小,依次为 1.1、1.5、1.2、1.3、1.6 和 1.4。

这类物质或物品的共同特性是具有化学爆炸性。它们的化学性质非常活泼,对机械力、电、热、磁场很敏感。受到摩擦、撞击、震动或遇明火、高热、静电感应或与氧化剂、还原剂如硫、磷、金属粉末等接触都有发生燃烧、爆炸的危险。此外,这类物品中多数不但本身具有毒性,而且在爆炸形成的气浪中含有毒性(如一氧化碳)和窒息性(如二氧化碳、氮气)气体。对这类物品中敏感度及爆炸能力过强的物品,若未经处理,则禁止运输。

二、第 2 类　气体:压缩、液化和加压溶解气体(gas: compressed, liquefied and dissolved under pressure)

该类气体是指在 50 ℃时蒸气压力大于 300 kPa 或在 20 ℃和 101.3 kPa 的标准压力下完全呈气态,经压缩或降温加压后,贮存于耐压容器或特制的高绝热耐压容器或装有特殊溶剂的耐压容器中的物质。

这类气体按化学性质可细分为三个小类:

第 2.1 类——易燃气体。此类气体泄漏时,遇明火、高温或光照,会发生燃烧或爆炸,如氢气、甲烷、乙炔及含易燃气体的打火机等。

第 2.2 类——非易燃、无毒气体。此类气体泄漏时,遇明火不会燃烧,没有腐蚀性,吸入人体内无毒、无刺激,但多数在高浓度时有窒息作用。这类气体还包括比固态和液态的氧化剂具有更强氧化作用的助燃气体。这类气体运输中还必须遵守第 5 类——氧化剂的各项要求和规定,如氧气、压缩空气、氮气、二氧化碳等。

第 2.3 类——有毒气体。此类气体泄漏时,对人畜有强烈的毒害、窒息、灼伤和刺激作用。其中有些还有易燃和助燃作用,如氯气、氨、硫化氢等。

气体和气体混合物的危险性超过一种时,按照以下顺序排列先后:第 2.3 类优先于其他所有分类;第 2.1 类优先于第 2.2 类。

三、第 3 类　易燃液体(inflammable liquids)

易燃液体是指闭杯试验闪点低于 60 ℃(包括 60 ℃)时放出易燃蒸气的液体、混合液体、含有溶解固体或悬浮溶液(如油漆、清漆等),还包括在液态时需加温运输,且在温度等于或低于最高运输温度时会放出易燃蒸气的物质,但不包括不能维持燃烧、闪点在 35 ℃以上的液体,也不包括由于其危险性已列入其他类的液体。

闪点(flash point,缩写:Fp)是指在给定的条件下,可燃气体或易燃液体的蒸气与空气的混合物接触火焰时产生瞬间闪火的最低温度。液体的闪点越低,其易燃性及危险性越大。可燃液体当其温度高于闪点时,接触火源有被点燃的危险。闪点依据其测试仪器是在密闭容器还是在开敞容器中加热液体而分为闭杯试验闪点(closed cup,以 c.c. 表示)和开杯试验闪点(open cup,以 o.c. 表示)。一般同一物质的闭杯试验闪点要低于开杯试验闪点3℃~6℃。可燃液体的闪点,因为其物理重现性较差,所以其测试的结果应当指明测试仪器的名称及试验条件。

燃点(inflammable point)是指在给定的条件下,可燃气体或易燃液体的蒸气与空气的混合物接触火焰时能产生持续燃烧时的最低温度。对可燃液体,在相同条件下,其燃点常比闪点高出5℃左右。

易燃液体按其易燃性可分为三个等级包装类:

包装类Ⅰ——初沸点≤35 ℃。如二硫化碳、乙醚等。

包装类Ⅱ——初沸点>35 ℃,且闭杯闪点 Fp<23 ℃c.c.。如汽油、乙醇等。

包装类Ⅲ——初沸点>35 ℃且 23 ℃c.c.<Fp≤60 ℃c.c.,包括高温运输液体和加温运输液体。如松节油、酒精饮料等。

除易燃外,这类液体都具有爆炸性,许多物品还具有麻醉性、毒害性等。

液体的易爆程度可用爆炸极限(explosion limit)来衡量。它是指可燃气体、粉尘或易燃液体的蒸汽与空气的混合物,能被点燃而引起燃烧爆炸的浓度范围,通常以可燃气体、粉尘或易燃液体的蒸气在混合物中所占体积的百分比来表示。浓度范围的最低值称作爆炸下限,最高值称作爆炸上限。爆炸下限越小、爆炸极限浓度范围越大的液体,其易爆性也越强,如汽油的爆炸极限为 1.2%~7.2%,乙醇为 3.3%~18%。

易燃液体的密度和水溶性,对发生火灾时能否用水扑救至关重要。若液体溶于水,则不论其密度大小,都可用水扑救。若液体不溶于水且密度大于 1 g/cm³,则也能用水扑救。若液体不溶于水且密度小于 1 g/cm³,则禁止用水扑救,因浮于水面的燃烧液体会随水的流动而使火灾蔓延。

四、第 4 类　易燃固体、易自燃物质和遇水放出易燃气体的物质(inflammable solids,spontaneously combustible substance and substances emitting inflammable gases when wet)

除上述第 1 类、第 2.1 类和第 3 类外,其余多数易燃物质都归入这一类。这类物品可细分为三个小类:

第 4.1 类——由易燃固体、自反应物质和固体退敏爆炸品组成。易燃固体是指易于燃烧和受摩擦可能引起燃烧的固体。此类物质是指燃点低,对热、撞击、摩擦较为敏感,易被外部火源点燃,燃烧迅速,并可能散发有毒烟雾或有毒气体的固体,如赤磷、硫黄、萘、赛璐珞(如乒乓球)、浸湿的爆炸品等,但不包括已列入爆炸品的物质。自反应物质是指即使没有氧(空气)参与也易产生强烈的放热分解的热不稳定物质。固体退敏爆炸品是指被水、醇类或其他物质稀释后,形成均一的固体混合物来抑制其爆炸性质的爆炸性物质,如苦味酸铵,湿的,含水量不少于10%等。此类中有些物质,在危险货物一览表中,有控制温度(能安全运输的最高温度)和危急温度(必须采取如抛弃等应急措施的温度)的要求。运输时必须确保这类货物在其控制温度以下。

第4.2类——易自燃物质。此类物质是指自燃点低,在运输时的正常条件下,易自行发热或与空气接触升温而易燃烧的液体或固体。其主要危险是:能自行发热,若积热不散,则当热量积聚到其自燃点时不需外界引火即能自行燃烧。有些物质甚至在无氧条件下也能自燃,如黄磷、鱼粉(未经抗氧剂处理)、铁屑、油浸棉麻纸制品等。

自燃点(spontaneous combustion point)是指在常温常压下,某一物质不需外界点燃,即能自行释放出使其气体或蒸气燃烧所需的最低能量时的温度。

第4.3类——遇水放出易燃气体的物质。此类物质是指通过与水反应,易自行燃烧或放出大量的易燃气体的液体或固体物质,如碳化钙(电石)、磷化氢、钠、钾等。

属于这类物质的绝大多数是固体,只有4.2类和4.3类中有少量的液体货物。

除具有易燃的共性外,这类中许多物品还具有腐蚀性、毒害性和爆炸性等。

五、第5类 氧化剂和有机过氧化物(oxidizing substances and organic peroxides)

这类物品可细分为两个小类:

第5.1类——氧化物质(剂)。氧化物质(剂)系指虽然其本身未必可燃,但通常因释放出氧气能引起或促使其他物质燃烧的物质,如硝酸钠、高锰酸钾、过氧化氢、次氯酸钙(漂白粉)等。

第5.2类——有机过氧化物。有机过氧化物系指其分子组成中含有过氧基的有机物,本身易燃易爆,极易分解,对热、震动或摩擦极为敏感的物质。这类物质比5.1类具有更大的危险性。其中许多物质在明细表中有控制温度和危急温度的要求,如过氧化二丙酰基(控制温度15 ℃,危急温度20 ℃)等。

这类中的多数物质还具有毒性和腐蚀性。

六、第6类 有毒物质和感染性物质(toxic and infectious substances)

这类物品可细分为两个小类:

第6.1类——有毒物质。有毒物质系指凡吞咽、吸入或与皮肤接触易于伤害或严重伤害人体健康甚至造成死亡的物质。归入这一小类的均为常温、常压下呈液态或固态的物质。有些还具有易燃、腐蚀等特性,如氰化钠、苯胺、四乙基铅(四乙铅)、砷及其化合物等。

这类物质的毒性主要用半数致死量LD_{50}(half-lethal dose,分口服和皮试)或半数致死浓度LC_{50}(half-lethal concentration)来度量。前者是指能使一群试验动物口服毒物(或裸露的皮肤接触毒物24 h)后,在14 d内死亡几乎一半时,平均每千克动物体重所用毒物的剂量(mg/kg)。后者是指能使一群试验动物连续吸入毒物尘雾 1 h 后,在 14 d 内死亡几乎一半时,所吸入的毒物尘雾在空气中的浓度(mg/L)。显然,毒物的 LD_{50} 或 LC_{50} 越小,其毒性越大。由有毒物质 LD_{50} 或 LC_{50} 确定的包装类见表 10-4。

表 10-4   由有毒物质 LD_{50} 或 LC_{50} 确定的包装类

包装类别	口服毒性 LD_{50}(毫克/千克)	皮肤接触毒性 LD_{50}(毫克/千克)	吸入粉尘和烟雾毒性 LC_{50}(毫克/千克)
I	≤5.0	≤50	≤0.2
II	>5.0 和<50	>50 和≤200	>0.2 和≤2.0
III*	>50 和≤300	>200 和≤1000	>2.0 和≤4.0

* 催泪气体尽管其毒性数据与包装类Ⅲ的数值相对应,仍应当被分类为包装类Ⅱ。

本类物质不少还具有易燃、腐蚀等特性。

第 6.2 类——感染性物质。感染性物质系指含有致病的微生物或其毒素,能引起人畜病态,甚至死亡的物质,但不包括以基因改变的微生物和生物体(《国际危规》中被归类于第九类)。其主要包括含有感染性物质的生物制剂、医学标本,如排泄物、分泌物、血液、细胞组织和体液等。

运输这类物质时人畜中毒的主要途径是,毒物经呼吸道或皮肤侵入体内,而经消化道侵入的较少。因此,应当采取正确的防护措施,杜绝这些可能的中毒途径,以确保运输安全。

有毒物质的危险性:

几乎所有有毒物质遇火时或者受热分解时都会散发出有毒的气体。除毒性外,大部分有毒物质具有污染性,某些有毒物质还具有易燃、腐蚀等危险性。另外,有毒物质所固有的毒性危险根据其与人体的接触状况而定。

七、第 7 类   放射性物质(radioactive substances)

放射性物质系指能自原子核内部自行放出人感觉器官不能察觉的射线的物质。

1. 有关术语

放射性活度(radioactivity strength)又称作放射性强度,指每秒内某放射性物质发生核衰变的数目或射出的相应粒子的数目。它是量度放射性物质放射性强弱程度的一个物理量,单位是 Bq(贝可)。

放射性比活度(specific activity)又称作放射性比度,指单位质量(或体积)的放射性物质的放射性活度,单位是 Bq/g(贝可/克)。

剂量当量(dose equivalent)表示生物体受射线照射,每千克体重所吸收的相当能量,单位是 Sv(希)。用以衡量生物体受射线危害的程度。国际公认的人体每年最大允许剂量当量为 0.005 Sv/y。

辐射水平(radiation level)是指单位时间所受的剂量当量,单位是 Sv/h(希/小时)。

2. 射线的种类、性质及其危害性

射线分为 α 射线、β 射线、γ 射线和中子流。在各种放射性物质中,有些只能放出一种射线,有些能同时放出几种射线,如镭的同位素,在其核衰变中,就能同时放出前三种射线。这类物质的危险在于辐射污染,对人体的危害有外照(辐)射和内照(辐)射两种。外照射是指放射性物质的射线,对人体组织细胞杀伤或破坏的一种辐射危害。内照射是指放射性物质进入人体,造成体内射线源及其周围的人体器官直接损伤或破坏的一种辐射危害。不同放射射线的辐射危害存在着明显的差别。

(1)α 射线(αrays)

α 射线是带正电的粒子流,具有很强的电离作用,但穿透能力很弱,射程(粒子在物质中的穿行距离)很短,在空气中约为 0.027 m,仅用一层衣服、纸张等即能被完全屏蔽。一旦进入人体,α 射线源及周围的人体器官因电离作用会受到严重损伤。因此,本类射线的内照射危害大,但不存在外照射危害。

(2)β 射线(βrays)

β 射线是带负电的粒子流,电离作用比 α 射线弱(约为其千分之一),但其穿透能力比 α 射线强,在空气中射程为几米。因此,这类射线对人体外照射危害较 α 射线大。但射线很容易被有机玻璃、塑料、薄铝片等屏蔽。

(3)γ 射线(γrays)

γ 射线是一种波长很短的电磁波,即光子流。其不带电,以光速运动,能量大,穿透能力很强,约为 α 射线的 1 万倍,为 β 射线的 50～100 倍,不易被其他物质吸收。要完全阻挡或吸收 γ 射线是非常困难的。因此,这类射线对人体的主要危害是外照射。

(4)中子流(neutron current)

中子流不带电,穿透能力很强。一般认为,中子流对人体损伤的有效性是 γ 射线的 2.5～10 倍。因此,这类射线对人体的危害比 γ 射线要大。屏蔽需要使用比重小的物质(如水、石蜡、水泥等)。

对放射性物质外辐射的防护是屏蔽、控制接近的时间和距离。运输中要确保其包装完整无损,近距离作业人员必须穿戴防护用品,如铅手套、铅围裙、防护眼镜等。有关人员应尽量减少受强照射伤害的时间并增大与辐射源的距离(如选配货位远离生活居住处所),这是因为放射线的强度与放射源的距离平方成反比。内辐射的防护是防止放射源由消化道、呼吸道和皮肤三个途径进入体内。

3. 运输指数(transport index,缩写为 TI)

运输指数是指距放射性货物包件和其他运输单元外表面,或表面放射性污染物和无包装的低比活度放射性货物表面 1 m 处测得的辐射水平的最大值(Sv/h,即希/小时)。对大尺度货物如罐柜、货物集装箱等,其 TI 值还应乘以在危规中提供的与货物横截面尺寸有关的放大系数。危规规定:对于各类普通海船,在常规运输条件下,全船所载这类货物的 TI 总和不得超过 200,单个包装件、其他运输单元或海船一个货舱内的 TI 总和通常不得超过 50。

八、第 8 类 腐蚀品（corrosive substances）

腐蚀品是指化学性质非常活泼，与人畜或其他物品接触，在短时间内能造成明显破坏现象的固体或液体物质和物品，大多由酸性、碱性和对皮肤、眼睛、黏膜等会造成严重灼伤的物质或物品组成，如硝酸、硫酸、冰醋酸、氢氧化钠等。

腐蚀品按危险程度由下列标准确定其包装类：

包装类Ⅰ：在 3 min 或少于 3 min 的暴露期开始直到 60 min 的观察期内，能使完好的皮肤组织出现坏死现象的物质。该物质具有严重危险性。

包装类Ⅱ：在 3 min 或 3 min 以上 60 min 以内的暴露期开始直到 14 天的观察期内，能使完好的皮肤组织出现坏死现象的物质。该物质具有中等危险性。

包装类Ⅲ：在 60 min 以上 4 h 以内的暴露期开始直到 14 天的观察期内，能使完好的皮肤组织出现坏死现象的物质，或者不会引起完好动物皮肤出现可见坏死现象，但在试验温度为 55 ℃时对钢或铝的表面年腐蚀率超过 6.25 mm。该物质具有一般的危险性。

不同的腐蚀品，腐蚀物的含量不同，被腐蚀材料不同，其腐蚀作用会有明显的差别，如双氧水，当浓度为 3%时，则可用作伤口的消毒剂，而当浓度超过 20%时，则对人体有强烈的腐蚀作用。又如浓硝酸对铝，浓硫酸对铁都无腐蚀作用；若两者交换，则铝和铁都会被严重腐蚀。因此，针对不同腐蚀品的特性，采取截然不同的防护措施非常重要。

这类物质和物品中不少还具有易燃、氧化、毒害等一种或多种危险性质。

九、第 9 类 杂类危险物质或物品（miscellaneous dangerous substances and articles）

杂类危险物质或物品是指在运输中呈现的危险性质不包括在上述八类危险品中的物质和物品，如干冰（固体二氧化碳）、蓖麻籽、白石棉等。

《国际危规》中列入此类危险货物的还包括温度等于或超过 100 ℃时交付运输的液态物质和温度等于或超过 240 ℃时交付运输的固态物质，以及物质本身是/或含有一定量已列入《MARPOL 1973/1978》附则Ⅲ的海洋污染物的物质。

《国际危规》第 9 类包括的具体物质或物品：以细微粉尘吸入可危害健康的物质，如铁石棉；会放出易燃气体的材料，如聚苯乙烯珠颗粒；锂电池组，如锂金属电池组合物品，如多氯联苯；运输过程中存在危险但不能满足其他类别定义的物质和物品，如干冰、鱼粉（稳定的）、机器中的危险货物和内燃发动机等。

《国际危规》Amdt.32-04 修正案中提出了"后果严重的危险货物"的规定（属建议性）。所谓后果严重的危险货物是指具有在恐怖事件中被滥用的潜在可能、会产生诸如大量人员伤亡或巨大破坏的严重后果的危险货物。如大部分的爆炸品、有毒物品和感染性物质等。规则要求发货人和从事后果严重的危险货物运输的其他人应采取、实施和遵守有针对性的保安计划。

第三节　危险货物的标志及包装

正确、耐久的危险货物标志,无论是在正常的运输中还是在发生事故后,都便于有关人员迅速识别,采取必要的防护或应急措施。合格的危险货物包装是危险货物运输安全的根本保证。它除了能起到普通货物包装的作用外,还要求能够经受住比普通货物更大的装卸和海运风险,能够有效地降低或消除引发危险的各种外界影响。

包装危险货物的
包装与标志

一、危险货物的标志

危险货物的标志由危险货物的标记、图案标志和标牌组成。

1. 标记(marking)

标记是指按危规要求标注在包装危险货物外面的简短文字或符号。包括:危险货物的正确运输名称(PSN)、联合国编号、海洋污染物标记(如果有)、可免除危险货物图案标志的1.4 类,配装类 S(详见下节)货物的标记"1.4S"以及在危险货物一览表中确定为低度危险而只需标注其类别的标记,如"Class 4.1"等。

2. 图案标志(label)

图案标志是指以危规中规定的色彩、图案和符号绘制成的菱形标志,用以醒目明了地标示包装危险货物的性质。对于列入 1.4S 类的货物,或在危险货物一览表中确定为低度危险性的货物等可免除此类标志。

凡有次危险性的货物,除须带有表明其主要特性及类别的主图案标志外,还须同时带有表明其次危险性的副图案标志。主、副图案标志的差别在于,前者应标注其类别号,而后者不标注其类别号。

3. 标牌

标牌是指放大的图案标志(不小于 250 mm×250 mm),适用于如集装箱、货车、可移动罐柜等较大的运输单元。

《国际危规》规定,危险货物所有标志均须满足经至少三个月的海水浸泡后,既不脱落又清晰可辨。《水路危规》规定,危险货物标志应粘贴、刷印牢固,在运输中清晰,不脱离。危险货物标志和标牌见附录三和附录四。

二、危险货物的包装

1. 危险货物包装分类

(1)按包装形式分类

危险货物包装按其包装形式,可分为单一包装、复合包装、组合包装、大宗包装、中型散装容器、罐柜等。

① 单一包装:直接将货物盛装在包装容器中,其最大净重不超过 400 kg,最大容积不

超过 450 L 的包装。

② 复合包装:由一个外包装和一个内容器在结构上形成一个整体的包装(一旦组装好后无论在充罐、贮存、运输和卸空时始终是一个单一的整体),其最大净重不超过 400 kg,最大容积不超过 450 L。

③ 组合包装:由一个或多个内包装按相关要求紧固在一个外包装内组成的包装组合,其最大净重不超过 400 kg。

④ 大宗包装:由装有物品或内包装的外包装组成的包装,设计上适合用机械装卸,且净重超过 400 kg 或容积超过 450 L,但容积不大于 3.0 m³。

⑤ 中型散装容器(IBC):刚性或柔性可移动包装,设计上适合用机械装卸,用于包装类Ⅱ和Ⅲ的固体和液体、使用金属 IBC 装运包装类Ⅰ的固体、用于第 7 类的放射性物质,其容积不应大于 3.0 m³;使用柔性、刚性塑料、复合型、纤维板或木质 IBC 装运包装类的固体,其容积不应大于 1.5 m³。帘布式散装容器系指顶部开敞式容器,具有刚性底板、侧壁、端壁,但箱顶为非刚性的盖板;封闭式散装容器系指具有刚性的箱顶、侧壁、端壁及底板,包括可在运输中关闭的顶开门、侧开门和端开门容器;柔性散装容器是指容量不超过 15 m³ 的可调式容器,包括衬里和附带的装卸及辅助设备。

⑥ 罐柜(tank):装载固体、液体或液化气体的可移动罐柜(包括罐式集装箱)、公路罐车、铁路罐车或容器,当用于运输第 2 类气体时容量不小于 450 L。

(2)按封口分类

危险货物包装按其封口形式,可分为气密封口、有效封口以及牢固封口三种,依次为不透蒸气、不透液体和所装的干燥物质在正常操作中不致漏出的封口。

(3)按适用范围分类

危险货物包装按其适用范围,可分为通用包装与专用包装两类。通用包装适用于第 3、4、5 及 6.1 类中的大部分货物和第 1、8 类中的部分货物。其余货物由于其各自特殊危险性质,只能采用专用包装。

2. 危险货物的通用包装

危规将危险货物的通用包装分为三个等级。在危规的总索引表和物质明细表中,依据其危险程度指明了所列货物应采用的包装等级要求。很明显,根据所列的包装等级反过来即能判断出该危险货物的危险程度。三类包装等级的含义是:

Ⅰ 类包装——能盛装高度危险性的货物;

Ⅱ 类包装——能盛装中度危险性的货物;

Ⅲ 类包装——能盛装低度危险性的货物。

根据正常运输条件下可能遇到的撞击、挤压、摩擦等情况,对危险货物包装进行各种模拟试验,是检验其包装强度的有效方法。显然,危险性越大的货物,其包装模拟试验的标准也应当越高。包装等级的划分由其包装模拟试验的标准确定。模拟试验的项目包括跌落试验、渗漏试验、液压试验、堆码试验等。每一类型的包装试验品只需按规定进行其中的一项或几项试验。例如,对满载固体拟装货物的铁桶包装进行的跌落试验,规定的试验标准是：Ⅰ类包装的跌落高度是 1.8 m，Ⅱ类包装是 1.2 m，Ⅲ类包装是 0.8 m。试验品若在规定的高度跌落于试验平台后，无影响运输安全的损坏，则视为合格。

经过试验合格的包装，都应在包装的明显部位标注清晰持久的包装试验合格标志。联合国规定的统一包装试验合格标志及其右侧说明格式如图 10-1 所示。

图 10-1 各栏的简要说明如下：

4C——用阿拉伯数字和字母表示的包装代码。第一位表示包装的类型（如 4 表示箱装），第二位（如属复合包装则包括第三位）的大写拉丁字母表示包装的材料（如 C 表示天然木材）。若是复合包装，则第二和第三两位字母，依次表示复合包装的内包装和外包装的材料。若第三位（如复合包装则是第四位）有数字，则表示包装类型的特殊结构。

(a) 联合国包装标记示例

4C/Y100/S/09
NL/VL823

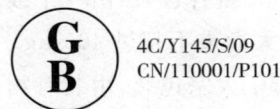

(b) 我国包装标记示例

4C/Y145/S/09
CN/110001/P101

图 10-1 包装标记

Y100——Y 是包装等级的代码。Ⅰ、Ⅱ和Ⅲ类包装分别用代码 X、Y 和 Z 来表示。包装等级不允许升级，但允许降级使用，如 X 级包装，可降级适用于Ⅱ或Ⅲ类包装等级的货物。100 是指本包装允许最大毛重为 100 kg。

S——表示只适用于内装固体货物。

09——表示 2009 年制造。

NL——按规定试验的批准国代号。NL 是荷兰的代号。CHN 是中国的代号。

VL823——制造厂或主管机关规定的识别记号。图 10-1(b)中 GB 是我国国家标准缩写，CN 是制造国代号（中国），110001 中前两位 11 是商检局代号，后四位 0001 是生产厂代号，P101 是生产批号或生产月份。

对拟定装载无内包装液体货物的包装，在上述最大毛重位置改为标注相对密度（若其不超过 1.2，则可免除此项）；在上述标注 S 位置，改为标注已通过液压试验的压力值（kPa）。此外，对经修复的包装，还需标注修复人名称、修复年份等内容。

3. 危险货物的专用包装

第 1 类的部分爆炸品，因对防火、防震、防磁等有特殊要求，需要选用物质明细表中规定的或主管部门批准的包装材料、类型和规格的专用包装。除非明细表中有特别规定，第 1 类爆炸品中其余的物质和物品的包装均应满足上述通用包装的Ⅱ类包装要求。

第 2 类危险货物均需采用耐压容器的专用包装。根据 15 ℃时，容器所能承受的压力不同，可进一步分为低压容器（≤2 MPa）、中压容器（>2 MPa 且≤7 MPa）和高压容器（>7 MPa）三种。本类货物的包装及其试验标准，主要由各国有关的主管机关制定和监管。

第 7 类危险货物的包装，不但要能防护内装货物，而且要能起到将辐射减弱到允许强度并促进散热等作用。这类货物的包装设计及试验必须符合国际原子能机构（IAEA）有关文件的专门规定。按货物的运输指数（TI），这类货物的包装分为三个等级。Ⅰ类包装（TI ≈0）、Ⅱ类包装（0<TI<1）和Ⅲ类包装（TI≥1）。其中Ⅰ类包装的图案标志呈白色，Ⅱ、Ⅲ类包装的图案标志均呈黄色并须注明其 TI 值。这种包装分类方法恰好与危险货物通用包

装等级分类方法相反,即危险程度越大,包装等级号也越大。

此外,第 3、4、5、8 等类中某些特殊危险货物也必须采用专用包装,如双氧水、黄磷、碳化钙等。应当注意的是,曾盛装过危险货物的空容器,除经清洗或处理外,均应保持其原危险货物标志,并视作所装过的危险货物对待。

第四节　危险货物的积载与隔离

包装危险货物的
积载与隔离

合理选择危险货物的装载舱位,正确处理不相容危险货物之间的隔离问题,对保证危险货物的安全运输,特别在其发生包装破损后采取有效的防护和应急措施非常重要。

一、危险货物的积载

1. 危险货物的积载类

为了确定适当的积载方式,《国际危规》将船舶分为两种类型,即货船和客船,并依据危险货物(第 1 类爆炸品除外)安全装运所需要的积载位置分为不同的积载类,其范围从 A 到 E。在积载时,需要将船舶类型和危险货物积载类这两种因素综合考虑,才能最终确定适当的积载方式,即依据不同的船舶类型、某种货物不同的积载类(从"危险货物一览表"第 16 栏可查到),决定该货物是被积载在舱面还是被积载在舱内。表 10 - 5 给出了不同船舶类型的积载位置要求。

2. 危险货物积载的一般要求

(1)易燃易爆危险货物应尽可能保持阴凉,远离一切热源(包括火源、蒸汽管道、加热盘管、舱壁的热辐射、烈日直射等)、电源及生活居住处所。

(2)能产生危险气体的货物应选配于通风良好的处所或舱面。

(3)遇水放出危险气体的货物应选配于水密和通风良好的干燥货舱,与易散发水分货物分舱配装。

(4)有毒或放射性货物应远离生活居住处所。

(5)有强烈化学反应性质的货物(如爆炸品、氧化剂、腐蚀品),应清除舱内不相容的残留货物,严格满足与不相容货物之间的隔离要求。

(6)海洋污染性货物应优先选择舱内积载。若选择舱面装载,货位应选择具有良好保护和遮蔽措施的处所。若对所选货位的安全有任何怀疑,应对货物进行妥善的系固。

(7)在危险物质明细表中,对每一种货物是限于舱内积载、限于舱面积载还是无此限制都有明确要求(如规定:所有 5.2 类有机过氧化物仅限于舱面积载)。通常满足下列条件之一者,可在舱面积载:

① 需要经常或特别接近查看;

② 能形成爆炸性混合气体、能产生剧毒蒸汽或对船舶有严重腐蚀作用;

③ 舱面危险货物的堆装应避开消防栓、测量管及其相关通道。

(8)第 1 类爆炸品中的不同货物,在危险物质明细表中,要求根据其特性分别按普通积载、弹药舱积载(又分为 A 型、B 型和 C 型)、特殊积载和舱面积载四种类型装载。《国际危规》要求,第 1 类爆炸品应切实可行地积载在靠近船舶中心线的舱位,不应积载在离任何明火、机械排气口、通风烟道口、可燃性物料库或其他可能的着火源的水平距离 6 m 以内处。通常应积载在能确保通道畅通并"远离"所有船舶安全操作所必需的其他设备处,避开消防栓、蒸汽管道和进出口,同时离驾驶台、居住处所和救生设备的水平距离不小于 8 m。详见《国际危规》第二册的第 1 类引言。

(9)第 1 类危险品的积载。

① 积载类的划分。

第 1 类危险货物(限量内包装的 1.4S 类除外)须按危险货物一览表列明的积载类进行积载,该栏根据船型差异给出了五种积载类,即 01~05,具体分类见表 10-5。

表 10-5   第 1 类危险货物积载方式

积载类	货船(不超过 12 名旅客)	客 船
01	在舱面封闭式货物运输组件内或舱内	在舱面封闭式货物运输组件内或舱内
02	在舱面封闭式货物运输组件内或舱内	舱面封闭式货物运输组件内,或在舱内封闭式货物运输组件内*
03	在舱面封闭式货物运输组件内或舱内	禁止装运*
04	在舱面封闭式货物运输组件内,或在舱内封闭式货物运输组件内	禁止装运*
05	只限在舱面封闭式货物运输组件内	禁止装运*

注:*——客船积载(7.1.4.45):第 1.4S 类爆炸品可以在客船上运输,不受数量限制。除下列情况,其他第 1 类爆炸品不能在客船上运输。

(1)对于配装类 C、D 和 E 的货物和配装类 G 的物品,如果每船爆炸性物质总净重不超过 10 kg,并且以在舱面或舱内积载的封闭式货物运输组件运输。

(2)对于配装类 B 的物品,如果每船爆炸性物质总净重不超过 10 kg,并且以只限在舱面积载的封闭式货物运输组件运输。

② 积载要求。

a. 500 总吨及以上的货船、1984 年 9 月 1 日前建造的客船及 1992 年 2 月 1 日前建造的 500 总吨以下的货船装运第 1 类危险货物(第 1.4S 类除外)须仅限舱面积载,除非主管机关另有批准。

b. 第 1 类危险货物(第 1.4 类除外)的积载须与生活区、救生设备和公共通道区域的水平距离不小于 12 m。

c. 第 1 类危险货物(第 1.4 类除外)须不能积载在距船舷 1/8 船宽的等效距离或2.4 m 内,取较小者。

d. 第 1 类危险货物须不能积载在离潜在火源水平距离 6 m 以内。

(10)第 2 类至第 9 类危险品的积载。

① 积载类的划分。

《国际危规》将第 2 类至第 9 类和限量包装的第 1.4S 类危险货物的积载位置分为"A～E"五个积载类。需要把船舶类型和积载类这两种因素综合考虑,才能最终确定适当的积载方式,具体见表 10 - 6。

表 10 - 6　危险货物积载方式

船舶类型	积载类				
	积载类 A	积载类 B	积载类 C	积载类 D	积载类 E
货船及小客船	舱面或舱内	舱面或舱内	只限舱面	只限舱面	舱面或舱内
其他客船	舱面或舱内	只限舱面	只限舱面	禁止装运	禁止装运

注:货船及小客船——货船或载客限额不超过 25 人或船舶总长每 3 m 不超过 1 人(取较大者)的客船;其他客船——载客超过以上限制数额的其他客船。

② 积载要求。

a. 第 2 类气体的积载:容器垂向积载时,须成组积载并用坚实的木材制成箱或框将容器围蔽。木箱或框须用楔垫固定,并绑扎牢固,以避免其任意移动。舱面积载的压力容器须远离热源。

b. 第 3 类货物的积载:对于使用塑料罐和塑料桶、塑料桶内的塑料容器和塑料中型装容器包装的闭杯闪点低于 23 ℃的第 3 类物质,除非把它装于封闭式货物运输组件中,否则须仅限舱面积载。舱面积载的包件须远离热源。

易燃气体和极易燃液体的积载:对于 1984 年 9 月 1 日以前建造的 500 总吨及以上的货船和客船、1992 年 2 月 1 日以前建造的 500 总吨以下的货船,易燃气体和闭杯闪点低于 23 ℃的易燃液体须仅在舱面积载,且须距任何潜在火源至少 3 m,除非主管机关另有批准。

c. 第 4.1、4.2 和 4.3 类货物的积载:舱面积载的包件须远离热源。

d. 第 5.1 类货物的积载:装载氧化物质前货舱须清扫干净,非必需的所有可燃物须从货舱清除。须尽可能合理可行地使用非易燃的加固和防护材料,并且仅能使用最少数量的清洁干燥的木质垫料。须采取预防措施避免氧化性物质渗入其他可能贮有可燃物质的货舱、舱底等处所。曾装运过氧化性物质的货舱,卸货后须检查是否有污染物。在用于装运其他货物尤其是食品之前,原已被污染的货舱须做适当的清扫和检查。

e. 第 4.1 类自反应物质和第 5.2 类货物的积载:包件的积载须远离热源。当制订积载方案时,须记住,可能有必要采取适当的应急行动,如抛弃货物。第 5.2 类有机过氧化物仅限于舱面积载。

f. 第 6.1 类和第 8 类货物的积载:卸货之后须检查装运过本类物质的处所有无受到污染,须对受污染的处所进行适当的清洗和检查。第 8 类物质须尽可能合理有效地保持干燥,由于这类物质受潮时对大多数金属有不同程度的腐蚀性,有的还与水发生剧烈反应。

g. 第 7 类货物的积载。

第一，除独家使用情况外，对装在同一运输工具上的包件、集合包件和集装箱须予以限制，使该运输工具上的运输指数总和不超过规定值，对 LSA－1 物质的运输指数总和没有限制。

第二，在放射性物质运输过程中，任何污染程度超过规定限值或者表面辐射水平超过 5 Sv/h 的运输工具或者设备，须尽快由适任人员消除污染，并且不能再使用。

第三，放射性物质须与船员和旅客充分地隔离，须用以下剂量值计算隔离距离或辐射水平：

首先，船员经常占用的工作区域，剂量为每年 5 mSv。

其次，旅客经常进入的区域，极限剂量为每年 1 mSv，并考虑露于其他所有相关来源和受控应用的预计剂量。

第四，Ⅱ级-黄色标志或Ⅲ级-黄色标志的包件或集合包件不得在旅客占用的处所内运输，但如那些经特别授权押送此类包件或者集合包件的工作人员而预留的处所除外。

第五，装有裂变物质的包件、集合包件和集装箱的存放须与其他组此类的包件、集合包件或集装箱组维持至少 6 m 的间距。

二、危险货物的隔离要求

对互不相容的危险货物进行正确隔离，能有效地防止泄漏等引发危险反应，发生火灾等事故后易于采取应急措施，最大限度地缩小危害范围，减少损失。

1. 一般隔离要求

除第 1 类爆炸品之间的隔离要求外，《国际危规》将危险货物的隔离分为四个等级（图 10-2）。具体含义分述如下：

（1）隔离 1：远离（away from）。有效地隔离从而使互不相容的物质在万一发生意外时不致相互起危险性反应，但只要水平垂直投影距离不小于 3 m，仍可在同一舱室或货舱内或"舱面"上装载［图 10-2(a)］。

（2）隔离 2：隔离（separated from）。在"舱内"积载时，装于不同舱室或货舱内。如中间甲板是防火、防液的，垂直隔离，即在不同的舱室积载，可以看成是同等效果的隔离。就舱面积载而言，这种隔离应不小于 6 m 的水平距离［图 10-2(b)］。

（3）隔离 3：用一整个舱室或货舱隔离（separated by a complete compartment or hold from），垂向的或水平的隔离。如果中间甲板不是防火、防液的，只能用介于中间的整个舱室或货舱作纵向隔离。就"舱面"积载而言，这种隔离即不少于 12 m 的水平距离。如果一包件在"舱面"积载，而另一包件在最上层舱室积载，也要保持上述的同样距离［图 10-2(c)］。

（4）隔离 4：用介于中间的整个舱室或货舱作纵向隔离（separated by an intervening complete compartment or hold from）。单独的垂向隔离不符合这一要求。在舱内积载的包件与在"舱面"积载的另一包件之间的距离（包括纵向的一整个舱室在内）必须保持不小

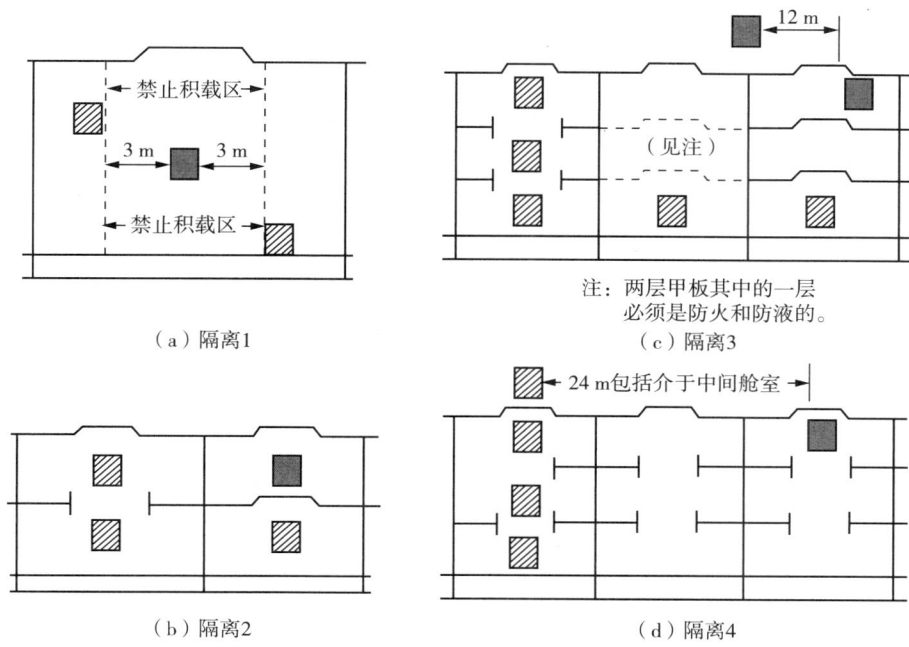

（a）隔离1

（c）隔离3

注：两层甲板其中的一层
必须是防火和防液的。

（b）隔离2

（d）隔离4

基准包件：　　不相容货物包件：　　防火、防液的甲板：

注：垂直实线表示货物处所（舱室或货舱）之间的防火、防液横向舱壁。

图 10-2　危险货物隔离

于 24 m。就"舱面"积载而言,这种隔离应不小于 24 m 的纵向距离[图 10-2(d)]。

不同类别包装危险货物之间的一般隔离要求见表 10-7。

表 10-7　《国际危规》隔离表

类　别	1.1, 1.2, 1.5	1.3, 1.6	1.4	2.1	2.2	2.3	3	4.1	4.2	4.3	5.1	5.2	6.1	6.2	7	8	9
爆炸品 1.1,1.2, 1.5	*	*	*	4	2	2	4	4	4	4	4	4	2	4	2	4	×
爆炸品 1.3,1.6	*	*	*	4	2	2	4	3	3	4	4	4	2	4	2	2	×
爆炸品1.4	*	*	*	2	1	1	2	2	2	2	2	2	×	4	2	2	×
易燃液体 2.1	4	4	2	×	×	×	2	1	2	×	2	2	×	4	2	1	×
无毒不燃 气体 2.2	2	2	1	×	×	×	1	×	1	×	×	1	×	2	1	×	×

类 别	1.1,1.2,1.5	1.3,1.6	1.4	2.1	2.2	2.3	3	4.1	4.2	4.3	5.1	5.2	6.1	6.2	7	8	9
有毒气体 2.3	2	2	1	×	×		2	×	2	×	X	2	×	2	1	×	×
易燃液体 3	4	4	2	2	1	2		×	2	1	2	2	×	3	2	×	×
易燃固体 4.1	4	3	2	1	×	×	×		1	×	1	2	×	3	2	1	×
易自燃物质 4.2	4	3	2	2	1	2	2	1		1	2	2	1	3	2	1	×
遇湿危险物质 4.3	4	3	2	×	×	×	2	×	1		2	2	×	3	2	1	×
氧化剂 5.1	4	4	2	2	1	2	2	1	2	2		2	1	3	1	2	×
有机过氧化剂 5.2	4	4	2	2	1	2	2	2	2	2	2		1	3	2	2	×
毒害品 6.1	2	2	×	×	×	×	×	1	×	1	1	×		1	×	×	×
感染性物质 6.2	4	4	4	4	2	2	3	3	3	3	3	3	1		3	3	×
放射性物质 7	2	2	2	2	1	1	2	2	2	2	1	2	×	3		2	×
腐蚀品 8	4	2	2	1	×	×	×	1	1	1	2	2	×	3	2		×
杂类危险物质或物品 9	×	×	×	×	×	×	×	×	×	×	×	×	×	×	×	×	

注:1——"远离";

2——"隔离";

3——"用一整个舱室或货舱隔离";

4——"用介于中间的整个舱室或货舱作纵向隔离";

×——隔离要求(如存在)应查阅危险货物一览表;

＊——按第1类爆炸品之间的隔离要求配装。

由于每种危险货物的性质差别很大,因此查阅危险物质明细表中对隔离的具体要求比查阅一般要求更为重要。同时,在确定隔离要求时还应当以危险货物主、副(如果存在)标志的隔离要求中较高者为准。表10-9仅是包装危险货物之间的隔离表,对包装危险货物与散装危险货物,散装危险货物之间和危险品集装箱之间的隔离要求,参见相应的章节。

2. 第 1 类爆炸品之间的隔离要求

本类货物除被细分为六个小类(《国际危规》),依据其相互间混合配装是否安全,又被分为 13 个配装类,分别用字母 A～L(不包括 I)、N 和 S 表示,通常标于其分类及小类(项)号后(如 1.4S)。危规对这类货物相互之间的隔离有明确的规定:配装类相同的货物可以在同一舱室(包括可移动弹药箱等,以下同)配装。配装类 L 的货物不允许与除该配装类以外的货物在同室装载。配装类 S 的货物可以与除配装类 A 和 L 外的货物在同一舱室配装。配装类 C、D、E 和 G 的货物相互间可以在同一舱室配装,配装类 N 的货物可以同 C、D 和 E 的货物在同一舱室配装。除上述外,不同配装类的货物均不得同室装载。当不同配装类货物在舱面装运时,除非按上述舱内隔离要求允许混合积载外,否则至少应隔开 6 m 积载。爆炸品之间的隔离见表 10 - 8。

表 10 - 8　爆炸品之间的隔离

配装类	A	B	C	D	E	F	G	H	J	K	L	N	S
A	×												
B		×									×		
C			×	×	×		×			×	×		
D			×	×	×		×			×	×		
E			×	×	×		×			×	×		
F											×		
G			×	×	×		×			×	×		
H						×					×		
J							×				×		
K								×			×		
L									×				
N			×	×	×					×	×		
S		×	×	×	×	×	×	×		×	×		

注:×——表示可以在同一舱室、可移动弹药箱、集装箱或车辆中积载的相应配装类的货物。

3. 危险货物与食品之间的隔离要求

《国际危规》规定:

(1)第 6.1 类中包装类Ⅰ、Ⅱ或第 2.3 类的有毒物质积载应与食品"隔离",除非这些物质与食品分别装在不同的封闭运输组件内,如果这样,这些组件间不必隔离。

(2)第 6.2 类物质的积载应与食品"用一整个舱室或货舱隔离"。

(3)第 7 类放射性物质的积载应与食品"隔离"。

(4)第 8 类腐蚀性物质和第 6.1 类中包装类Ⅲ的有毒物质的积载应与食品"远离"。

第五节　危险货物的运输管理

危险货物的海上运输,需要经历多个环节。严格遵守有关的法规、规章、条例的各项规定,谨慎地处理好运输全过程中每一个环节,才能确保危险货物运输的安全;反之,运输中只要有一个环节稍有不慎,就可能酿成灾难性的事故,危及生命和财产安全,有时还会造成水域污染。我国对危险货物运输已具备了一整套较完善的法规和严格的管理体系。

包装危险货物的
装运与管理

一、受载前准备

1. 熟悉并配备有关法律法规

配备并熟悉有关 IMO、挂靠港国家、主管部门、挂靠港地方、船公司等有关危险货物运输的文件。这类文件应当按规定及时更改,使之与最新版本一致。

与所运危险货物有关的各类文件,主要包括:IMO《国际危规》和挂靠港国家或当地危险货物运输法规,以及国家、主管机关、船公司等颁发的条例、标准、规章和法规。

我国自 1982 年起陆续颁布《中华人民共和国海上交通安全法》《中华人民共和国港口法》《中华人民共和国危险化学品安全管理条例》《中华人民共和国海洋环境保护法》《中华人民共和国防止船舶污染海域管理条例》等法规,以立法形式对危险货物运输的安全和防污染提出了原则性的规定。国家标准局自 1985 年起就危险货物的分类、品名、包装、命名原则等内容陆续发布了多个国家标准。《船舶载运危险货物安全监督管理规定》自 2018 年9 月 15 日起施行。

2. 获取并审查危险货物单证

船舶装运危险货物前,承运人或其代理人应向托运人收取完备的危险货物单证。船舶运输危险货物中主要涉及的单证包括:

(1)危险货物技术说明书

承运危规中"未列明"危险货物时,船方必须向托运人索取经主管部门审核、批准的此类说明书。其内容包括品名、类别、理化性质、主要成分、包装方法、急救措施、撒漏处理、消防方法及其他运输注意事项等。

(2)包装检验证明书和包装适用证明书

前者用于表明指定类型的包装已经取样进行了所列的包装试验,并获得相应的试验结果。后者用于证明指定的包装适合于所列特定的危险货物装载。这两种证明书都须经主管机关或其委托的权威机构的确认才能有效。

(3)放射性货物剂量检查证明书

托运放射性货物时必须附有经主管机关或其委托的权威机构确认的此类证书。其内容包括货名、物理状态、射线类型、运输指数、货包表面污染情况、包装等级、外包装破损时的最小安全距离等。

（4）限量危险货物证明书

盛装《国际危规》（总论 18 节）中列明的小容器中的危险货物，如第 3 类易燃液体中包装类Ⅲ，且每一包装的最大容量不超过 5 L 的货物，因其运输中危险性很小，可作普通货物运输。限量危险货物需经主管机关批准获得此类证书，并且其货物包件外要求贴有正确的学名或"第······类限量内危险货物"的字样，但无贴图案标志的要求。

3. 货物申报

船舶载运危险货物进出港口，应当在进出港口 24 小时前（航程不足 24 小时的，在驶离上一港口前），向海事管理机构办理船舶载运危险货物申报手续，提交申请书和交通运输部有关规章要求的证明材料，经海事管理机构批准后，方可进出港口。

4. 检查承运船舶的技术条件

各种危险货物对船舶技术条件有不同的要求。通常规定，除承运船舶持有有效的危险货物适装证明书外，在承运危险货物，特别是承运《国际危规》第 1、2.1、3、4.1、4.3 和 5.2 类危险货物前，必须事先向船检部门申请对船舶结构、装置及设备进行临时检验，取得相应的适装证明书后，方可接受承运。

承运危险货物船舶的验船内容包括：装运舱室的结构、舱室的防火防水条件、通风设备及其状况、船舶消防与救生设备、船舶电气与通信设备、船舶装卸设备等。

5. 按危规要求进行积载与隔离

按本章第四节所述要求对危险货物进行正确的积载与隔离。所选货位还应考虑能后装先卸，有利于货物衬垫和系固。避免载有烈性危险货物的舱室中途加载其他货物。

6. 申请监装

装船前三天，向监装部门（我国为海事局）申请监装，并附送经承运船船长审核的积载图和有效的危险货物适装证明书的复印件。若船方未申请监装，港口法定监督部门有权对危险货物的装载过程进行法定监督。

7. 装货前的其他准备

应阅读并熟悉 EmS 和 MFAG 中的相关内容，根据待装危险货物的应急部署表和医疗急救指南，备妥合适的消防器材和相应的急救药品，备妥衬垫材料和系固用具，保持烟雾报警和救生消防设备处于良好适用状态，保持装载货舱清洁、干燥，管系及污水沟（井）畅通，水密性能良好等。

二、装货过程

1. 做好安全防护工作

（1）按港口规定悬挂或显示规定的信号，甲板上设立醒目的"严禁烟火"警告牌。严禁与作业无关的船舶来靠船舷，作业期间原则上不安排油、水、伙食和物料补给。作业现场备妥相应的消防设备。夜间作业配备足够的照明设备。督促港方在船与泊位、船与船之间设置安全网。装卸爆炸品、有机过氧化物、一级毒品和放射性物品时，装卸机具应按额定负荷降低 25% 使用。

（2）船舶装卸易燃、易爆危险货物期间，要督促进入现场人员不得携带火种、穿带有铁钉的鞋或化纤工作服，不得在现场使用非防爆型照明、通风和机械设备，不得在甲板上进行能产生火花的检修或船体保养工作。禁止加油、加水（岸上管道加水除外）。开关舱盖时应采取措施，防止摩擦产生火花。装卸爆炸品（第 1.4S 除外）时，不得检修和使用雷达、无线电电报发射机，船舶烟囱应设置防火网罩。

（3）遇有雷鸣、闪电、雨雪或附近发生火警时，应立即停止作业。因故停工后，应当及时关闭有关货舱的人孔盖和舱盖。雨雪天气禁止装卸遇湿易燃物品。

2. 严格按配积载计划进行装货操作

（1）认真检查危险货物包装是否完好，标志是否清晰、正确。凡包装有破损、渗漏、严重变形、沾污等影响安全质量的情形应坚决拒装。

（2）督促装卸工人严格按有关操作规程作业，堆码整齐、稳固，桶盖、瓶口朝上。严禁撞击、拖拉、滑跌、坠落和翻滚等不安全作业。遇危险货物撒漏、落水或其他事故时，应迅速上报，按应急部署表要求采取妥善措施。

（3）严格按积载图上标注的货位及其备注上的隔离、衬垫、隔票、系固等要求进行装货操作。如需要改动，若已申请监装的，则须经监装部门认可；若未申请监装的，则须经本船船长或大副同意，其他人员不得任意更改。

（4）装货结束后，做好系固及全面检查工作。备齐危险货物的单证[如"危险货物舱单""危险货物实积图""危险货物安全积载证书"（如申请过监装）]。

三、途中保管

（1）载有危险货物的船舶，不论航行、锚泊或等卸期间，均要对危险货物进行有效的监管。检查货物是否有移位、自热、泄漏及其他危险变化。定时测定货舱温度、湿度。合理进行通风，防止汗湿、舱温过高及舱内危险气体积聚。

（2）如需进入可能引发中毒或窒息事故的货舱，甲板上必须专人看守，除非经过培训并戴有完备的自给式呼吸器等，否则进入前应对货舱进行彻底的通风并经检测以确认安全。

载有易燃、易爆危险货物的船舶，航行中应避开雷区，以免遭雷击。船舶的烟囱口应设置防火网罩。进入货舱人员不得携带火种、穿带有铁钉的鞋或化纤工作服，舱内所使用的照明、通风和机械设备必须具有防爆特性。船上所有易燃、易爆气体可及区域，不得进行任何能产生火花的检修或船体保养工作。

四、卸货过程

（1）卸货前，船方应向装卸、理货等有关方详细介绍危险货物的货位、状态、特性、卸货注意事项等，对可能存在危险气体的货舱进行彻底通风。

（2）督促装卸工人严格按有关操作规程作业，严禁撞击、滑跌、坠落、翻滚、挖井或拖关等不安全作业。

（3）卸货完毕后，应及时整理货舱。谨慎处理危险货物的残留物和垫舱物料。危险货物的残留物或含有这类残留物的洗舱水必须按国家和港口的规定处理，不得随意排放或倾倒。

五、产生危险货物运输事故的主要原因

产生危险货物运输事故的主要原因包括：缺乏危险货物运输的有关知识，特别是未掌握所运危险货物特性；船舶运输条件不满足危险货物的运输要求；危险货物本身的原因；危险货物的标志不符合要求或包装破损；危险货物积载和隔离不当；危险货物运输途中监管不当；其他偶然事故。国际海事组织（IMO）分析危险货物事故认为，此类事故 87% 以上是人为因素造成的，要降低事故的发生率就必须采取以防为主的方针，重视对危险货物运输事故的原因分析，对危险货物运输中及时采取有针对性的防护措施，减少同类事故的多次发生具有重要意义。

第十一章 杂货运输

本章介绍杂货的特点和海运特性,装货前对货舱的基本要求;件杂货衬垫、堆装、隔离、隔票和积载要求;货物装卸监督管理,航行中货物管理,杂货船积载图编制。

第一节 杂货积载要求

普通杂货装运
要求与积载

一、杂货船结构特点

杂货船(general cargo ship)也称普通货船,是最早出现的货船,是主要载运各种包装或成件货物的运输船舶。杂货船应用广泛,在世界商船队中占有很大的比例。在内陆水域和沿海中航行的杂货船吨位有数百吨、上千吨,而在远洋运输中的杂货船可超 2 万吨。要求杂货船有良好的经济性和安全性,而不一定追求高速。杂货船通常据货源具体情况及货运需要航行于各港口,有的设有固定的船期和航线。

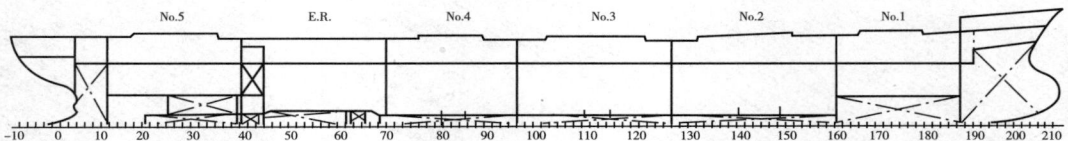

图 11-1 杂货船的结构

杂货船有较强的纵向结构,船底多为双层结构,船首和船尾设有前、后尖舱,平时可用作储存淡水或装载压舱水以调节船舶纵倾,受碰撞时可防止海水进入大舱,起到安全作用。船体以上设有 2～3 层甲板,并设置几个货舱,这样便于分隔货物及避免货物堆装过高而压损。舱口以水密舱盖封盖住以免进水。机舱或布置在中部或布置在尾部,各有利弊,布置在中部可调整船体纵倾,布置在尾部则有利于载货空间的布置。为了便于装卸,一般配有吊杆或起重机,有的杂货船还装备有重型吊杆。为提高杂货船对各种货物运输的良好适应性,能载运大件货、集装箱、件杂货,以及某些散货,部分杂货船常设计成多用途船。

船舶装货和卸货过程中,船员与装卸工人的有效沟通对保证货运质量十分重要。虽然大多数船舶都委托理货公司进行理货,但船员仍有配合和协助做好理货工作的责任。

(1)在货物装卸过程中船上都安排人员进行看舱值班,主要是监督装卸工人正确操作,严格执行装卸计划,保证货物的质量和数量。

① 要求装卸工人按积载计划的要求进行装货作业,如有变化应请示大副,并记录货物的实际装载位置和隔票情况。

② 货物装船时,应对货物外表情况予以核查,如发现包装不良、标志不清或其他异状,应及时报告大副,视情况拒装、更换并做好现场记录。

③ 督促装卸工人按操作规程进行作业,制止各种违章作业,按配载图要求进行衬垫、隔票和系固。不同货物应采取不同的隔票、衬垫和系固方式,值班人员应严格监管,督促和检查工人按配载图要求进行操作。

④ 督促理货人员正确理货、检残,分清原残、工残,做好现场拍照、记录及签认,必要时船员参加理货,并与理货人员核对装船货物的数字,如双方数字不符或与装货单数字不符,则应报告大副进行处理。

⑤ 保证装卸货的工作场所适工,根据天气情况及时开关舱并确保装卸货的安全。

⑥ 卸货时应特别注意防止工人"挖井"、拖关及货物的混票和混卸。

⑦ 当卸货时发现货物残损,应分清是原残还是工残,此时的原残属于船方管货而产生,而工残则由装卸不当所造成,应与装卸公司共同做好记录并签认。

⑧ 监督和均衡各舱装卸进度,防止各舱装卸量相差较大而影响船体强度,或因重点舱进度过慢而延长船舶停港时间,并防止船舶装卸过程中出现过大横倾,如是货物不对称装卸所致,应予以纠正。

(2)大副除处理上述有关事项外,还应做好以下工作:

① 装载危险货物、重大件货物和贵重货物时,应到场监装或指导,以保证装载质量和防止货物被盗。

② 应随时掌握全船的装货进度和货损情况,检查货物的堆码、衬垫、隔票、系固、平舱等情况,必要时调整货载,及时签发收货单和做好批注工作。

③ 装货结束,应会同有关人员检查货舱,当确认一切正常后及时封舱。

④ 卸货结束,应会同有关人员检查有无漏卸货物,并安排人员清理货舱和衬垫物料,为下一个航次做好准备。

二、各类杂货积载要求

1. 贵重货

贵重货是指价格昂贵或具有特殊使用价值的货物,如精密仪器、高价商品、历史文物、展品等。

为防止贵重货物被盗,应尽可能配置于贵重货舱,对于无贵重舱的船舶,后卸港的贵重货应配置于二层舱深处的角落里,其货位应尽量集中,并用其他货物作保护性隔离。先卸港的贵重货应最后装最先卸,配置于顶层舱的最上层。

2. 清洁货

清洁货是指除食品类货物以外的不能混入杂质或怕沾污的货物,如滑石粉、焦宝石、稀有金属、纸浆等。

这类货物不得与易撒漏货物和扬尘污染货同装一室或相邻堆装。装货前应按要求做好货舱的清洁工作，装载时应做好衬垫，以防止其受污染。

3. 扬尘污染货

扬尘污染货是指极易扬尘或易于污染其他货物的货物，如水泥、炭黑、颜料、立德粉、沥青等。

装载该类货物时主要应防止污染其他货物。这类货物不能与清洁货同装一室或相邻配装，应尽量先装后卸，最好配置于底舱的最底层，并尽量减小其堆装面积，以减少污染，装妥后应进行清扫铺盖，然后再装其他货物。

4. 液体货物

液体货物是指在杂货船的深舱内装运的散装液体货（如植物油、矿物油等）和各种桶装的液体货，如葡萄糖、蜂蜜、盐渍肠衣、化工产品、酱油、酱菜等。这类货物均为流质或含有流质的货物。

散装液体货物应配置于深舱单独装载，对其他货物无影响。如果船舶没设有深舱，则普通杂货船无法装运散装液体货物。

包装液体货物与其他货物同装时，若有包装破损则会污染其他货物。这类货物应视其包装不同确定舱位。大桶装的液体货应装在大舱打底，货堆高度不能超过限高。不耐压的小包装液体货物应配置在二层舱的后部，以防液体渗漏时流入底舱。

5. 散装固体货物

散装固体货物是指非整船装运的不加包装的块状、颗粒状、粉末状的货物，如矿石、谷物等。

装运前要求做好货舱的准备工作，用麻袋布或其他等效材料铺盖舱内污水井，以防污水井盖的漏水孔被货物堵塞或货物落入污水井内。一般应选择大舱底舱作打底货，以利装卸，如因港序限制需配装于二层舱时，其底舱货物的上面应予铺盖，货物装舱后应按要求平舱。

6. 气味货物

气味货物是指能散发各种异味的货物，如生皮、猪鬃、骨粉、樟脑、大蒜、八角等。它们的异味将对怕异味货造成污染。

气味货物一般可以分为香性气味货、臭性气味货、刺激性气味货和特殊气味货。装载时，气味不互抵的气味货应尽量集中配置，气味互抵的气味货应分舱室配置，所有的气味货应与所有的食品货及其他怕异味的货物分舱室配置，装于上甲板的气味货应尽量远离船员住室。

7. 食品类货物

食品类货物是指可供人们食用的制成品、原料等，如糖果、奶制品、食糖、粮食、果仁、茶叶、药品等。

食品类货物要求货舱清洁、干燥、无异味、无虫害、符合卫生要求。气味货物均不得与食品类货物同舱室配置,食品类货物与危险货物的隔离要求见第六章。袋装食品货与扬尘污染货不能同舱室配置,有气密包装的食品货与扬尘污染货至少不能相邻配置。有些食品货还有怕热、有异味等特性,应根据其特殊装运要求合理选配舱位。

8. 易碎货物

易碎货物是指不能受挤压碰撞、易于损坏的货物,如玻璃制品、陶瓷制品、各种瓶装酒类等。

装载易碎货物时应配置于舱室的顶层或舱口位,后装先卸,以减少受损机会;易碎货的堆码层数不能超过限高,其上不应再堆装其他货物。

有些货物具有多种特性而分属多类货种,应将多类货种的多方面装运要求集中反映于这类货物的装运中,以保证其货运质量。危险货物、重大件货物、冷藏货物、木材甲板货、钢材货物和滚装货物在专门的章节中介绍。

第二节 杂货衬垫、隔票与堆装

一、衬垫

衬垫(dunnage)是保护货物完好,保证船舶、货物安全的重要措施之一。衬垫的作用是防止货物水湿、撒漏、污染、震动、撞击、压损、移动及防止甲板局部构件受损。

防止货物水湿及震动的衬垫有木板、席子、油布等;防止散货撒漏和清洁货被污染的衬垫有油布、帆布;防止货物压损、移动及甲板局部强度受损的衬垫有木板、撑木或木楔。对重大件的底部,可以用钢板、厚木板、方木或木枕等衬垫材料。

二、隔票

隔票(separation)是为提高理货工作效率,减少和防止货差事故,加快卸货速度,在货物装船时,对不同卸货港或不同收货人或不同装货单号的同包装、同规格的相同货物采取分隔措施。隔票不当,容易产生混票,造成货物错卸、漏卸。

常见的隔票方法有自然隔票、材料隔票和标记隔票。

(1)自然隔票:用包装材料明显不同的货物隔票,如两票同种箱装货物间用桶装货堆装中间进行隔票。

(2)材料隔票:用专门的隔票物进行隔票。如用隔票绳网放置于两票货物之间,以区别不同卸货港、不同货主、不同提单号的货物。

(3)标记隔票:用特殊标记隔票,如钢材、木材等可用不同颜色的油漆涂写在各票货物的一端,以示区别。

三、堆装

堆装(stowage)是保护货物完好,保证船舶、货物安全,充分利用舱容的重要措施之一。

货物在船上的堆装、堆码方法,因货物性质、包装的不同各有不同的要求。总的来说,都必须遵循堆装整齐,稳固,防止挤压、倒塌,避免混票和便于通风等原则。各种包装的杂货在垂向的堆装应该遵循较强包装的货物在下、较弱包装的货物在上的原则。需要上下分层堆装时,自上而下一般的次序应该是:裸装或桶装、捆装、箱装、袋装和易碎品。各种包装类型的普通货物的堆装方法简介如下:

1. 袋装货物的堆装

袋装货物包括袋装谷物、大米、食糖以及袋装矿粉、矿砂、水泥、各种化肥等。它们多采用布袋、麻袋、纸袋、塑料袋、编织袋等包装。袋装货件较为松软,在各个舱室均可堆装,为了有效地利用舱容,一般多选配在形状不规则的首尾货舱。根据袋装货物的性质和对货堆稳固性的要求,其堆装方式有以下三种:

(1)垂直堆码:袋口朝一个方向直上直下的堆码。其特点是操作方便,利于通风,但垛形不够稳固。其适合于要求通风条件良好的货物,为保证垛堆的稳固,一般每码 6～7 层后掉转 90 度堆码 1～2 层,再继续堆码。垂直堆码也称重叠式堆码,如图 11-2 所示。

(2)压缝堆码:上层货件压在下层货件接缝处的堆码。其特点是垛形紧密、较稳固、能充分利用舱容,但不利于通风,适合于不需要良好通风条件的袋装货物,如图 11-3 所示。

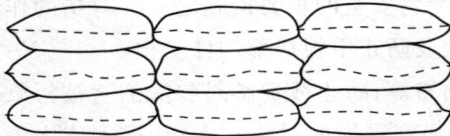

图 11-2 垂直堆码

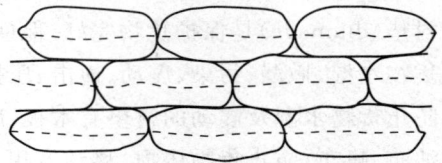

图 11-3 压缝堆码

(3)纵横压缝堆码:上层货件横向压在下层货件纵向接缝处。此种垛形最为稳固,但操作费力,通常用于堆码垛顶和垛端,以防倒塌,如图 11-4 所示。

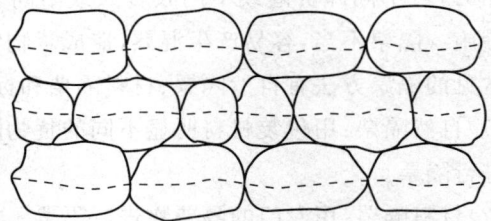

图 11-4 纵横压缝堆码

此外,还有重量为 1 t 及以上的圆筒袋的集装袋,由于单件重量大,可在舱内直立或压缝码垛,货垛周围如无其他货靠紧,要作简单绑扎固定。

2. 箱装货物的堆装

堆码方法应根据货物性质,包件的大小、重量,包装的材料及强度等具体情况而定。

一般箱装货,尤其是大型箱装货物最好配于形状规整的中间货舱,底部要求平整稳固。重量大、包装坚固的木箱货件应配于下层,一般可采用垂直码垛,如其上需加载其他货物,应在上层箱货表面铺垫木板。包装弱、重量轻的箱装货,宜采用压缝码垛,以使垛形牢固。且应视其具体情况,当堆码一定高度时,铺垫一层木板,以使下层货箱受力均匀,避免压损。

3. 捆装货物的堆装

捆装货物比较复杂,包括捆包、捆卷、捆筒、捆扎等货物。

(1)捆包货物堆码

捆包货如棉花、棉织品、生丝、丝织品、卷纸张等,此种包装类别的货物不怕挤压,可以在各舱室任意堆码,一般宜堆放在形状不规则的首尾舱室。捆包货在堆码时,还应注意衬隔,以防汗湿和污染。

(2)捆卷、捆筒货物的堆码

对于金属类的捆卷、捆筒货,除不耐压的矽钢卷外可作打底货;非金属类捆卷、捆筒不耐压,不能作打底货,捆卷、捆筒货物易滚动,为防止船舶横摇危及船舶安全,堆放时其滚动轴方向应沿船舶首尾方向堆放,并左右固定塞紧。但当捆卷、捆筒货数量较多时,也可横向铺满舱底直达两舷,铺平并在两舷衬垫木板后上压其他货物,仍属安全。

捆卷、捆筒货物一般宜配装于舱形规则的中部货舱。

(3)捆扎货物的堆码

金属类的捆扎货耐压,可作打底货,但要注意装载部位的局部强度,长件金属类的宜配置于舱口大、舱形规则的中部舱室,应沿船舶首尾方向堆放,以免横摇时撞坏船体。如长度适当,正好可堆放在货舱一端或两舷已顺装了部分捆扎货的中间部位,同样也是安全的,但都要合理塞紧衬垫,防止移动。非金属类捆扎货多数不耐压,一般不能作打底货。捆扎货物的堆码如图 11-5 所示。

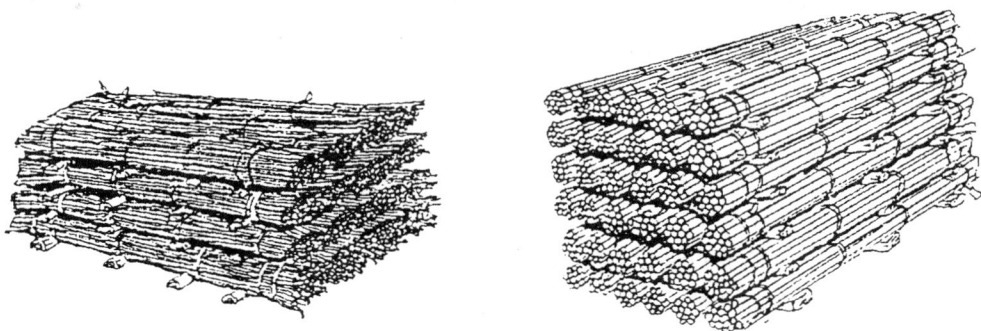

图 11-5 捆扎货物的堆码

4. 桶装货物的堆装

桶装货物一般为流质或半流质货物,包括各种桶装植物油、矿物油、蜂蜜、肠衣、酒类、盐渍类货物以及各种化工产品等,其包装有大、小铁桶,木桶,塑料桶,鼓形桶之分。大型桶装货物适宜选配在中部货舱底舱底部作打底货。各种小桶货不能作打底货,一般应配装于二层舱或上甲板。桶装流质货不应堆装于舱盖部位,这类货以堆装在靠舱后壁为佳,以利减少破损后的污染面。桶装货物的堆码,要求底面平稳,直立堆放,桶口向上,紧密交错、整齐排列,一般铁桶货每堆码一层铺垫一层木板,以求受力均匀,堆垛稳固。对桶装货堆码高度的限制,视其单件重量大小而异,单件重 200～300 kg 的桶装货,堆码不得超过 5 层;300～400 kg 者,不得超过 4 层;400～600 kg 者,不得超过 3 层;600 kg 以上者,不得超过 2层。上面几层应绑扎牢固,以防倒塌。

5. 特殊包装货物的堆装

特殊包装货物包括箩、篓、筐装的水果、蔬菜及各种不耐压的杂品(如瓷砖、草篮)等;各种瓶装的酒、化学品等;各种气钢瓶等;各种坛、瓷装的酒、皮蛋、榨菜、酸类等。箩、篓、筐装货物,视所装的内容,有些按冷藏货或易碎货的要求进行堆码。各种瓶装,钢瓶装,坛、瓷装等包装货物,应视所装货物性质,有些按危险货物的堆码要求,有些按桶装货物的堆码要求,有些按易碎货物的堆码要求来正确处理它们的堆码问题。坛、瓷装货物的堆高限度为3～4 层,每层间须铺木板衬垫,既可防止压破,又可使货堆更为稳固。

第三节　货物运输途中保管

承运人在运输货物中负有管理船舶和管理货物两大义务,航行途中对货物的保管是承运人管理货物的主要内容之一。

一、航行中对货物保管的内容

航行中对货物保管的内容主要包括以下几个方面,即经常检查货物在舱内的状况、测量舱内温湿度、察看烟雾报警器及怕热、怕潮等货物的情况;做好特殊货物的管理工作,如危险货物的防燃、防爆及防其他重大事故、贵重货物的防窃、尽量保持冷藏货物的温度恒定等;注意气象变化,做好恶劣天气的防范工作,如货物的加固、通风设备的紧固、舱盖的密固以及做好货舱的通风。下面重点论述货舱通风。

二、货舱通风

1. 货舱通风的目的

(1)降低舱内空气的露点温度,防止舱壁和货物表面产生汗水;

(2)降低舱内的温度,防止货物变质受损及自燃;

(3)提供新鲜空气,防止货物腐败变质;

(4)排除有害气体,防止发生燃烧、爆炸和人员伤害事故。

2. 货舱通风的方式

货舱通风方式有自然通风、机械通风和干燥通风,其相应的设备是自然通风装置、机械通风装置和干燥通风装置。

（1）自然通风

自然通风是指利用货舱通风筒和自然风力进行的通风。自然通风又分自然排气通风和对流循环通风两种。

① 自然排气通风。将货舱的通风筒口全部朝向下风向，依靠空气的自然流动，使舱内暖湿空气徐徐上升排出舱外。这种通风方式安全可靠，但速度缓慢，如图 11 - 6(a)所示。

② 对流循环通风。将上风一舷的通风筒口朝向下风向，将下风一舷的通风筒口朝向上风向，依靠风压形成对流循环通道使舱内的空气排出舱外。这种通风方式速度较快，适于大量旺盛通风时采用，如图 11 - 6(b)所示。

自然通风由于受风力、风向、自然条件及通风筒截面等限制，往往不能满足通风的要求。

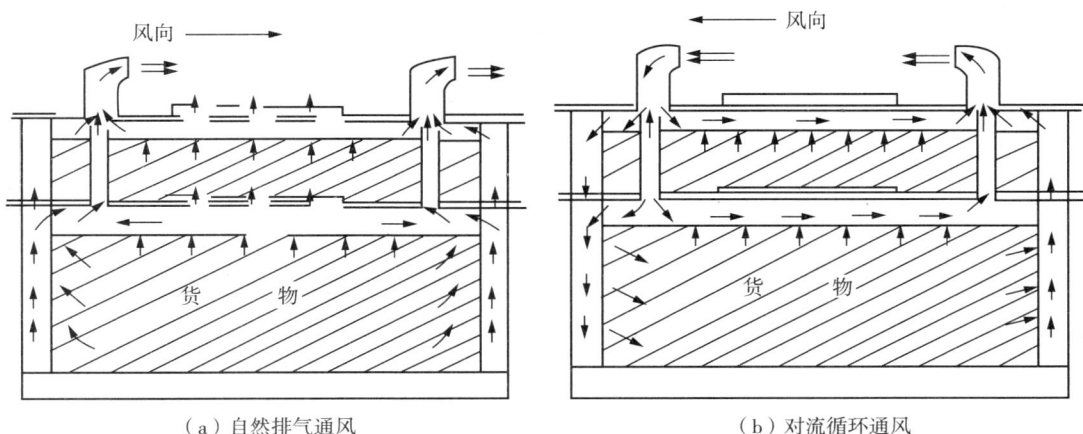

（a）自然排气通风　　　　　　　　　（b）对流循环通风

图 11 - 6　货舱自然通风

（2）机械通风

机械通风是指利用安装在货舱的进气和排气通风管道口的鼓风机进行的强力通风。远洋船上一般均设有这种通风装置。采用机械通风，可以通过调节阀控制通风量，舱内设有通风管道延伸至货舱两侧，管道上间隔一定距离开设通风口，可使货舱各处都能得到充分的通风。

（3）干燥通风

干燥通风是指利用货舱干燥通风装置进行的通风。干燥通风装置由空气干燥机、货舱通风系统及露点指示记录器三部分组成。当外界条件适宜于通风时，可将调节器置于"通风"的位置上；当外界条件不适于通风时，可将调节器置于"再循环"位置上，并开启干燥空气接口，使干燥空气进入舱内，其输入量可以自由调节。但此时由于向舱内输入了干燥空气，货舱气压必然升高，故应将排气管口的调节器适当打开一些，以使货舱增压的气流适当排出。可以根据露点记录器的记录，正确选定上述通风措施。

3. 货舱通风的基本原则

(1)降低舱内空气的露点,防止出汗的通风原则

在一定温度下,空气中的水汽达到最大值时,称这种空气处于饱和状态。未达到饱和状态的空气,随着温度的下降也会达到饱和状态。饱和状态的空气温度称为露点。

露点温度可以根据测定的干、湿球温度之差值及湿球温度在露点温度查算表(表 11-1)中查得。

表 11-1　露点温度查算表

湿球温度/℃	干、湿球温度差值/℃																					
	0	0.5	1.0	1.5	2.0	2.5	3.0	3.5	4.0	4.5	5.0	5.5	6.0	6.5	7.0	7.5	8.0	8.5	9.0	9.5	10.0	10.5
…	…	…	…	…	…	…	…	…	…	…	…	…	…	…	…	…	…	…	…	…	…	…
13	13	13	12	12	12	11	11	10	10	10	9	9	8	8	7	7	6	6	5	5	4	4
14	14	14	13	13	13	12	12	12	11	11	10	10	9	9	8	8	7	7	6	6	5	5
15	15	15	14	14	14	13	13	13	12	12	12	11	11	10	10	10	9	9	8	8	7	7
16	16	16	15	15	15	14	14	14	13	13	13	12	12	11	11	11	10	10	9	9	8	8
…	…	…	…	…	…	…	…	…	…	…	…	…	…	…	…	…	…	…	…	…	…	…
32	32	32	32	32	31	31	31	31	31	31	31	30	30	30	30	30	30	30	30	29	29	29
33	33	33	33	33	33	32	32	32	32	32	32	32	31	31	31	31	31	31	31	31	30	30
34	34	34	34	34	34	33	33	33	33	33	33	33	32	32	32	32	32	32	32	32	32	31
35	35	35	35	35	35	34	34	34	34	34	34	34	34	33	33	33	33	33	33	33	33	33

当舱壁、甲板的温度下降至舱内空气的露点温度以下,或舱内空气的露点温度上升到超过了舱壁、甲板或货物表面的温度时,就会在舱壁、货舱顶部或货物表面等处出汗。例如,当船舶在温暖地区装货后驶往低温地区时,或虽然外界温度变化不大,但舱内货物的水分蒸发很旺盛,使舱内空气的露点温度随之升高时,都会出现上述情况。特别是当船舶由温暖地区装载易散发水分的货物驶向低温地区时,上述部位出汗更为严重。而当船舶由低温地区装货后驶往温暖地区时,如果封舱不好,外界暖湿空气流入舱内,则货物表面很容易产生汗水。

为防止舱内出汗,除装货前保证货舱干燥外,在航行中必须对货舱进行正确的通风,使舱内空气的露点温度保持低于货舱壁和货物表面的温度。其基本原则是:

① 当舱内空气的露点温度高于外界空气的露点温度时,应进行旺盛的通风,用舱外的低露点的空气置换舱内的空气,以降低舱内空气的露点温度。因此,此时可以进行对流循环的自然通风或将机械通风的调节阀开至最大,或使用干燥通风时将调节器置于"通风"的位置上。

② 当舱内空气的露点温度高于外界空气的温度及露点温度时,应进行缓慢的通风,以

免大量冷空气进入货舱产生雾气。因此,此时应进行自然排气的自然通风或将机械通风的调节阀关小,靠自然排气进行缓慢的通风,采用干燥通风时将调节器置于"通风"位置并追加干燥空气。

③ 当舱内空气的露点温度低于外界空气的露点温度时,应断绝通风,以防暖温空气进入舱内。如果此时必须进行通风,只能进行干燥通风,将调节器置于"再循环"位置并追加干燥空气。

(2)降低舱内空气的温度,防止货物变质或自燃的通风原则

船舶航行中由于各种原因舱内温度会升高,而货舱内温度的升高又会加剧某些货物的氧化、呼吸作用及微生物的繁殖,引起货物的变质,或舱内热量积聚不散而引起有些货物的自燃。因此,必须进行正确的通风以降低货舱内空气的温度。

一般,为防止货物变质的通风原则与防止舱内出汗的通风原则基本上是一致的。但对于防止货物自燃的通风则应特别谨慎,因为对装载易自燃货物的货舱进行通风,虽然可以驱散热量,但也会提供大量氧气而加剧氧化,或促使已达自燃点的货物燃烧。所以,为防止货物自燃的通风原则应该是:既能排出舱内的热量以防止其积聚,又避免给货物提供过多的氧气促使其氧化自燃。当确认舱内无自燃迹象且外界条件适于通风时应连续通风,但如发现舱内有自燃迹象或天气恶劣应断绝通风,而且要关闭通风筒。当然,货种不同,连续通风的时间也不同。如装运棉花,当确认舱内无自燃迹象时,可以连续通风;当货舱有异状或天气恶劣时,则应立即断绝通风。又如装运鱼粉则应根据《国际危规》的要求,按货物情况分别采取良好通风、不需要通风和不需要特别通风等不同的通风方法;运输鱼粉最忌的是长时间的微弱通风,因为它能有效地提供氧气使鱼粉氧化而又不能有效地排出热量。当鱼粉的温度超过 55 ℃并继续上升时,应断绝货舱通风并进行封舱。

(3)提供新鲜空气,防止货物腐败的通风原则

装运有生命的货物如水果、蔬菜等时,由于它们不断进行呼吸,舱内空气中的氧气减少,二氧化碳增加,造成其呼吸不足且舱内空气的温、湿度升高,为微生物的繁殖提供了有利条件,促使货物腐败变质。因此,运输这类货物时应根据货物的不同要求,进行适当的通风换气。对于水果类和蔬菜类货物,一般每昼夜进行 2~4 次换气通风。

(4)排出有害气体的通风原则

有些货物在储运过程中会散发出易燃、易爆、有毒等有害气体,因此运输这些货物时,应进行连续的旺盛通风,不断排出有害气体,不使其沉积于舱内。特别在卸货前应进行旺盛通风。

第四节　杂货船积载基本要求

编制杂货船积载图是一项十分重要而繁杂的工作,在编制时,应按船舶安全、优质、快速、经济的基本要求进行货物的积载。杂货船积载一般应满足这些基本要求:充分利用船舶的载货能力;保证船舶具有适度的稳性;保证船舶具有适当的吃水和吃水差;确保船体强

度不受损伤;保证货物运输质量;满足中途港卸货顺序的要求;便于装卸货物,缩短船舶在港停泊时间;正确合理的舱面积载。

为了满足上述各项要求,保证船舶安全及货物完整,在货物配舱过程中应遵循以下几个基本原则:

一、货物配舱顺序

杂货船的装货清单所列货物种类多,包装规格繁杂,批量大小不一,而且往往有好几个卸货港,因此,在向各舱具体配置货物时,必须按一定的顺序,对此,一般原则是:

1. 先末港后初港

对货物卸货港顺序来说,为保证按到达港序卸货,避免翻舱捣载造成货损,要先配最末一个港口的货物,最后配最先到达港的货物。

2. 先底舱后二层舱

对杂货船来说,底舱高度一般为 $8\sim10$ m,则载货数量大,配货层次多,对货物的配置比二层舱困难。因此,应先配底舱,后配二层舱,这同按货物到达港序配货一样,两者的原则是一致的。

3. 先特殊后一般

对特殊货,如危险货、易碎货、气味货、污染货、散装货等,要首先按其特殊要求选定适宜的舱位,并尽可能合理地集中,然后再视具体情况合理安排一般的无特殊要求的货物,否则可能会出现许多矛盾,致使特殊货物找不到合适的舱位。

4. 先大票后零担

杂货船的装货清单中,总有一些数量较大的货物,为便于理货和装卸,避免货物差错,应先将其按票相对集中配在一个或两个舱内。若先把一些批量较小的零担货物分散配于各舱,那么,最后整票的大批量货物会因找不到合适集中的舱位而被分散拆成多票。

5. 保证中途港货物顺利卸下

目的港的货物应配置在底舱的最下层或者扎位堆装,也可以装在二层舱的四周,中途港的货物应安排在底舱和二层舱的舱口位。当底舱配置有先到港的货物时,必须保证在中途港卸货时能顺利开启二层舱舱盖,即在二层舱的舱口及其四周 1 m 的范围内不应配置后卸货(图 11-7)。

在二层舱舱口四周 1 m 以外可供配置后卸货的最大货舱容积称为货舱的防堵舱容,整个或半个二层舱舱口位四周 1 m 以外实际配装的后卸港货物体积称为防堵货物体积。为了保证二层舱内舱盖能在卸底舱先卸货时顺利开启,二层舱内的防堵货物体积不能超过其防堵舱容。每个二层舱的防堵舱容在船舶资料中有提供。

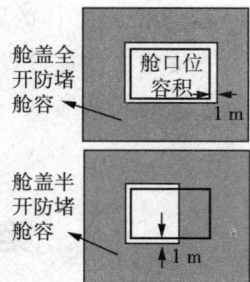

图 11-7 防堵舱容

在底舱,先卸的中途港货物一般应安排在上面,目的港的货物安排在下面。如果先卸的是重货,则可以采用"前半舱后半舱"装法,即先卸重货装在前半舱,后卸轻货装在后半舱。

二、保证货运质量的积载要求

1. 正确选择货物的舱位和货位

(1)根据货物的装载要求正确选定各类货物的舱位,如贵重货应置于贵重舱,危险货应远离机舱、驾驶台及船员住室,重大件应置于重吊所及的大舱等。

(2)怕热货不能置于热源附近或温度较高的舱室。

(3)怕潮货不能置于易出汗的部位。

(4)重货不压在轻货的上面。

(5)怕冻的货物在冰冻季节不置于上甲板。

(6)后卸货物不堵先卸货物。

2. 货物在舱内要正确堆码

(1)货物的垛形应符合要求,即货垛应稳固、有利于通风、操作方便、有利于充分利用舱容。

(2)底舱货物应尽量平铺,必须扎位时,不得直立扎位、左右扎位和深扎位。

(3)各类包装的堆码高度不能超过限高。

(4)应做好货物的系固绑扎。一般货件之间应靠紧,空隙处应用水材、绳索等予以固定,使其在航行中不发生移位。对于重大件货物的系固要求则更高。

舱内货物堆码如图11-8所示。

3. 正确处理货物的忌装

忌装货混装在一起,轻则影响货物的质量,重则使货物丧失其使用价值甚至造成严重事故。杂货在船上装载的忌装要求有三个:

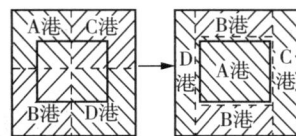

图11-8 舱内货物堆码

(1)不同舱,即忌装货物不能装载在同一货舱内,而必须分装在不同的货舱内,即使分装于同一货舱的二层舱和底舱也不满足要求。

(2)不同室,即忌装货物不装载在同一舱室内,它们可以分别装在同一货舱的二层舱和底舱就不属于互抵。

(3)不相邻,即在互抵货物之间用其他不互抵的货物隔开就不属于互抵。

常见的忌装货物详见附录二中的表F2-2。

4. 做好货舱准备工作

各类货舱应根据货物情况做到清洁、干燥、无味、无虫、无漏,舱内设备完好或经检验合格取得验舱合格证书。

三、快速装卸对货物的积载要求

快速装卸的目的是加速船舶周转,提高船舶营运经济效果。快速装卸的主要途径:缩短船舶在港停泊时间。在港停泊时间包括装卸所需的时间、不能与装卸货同时进行的辅助作业时间(如移泊等)及其他非生产性停泊的时间(如气象原因、候潮和等待泊位等)。正常情况下,装卸货物所需的时间是主要的,因此,快速装卸、缩短船舶装卸作业的时间对提高效率、缩短船舶在港停泊时间有决定性的意义。一般货物要达到快速装卸应注意以下要点:

1. 按货物装卸港口顺序合理积载

当船舶一个航次要停靠一个或几个中途港进行部分货物的装卸时,必须适当地安排各中途港货物的合理货位和装船顺序,以保证各中途港货物能顺利卸载及船舶的安全和适航性。

2. 按货物装卸方便原则合理积载

(1)当先卸货物为重货,后卸货物为轻货时,按一般方法配载就会使重货压轻货而造成货损,因此采用扎位方法比较妥当。

(2)当船舶在中途港只卸不装或者没有加装去本航次终点港的货载时,应当把本航次运往终点港的货物适当地分散装在各货舱内,并应将其部分货物配装在二层舱,这样既加快装卸速度,又满足全航程内对船舶纵向强度、稳性和吃水差的要求。

3. 缩短船舶在港停泊时间

(1)缩短重点舱的装卸时间,所谓重点舱(long hatch),就是船舶各货舱中所需装卸时间最长的货舱。应尽可能地将装卸效率最高的货物多配置于重点舱。

(2)船舶在港的基本作业与辅助作业并举。

(3)合理选择货位,尽量考虑扩大装卸操作场地,正确堆装。

(4)要求装卸公司改善装卸工艺和劳动组织,提高装卸效率,缩短装卸工作时间。

第五节 杂货船积载图编制

积载图(stowage plan or cargo plan)是用图式来标明航次货物具体装载在各货舱和甲板位置的示意图。积载图是指导装卸公司装货的文件,一般由船舶大副根据航次货物种类、性质、数量、重量和尺码,以及船舶结构、容积,货物到港顺序绘制而成,有时也可由代理公司绘制,并经船舶大副、船长认可。在装货过程中,由于各种原因积载图可能与计划有出入,所以以装完货后按实际装载所绘制的图称为实际积载图,它不仅是船方运送、保管货物的必备资料,也是卸货港安排卸货和现场理货的依据。

一、编制准备工作

杂货船积载是一项关系到船舶安全及货运质量等的繁重、复杂、细致的工作,必须以严谨的科学态度、认真踏实的工作作风,迅速、圆满地完成航次的船舶积载任务。

1. 熟悉船舶、货物情况

有关船舶情况包括:

(1)船舶各货舱装货条件及装卸设备、货舱结构等情况。其包括各货舱和舱口的位置、尺度;各二层舱舱口及防堵舱容;内底板、各层甲板及舱盖安全负荷量;各货舱吊杆数及其负荷量和舷外跨度;油、水和压载舱的位置;船舶航行和停泊每天燃油、淡水的消耗定额;货舱内各种设备如支住、轴隧、污水井的位置,电缆、通风设备的布置情况等。

(2)船舶稳性报告书,包括船舶性能数据、强度曲线图及船中载荷弯矩允许值、加载 100 t 首尾吃水变化曲线图或数值表、适度的初稳性高度值和吃水差、各舱货物重量分配比例。

(3)船舶性能数据,一般是指船舶静水力曲线图中的有关曲线,它是船舶积载所必需的资料,可以从船舶性能数据较全的载重表尺或静水力参数表中查取。

有关货物情况包括:

(1)装货清单及对特殊货物运输保管的要求:船舶每个航次的货载是以装货清单形式通知船方的。通常在装货清单上写明所运货物的装货单号、目的港名称、货名、包装形式、毛重、估算的体积和件数,对于有特殊运输保管要求的货物及重大件、危险货物等均在备注栏内加以说明。

(2)航次货载情况:由于船舶每个航次的货载均不相同,因此,在编制积载图之前首先应从装货清单中了解航次货载情况。如有不清楚的地方应通过港口或代理了解清楚。在有条件时,还应该到堆货现场实地了解并核对、观察货物的堆放位置及包装情况。了解的重点应放在不熟悉的、首次装运的货种和对运输保管有特殊要求的货种上。

2. 熟悉港口、航线情况和资料

对于港口和航线,应该了解和熟悉以下情况:

(1)本航次船舶航经的海区及装卸港口泊位的水深,有无浅水区及其限制吃水,以便确定船舶允许的最大吃水。这方面情况不了解清楚,就有可能造成临时转口卸货和港外过驳等影响船舶安全和营运经济效果的不良后果。

(2)各装卸港口装卸条件及有关规定。港口卸货工具、起重设备能力,同时作业工班数,每天作业班次,港口规定等,以便船舶装卸时做出妥善安排。

(3)船舶本航次航经海区的风浪、气温变化情况,以便采取相应的货物运输保管的措施。

上述有关船、货、港、航方面的情况中,属于船舶方面的情况每个航次都可以通用,每艘船舶的有关资料在一定时间内是不变的。因此,尽可能将它们整理成清晰的文字资料,以便每次编制积载图时使用。关于货、港、航的情况,则随航次任务的不同而有所变化。因此,应从工作需要出发,注意积累货、港、航方面的资料。

二、积载图表示方法

1. 积载图内容

在积载图上应具体标明船名、航次、始发港、各中途港、目的港、离始发港时的首尾实际吃水、平均吃水、编制日期和货物在各舱装载的位置以及装货中注意事项等,并有该船大副的签字。在正图的左上方有各目的港及其各货舱装货吨数的统计表,右上方有各货舱及其底舱、二层舱(有的还是多层舱)货物吨数和件数的统计表。

2. 积载图标注

积载图内标明货物在各舱装载的位置,注明货物的名称、重量或体积、包装形式、件数、装货单号,如果卸货港口超过 1 个,还要标明卸货港名(可用不同颜色来清晰地区别不同的卸货港货载)。

3. 备注

对保证装载质量有特殊要求时,在积载图下方的备注栏内应注明装载时注意的问题,如吊杆的安排负荷、衬垫、隔票、理货、通风、系固以及其他需特别提醒注意的事项等,以便引起装卸公司在组织装货及船上值班人员看舱时重视。

4. 积载图图示方法

(1)积载图反映的船舶方向为船舶的首尾方向,船首为右,船尾为左。

(2)积载图反映的船舶二层舱舱位为俯视图。所谓俯视图,就是站在船体甲板上俯首观看二层舱货物装载部位,以此绘制而成的示意图。在俯视图上,用竖线表示货物的前、后舱位,即右边为前舱位,左边为后舱位。用横线表示货物的左、右舱位,即左上位为左舷舱位,右下位为右舷舱位。用斜线表示货物的上、下舱位,即上部为上舱位,下部为下舱位。图 11-9(a)中 A 货在二层舱前部的左舷,B 货在二层舱前部的右舷,C 货在二层舱的中部,D 货在二层舱后部的上层,E 货在二层舱后部的下层。

(3)积载图反映的船舶底舱为侧视图。所谓侧视图,就是站在船舶右舷的前面,观看底舱货物装载部位,以此绘制而成的示意图。在侧视图上,用竖线表示货物的前、后舱位,即右边为前舱位,左边为后舱位。用横线表示货物的上、下舱位,即上部为上舱位,下部为下舱位。用斜线表示货物的左、右舱位,即左上位为左舷舱位,右下位为右舷舱位。如图 11-9(b)、(c)、(d)和(e)所示,图 11-9(b)中,A 货在底舱的下层,B 货在底舱上层的前半舱,C 货在底舱上层的后半舱;图 11-9(c)中,A 货在底舱的下层,B 货在底舱上层的左舷,C 货在底舱上层的右舷;图 11-9(d)中,A 货在底舱下层,B 货在底舱上层的中部,C 货在底舱上层的两舷;图 11-9(e)中,A 货在底舱下层,B 货在底舱上层的舱口,C 货在底舱上层的舱口位四周。

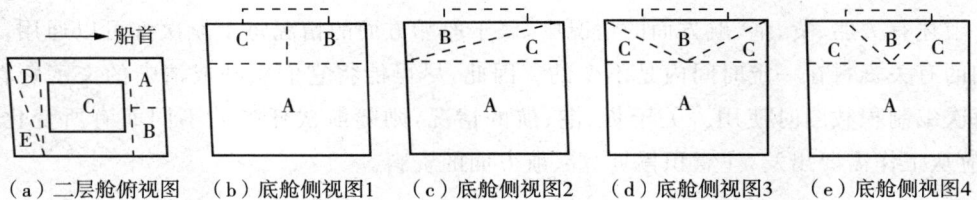

（a）二层舱俯视图　（b）底舱侧视图1　（c）底舱侧视图2　（d）底舱侧视图3　（e）底舱侧视图4

图 11-9　积载图图示

(4)积载图反映的货位大小是按货物的容积大小比例绘制而成的。

(5)积载图的船型图用实线表示,各票货物之间用虚线分隔。

积载图要做到清晰、简单、明确、易懂,无论由谁绘制,均由大副签字认可,船长批准。如果按积载图装货而产生货损,其责任由船方负责;装卸工人未经大副同意,擅自更改装载计划,不按积载图要求装货,则由装卸公司负责。由此可见,积载图具有法律原始证明文件的意义,在绘制积载图时,必须进行周密的调查研究。

三、积载图编制步骤

由于船舶类型的不同,各航次的货载也不同。因此,船舶积载图的编制程序有繁有简,不尽相同。在做好上述编制准备工作的基础上,可按下列具体步骤编制积载图:

1. 核对"装货清单"所列航次货运任务与船舶的装载能力是否相适应

(1)计算船舶航次净载重量 NDW,查取航次装货重量,并判别能否承运;

(2)查取货物总体积及船舶货舱总容积,并判别能否承运;

(3)审核船舶其他装载能力是否满足要求。

2. 确定航次货物重量在各货舱、各层舱的分配控制数

根据满足纵强度、稳性和吃水差的要求或在实践中总结出各货舱及各层舱装货重量的百分比,算出航次货载在各货舱和各层舱的装货重量范围。按照这个分配控制数往各舱及舱室配货,就可以减小盲目性。

3. 向舱内配置货物,拟订初配方案

在一张船舶积载图上为货物选择适当的舱位,此时应着重考虑保证货运质量及船舶对装卸货的各项要求。首先可将装货清单所列货物,按其装、卸港顺序以及货物性质类别进行归纳,然后根据货舱条件及各舱应配货物重量,从解决主要矛盾入手,灵活掌握各项配舱原则,并经适当调整,拟订初配方案,绘制装载草图。

货物配舱基本要求:

(1)为满足稳性、纵强度和吃水差的要求,万吨级杂货船在满载条件下各舱实配货物重量应在上、下限范围内,二层舱配货重量应保持在 30%～35%;

(2)合理确定不同货物的舱位和货位;

(3)忌装货物之间应进行妥善隔离;

(4)无重货压轻货、易碎品受压现象;

(5)满足装卸顺序要求,先卸港货不被后卸港货堵住;

(6)各卸港货物的装载左右均衡,船舶无初始横倾角。

4. 全面检查初配方案是否符合要求

装载草图拟就之后,应进行全面检查,如有不当,应当进行调整。检查项目主要包括:

(1)对照装货清单,进行核查,防止漏配、重配和其他错误;

(2)列表检查初配方案,每一个货舱所配重量是否符合要求,货物所占舱容是否小于货舱舱容;

(3)检查货物的配置和搭配是否合适;

(4)各货舱装卸货有无困难,中途港的货物是否有被堵的情况;

(5)校验各层甲板局部强度,根据船舶资料查出装货处甲板允许负荷量,计算装货处甲板实际负荷并比较。

5. 校验船舶稳性、吃水差和纵向强度

在初配工作完成后,应进行船舶在各种装载情况下(包括离始发港,到、离各中途港,到达目的港)的稳性、纵向强度、吃水差和吃水的校验,如不符合要求,应予以调整,直至符合要求为止。

6. 绘制正式的积载图

经过检查、校核、调整,认为已符合要求的装载方案,就可以据此绘制成正式积载图。

第六节　货运质量管理

杂货运输过程中,承运人对货物运输承担责任的期间是从货物装船到货物卸离船舶的时间。所以,对承运人来说,提高货运质量,防止货损、货差事故发生的关键环节在于加强货物在船舶承运期间的全面质量管理,即对所承运的货物从受载的准备、收货和积载、途中的保管、卸货交付整个运输生产过程中的全面质量管理。

一、海上货运质量事故

杂货的货运质量事故是指在海上运输过程中所产生的货物包装损坏、变形或松脱,货物外形残损、霉烂变质、重量减少或数量短缺和延迟交货等方面的事故。

(1)货物残损事故(damaged cargo):是指货物在装卸、运输过程中发生和发现的货物原有理化性质改变的现象,如变形、变质、霉烂、破碎、泄漏等。

(2)货物溢短事故(shortlanded and overlanded):是指货物在装卸、运输过程中发生和发现的货物错装、错卸、漏装、漏卸、理货计数不准等原因所造成的交付货物的数量、标志等与提单记载不符的现象。

(3)货物爆炸、火灾、泄漏等原因造成的人身伤亡、财产损毁事故。

(4)货物逾期到达。

二、海上货运质量管理环节

(1)装卸准备环节的质量管理:船舶受载前,须在配船、配载、使船舶适宜装运货物等方面做好质量管理。

(2)装卸进行环节的质量管理:船舶受载过程中,须在工班安排、装卸、积载、衬垫、隔票、理货等方面做好质量管理。

(3)航行运输保管环节的质量管理:船舶运输过程中,须在航行安全、航区气象、货舱通风、货物绑扎等方面做好质量管理。

(4)交接签证环节的质量管理:船舶货物交付时,须在工班安排、装卸、理货、装卸单证签发等方面做好质量管理。

三、杂货运输中产生货损、货差的主要原因

(1)积载不当。主要原因有舱位、货位选择不当；货物搭配、隔离不当；货物堆码、绑扎不当；衬垫、隔票不当等。这些原因引起的货损或货差一般由船方负责。

(2)货舱及设备不符合装载要求。主要原因有货舱不适货、货舱设备不符合要求。这些原因引起的货损一般由船方负责。

(3)装卸过程中有关人员工作疏忽或失职。主要原因有装卸操作不当或违章操作、装卸设备或吊货工具使用不当；船员看舱松懈，疏于监装、监卸，装卸过程中遇有雨雪天气未及时处理等。

(4)运输途中货物管理不当。主要原因有货舱通风不当，防水或排水、绑扎或加固等措施不及时，冷藏货、危险货等特殊货物的检查和管理疏忽大意。运输途中货物保管不当而造成的货损一般由船方负责。

(5)货物自身原因。主要原因有货物包装不当、标志不清、本身自然属性，或货物本身的特性或潜在缺陷。当承运人能举证确属此类原因时，承运人对此不负赔偿责任。

(6)不可抗力等原因。海上航行遇到大风浪，外板、甲板、舱口等水密设备遭受破坏，以致舱内进水，货物浸泡、倒塌，或天气恶劣，不能进行正常通风，造成舱内货物严重汗湿、霉烂等货损事故，或大风浪及其他恶劣天气使船舶逾期到达目的地。承运人只要能提出充分证据，并采取了力所能及的措施，可以免除赔偿责任。

四、海上货运质量管理环节

(1)装卸准备环节的质量管理：船舶受载前，须在配船、配载、使船舶适宜装运货物等方面做好质量管理。

(2)装卸进行环节的质量管理：船舶受载过程中，须在工班安排、装卸、积载、衬垫、隔票、理货等方面做好质量管理。

(3)航行运输保管环节的质量管理：船舶运输过程中，须在航行安全、航区气象、货舱通风、货物绑扎等方面做好质量管理。

(4)交接签证环节的质量管理：船舶货物交付时，须在工班安排、装卸、理货员、装卸单证签发等方面做好质量管理。

第七节　船员与港口工人的有效沟通

船舶装货和卸货过程中，船员与装卸工人的有效沟通对保证货运质量十分重要。虽然大多数船舶都委托理货公司进行理货，但船员仍有配合和协助做好理货工作的责任。

1. 货物装卸过程中的监管

在货物装卸过程中船上都安排人员进行看舱值班，主要是监督装卸工人正确操作，严格执行装卸计划，保证货物的质量和数量。

（1）要求装卸工人按积载计划的要求进行装货作业，如有变化应请示大副，并记录货物的实际装载位置和隔票情况。

（2）货物装船时，应对货物外表情况予以核查，如发现包装不良、标志不清或其他异状，应及时报告大副，视情况拒装、更换并做好现场记录。

（3）督促装卸工人按操作规程进行作业，制止各种违章作业，按配载图要求进行衬垫、隔票和系固。不同货物应采取不同的隔票、衬垫和系固方式，值班人员应严格监管，督促和检查工人按配载图要求进行操作。

（4）督促理货人员正确理货、检残，分清原残、工残，做好现场拍照、记录及签认，必要时船员参加理货，并与理货人员核对装船货物的数字，如双方数字不符或与装货单数字不符，则应报告大副进行处理。

（5）保证装卸货的工作场所适工，根据天气情况及时开关舱并确保装卸货的安全。

（6）卸货时应特别注意防止工人"挖井"、拖关及货物的混票和混卸。

（7）当卸货时发现货物残损，应分清是原残还是工残，此时的原残属于船方管货而产生，而工残则是装卸不当所造成的，应与装卸公司共同做好记录并签认。

（8）监督和均衡各舱装卸进度，防止各舱装卸量相差较大而影响船体强度，或因重点舱进度过慢而延长船舶停港时间，并防止船舶装卸过程中出现过大横倾，如货物不对称装卸所致，应予以纠正。

2. 大副与岸上人员的工作关系

船舶停泊作业时，大副在工作中可能遇到的工作对象有工头（或指导员）、理货员、货监、港口船长、验船师、加水员、垃圾回收工、看船人员、运河带缆工、物料运送人员等。大副如何与上述人员打交道呢？

大副应注意上述人员均是为船舶提供服务的人员，他们来自不同的单位，自然也代表着所属单位的利益，大副则代表船方利益。所谓船方利益是指船东的利益和船舶安全。大副应坚决维护船方利益，必要时请示船长给予支持，而不应轻易屈从。

工头（或指导员）是大副接触最多的岸上人员，大副与之的合作关系从货物积载或卸载环节到后续的船舶安全。船舶靠泊后，大副注意协同船长和大工头认真填写装卸船/岸安全检查表，并将其中要点向每一名值班驾驶员交代清楚。大副还应根据港口资料制订好货物装卸计划。计划一旦确定，大副报请船长同意后，应首先取得工头的确认，同样将计划向每一名值班驾驶员交代清楚，目的在于相互监督实施。该计划重点在于明确装卸轮次和压载水的匹配，影响着船舶的结构安全，因此大副有责任确保严格执行该计划。大副一方面确保每一个货舱货物积载左右对称平衡，防止产生扭矩；一方面尽最大努力压/排压载水跟上货物装卸，如果难以按计划跟上货物装卸，大副应毫不犹豫地通知主管工头调整乃至停止装卸，防止装卸与压载水操作各行其是。

3. 大副和值班驾驶员应做的重点工作

（1）装载危险货物、重大件货物和贵重货物时，应到场监装或指导，以保证装载质量和防止货物被盗。

（2）应随时掌握全船的装货进度和货损情况，检查货物的堆码、衬垫、隔票、系固、平舱等情况，必要时调整货载，及时签发收货单和做好批注工作。

（3）装货结束，应会同有关人员检查货舱，当确认一切正常后及时封舱。

（4）卸货结束，应会同有关人员检查有无漏卸货物，并安排人员清理货舱和衬垫物料，为下一个航次做好准备。

表 11-2 散货船装卸船/岸安全检查表
SHIP/SHORE SAFETY CHECKLIST
For Loading or Unloading Dry Bulk Cargo Carriers

船名： Ship's name： 港口： Port： 泊位水深： Available depth of water inberth： 到港吃水（读数/计算）： Arrival draught (read/ calculated)： 计算出港吃水： Calculated departure draught：	日期： Date： 码头： Terminal/Quay： 最小水上高度*： Minimum Air draught*： 水上高度： Air draught：

本表应由船长、码头负责人或其代表共同填写；填写内容参见所附指南*。操作的安全要求所有问题做肯定回答并在方格内相应标记；否则应写明原因。并且，船方与码头应达成采用的预防措施的协议。如某一条不适用，则填写"N/A"并注明原因。

The Master and terminal manager, or their representatives, should complete the checklist jointly. Advice on points to be considered is given in the accompanying guidelines. The safety of operations requires that all questions should be answered affirmatively and the boxes ticked. If this is not possible, the reason should be given, and agreement reached upon precautions to be taken between ship and terminal. If a question is considered to be not applicable write "N/A", explaining why if appropriate.

序号 No.	项　目 Item	船方 Ship	码头 Terminal	备注 Remark
1	泊位水深及水上高度是否适合货物装卸？ Is the depth of water at the berth, and the air draught, adequate for the cargo operation?			
2	系泊设备是否适合当地所有潮汐、海流、天气、通航及船舶离靠港的影响？ Are mooring arrangements adequate for all local effects of tide, current, weather, traffic and craft alongside?			

..

序号 No.	项 目 Item	船方 Ship	码头 Terminal	备注 Remark
3	紧急情况下船舶是否可以随时离开码头？ In emergency，is the ship able to leave the berth at any time?			
4	船舶与码头之间的通路是否安全？ Is there safe access between the ship and the wharf? 由船方/码头（不适用者划去）负责 Tended by Ship/Terminal(cross out the appropriate)			
5	船方/码头同意的通信系统是否有效？ Is the agreed ship/terminal communication system operative? 通信方式 Communication method 语言 Language 无线电话频道/电话号码 Radio channels/phone numbers			
6	操作时通信联络人员是否可以识别？ Are the liaison contact persons during operations positively iden- tified? 船方联络人员 Ship contact persons 岸上联络人员 Shore contact persons 位置 Location			
7	船上及码头是否配备足够处理紧急情况的人员？ Are adequate crew on board，and adequate staff in the terminal, for emergency?			
8	是否准备或计划进行加油操作？ Have any bunkering operations been advised and agreed?			
9	船舶靠港期间是否准备或计划对码头或船舶进行修理？ Have any intended repairs to wharf or ship whilst alongside been advised and agreed?			
10	是否接受货物装卸操作造成损坏的报告和记录程序？ Has a procedure for reporting and recording damage from cargo operations been agreed?			

序号 No.	项 目 Item	船方 Ship	码头 Terminal	备注 Remark
11	船上是否具有港口和码头规定（包括安全和防污染要求及应急措施）的副本？ Has the ship been provided with copies of port and terminal regulations, including safety and pollution requirements and details of emergency services?			
12	托运人是否向船长提供 SOLAS 等 VI 章要求所述的货物性质？ Has the shipper provided the Master with the properties of the cargo in accordance with the requirements of chapter VI of SOLAS?			
13	对于可能需要进入的货舱和围闭处所，其空气是否安全？熏蒸货物是否标明？船方和码头对需要进行大气监控是否达成一致？ Is the atmosphere safe in holds and enclosed spaces to which access may be required, have fumigated cargoes been identified, and has the need for monitoring of atmosphere been agreed by ship and terminal?			
14	货物装卸能力和每台装/卸货机运行限制是否已通知船方/码头？ Have the cargo handling capacity and any limits of travel for each loader/unloader been passed to the ship/terminal? 装货机 Loader			
15	对于装货/排压载或卸货/加压载在各个阶段的装卸货操作计划是否已经计算？ Has a cargo loading or unloading plan been calculated for all stages of loading/deballasting or unloading/ballasting? 计划副本持有人 Copy lodged with			
16	装卸货计划中是否已经清楚地说明作业货舱，是否标明作业次序及每次作业货舱转移的货物等级和吨数？ Have the holds to be worked been clearly identified in the loading or unloading plan, showing the sequence of work, and the grade and tonnage of cargo to be transferred each time the hold is worked?			
17	是否已经讨论货物需要平舱？其方法和范围是否已取得一致？ Has the need for trimming of cargo in the holds been discussed, and the method and extent been agreed?			

序号 No.	项 目 Item	船方 Ship	码头 Terminal	备注 Remark
18	船方和码头是否理解并接受如果压载和货物作业失调，货物装卸将暂停直到压载操作调整正常？ Do both ship and terminal understand and accept that if the ballastprogram becomes out of step with the cargo operation，it will be necessary to suspend cargo operation until the ballast operation has caught up?			
19	船方是否已经知道并同意卸货时移去遗留货物的预定程序？ Have theintended procedures for removing cargo residues lodged in the holds while unloading，been explained to the ship and accepted?			
20	船舶最终吃水差调整程序是否已确立并取得一致意见？ Have the procedures to adjust the final trim of the loading ship been decided and agreed? 码头传输系统传输记录的吨数 Tonnage held by the terminal conveyor system			
21	是否已经通知码头货物装卸完成后船舶准备开航所需的时间？ Has the terminal been advised of the time required for the ship to prepare for sea，on completion of cargo work?			

同意以上各项内容：

THE ABOVE HAS BEEN AGREED：

日期

Date

船方

Ship

职务

Position/Title

日期

Date

码头

Terminal

职务

Position/Title

表 11-3 货物装卸计划 (LOADING/UNLOADING PLAN)

Loading/Unloading Plan Version No.	Date	Vessel				Voyage No.
Load/Unload Port	Cargo(s)	Assumed stowage Factor of cargo(s)	Ballast pumping rate	Dock water density	Max draught Available(HW)	Max air draught / In berth
To/from Port	Last cargo	No. of loaders/dischargers	Load/Discharge rate		Min draught Available(LW)	Max sailing/Arrival draught

Grade Tonnes:	9	8	7	6	5	4	3	2	1

Grade:	Tonnes:	Grade:	Tonnes:	Grade:	Tonnes:	Total	Tonnes:

Pour No.	Cargo		Ballast operations	Time Required (hours)	Comments	Calculated values						Calculated values				Observed Values			
	Hold No.	Tonnes				Draught		Maximum						Draught		Trim	Draught		
						Fwd	Aft	BM	SF			Air drf	Dft Mid				Fwd	Aft	Mid
TOTAL.																			

REMARK:

Bending moments(BM) & shear forces(SF) are to be expressed as a percentage of maximum permitted in portvalues for intermediate stages,and of maximum permitted at sea values for the final stage. Every step in the loading/unloading plan must remain within the allowable limits for hull girder shear forces, bending moments and tonnage per hold, where applicable. loading/unloading operations may have to be paused to allow for ballasting/deballasting in order to keep actual values within limits.

NO DEVIATION FROM ABOVE PLAN WITHOUT PRIOR OF CHIEF MATE

Pours to be numbered 1A. 1B. 2A. 2Betc. when using two loaders.

Abbreviations: PI— Pump In . GI— Gravitate In. F— Full. PO— Pump Out. Go—Gravitate Out.

MT—Empty

All entries within blue box must be completed as far as possible.

The entries outside the blue box should be filled in each round of loading or unloading..

Signed Ship:

Signed Terminal:

第十二章　散装固体货物运输

固体散装货物运输

本章介绍固体散货运输危险性，各类固体散货装运要求，水尺计重的适用范围和基本原理，水尺计重的步骤和方法，《IMSBC 规则》包含的主要内容及查用方法。

固体散货是指由颗粒、晶体、粉末、片状或较大块状物质组成的混合物，其组成成分均匀，并且不用任何包装容器就可装船运输的货物，如谷物、矿石、煤炭、水泥、饲料等；固体散货在世界海上运输中占有很大比重，具有批量大，货流稳定，港口相对集中，多数为单一货种，采用专用船舶进行整船单向运输的特点。本章介绍除散装谷物以外的其他固体散装货物的运输。

第一节　《国际海运固体散装货物规则》概述

每年有成千上万吨散货在海上运输，虽然大多数船舶没有发生事故，但仍有一定数量的船舶不幸造成严重海损灾难，足以引起我们重视。为了促进除散装谷物外的散装货物的海上运输安全，国际海事组织（IMO）于 1965 年出了第一版《固体散装货物安全操作规则》（*Code of Safe Practice for Solid Bulk Cargoes*）（简称《BC 规则》），以后又相继出了几个修订版。IMO 于 1994 年将该规则部分内容加入《1974SOLAS》的第 6 章中。在 2008 年 11 月 26 日至 12 月 5 日于伦敦召开的 MSC（海上安全委员会）85 次会议上，《国际海运固体散装货物规则》（*International Maritime Solid Bulk Cargoes Code*，简称 IMSBC Code）以及使该规则成为强制性要求的 1974 年 SOLAS 公约第 6 章修正案得到了通过，《IMSBC 规则》通过提供某些货种运输的危险性信息以及提供合适的操作程序，提高固体散货积载和运输的安全性。该规则已取代《BC 规则》，于 2011 年 1 月 1 日起强制实施。

散装固体货物及其装运概述

《IMSBC 规则》适用于经修订的《1974SOLAS》第 7 章中定义的载运散装固体货物的所有国际航行船舶。

一、《IMSBC 规则》的主要内容

《IMSBC 规则》由 13 节正文及 4 个附录组成。

正文主要内容包括：相关术语和定义，散装固体货物装载、装运和卸载的一般预防措施，人员与船舶安全，货物安全适运性评定，平舱程序，测定静止角的方法，易流态化货物的测试程序，易流态化货物和具有化学危险的货物装载、装运和卸载预防措施，散装固体废物

运输以及保安规定。

附录的内容包括：散装固体货物明细表，实验室测试程序、使用的仪器和标准，散装固体货物特性以及索引。

《IMSBC 规则》通过介绍固体散装货物运输的一般建议，250 多种典型固体散货的物理和/或化学特性及其安全运输的特殊要求，固体散货试样采集和各种指标的测试方法等内容，向海运主管机关、船东、托运人、船长和船舶管理人员提供固体散装货物安全积载和运输方面的标准和指导。

二、固体散货分类

在《IMSBC 规则》中，将固体散货分为以下几种：

1. 易流态化货物(cargoes which may liquefy)，即 A 类散货

易流态化货物是指由较细颗粒且含有一定水分的混合物构成，包括精矿、煤粉或类似物理性质的货物。这类货物在海运时的潜在危险是：当它们的含水量超过一定值时，在航行中因船舶的颠簸、振动，其水分逐渐渗出，表面形成可流动状态。表层流态化的货物在船舶摇摆时会流向一舷，而船回摇时却不能完全流回，如此反复，将会使船舶逐渐倾斜乃至倾覆。

流动水分点(flow moisture point，FMP)是指易流态化货物达到发生流态化特性时的含水量。易流态化货物安全运输公认的最大含水量称为适运水分限量(transportable moisture limit，TML)，通常被确定为流动水分点的 90%。

2. 具有化学危险的货物(materials possessing chemical hazards)，即 B 类散货

具有化学危险的货物是指由于本身的化学性质而在运输中产生危险的货物。这类货物又分为两小类：

(1)已列入《国际危规》的固体货物。如干椰子肉、蓖麻子、硝酸铝、鱼粉、种子饼等，它们在包装条件下的安全运输可查阅《国际危规》，而在散装运输时的安全要求则应查阅《IMSBC 规则》。

(2)仅在散装运输时会产生危险的货物(materials hazardous only in bulk)，简称 MHB 货物。如焙烧黄铁矿、煤炭、氟石、生石灰等。这类货物的危险性往往被人们忽略，因而使一些本来可避免的危险酿成灾难，如散货本身的氧化，造成货舱缺氧或散发有毒气体，致使卸货时人员伤亡，易于自热的散货由于通风不良而酿成火灾等。

3. 既不易流态化又无化学危险的散装物质(bulk materials which are neither liable to liquefy nor to possess chemical hazards)，即 C 类散货

此类货物即为普通固体散货，如滑石、水泥、种子饼、带壳花生等。须注意这类货物中有些与 A 类货物同名，但其块状较大或含水量较小。有些与 B 类货物同名，但已经过抗氧化处理或某些物质含量较小。运输 C 类货物时，应注意测定其静止角。静止角小的散货潜在移动性一般要超过同名的 A 类散货。

此外，《IMSBC 规则》中列出的固体散货有的同时既具有易流态化性又具有化学危险性(bulk materials which are both liable to liquefy and to possess chemical hazards)，即 A/

B 类散货。如煤、硫化金属精矿、铜精矿等,这类散货在规则中既可在附录 A 中查到,又可在附录 B 中查到。运输这类货物时,在不同的条件下其性质会发生变化,必须兼顾其易流态化特性和化学危险性对运输安全的影响。

三、固体散货运输危险性

散装固体货物在运输中有以下三方面的危险:

(1)货物重量分配的不合理而造成船舶结构的损坏。

(2)船舶在航行中,由于稳性的降低或丧失而造成危险,其原因有:

① 平舱不当或货物重量分配不合理而使货物在恶劣天气中发生位移;

② 船舶在航行中的振动与摇摆,使货物流态化而滑向或流向一侧。

(3)由于固体散货的化学反应,如释放有毒或可燃、可爆气体,而造成中毒、腐蚀、窒息、起火或爆炸危险。

四、固体散货安全运输的一般要求

鉴于固体散货在船舶运输中易产生的危险,《IMSBC 规则》在船舶运输相应的各个环节都提出了安全运输要求,具体可归纳为:

1. 了解拟装货物的理化特性

在装货前应确保货物处于适运状态。船方应从《IMSBC 规则》附录 1 中查阅散装固体货物明细表,但明细表并非详尽无遗,所列出货物性质仅供用作指导。《IMSBC 规则》规定,托运人必须在装货前向船方提供装船货物理化性质的最新、充分而有效的信息。这类信息包括货物的毒性、腐蚀性、易燃性、含水量、流动水分点、静止角、积载因数等。对于《IMSBC 规则》中未列明的货物,货方还应提供该种货物发生的有关货运事故资料、应急措施、医疗急救指南等。

2. 合理确定货物在各舱室的重量分配

为保证船体强度条件,满足适度稳性和适当吃水差要求,必须合理分配货物在各舱的重量。当装载积载因数 $SF < 0.56 \text{ m}^3/\text{t}$ 及以下的高密度散货时,应予以特别重视。一般可根据船舶资料中的建议数据进行货物重量的分配。不合理的重量分布可能会使承载货物的局部结构或整个船体的应力过大。如果需要将高密度货物装载在二层舱,须保证其下的甲板不得超负荷,并且船舶初稳性不得小于船舶装载手册中规定的最小允许值。

3. 散装固体货物的装卸

(1)装货前,应检查和准备货物处所,使其适合装载拟装货物。应保证舱内污水井(沟)管系、测深管以及其他舱内管线处于良好状态,污水井和滤板畅通无阻并能防止散货流入污水排放系统。

(2)考虑到高密度散货装入货物处所的速度,装货时应注意采取必要的措施以防货物处所的设备受到损坏。为此,在装货结束后,最好再次测量污水井的水位。

(3)货物装卸时,应尽可能减少粉尘与甲板机械及室外助航仪器活动部件的接触。为减少进入船舶生活区或其他舱室的粉尘量,在装卸期间应关闭或遮盖通风系统,空调应调节为内循环运行。

4. 散装固体货物的平舱要求

平舱是指在货舱内对部分货物或全部货物进行的平整作业。合理平舱有利于减小货物移动的风险,均衡舱底受力,以及能减少可能导致自热的空气进入货物。平舱可利用装货喷管或滑槽,可移动机械或设备,也可由人工进行。对于平舱要求而言,散装固体货物可分为黏性和非黏性两类。所有潮湿的散货和某些干散货为黏性散货,在《IMSBC 规则》附录1"散装固体货物明细表"中未列出其静止角的货物均为黏性散货。船长从船舶特性及预定航程考虑有权提出特殊的平舱要求。

(1)黏性散货的平舱要求

所有潮湿货物及某些干散货均具有黏性。货物应合理地平整到货物处所的边界,在底舱或二层舱不超载的前提下,应尽可能装满。

(2)非黏性散货的平舱要求

① 对于多层甲板船,如果货物仅装入底舱,则应进行充分平舱以使货物重量均布于底舱。在二层舱中装载散货时,如果装载资料载明,敞开二层舱盖会使舱底结构的应力超负荷,则应关闭二层舱盖。须将货物表面合理平舱至两舷,或者设置足够强度的纵隔板。须注意二层甲板的安全荷载能力,保证甲板结构不超载。

② 静止角小于或等于30°的非黏性散货平舱,因其具有和散装谷物一样的散落性,因此,应按谷物的平舱要求执行。

③ 静止角在30°~35°的非黏性散货平舱:装载中使用经主管当局认可的平舱设备,经平舱使之满足货堆表面最高点与最低点间的垂直距离 δh 不超过船宽 B 的 $1/10$ m,且最大不得超过 1.5 m(我国交通运输部规定:生铁、煤炭的 h 不能超过 1.0 m)。

④ 静止角大于35°的非黏性散货平舱:装载中使用经主管当局认可的平舱设备,经平舱使之满足货堆表面最高点与最低点间的垂直距离 δh 不超过船宽 B 的 $1/10$ m,且最大不得超过 2.0 m。

五、易流态化货物安全运输的特殊要求

在《IMSBC 规则》附录1中货名后被归为 A 类的即为易流态化货物,包括精选矿、某些煤炭和其他具有类似物理性质的物质(如散装鱼、散装草泥等)。

装运易流态化散货前,托运人须安排受过采样程序训练并熟悉托运货物特性的人员对货物妥善取样和试验,以便能够充分提前向船方提供货物的信息。这些信息须在货物装船前以书面形式和通过运输单证予以确认,并须加托运人声明和附上适运水分限量证书和一份经签字的货物含水量证书。

《IMSBC 规则》规定,易流态化散货的适运水分限量的测定试验须在装货之日前6个月之内。若有理由认为货物成分或性质因某种原因发生了变化,则须再次进行试验以测定适运水分限量。规则同时规定,易流态化散货含水量的采样和测试时间应尽可能与装货时间接近,

不得超过 7 d。若从测试到装货期间遇到大的雨雪,则须进行核对测试,以确保货物含水量仍低于适运水分限量。冻结货物的试样,须在全部解冻后测定其适运水分限量或含水量。

普通货船只限装载含水量不超过适运水分限量的货物(我国交通运输部规定不超过8%)。含水量超过适运水分限量的散货只能由装有特殊设备(装有特殊设计的可拆卸的防移设备)的船舶或特种结构(装有永久性特殊舱壁构件)的船舶载运。这两类船舶可将货物的移动限制在允许的范围内,还应具备经主管机关认可的批准书。

货物装船前,船方应进行货物取样,并用简易方法检验货物的含水量,如有疑问,应及时要求货方申请重新检验。

《IMSBC 规则》规定,易流态化货物含水量的简易检验方法如下:

用坚固圆筒或类似容器(容积 0.5～1.0 L)装半罐具有代表性的货物样品,从离地面约0.2 m 高处用力摔在坚硬的平面,每次间隔 1～2 s,重复 25 次,如果货物表面出现游离水分或流动情况,应要求将货物试样送正规实验室,重新测定其含水量和适运水分限量。

实验室中对适运水分限量的测试方法有三种:流盘试验法、沉降实验法、葡氏/樊氏实验法。具体内容详见《IMSBC 规则》附录 2。

六、具有化学危险货物安全运输的特殊要求

B 类散货由于其化学性质而在运输中可能产生危险,其中一些物质被归类为危险货物,其他为仅在散装运输时会造成危险的货物(MHB)。这类货物以散装形式运输前最重要的是取得其最新和有效的理化性质的数据。

1. 积载要求

可能产生毒气足以危害健康的物质,不得装载在毒气能渗入的起居处所或与起居处所相连的通风系统的处所。

腐蚀强度足以损害人体组织或船舶结构的物质,须在采取充分的预防措施和保护措施之后方可装船。

卸下有毒或氧化物质后,须对装运这些物质的货物处所作沾染状况检查,然后才能用于装运其他货物。在用于装运其他货物之前,须对受到沾染的货舱进行严格清洗和检查。

卸货后,须仔细检查船舶是否存有任何残留物;在船舶装运其他货物之前,须将残余物清除。

对于在紧急情况下须打开舱盖的货物,货舱的舱盖须保持随时能够打开的状态。

拟装运的 B 类散货,可以查阅《IMSBC 规则》附录 1“固体散装货物明细表”,对货物的危险性、积载隔离、货舱清洁程度、天气注意事项、装载及运输注意事项、通风、装运、卸货、清扫和应急程序都有详细的要求。

2. 隔离要求

当装运 B 类固体散货与包装危险货物时,它们之间的隔离须符合表 12-1 的要求,除非两种货物的具体条目有其他要求。当装运两种或两种以上不同的 B 类固体散货时,它们之间的隔离须符合表 12-2 的要求,除非两种货物的具体条目有其他要求。

表 12－1　散装危险货物与包装危险货物的隔离要求

散装货物(属危险货物类)	类别	包装危险货物															
		1.1,1.2,1.5	1.3,1.6	1.4	2.1	2.2,2.3	3	4.1	4.2	4.3	5.1	5.2	6.1	6.2	7	8	9
易燃固体	4.1	4	3	2	2	2	2	×	1	×	1	2	×	3	2	1	×
易自燃物质	4.2	4	3	2	2	2	2	1	×	1	2	2	1	3	2	1	×
遇水后放出易燃气体物质	4.3	4	4	2	1	×	2	×	1	×	2		2	2	2	1	×
氧化物(剂)	5.1	4	4	2	2	×	×	1	2	2	×	2	1	3	1	2	×
有毒物质	6.1	2	2	×	×	×	2	×	1	×	1	1	×	1	×	×	×
放射性物质	7	2	2	2	2	2	1	2	×	1	2	2		3	×	2	×
腐蚀性物质	8	4	2	2	1	×		1	1	1	2	2		3	2	×	
杂类危险物质或物品	9	×	×	×	×	×	×	×	×	×	×	×	×	×	×	×	×
仅在散装时具有危险性的物质(MHB)		×	×	×	×	×	×	×	×	×	×	×	×	×	×	×	×

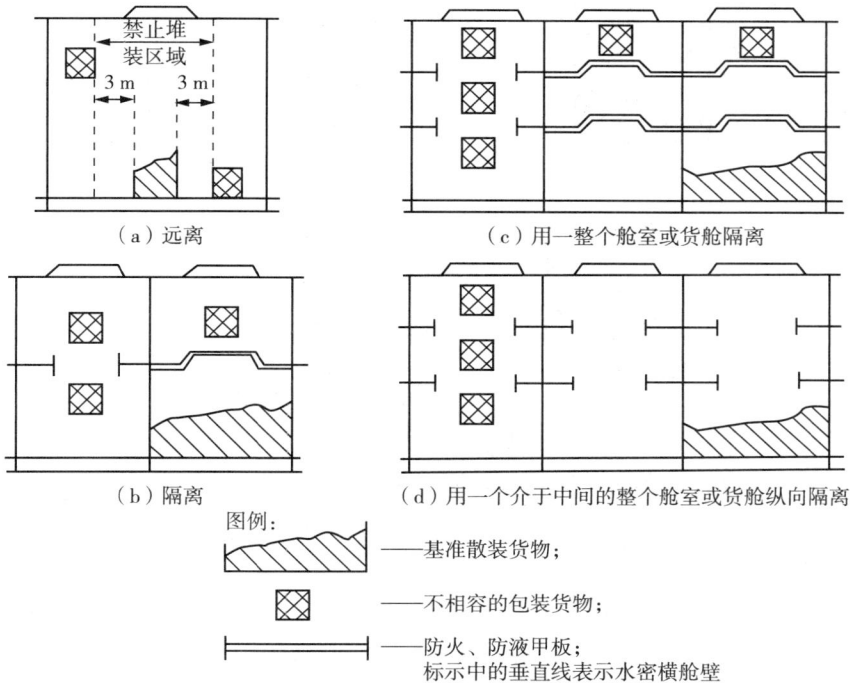

（a）远离　　（b）隔离　　（c）用一整个舱室或货舱隔离　　（d）用一个介于中间的整个舱室或货舱纵向隔离

图例：
——基准散装货物；
——不相容的包装货物；
——防火、防液甲板；
标示中的垂直线表示水密横舱壁

图 12－1　散装危险货物与包装危险货物之间隔离示意图

如果同一货舱中装有不同隔离等级的货物,则适用于任何不同等级中的最严格的规定。隔离还须考虑到所确定的任何次危险。

表 12-2　B 类固体散货与固体散货的隔离表

固体散货		固体散货								
		4.1	4.2	4.3	5.1	6.1	7	8	9	MHB
易燃固体	4.1	×	2	3	3	×	2	2	×	×
易自燃物质	4.2	2	×	3	3	×	2	2	×	×
遇水后放出易燃气体物质	4.3	3	3	×	3	×	2	2	×	×
氧化物(剂)	5.1	3	3	3	×	2	2	2	×	×
有毒物质	6.1	×	×	×	2	×	2	×	×	×
放射性物质	7	2	2	2	2	2	×	2	2	2
腐蚀性物质	8	2	2	2	2	×	2	×	×	×
杂类危险物质或物品	9	×	×	×	×	×	2	×	×	×
仅在散装时具有危险性的物质(MHB)		×	×	×	×	×	2	×	×	×

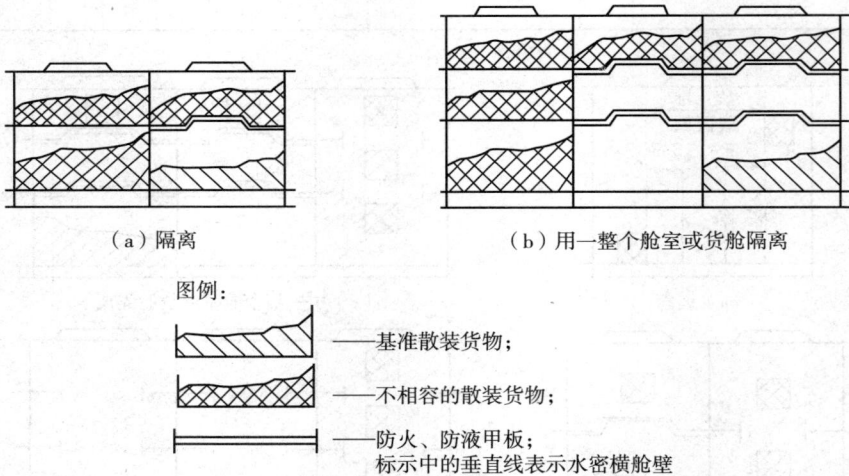

（a）隔离　　　　　　　　　　（b）用一整个舱室或货舱隔离

图例:

———基准散装货物;

———不相容的散装货物;

———防火、防液甲板;
标示中的垂直线表示水密横舱壁

图 12-2　散装危险货物与散装危险货物之间隔离示意图

不相容货物不得同时装卸。装完一种此类货物后须关闭各货物处所的舱盖,在开始装载其他货物之前须清除甲板上的残渣。在卸货时也须采取同样步骤。

七、《IMSBC 规则》的查阅

在运输散装固体货物中,船方必须尽职尽责地做好各项工作,保证人员、货物和船舶的安全。为此,在装货前,应当仔细查阅《IMSBC 规则》,按规则的各项规定和要求指导货物积载、装卸和运输各环节的工作。

首先,应了解《IMSBC 规则》第 1 节一般规定,第 2 节装载、运输和卸载的一般预防措施,第 3 节人员与船舶安全,第 5 节平舱程序,第 6 节测定静止角的方法和第 11 节保安规定的内容。然后根据拟装货物货名 BCSN(bulk cargo shipping name)查附录 4 索引。若无法在附录 4 索引中查到,则应阅读第 4 节货物安全适运性的评估和附录 2 实验室测验程序、使用的仪器和标准,并要求货主提供"货物信息表"。若依据货名能够在附录 4 索引中查到,则属 A 类货物应先阅读第 7 节易流态化货物和第 8 节易流态化货物的测验程序,属 B 类货物应先阅读第 9 节具有化学危险货物和第 10 节散装固体废弃物的运输,随后再查阅附录 1 以获取"散装固体货物明细表"。

第二节　几种散装固体货物的装运特点

一、散装矿石的装运特点

散装矿石是《IMSBC 规则》中所涉及的主要货种,它在大宗散装固体货物运输中占有相当重要的地位,其中的铁矿石是世界散装固体货物中运量最大的货种,因此大多采用专用船舶运输。散装矿石船,特别是大型专用矿石船,由于其装载量大、吃水深、货物装卸效率高、船舶在港停泊时间短等,在运输中具有许多装载特点。

1. 与海运有关的矿石特性

(1)积载因数小。在积载时要特别注意其对船舶强度和稳性的影响。

(2)易散发水分。多数矿石都含有不同程度的水分,当矿石非整船运输时,不应与怕潮货同舱装载。

(3)易扬尘。有的矿石本身就是部分或全部粉末状态,还时常保留着开采时带有的泥土杂质,随着水分的散发,泥土和杂质常易脱落,在装卸时极易扬尘。因此,矿石不应与怕扬尘货混装于一舱。

(4)易流态化。对某些易流态化矿石(粉),装运时必须控制其含水量在其适运水分限量以下,否则普通货船应拒绝承运。

(5)易冻结。当水分超过 5% 时,货物在低温时易于冻结,会造成装卸困难。

(6)易散发有害气体。金属矿石能散发各种有害气体,如甲烷、乙烷、一氧化碳、二氧化碳、二氧化硫等气体混合物。货舱内这类气体的积聚危害极大。

(7)自热与自燃性。某些矿石中,含有相当数量的易氧化成分,开采后氧化条件更为充分,所以易自热,如果积热不散,易引起自燃。一般,含硫量大的矿石,如黄铁矿、精选铜矿粉等较易自热和自燃。

2. 专用矿石船的结构特点

(1)货舱容积小。因为矿石密度大,所需舱容小,所以,矿石船的货舱容积一般仅占船舱总容积的 40% 左右。因此它有大量的压载容积。

(2)双层底较高。这是为了提高船舶装载后的重心，以减小过大的稳性。

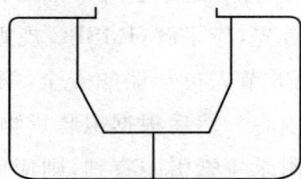

图 12-3　专用矿石船货舱

(3)货舱的横舱壁数少。

(4)货舱两舷设置较大翼侧水舱和底边舱，增大了船舶压载能力，也有利于货物的清舱。

(5)船上不设装卸设备。专用矿石船的货物均用岸上高效率的装卸设备进行装卸。

(6)尾机型。其主要便于装船机在货舱区的移动作业。

3. 根据矿石的特性和矿石船的特点，在装卸和运输中应注意的问题

(1)装货前应了解装卸港口的有关资料，包括：进出港口的泊位及航道的限制水深、基准水深、潮汐资料、船底富裕水深要求、装船机的类型、效率及限制高度等。

(2)装卸前，应确定船舶的最大吃水和最小吃水，尤其是大型矿石船，一般可根据泊位水深、码头装船机高度，确定船舶装载前后的最大和最小吃水。

为了使船舶实际吃水控制在最大吃水与最小吃水之间，通常须依靠边装卸边排注压载水的方法来实现。

① 最大允许平均吃水的计算。

$$d_{\max} = D_d + H_w - D_a \qquad\qquad (12-1)$$

式中，D_d——泊位的基准水深（m）；

H_w——船靠泊期间泊位的最低潮潮高（m）；

D_a——泊位要求的富裕水深（m）。

当船舶吃水差 $t \neq 0$ 时，则泊位允许的最大平均吃水还要减少 $|t|/2$。

② 最小允许平均吃水的计算。

$$d_{\min} = H - h_1 + h_2 + H'_w \qquad\qquad (12-2)$$

式中，H——船底板至上甲板可能碰撞位置顶端的垂直距离（m）；

h_1——泊位基准水位至岸上装船机悬臂架可能碰撞点下端的垂直距离（m）；

h_2——防止船与装船机碰撞的安全余量（m）；

H'_w——船靠泊期间泊位的最高潮潮高（m）。

(3)合理确定货物装卸顺序和压载水排放方案，编制具体的"货物装卸和压载水排放计划表"。

(4)装货时应按上述计划表进行，并密切注意船舶的吃水变化。

(5)装货过程中，应督促装船机司机或工头及时调整装船机喷口的位置，使船舶横倾不超过 3°，装载时不可装成一个金字塔形，应堆积成三个相连的金字塔形或长山脉形。当船舶纵倾较大时，应注意首、尾缆绳的松紧状态，及时调整。

(6)大型矿石船满载时，一般会产生中垂变形，应特别注意防止船舶产生过大的中垂变

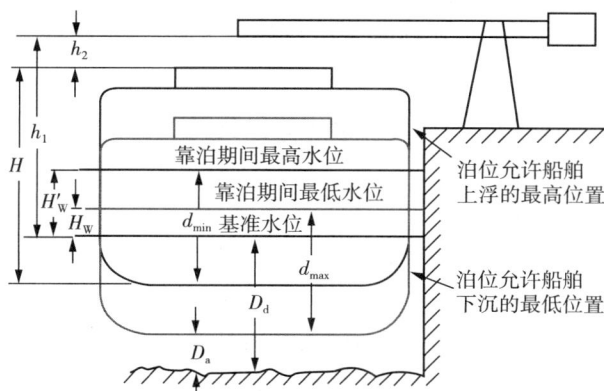

图 12-4 专用矿石船在靠码头时的吃水

形,在船舶装载结束前,可用观察吃水的方法检验船舶的拱垂变形是否在允许的范围内。

(7)装货结束前,应利用所留机动货物调整船舶吃水差使其符合要求,并消除横倾。在装货最后阶段,大副应对排出残余压载水和多余淡水后的货物加载量以及装货完毕后皮带运输机上的货量做到心中有数。

(8)卸货开始时,如果船舶的富裕水深较小,船底与海底较近,则不宜马上用水泵压载,可利用海水压力,自然注入压载水,以避免吸入大量泥沙。

(9)当用普通货船整船装运矿石时,应注意船舶的强度和稳性。为减轻船体受力,应减载夏季满载装货重量的20%左右,且各舱应按舱容比例分配货重。为防止船舶的 GM 过大,在甲板强度允许的前提下,凡有二层舱的船舶,可在其二层舱内安排航次载货重量的 $1/4\sim1/3$,以提高船舶重心。

二、散装精选矿粉的装运特点

精选矿粉是指利用物理或化学的选矿方法从原矿中选取得到的品质和纯度较高的物质。由于选矿方法不同,所得矿粉的含水量有差异,因而有干精矿和湿精矿两大类,以水选法选矿所得的含水量在8%以上者为湿精矿粉,而以机械碾压所得含水量较低的为干精矿粉。

1. 精选矿粉的特性

(1)易流态化:湿精矿粉的易流态化特性是船舶运输中潜在的最大危险,必须引起高度重视。

(2)散落性:静止角较小的散货在船舶摇摆时易发生移动而使船舶倾斜,特别是静止角在35°以下的矿粉其危险性更大。

(3)易自燃及散发有毒气体:若热量积聚不散,则易引起自燃;有些精矿粉在自热过程中散发有毒气体并使舱内缺氧。

(4)爆炸危险性:积聚在舱内的易燃、易爆气体,在空气中含量达到一定比例时可能爆炸。

(5)有腐蚀性:硫化金属矿粉遇到海水硫化物易水解,呈强酸性,对船舶和设备有腐蚀危险。

(6)积载因数小。精矿粉类易流态化货物的积载因数一般为 0.33～0.57 m^3/t。

2. 精选矿粉的装运注意事项

散装精矿粉的装运注意事项:

(1)托运人应向船方提供由产品质量监督检验部门签发的有关货物含水量、静止角、理化性质、积载因数等证明文件。

(2)装船前,船方应进行货物取样,并用简易方法检测货物的含水量,如发现或怀疑有问题,应及时通知货方重新申请检验。一般货船运输精矿粉时,其含水量不得超过货物的适运水分限量,我国规定不超过 8%。含水量超过适运水分限量的货物只能由具有特殊结构的船舶进行运输,这种船舶应具有符合要求的永久性分隔设备,可以把货物的移动限制在允许的范围之内。这种船舶应携带其主管机关认可的证明。

(3)装船前,船方应做好货舱的清洁工作,清除货舱内所有化学物品和可燃物,并保持货舱的水密。做好货舱内污水井、管系的清洁保护工作,以防其堵塞或受损。装货后应立即进行污水测量和抽水实验,以保证污水管系的畅通。木质舱底板不宜装载精矿粉。

(4)干精矿粉,特别是静止角小于 35° 的货物,在航行中很容易移动,装载时应特别注意采取相应的防范措施。为防止货物移动,可将部分矿粉装袋,用以设置纵向隔堵。

(5)货物在装卸过程中,应防止粉尘污染,尽量降低其对人体和船舶设备的损害。

(6)精矿粉的氧化发热在选矿后的 15 天内温度最高,所以,装船前货物在场地累计堆放时间应不少于 15 天。装载时,舱内货堆面积要大,以利散热,货堆高度宜在 1.2～1.5 m 之间。精选铜矿粉的外观颜色为浓绿色,表明其尚未氧化发热,装船后必定发热,因此须特别警惕。其颜色发黑则说明其正在氧化发热中或已到氧化后期。

(7)为保证人员安全,在装卸作业时,人员应佩戴气体防护面罩等防护用品。

(8)雨雪天不得进行装卸作业,装货过程中应防止杂质混入货物,特别是可燃物质。

(9)装运干精矿粉时,为限制其氧化,装妥后应平舱并压紧货物或在货物表面加以铺盖。航行中至少每天测量货温两次,如发现货温升高可开舱翻动发热的部分货物或通风散热。

(10)如果船舶在航行中发生横倾,船长应立即电告公司,并根据现场情况采取相应措施或到附近港口进行处理。

(11)精矿粉燃烧起火,CO_2 灭火效果不明显。当舱内货物局部起火时,可用少量水雾灭火降温。单处着火时,可用掩埋法灭火。

3. 精选矿粉含水量的简易检验方法

精选矿粉等易流态化货物的流动性,可采用以下几种简易检测方法近似测定:

(1)用坚固圆筒或类似容器(容积为 0.5～1.0 L),盛装半罐货样,提起后从离地面约 0.2 m 高处摔向一块坚硬的地面,以 1～2 s 间隔重复 25 次,观察其表面,如出现游离水分或流动液面,则应怀疑货物的适运性,应对其含水量进行正规检测。

（2）用手抓一把矿粉，从1.5 m高处自由落到地面或甲板上，若着地时货样崩散，则说明其含水量不超过8%，可以承运；若仍为一团，则其含水量超过10%。

（3）手抓矿粉成团后，如用手能捏散，则其含水量低于8%，否则超过8%。

（4）货样装入平底玻璃杯或其他类似容器内，来回摇动5 min，明显有液体浮在货物表面，说明货物含水量太高，应要求进行正规的含水量测定。

（5）货样散在一个平盘上并压成锥体，用平盘捶击桌面，若锥体呈碎块状或块状裂开而不坍塌，则表示货物适运；若坍塌呈煎饼状，则其含水量过高。

（6）人踩在矿粉上，出现松软现象，呈流沙状流动，表明货物的含水量过高。

三、种子饼、鱼粉的装运特点

1. 种子饼的装运特点

种子饼是各种含油植物的种子通过机械压榨或经过溶剂萃取法提取油料后剩余的残渣，它主要用作饲料和肥料。最常见的种子饼有：椰子饼、棉籽饼、花生饼、亚麻仁饼、玉米饼、尼日尔草籽饼、棕榈仁饼、油菜籽饼、稻糠饼、大豆饼及葵花子饼等，常以饼、块、球等形式交付运输。

（1）种子饼的主要特性

因为种子饼内含有油和水，所以会自行缓慢地分解发热，并在遇潮湿或含有一定比例未经氧化的油类时会自燃。在长期的储运过程中也会发生自热和自燃，消耗舱内氧气并产生 CO_2，从而引起货舱内缺氧，所以包装运输的种子饼在《国际危规》中被列为4.2类危险货。散装的种子饼在《IMSBC规则》中属于B类货物。和其他物质一样，不饱和的有机物质较其饱和状态更容易产生化学反应，放出热量。表示有机物不饱和程度的一个指标是碘值。碘值越大物质的不饱和程度就越高。种子饼也是如此，因种类不同其碘值也不同。其中葵花子饼碘值最大，它最不稳定，更易发热自燃。

种子饼自燃主要由它的理化性质决定，但外界因素如温度、湿度、货物内氧化杂质等也是其发热自燃的重要条件。

（2）种子饼的装运注意事项

① 托运的种子饼的含油量和含水量必须符合船运要求。为此，托运人必须提供由承运人认可的人员签发的证书，表明其含油量符合要求并提供有关的货物品质检验证书，对不符合装运要求的货物应拒装。

② 装运种子饼的船舶应按《国际危规》和《IMSBC规则》的要求，配备相应的设备和检测仪器，具有良好的通风条件，具有有效的灭火系统，货舱清洁干燥，货舱内管系、电缆状态良好，通风筒应设置防火罩，备妥安全灯，排除各种不安全因素，并具有有效的验舱证书。

③ 装货的舱室应保持污水沟、井的畅通，其盖板应用麻袋覆盖，以防货物流入堵住。

④ 种子饼应远离热源，不应装于机舱附近。整船装运种子饼时，在靠近机舱的舱室应从远离机舱壁的货舱另一端开始装货，并装成斜坡形，靠机舱壁自然流堆的货物高度不能超过5 m。底舱装运种子饼时，应避开需加热的油舱，若无法避开应采取有效的隔热措施，

同时应控制燃油加热的时间和温度(一般宜在 50 ℃以下)。

⑤ 种子饼本身含有油分,且具有气味和吸味性,故不能与怕气味以及有气味的货装在一起,同时应与危险货物隔离。

⑥ 装卸和运输种子饼的过程中要严禁吸烟和使用明火。作业期间,应显示规定的信号。

⑦ 货物要保持干燥,雨天和湿度较大的阴天应停止装卸。装货过程中如果货温超过当地最高气温 5 ℃应停止装货,并采取降温措施。

⑧ 当舱内温度升高时,不能采取甲板洒水的降温措施,以免舱内产生过多汗水,引起货物表层温度升高,增加种子饼发热的可能。

⑨ 航行中应定时测量货温并做好记录,同时应按照通风的要求和原则进行正确的通风。当舱温和货温较高时,应根据外界气温条件,适时进行通风或开舱晾晒。如果种子饼局部发热,可将焦化冒烟和温度过高的货物清除抛海,当货温达到 55 ℃时应封闭货舱并停止通风,对机械压榨的种子饼可合理施放 CO_2,而对溶剂萃取的种子饼则在未见明火前决不能使用 CO_2,以防产生的静电将溶剂蒸汽点燃。当货舱内自燃起火时,可注入海水灭火,但一定要注意船舶的浮态和稳性。

2. 鱼粉的装运

鱼粉是把鱼或鱼加工后的剩渣烘干后再磨成粉末的棕褐色物质,主要用作家畜饲料或肥料。海上运输的鱼粉的含水量一般为 5%～12%,脂肪含量小于 15%。

(1)鱼粉的特性

鱼粉中含有一定的油脂和水分,受日光、空气和温度的影响会发生氧化作用而放出热量,特别是在高温条件下氧化作用剧烈,有时甚至会发生自燃。因此,船运鱼粉要按《国际危规》的第 4.2 类危险货物易自燃物质来处理。此外鱼粉还具有强烈的气味,会影响其他货物。

(2)鱼粉的装运要求

① 为稳定鱼粉的性质,防止自燃,在生产鱼粉时,需添加适量的抗氧化剂。经过抗氧化剂有效处理的鱼粉,在装运前,其储存期一般不应超过 12 个月。在装船时抗氧化剂在鱼粉中的剩余浓度,不得小于 100 mg/kg(ppm)。

② 托运人应具有装货国公认的主管机关当局签发的证书,说明货物的含水量、脂肪含量和时经 6 个月以上的鱼粉的抗氧剂处理的详细情况,并说明装运时其抗氧剂浓度仍超过 100 mg/kg(ppm),证书中还应说明每票货的重量,出厂时的鱼粉温度和生产日期。若货物装运国主管机关当局签发证书,则说明该票鱼粉在散装运输时不会发生自热现象,那么本项要求可以免除。

③ 装货时货温不得超过 35 ℃或超过环境温度 5 ℃(以高者为准)。

④ 航行中每 8 小时测量货温一次,并做记录,直到货物卸完为止。

⑤ 如果温度超过 55 ℃并继续上升,应禁止通风。如果货物继续自行发热,可注入 CO_2 或惰性气体。

⑥ 应按《国际危规》第 4.2 类物质的隔离要求配装。

四、煤炭的装运特点

煤炭是重要的能源之一,在海运运量中占有相当比重。煤炭按所含固定碳和挥发物的多少分为泥煤、褐煤、烟煤和无烟煤。煤炭在《IMSBC规则》中被列为仅在散装运输时具有危险,同时又有易流态化性质的货物。

1. 煤炭的主要特性

煤炭的主要成分是固定碳、挥发物(氢、氧、一氧化碳、硫、磷、甲烷等)、水分、灰分等,与运输有关的主要性质有:

(1)氧化性

煤在运输中会和空气中的氧发生缓慢的氧化作用,使煤堆发热,通风不良会促使煤温不断升高。同时,氧化使舱内一氧化碳含量增加,氧气含量减少。影响煤氧化的主要因素有黄铁矿含量、煤炭的粒度、所含水分、碳化程度等。

(2)自热和自燃性

某些煤因氧化作用而易自热,使舱内煤温升高,当升到煤的自燃点时,就会发生自燃现象,挥发物含量越高的煤越易自燃。在煤的自热过程中,会产生一氧化碳气体,它具有易燃和有毒的危害性,其可燃极限为 $12\%\sim15\%$,吸入对人体有害。

(3)易产生易燃、易爆气体

煤炭会产生甲烷气体,它比空气轻,易积存于货舱或其他封闭空间的上部。当空气中甲烷含量为 $5\%\sim16\%$ 时,遇明火即会发生爆炸。另外,煤炭粉尘在空气中的含量为 $10\sim30~\mathrm{g/m^3}$ 时,遇明火也会发生爆炸。

(4)与水反应性

某些煤易与水发生化学反应,生成酸和氢,酸对船体造成腐蚀,氢为易燃和有毒气体,其可燃极限为 $4\%\sim75\%$。

(5)易流态化的特性。

2. 煤炭的装运要求

(1)装运前,应弄清拟运煤炭所属种类、特性、岸上堆存时间、煤堆温湿度、开采季节等,货煤中不应含杂草、粪便、废油渣等有机物。若煤温达 35 ℃ 及以上或含水量过大者应拒绝装船。

(2)货煤装船前应做好以下准备工作:货舱,包括可移动的货舱护板,保持清洁、干燥,清除舱内一切垃圾杂物;污水沟、井必须畅通,并封盖其盖板,以防被煤粉堵塞;检查舱内电缆及电器设备,保证具完好无损状态并能在有可爆气体或粉尘的空间安全使用,备妥安全灯,货舱内的电器均应为防爆型;检查船上灭火系统(包括烟火探测器),保证其处于良好状态;预先放置好不进入货舱即可测定有关参数的相应仪器,包括测量舱内的甲烷、氧气及二氧化碳浓度的仪器,测量舱内污水井中污水试样的 pH 的仪器,以及舱内温度测温仪等相应仪器;应从托运人或指定代理人处获得待运货煤的有关资料,包括货煤的含水量、含硫量和粒度等特性,以及安全装载和运输的建议等。

（3）货煤在装载时，不应将货煤装在高热区附近，不在货区或毗邻货舱内吸烟和使用明火。避免将第 5.1 类物质与煤积载在一起，货煤应与包装的第 1.4、2、3、4 和 5 类物质隔离，与第 4 和 5.1 类散货隔离。装载完毕应对货煤进行平舱，将货物表面整平至舱壁，以防形成积存气体的坑洼及空气渗入煤堆中。

（4）航行中，严禁烟火，除非经测定表明安全，否则不得在货物处所及毗邻区附近进行明火作业。人员进入装有煤炭的舱室时，不能穿能产生静电的服装；装有煤炭的货舱上的甲板区域内，所有非防爆型电器设备均应切断电源。

（5）条件许可时，可采用下列通风方法来排出舱内的有害气体或降温：煤炭装船后应先进行 4～5 天的表面通风，然后每隔一天通风 6 小时，也可以根据不同季节地区特点采取甲板喷水降温的方法。

（6）对装运易自热、自燃煤炭的船舶，每天至少检测货温 3 次。远洋船舶的每个货舱应设 3 个在货煤表面下 3 m 处的均匀测温点，而且温度数据应在舱外读取，并做好记录。

（7）当装运煤炭的货舱舱内温度接近 45 ℃时，应立即停止通风，并封闭所有货舱舱口和通风筒，防止空气进入货舱。如果货温继续升高并有烟雾出现，不能用水直接冷却货煤或灭火，可通过冷却货舱外壁界来间接降温，或者封舱施放 CO_2 进行灭火，有条件的话，可以驶往就近港口避难。

（8）在开舱卸货前，应对货舱进行充分的通风，以排除有害气体，确保人员安全。人员不得随意进入可能积存有害气体或缺氧的舱室。必须进入时，应先对舱室进行检测并确认其安全，如有怀疑，应佩戴自给式空气呼吸器进入。

第三节　水尺检量

水尺检量也称水尺计重（draught survey），是利用装卸货物前后船舶水尺变化来计算装货重量的一种方法。水尺检量在计重精度上较为粗略，但方法简便，适用于大宗廉价散装货物的计重，如煤炭、废钢、矿石、盐、化肥等。水尺检量工作在国内一般由商品检验局承担，国外由公正鉴定机构承担，检量结束后出具货物计量证明，该证明在国际贸易中可作为货物重量交接凭证，出口时作为结汇凭据，进口时可作为到岸计价或短重索赔的依据。

一、水尺检量的基本原理

水尺检量的原理是利用船舶吃水与排水量的关系，通过测量船舶载货时的吃水和无货时的吃水求得船舶载货时的排水量和无货时的排水量，这两者之差，扣除装卸前后船上非货物重量的变化，就可以得到装载货物的重量。水尺检量，需要在装货前后按相同的步骤和方法进行两次原始数据的测定及修正计算，才能得到装货重量。在卸货港，再用同样的办法算出卸货量。船方据以确定航次货物交接的数量。

二、水尺计量的步骤

1. 测定有关原始数据

(1)测定船舶的六面吃水。装(卸)货前、后,船方会同鉴定人员,共同查看船舶六面吃水,包括 d_{FP}、d_{FS}、d_{MP}、d_{MS}、d_{AP}、d_{AS}。测定时,船上不得进行排放压载水、吊杆移动、开关舱盖等;有波浪时,应读取水面最高和最低时的多组吃水深度,并取其平均值。

(2)测定舷外海水密度 ρ:在观测吃水的同时,实测海水密度。一般应与测定吃水同时进行,取样海水应尽量避开船舶排水管口和码头下水道口,通常在外档船中部吃水深度一半处选取水样进行测定。

(3)测定液舱内油水等储备品的重量 $\sum G$:包括各油舱、淡水舱、压载水舱内的油水存量,船上污水沟和隔离舱内积水的重量及其他储备品和垫舱物等重量。

在测定油水舱内的油水存量时,如果船舶有纵倾或横倾且测量口不在液舱的中心,应进行纵、横倾的修正,修正方法和油舱空档的纵、横倾修正相同。

2. 计算并修正船舶吃水

(1)计算测定的船首平均吃水 d_F、船中平均吃水 d_{mM}、船尾平均吃水 d_A 及吃水差 t:

船首平均吃水:
$$d_F = \frac{d_{F.P} + d_{F.S}}{2} \tag{12-3}$$

船中平均吃水:
$$d_{mM} = \frac{d_{MP} + d_{MS}}{2} \tag{12-4}$$

船尾平均吃水:
$$d_A = \frac{d_{A.P} + d_{A.S}}{2} \tag{12-5}$$

吃水差:
$$t = d_F - d_A \tag{12-6}$$

(2)进行首、尾垂线修正:由于船舶的首、尾吃水应以首、尾垂线交点处的读数为准,而船舶的实际水尺标志往往不在首、尾垂线上。因此,当船舶有吃水差时,就需要对上述首尾吃水进行首、尾垂线修正。由图 12-5 可知,

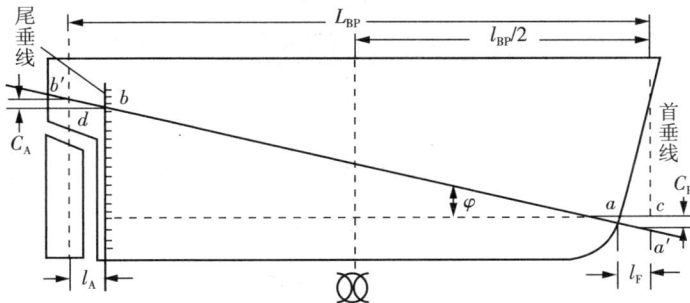

图 12-5 首、尾垂线修正

首垂线吃水修正值:

$$C_F = \frac{t \cdot l_F}{L_{BP} - l_F + l_A} \tag{12-7}$$

尾垂线吃水修正值：

$$C_A = \frac{t \cdot l_A}{L_{BP} - l_F + l_A} \tag{12-8}$$

式中，l_F——首吃水观察点至首垂线距离(m)；

l_A——尾吃水观察点至尾垂线距离(m)；

l_F、l_A 符号约定：以吃水观察点为基准，当首、尾垂线在其前方时取"＋"，反之取"－"。

经首尾垂线修正后的首尾平均吃水 d_{F1} 和 d_{A1} 分别为

$$d_{F1} = d_F + C_F \tag{12-9}$$

$$d_{A1} = d_A + C_A \tag{12-10}$$

则船舶的首尾平均吃水和吃水差分别为

首尾平均吃水：

$$d_{m1} = \frac{d_{F1} + d_{A1}}{2} \tag{12-11}$$

吃水差：

$$t_1 = d_{F1} - d_{A1} \tag{12-12}$$

(3)船舶拱垂修正：船舶在装载状态下，有可能出现中拱或中垂变形，因此，对船舶吃水应进行此项修正。

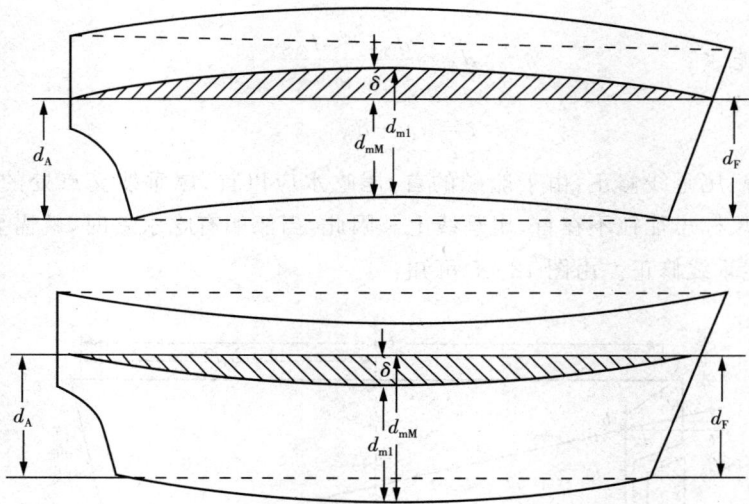

图 12-6　船舶拱垂修正

① 计算首尾平均吃水与船中平均吃水的平均值。

$$d_{m2} = \frac{d_{m1} + d_{mM}}{2} \tag{12-13}$$

② 计算经拱垂修正后的平均吃水。

$$d_{m3}=\frac{d_{m2}+d_{mM}}{2}=\frac{d_{F1}+d_{A1}+6d_{mM}}{8}\qquad(12-14)$$

3. 求取船舶排水量

(1)根据上述经拱垂修正后的船舶平均吃水 d_{m3},从载重表尺或静水力性能数据表中查取船舶排水量。查值时,先查出与 d_{m3} 邻近的吃水整数值对应的排水量基数,再将差额吃水乘以相应的每厘米吃水吨数(TPC),得出差额吨数,以排水量基数加、减差额吨数,即得 d_{m3} 对应的排水量 Δ_0。

(2)对排水量进行纵倾修正。纵倾修正的基本原理如图 12-7。因为上述 d_{m3} 是船中处的平均吃水,即为船舶正浮时的平均吃水,因此由此查得的排水量也为船舶正浮时的值,当船舶存在纵倾且漂心不在船中时,必须对上述排水量进行修正。其应修正的排水量值由下式求得:

$$\delta\Delta=\frac{t\cdot x_f\cdot TPC\cdot 100}{L_{BP}-l_F+l_A}+\frac{50\cdot t^2}{L_{BP}-l_F+l_A}\cdot\frac{d_M}{d_Z}\qquad(12-15)$$

式中,$\dfrac{d_M}{d_Z}$——平均吃水 d_{m3} 处的每厘米纵倾力矩(MTC)的变化率,即在吃水为 d_{m3} 时,当吃水增、减各 0.5 m 时的每厘米纵倾力矩的变化值。

当船舶吃水差的绝对值小于 0.3 m 时,可不进行纵倾修正,当吃水差的绝对值大于 0.3 m 而小于 1.0 m 时,仅需进行式(12-15)中第一项修正,当吃水差的绝对值大于 1.0 m 时应按式(12-15)进行全部修正。

经纵倾修正后船舶的排水量:

$$\Delta_1=\Delta_0+\delta\Delta\qquad(12-16)$$

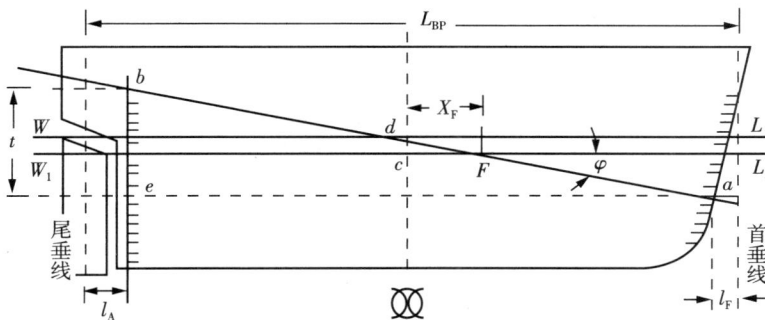

图 12-7 纵倾修正

4. 港水密度修正

上述 d_{m3} 是船舶在实测水域中的吃水,而船舶资料中的吃水是指船舶在标准海水中的值,需对上述排水量进行港水密度的修正。修正公式为

$$\Delta = \frac{\Delta_1 \cdot \rho}{1.025} \qquad (12-17)$$

式中, Δ——测定时的船舶排水量(t)。

5. 计算货物装载量 $\sum Q$

$$\sum Q = (\Delta' - \sum G_2) - (\Delta - \sum G_1) \qquad (12-18)$$

式中, Δ'—— 船舶装货后或卸货前的排水量(t);

Δ—— 船舶装货前或卸货后的排水量(t);

$\sum G_1$—— 装货前或卸货后船上的油水存量(t);

$\sum G_2$—— 装货后或卸货前船上的油水存量(t)。

第十三章　散装谷物运输

本章介绍散装谷物海运特性及其影响,散装谷物装运要求,谷物装运规则对稳性的衡准要求及核算,保证散装谷物船稳性的安全措施。

第一节　船运散装谷物概述

散装谷物运输

谷物(grain)是指包括小麦(wheat)、玉米(maize)、燕麦(oats)、稞麦(rye)、大麦(barley)、大米(rice)、豆类(pulses)、种子(seeds)及由其加工的与谷物在自然状态下具有相同特征的制成品。谷物的海上运输,除了部分采用袋装和少量采用散装集装箱运输形式外,大量采用的是专用船舶的散装运输形式。散装谷物运输具有节约包装费用、增加装货重量、便于实现机械装卸、缩短装卸作业时间等优点。散装谷物的海运量多年来一直被列为世界主要大宗干散货之一。

一、散装谷物的特性及其对船舶稳性的影响

散装谷物除具有与袋装谷物相同的吸附性、呼吸性、吸湿与散湿性、自热性和易受虫害性外,还具有影响船舶稳性的两个特性。

1. 散落性

散落性指装于船舱内包括散装谷物在内的各种颗粒状、块状和粉末状的散货,受船舶摇摆、震动等外力的作用,能自动松散流动的性质。谷物的散落性与其颗粒形状、表面光滑程度、水分与杂质含量等

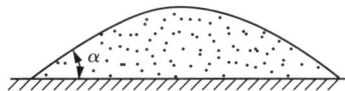

图 13-1　自然倾斜角

因素有关。散落性大小可以用自然倾斜角(angle of repose,又称静止角或休止角)表示,它是指非黏性颗粒状、块状和粉末状物质由空中缓缓下落自然形成的货堆斜面与水平面间的夹角 α(图 13-1)。散装货物的自然倾斜角越小,其散落性越大。

2. 下沉性

下沉性指装于船舱内的散装谷物,受船舶的摇摆、震动作用,谷物颗粒间的空隙逐渐缩小引起谷物表面下沉的特性,散装谷物的下沉性与谷物颗粒大小、形状、积载因数、含水量、散落性等因素有关。

二、散装谷物专用船的货舱结构特点

为改善散装谷物船舶稳性,散装谷物专用船的货舱结构特点如下(图 13-2)。

1. 单甲板,双层底

散装谷物具有较强的承受挤压能力,从装卸和减小舱内谷物移动倾侧力矩考虑,货舱都采用单层甲板结构。双层底的设置起到增加压载量、提高船舶抗沉性等作用。

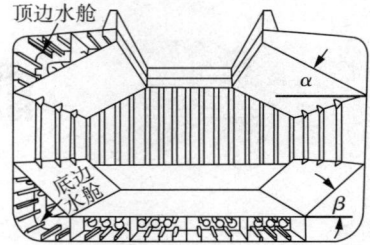

顶边水舱

图 13-2　专用散装谷物
船货舱的横剖面图

2. 舱口围较高

对于初始呈满载或接近满载的散装谷物装载舱,当舱内谷面下沉后,较高的舱口围设置能保持谷面仍处于较小的舱口围之内,以起到减小谷物移动倾侧力矩的作用。

3. 设置顶边水舱和底边水舱

顶边水舱和底边水舱的倾斜面与水平面的夹角一般设计成大于常运谷物的静止角(至少为30°),顶边水舱的作用是减小谷物移动的倾侧力矩和平舱工作量,在空载时通常作为压载水舱使用,底边水舱除兼作压载水舱外,还可减少清舱工作量以及提高卸货速度。

三、散装谷物在舱内的几种装载方案

在散装谷物货舱内采用何种装载方案,将直接影响舱内谷物移动对船舶稳性的影响程度。我国《船舶与海上设施法定检验技术规则》和一些国际散装谷物运输规则对此都有具体的要求。

1. 经平舱的满载舱(filled compartment after trimming)

经平舱的满载舱指经充分平舱后,甲板和舱口盖下方的所有空间装满至最大限度的货舱,此情况下,谷物移动对稳性影响最小。

2. 未经平舱的满载舱(filled compartment without trimming)

未经平舱的满载舱指使舱口范围内装满至可能的最大程度,但在舱口以外,专用舱在舱的两端可免于平舱,非专用舱除考虑甲板上经添注孔谷物可自由流入舱内形成自然流入状货堆的影响外,甲板下其他空档处可免于平舱的货舱。此情况下,谷物移动对稳性的不利影响要明显大于上述经平舱的满载舱,采用此种装载方案可以为船方节约平舱费用。

3. 部分装载舱(partly filled compartment)

部分装载舱指经合理平舱,将谷物自由表面整平,但未达到上述两种满载舱状态的货舱,又称松动舱(slack hold)。此情况下,谷物移动对稳性的不利影响随货舱结构形状及谷物装舱深度而变化,多数情况下要远远超过上述两种满载舱。

4. 共(通)装载舱(compartment loaded in combination)

共(通)装载舱指多用途船或一般干货船装载散装谷物时,在底层货舱舱盖不关闭的情况下,将底层货舱及其上面的甲板间舱作为一个舱进行装载的货舱。当货舱内谷物装载超过底层货舱舱盖高度时,采用此方案与将底层货舱舱盖关闭(即在底层货舱及其上面的甲板间舱内存在两个自由谷面)方案比较,前者谷物移动对稳性的不利影响较后者要减小许多。

四、散装谷物船运输注意事项

散装谷物在海上运输的全过程中,除需要按杂货的一般要求运输外,还应特别注意下列几个方面(图13－3)。

1. 装货前准备

(1)全面检查货舱设备并使之处于适用状态,疏通舱内污水沟(井),以保持其畅通,保证货舱污水泵和通风设备运行情况良好。

(2)彻底清洁货舱,保证货舱处于清洁、干燥、无异味、无虫害、无鼠害、无有害物质(如美国港口当局规定,如舱内有未能识别的物质,则以有毒物质论处)、无渗漏的状况。

(3)若舱内存在虫害、鼠害,则需对空舱进行熏蒸。

(4)当全船货舱均满足上述条件时,可向装货港有关部门申请验舱,只有在验舱合格并取得"验舱合格证书"后,才允许开始装货。

2. 合理编制船舶积载计划

(1)编制散装谷物船积载计划与编制杂货船积载计划的步骤和方法相同。

散装谷物船与杂货船在积载图上不同的是,装货位置除需标明货物的名称(或其等级)、重量、积载因素外,满载舱需要标注其平舱形式,部分装载舱需要标注其谷物装舱深度,多层甲板船需要标注是否采用共同(通)装载方式、设置防移装置的货舱则需要详细标注所设置的防移装置形式、设置部位和装置的具体尺度等内容。

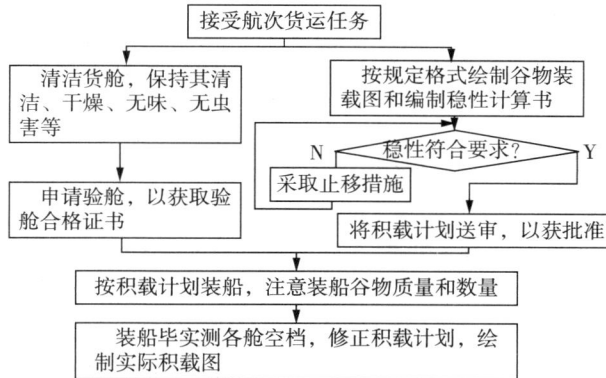

图13－3　散装谷物船受载过程示意图

(2)按装货港提供的表格形式填写散装谷物稳性计算表。

尽管不同的港口提供的表格形式差别较大,但其计算原理和填写内容大致相同。填写这类表格就是选择船舶在航行途中对稳性最不利的装载状况,采用船舶适用的散装谷物船运规则进行船舶完整稳性衡准指标的核算。当船舶稳性不满足要求时,可以采用选择合适舱位打入或排出压载水,舱内设置防移装置或采取止移措施(必须在稳性计算表中详细标注)等补救方法。但是,对于在舱内设置各种防移装置或采取止移措施,由于费时费力,因此,通常仅在稳性衡准指标不能满足要求且已无其他补救措施的条件下才被采用。

(3)为了遵守《国际散装谷物安全装运规则》的有关规定,各国港口指定有关当局负责在装货前(有些港口在船离港前)对船方填写的散装谷物稳性计算表进行核准,只有当确认计算表中船舶稳性衡准符合《国际散装谷物安全装运规则》规定后,即船方要取得"装载许可证",才准许船舶开始装货(有些港口将"将载许可证"作为准许离港的必要条件之一)。

3. 装货过程

(1)严格按积载计划装货,合理安排各舱装载顺序,使吃水差始终保持尾倾,以便顺利排压载水。

(2)各舱装货次数以三次为宜,以免船体受力不匀。

(3)监装中,应特别注意装船谷物的质量(主要指含水量),保持舱内易产生汗水部位与污水沟(井)的通道畅通。

(4)各舱临装货结束时,应按要求进行平舱和采取止移措施(如必要时),并做好货物顶部的铺垫以防止或减小舱顶汗水对谷物的影响。全船临装货结束时,应注意调整船舶吃水差,消除船舶横倾角。装货完毕后,可以利用水尺计重方法核准实装的全船谷物重量,以供参考。

(5)实测各部分装载舱内谷面以上空档并对积载计划(包括稳性计算表)进行修改,绘制实际积载图。开航前,按贸易合同的规定进行货舱熏蒸。

4. 途中保管

(1)航行途中应当定时测定舱内污水沟(井)内水位,及时排出舱内污水。

(2)应注意经常检查舱内防移装置(如设置时)的状况是否良好。

(3)货舱通风可以根据杂货船运输中防止舱内产生汗水的原则进行,但应当认识到,对于导热性很差的散装谷物的通风仅仅是表面上的,企图将货堆内部谷物呼吸产生的水分和热量全部排出舱外是不可能的。

(4)对货舱底的燃油柜加热不可过高,以免谷物受热损坏。

5. 卸货过程

(1)卸货前,货主通常委托有关机构人员上船检查各舱内谷物状况,只有在确认未发现待卸谷物存在水湿、霉变、虫害、污染等情况时,才准许开始卸货。因此,在船舶航行途中及抵港前,应注意检查舱内上层谷物的状况,以便及时发现问题采取应急补救措施。

(2)卸货前告知工头污水沟(井)位置,要其注意使用抓斗(crab)或推土机(bulldozer)时勿影响污水沟(井)盖及其他设备处于适用状态。

(3)卸货时舱内高处横梁等突出处常留有谷物,最好在卸货过程中及时清除,否则货物卸完后,将成为一项困难而危险的工作。

第二节　散装谷物船的稳性核算

为了有效地防止散装谷物运输船舶发生倾覆沉船事故,从 1860 年起就陆续有一些国家或地区制定了要求强制执行的散装谷物船舶运输规则,从 1948 年起这类规则就逐步发展成为国际性的规则。

一、现行散装谷物船舶运输规则

(1)《1974 年国际海上人命安全公约》(简称《SOLAS 1974》)1991 年修正案指出,《国际散装谷物安全装运规则》(简称《GB 规则》或《谷物装运规则》)已由 IMO 海上安全委员会通过,该规则的要求是强制性地执行,装运散装谷物的船舶应符合《GB 规则》的要求。

(2)《规范》,对于我国国际航行的散装谷物船舶稳性规定已完全采用《GB 规则》;对于国内航行的散装谷物船舶提出了与《GB 规则》完全相同的三项稳性特殊衡准要求,但对舱内谷物移动倾侧模型的设定及稳性指标的计算公式与《GB 规则》有差别。

二、对散装谷物船舶的稳性要求

1.《GB 规则》的谷物倾侧模型

规则提出的谷物假定下沉和倾侧模型如下。

(1)谷物表面下沉

部分装载舱谷物表面下沉忽略不计。满载舱按舱口内和舱口外两部分计算:在舱口内,设定存在一个自舱盖最低部分和舱口围板的顶端中较低者起至谷物表面平均深度为 150 mm 的空档;在舱口前、后、左、右端的甲板下面,设定所有与水平线倾角小于 30°的边界下存在一个不小于 100 mm 的平均空档。

(2)谷物表面倾侧

部分装载舱按谷物表面与水平面成 25°倾侧。经平舱的满载舱按谷物表面与水平面成 15°倾侧。对未经平舱的满载舱,在舱口范围内仍按谷物表面与水平面成 15°倾侧;在舱口范围之外,对在货舱两端未经平舱的散装谷物专用舱,在舱口两端按谷物表面与水平面成 25°倾侧,在舱口两侧按谷物表面与水平面成 15°倾侧;对于未经平舱的非散装谷物专用舱,在舱口两端或两侧均需由其具体空档面积的计算结果来确定谷物表面的倾侧角度。

目前,在多数散装谷物船舶资料中都提供有符合《GB 规则》要求的各货舱谷物横向倾侧体积矩图表。

2. 国际航行散装谷物船舶的稳性衡准要求

《GB 规则》对所有装运散装谷物船舶的稳性衡准要求如下。

(1)经自由液面修正后的初稳性高度 $GM \geq 0.30$ m。

(2)谷物假定移动引起的船舶横倾角 $\theta_h \leq 12°$。对 1994 年 1 月 1 日后建造的船舶,则要求满足该横倾角 θ_h 应不大于 12°和甲板边缘浸水角中的较小者。

(3)船舶剩余动稳性值(剩余静稳性面积)$S \geq 0.075$ m·rad。

《规范》对国际航行散装谷物船舶的稳性衡准要求与《GB 规则》的稳性衡准要求和稳性计算方法是完全一样的。

3. 非国际航行散装谷物船舶的稳性衡准

《规范》对非国际航行散装谷物船的三项特殊稳性衡准指标要求与《GB 规则》相同,

但对舱内谷物移动倾侧模型的设定及稳性指标的计算公式与《GB 规则》有差别。假定倾斜模型设定为：满载舱和部分装载舱均假定谷物横向移动后的谷物表面与水平面成 12° 倾角。

三、散装谷物船舶稳性核算

鉴于《规范》对国际航行的散装谷物船舶和《GB 规则》的散装谷物船舶稳性特殊衡准指标的具体核算方法和步骤完全相同，因此，本节仅介绍《GB 规则》对国际航行散装谷物船舶稳性特殊衡准指标的核算方法。

1. 经自由液面修正后的初稳性高度 GM 核算

$$GM = KM - KG - \delta GM_{\mathrm{f}} \quad (\mathrm{m}) \qquad (13-1)$$

（1）满载舱内谷物重心高度 Z_i 的确定方法：

① 取在货舱的舱容中心处；

② 取在考虑下沉后谷物的几何中心处。

（2）对于部分装载舱，谷物的重心位置取在舱内谷物初始装载体积的几何中心。其重心距基线高度可以根据货舱内谷物的初始装舱深度或所占舱容从相应的舱容曲线图或数据表中查取。

由于舱内谷物重心采用不同的确定方法，不但直接影响 GM 的计算结果，而且将影响其他两项指标的计算结果，因此，确定方法一经选定，三项指标的前后计算应当保持一致。

按《GB 规则》的要求，散装谷物船舶必须满足 $GM \geqslant 0.30$ m。

2. 由谷物假定移动引起船舶横倾角 θ_{h} 的计算

（1）公式法计算 θ_{h}。

$$\tan\theta_{\mathrm{h}} = \frac{M'_{\mathrm{u}}}{\Delta \cdot GM} \qquad (13-2)$$

式中，GM——经自由液面修正后的初稳性高度（m）；

M'_{u}——谷物移动横向和竖向总倾侧力矩之和（9.81 kN·m），可按下式计算：

$$M'_{\mathrm{u}} = \sum \frac{C_{vi} \cdot M_{vi}}{SF_i} \qquad (13-3)$$

式中，C_{vi}—— 第 i 舱内谷物重心垂向上移修正系数，规则规定：

① 满载舱，当谷物重心取在舱容中心处时，取 $C_{vi} = 1.00$。

② 满载舱，当谷物重心取在考虑其下沉后的几何中心处时，取 $C_{vi} = 1.06$。

③ 部分装载舱取 $C_{vi} = 1.12$。

M_{vi}—— 第 i 舱谷物横向移动倾侧体积矩（m⁴），查船舶资料确定。

SF_i—— 第 i 舱谷物的积载因数（m³/t）。

（2）使用作图法确定 θ_h。

使用作图法求取 θ_h 的步骤如下：

① 绘制核算装载状态下船舶静稳性力臂曲线 $GZ = f(\theta)$；

② 绘制谷物倾侧力臂曲线 $\lambda = f(\theta)$。

规则规定：λ 曲线是一条倾斜下降的直线。可计算 $(0°, \lambda_0)$ 和 $(40°, \lambda_{40})$ 两点坐标后绘制（见图 13-4）。

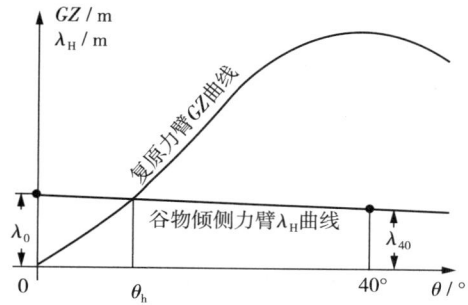

图 13-4　散装谷物船稳性衡准曲线图

λ_0 和 λ_{40} 的计算公式为

$$\lambda_0 = \frac{M'_u}{\Delta} (\text{m}) \tag{13-4}$$

$$\lambda_{40} = 0.8 \cdot \lambda_0 (\text{m}) \tag{13-5}$$

③ 从 $GZ = f(\theta)$ 和 $\lambda = f(\theta)$ 两条曲线相交点处量取的横坐标值即为 θ_h。

按《GB 规则》的要求，散装谷物船舶必须满足 $\theta_h \leqslant 12°$。对于 1994 年 1 月 1 日后建造的船舶，若假设船舶在核算装载状况下甲板边缘浸水角为 θ_{im}，则必须满足 $\theta_h = \min\{12°, \theta_{im}\}$。

3. 船舶剩余动稳性值 S 的计算

船舶剩余动稳性值 S 是指静稳性力臂曲线、谷物倾侧力臂曲线和右边边界线所围的面积。

（1）确定右边边界线

规则规定：右边边界线是一条垂直线，其横坐标值 θ_m 的计算公式为

$$\theta_m = \min\{\theta GZ'_{max}, \theta_f, 40°\}$$

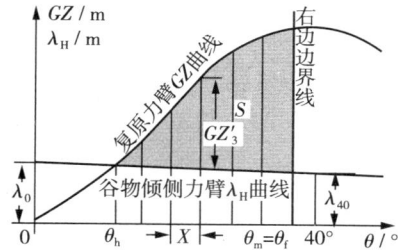

图 13-5　船舶剩余动稳性

式中，$\theta GZ'_{max}$——船舶剩余复原力臂 GZ' 值最大处所对应的横倾角；

θ_f——船舶进水角。

（2）计算剩余动稳性值 S

在横坐标 $\theta_h \sim \theta_m$ 范围内将曲线横向六等分，分别量取各等分处船舶剩余复原力臂值 GZ'_i（即 $GZ_\theta - \lambda_\theta$）。由辛浦生第一法计算：

$$S = \frac{X}{3}(GZ'_0 + 4GZ'_1 + 2GZ'_2 + 4GZ'_3 + 2GZ'_4 + 4GZ'_5 + GZ'_6)(\text{m} \cdot \text{rad}) \tag{13-6}$$

式中，X——横向六等分的等分间距，即 $X = (\theta_m - \theta_h)/6$；

$GZ'_0, GZ'_1, GZ'_2, GZ'_3, GZ'_4, GZ'_5, GZ'_6$——依次表示在横坐标 $\theta_m \sim \theta_h$ 范围内将曲线横向六等分的每一垂线处量取得船舶剩余复原力臂值（m）。

按《GB 规则》的要求，散装谷物船舶必须满足 $S \geqslant 0.075$ m·rad。

4. 散装谷物船稳性指标的简化核算

1)应用散装谷物最大许用倾侧力矩表进行稳性核算方法

散装谷物船舶许用倾侧力矩 M_a,是指船舶恰能同时满足散装谷物船运规则的各项稳性衡准指标时,各舱内允许出现的谷物假定移动倾侧力矩之和的最大值。在散装谷物船舶资料中有提供。

核算步骤:

(1)计算核算装载状况下船舶排水量 Δ 和经自由液面修正后的重心高度 KG;

(2)计算谷物移动总倾侧力矩 M'_u;

(3)以 Δ 和 KG 为查表引数,从许用倾侧力矩表中查取 M_a;

(4)M_a 和 M'_u 比较:当满足 $M_a \geqslant M'_u$ 时,就等同于表明船舶在该装载状态下,《SOLAS 1974》三项稳性指标同时满足要求。

表 13-1　某轮许用倾侧力矩表(9.81 kN·m)

Δ	KG										
	7.5	7.6	7.7	7.8	7.9	8.0	8.1	8.2	8.3	8.4	8.5
28000	12535	11916	11297	10678	10059	9440	8821	8202	7583	6964	6345
29000	12981	12340	11699	11058	10417	9776	9135	8494	7853	7212	6571
30000	13428	12765	12102	11439	10776	10113	9450	8787	8124	7461	6798
31000	14204	13519	12834	12149	11464	10779	10094	9409	8724	8039	7354
32000	14661	13954	13247	12540	11833	11126	10419	9712	9005	8298	7591
33000	15470	14741	14012	13283	12554	11825	11096	10367	9634	8909	8180
34000	16299	15548	14797	14046	13295	12544	11793	11042	10291	9540	8789

2)以 GZ'_{40} 的核算替代剩余动稳性值 S 的核算

当船舶资料中不具备许用倾侧力矩表时,可用求取横倾 40°时的剩余复原力臂值 GZ'_{40} 替代剩余动稳性值 S 的计算。

(1)确定下列简化核算条件是否同时满足:

① 谷物假定移动引起的船舶静倾角 $\theta_h \leqslant 12°$;

② 经自由液面修正后静稳性力臂曲线在 $12° \sim 40°$ 内形状无凹陷;

③ 右边边界线对应横倾角 $\theta_m = 40°$。

(2)计算横倾 40°时剩余复原力臂值 GZ'_{40}。

$$GZ'_{40} = GZ_{40} - \lambda_{40}$$

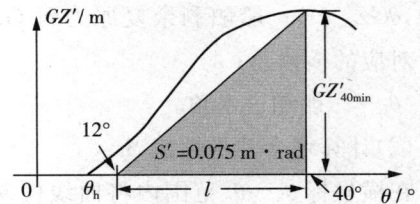

图 13-6　剩余复原力臂

$$= (KN_{40} - KG\sin40°) - 0.8\lambda_0$$

$$= KN_{40} - KG \cdot \sin40° - 0.8 \cdot \frac{M'_u}{\Delta}$$

式中，GZ_{40}——船舶横倾 40°时复原力臂（m）；

$\quad\quad KN_{40}$——船舶横倾 40°时的形状稳性力臂（m）；

$\quad\quad KG$——经自由液面修正后船舶重心高度（m）；

$\quad\quad M'_u$——谷物移动总倾侧力矩（t·m）。

（3）稳性核算：当满足 $GZ'_{40} \geqslant 0.307$ m 时，就等同于满足 $S \geqslant 0.075$ m·rad 的要求。

第三节　改善散装谷物船舶稳性的方法及措施

当散装谷物船的稳性衡准指标不能同时满足要求时，可以采取下列措施，以改善船舶稳性。

一、减小谷物移动倾侧力矩

减小谷物移动倾侧力矩，可使谷物移动引起的船舶横倾角减小，船舶剩余动稳性增大，它是改善散装谷物船舶稳性的主要措施。散装谷物移动倾侧力矩是由满载舱和部分装载舱的移动倾侧力矩组成的。对于满载舱，不论平舱与否，其谷物假定移动倾侧力矩是固定的。对于部分装载舱，其谷物移动倾侧力矩常常占很大的比例。因此，减小谷物移动倾侧力矩，首先应考虑部分装载舱的谷物移动倾侧力矩。

减小谷物移动倾侧力矩常用的方法如下。

1. 减少部分装载舱数目

船舶满载时舱容剩余或为保证船舶强度和吃水差，都会出现部分装载舱情况；船舶因水深限制在港外卸掉部分货载后进港或多港口卸载，则存在多个部分装载舱。无论装载后还是部分卸载后，为减小谷物倾侧力矩，应尽可能减少部分装载舱数目。

2. 尽可能将宽度和长度较小的货舱作为部分装载舱

由于谷物倾侧力矩与谷面宽度的立方成正比，因此，如将部分装载舱安排于舱宽较小的货舱（如首部货舱），就会大大减小部分装载舱的谷物倾侧力矩。另外，在舱宽相同或相近时，部分装载舱则宜选择舱长较小的货舱，但同时应兼顾船舶对强度和吃水差的要求。

3. 谷物装舱深度应避免使该舱谷物倾侧力矩处于峰值附近

各舱谷物倾侧力矩峰值所对应的装舱深度介于底边舱和顶边舱之间的舱宽最大处，其实际装载谷物深度应尽可能远离此位置。如发现配载方案中出现某部分装载舱的谷物倾侧力矩恰处于峰值附近，则可以考虑将某满载舱的一些谷物移入该部分装载舱。这样，该部分装载舱的谷面因避开峰值而减小的谷物倾侧力矩可能会超过原满载舱因谷物移出后而增加的谷物倾侧力矩,从而在总体上使谷物倾侧力矩减小。

4. 视谷面位置确定是否采用共通装载方式

对于多层甲板干货船,当其舱内谷物装载高度超过该层舱舱口时,可以采用共同的装载方式,以减小谷物移动倾侧力矩。若谷物装载高度未超过该层舱舱口,但当舱内谷面假定倾侧 25°时谷物有可能流入上层舱,则必须将该层舱舱盖关闭。而且,此情况下当该层舱舱盖之上不装散装谷物或其他货物时,还必须采用可靠的方法将其紧固,以防止下层舱内谷物移动使该舱盖移位。

5. 采取平舱措施

计算表明,货舱满载时经平舱和未经平舱的谷物倾侧力矩两者相差数倍,显然,按要求对各满载舱进行平舱,可以大大减小谷物倾侧力矩值。对于部分装载舱,装载或卸载后也应使谷面基本平整,以减小谷物移动的有害影响。

二、改善装载方案,提高船舶初稳性高度

船舶重心高度减小,可有效地改善船舶稳性。它表现在静稳性力臂增大,从而增大剩余动稳性值,同时减小了谷物移动引起的船舶横倾角。在谷物装载量确定条件下,通过改变装载方案来降低船舶重心是有限的和小幅度的。除此之外,还可使用各种方法提高船舶初稳性高度:降低所装谷物的承心高度;在顶边水舱排出压载水;在双层底和底边水舱打入压载水;尽量减小自由液面对稳性的影响;合理配置和使用燃油等。

三、设置防移装置和采取止移措施

这是船舶稳性不足时采用的一种不得已的补救手段。规则提供了几种具有一定实用价值的防移装置和止移措施,具体如下。

1. 适用于满载舱和部分装载舱——设置纵隔壁

若在矩形自由谷面货舱中设置一道纵隔壁,即可使谷物假定移动的倾侧力矩减小到原来的 1/4。规则对所设置的纵隔壁的要求是隔壁必须为谷密。若在甲板间舱内,则隔壁垂向必须贯穿整个间舱。若在非甲板间舱内,则满载舱纵隔壁的设置要求在顶部甲板(舱盖)向下延伸大于 0.6 m;部分装载舱的设置,除非受到舱顶和舱底的限制,纵隔壁的高度要求其位于谷面以上高度和谷面以下深度为该舱最大宽度的 1/8。

2. 仅适用于满载舱

(1)设置托盘

托盘可以替代纵向隔壁。托盘底部放置隔垫帆布或其等效物。其上装满袋装谷物或其他适宜货物。对托盘深度 d 的要求:当型宽 $B \leqslant 9.1$ m 时,要求 $d \geqslant 1.2$ m;当 $B \geqslant 18.3$ m 时,要求 $d \geqslant 1.8$ m;当 9.1 m $< B < 18.3$ m 时,用内插法确定要求的 d 值。托盘顶部应由舱口边桁材或围板及舱口端梁组成。

(2)设置散装谷物捆包

作为设置托盘的一种替代方法,设置散装谷物捆包的形式和要求与设置托盘的相同,

只是将托盘内的袋装谷物或其他适宜货物改用散装谷物来填充,并要求在其顶部使用合适的方法加以固定。

3. 仅适用于部分装载舱

(1)谷面上堆装货物

谷面上堆装货物俗称压包。要求将自由谷面整平,谷面上使用隔垫帆布或其他等效物,或设置一垫木平台,其上要求堆满高度不小于谷面最大宽度 1/16 和 1.2 m 中较大者的袋装谷物或其他等效货物。

(2)谷物表面固定装置

用钢带、钢索、链条或钢丝网等固定谷面,在完成装载前先将系索用卸扣经一定间距(以不大于 2.4 m 为宜)连接在谷物最终谷面以下 0.45 m 的舱内两侧的船体结构上。当谷物装好后将谷面平整至顶部略呈拱形,用粗帆布、舱盖布或等效物覆盖,垫隔布应至少搭接 1.8 m,在其上放置木制层。木制层是在谷面上铺设的两层满铺的木板地板,要求每块厚 25 mm,宽 150~300 mm。上层地板纵向铺设,钉于底层横向铺设的地板上。亦可采用另一种方式,即上层用厚 50 mm 的木板纵向满铺,钉于 50 mm、宽不小于 150 mm 的横向底垫木上,底垫木应延伸至舱的全宽,其间距不超过 2.4 m。随后将预埋在左右谷面两侧以下的对应绑索用松紧螺旋扣紧固。其中在上层纵向垫木和每道绑索之间用贯穿该舱全宽的横垫木支撑,以分散绑索产生的向下压力,在船舶航行途中应经常检查绑索,且必要时应予以收紧。

第十四章　散装液体货物运输

本章介绍液体散货种类及理化特性,油轮、散装化学品船和液化气船的结构特点,石油油量计算,液体散货运输要求和一般安全防范措施。

液体散货包括石油及其产品、液化气体和液体化学品。其中石油类货物、液化石油气和液化天然气都是重要的能源,尤其是石油类货物,在世界海运量中占有相当大的比重,也是我国重要的进口货源。

散装液体货物运输

第一节　石油类货物的种类和特性

一、石油类货物的种类

石油及其产品的特性

1. 原油(crude oil)

原油是从油井中开采出来的一种有特殊气味的褐色或黑色黏稠的液体矿物,是未经加工的石油,主要由碳和氢两种元素组成的多种碳氢化合物所构成,其平均含碳量为 $84\% \sim 87\%$,氢含量为 $11\% \sim 14\%$,此外还有硫、氧、氮和微量的氯、碘、钾、钠、铁等十几种元素。不同产地的原油其各成分的含量不相同。原油以货油黏度(viscosity)分轻原油(light crude)、中原油(medium crude)和重原油(heavy crude)三种。

2. 成品油

它是指原油经直接蒸馏、裂化、精制等加工后制成的石油产品以及以油母页岩、煤等为原料,经干馏、高压强氢和合成反应而获得的各种人造石油产品,可分为白油(white oil)、黑油(black oil)、润滑油(lubricating oil)三种。具体产品如下:

(1)汽油(petrol or gas oil):分航空、车用和溶剂汽油等多种。车用汽油按辛烷值高低分为 92 号、95 号和 98 号汽油等牌号。

(2)煤油(kerosene):分为灯用煤油、动力煤油和重质煤油。灯用煤油比汽油重,比柴油轻,用于点灯照明,作汽灯和煤油炉的燃料。

(3)柴油(diesel oil):分为轻柴油和重柴油。轻柴油供各种高速柴油机,按凝点高低分为 10、0、-10、-20、-35 和 -50 共 6 个牌号;重柴油供中速和低速柴油机作燃料用,按凝点高低分为 10、20 和 30 共 3 个牌号。

（4）燃料油（fuel oil）：又叫重油或锅炉油，是原油蒸馏出汽油、煤油、柴油后在 350 ℃以上，并经精制除杂直接蒸馏得到的油品，供船舶、工业和工厂锅炉作燃料用。

燃料油按黏度大小分为 20、60、100、200 和 250 共 5 个牌号。

（5）润滑油（lubricating oil）：是提取了汽油、煤油、柴油后剩下的重质油，采取减压蒸馏法制成的液体油品，精制后的润滑油可以用各种不同比例调配各种黏度的润滑油，有时再加入一些添加剂以提高润滑油的某些品质。它主要用于机械设备的摩擦部位，起润滑作用。

（6）化工油类：纯苯、甲苯、石蜡、地蜡等产品。

（7）建筑油类：液体沥青、硬沥青等产品。

二、石油类货物的主要特性

1. 易燃性

石油类货物很容易燃烧。其易燃性可用闪点（flash point）、燃点（fire point）和自燃点（spontaneous combustion point）来衡量。按石油产品的闪点高低将其划分为三级：闪点为 28 ℃以下的油品属于一级易燃液体，闪点在 28～60 ℃（不包括 60 ℃）的油品属于二级易燃液体，闪点在 60 ℃以上的油品属于三级易燃液体。一级和二级油品都极易燃烧，因此，运输原油及其产品的油船必须配备完备的安全消防设备。

2. 爆炸性

石油及其产品挥发出来的蒸气与空气混合达到一定浓度（容积百分比）范围时，遇明火就会发生爆炸。遇火能发生爆炸的浓度范围称为爆炸极限；遇火发生爆炸的最低浓度叫爆炸下限；遇火发生爆炸的最高浓度叫爆炸上限。原油及成品油的爆炸下限通常为 1％～1.6％。为防止石油类货物发生爆炸，要求在油船上的危险油气可及区域内杜绝一切火源并须配备油气驱除系统和惰性气体系统。

3. 挥发性

在储运过程中，石油类货物的挥发不但会使货物的数量减少，而且其挥发成分多为轻质馏分而使油品质量降低，同时为其燃烧、爆炸提供了油气。石油类货物挥发的速度取决于油温，温度越高，挥发越快。此外，挥发性还与压力的大小、油品表面积的大小、油品上方气流的速度及油品自身的密度有关。为此油船上配备了甲板洒水系统，以减少油气蒸发。

4. 毒害性

石油类货物中含有大量的碳氢化合物、少量的硫化氢及某些油品中加入的四乙基铅或乙基液等，对人体有害。其毒害可用有害气体最大容许浓度 MAC（maximum acceptable concentration）或浓度临界值 TLV（threshold limit values）加以控制。MAC 或 TLV 以有害气体在空气中的容积百分比的百万分率 PPM 为计量单位。由于其毒害性，因此要防止石油类产品对海洋环境的污染。石油的 MAC 或者 TLV 越小，说明其毒性越大。

5. 黏结性

一些不透明的油品在低温时会凝结成糊状或块状,给装卸造成困难。油品的黏结性可用凝点(solidifying point)和黏度(viscosity)表示。凝点是指油品受冷后停止流动的初始温度;黏度则反映油品流动时内部摩擦力的大小或流动性大小。黏度越大则流动性越小。

船舶装运高黏度油品时,需要对油品进行适当加温以降低其黏度。原油在 50 ℃ 左右,燃油在 75 ℃ 左右,比较适合装卸又不使大量油气挥发。

6. 静电性

石油类货物在运动时会产生静电,静电荷积聚达到一定能量,会放电产生电火花,给油气的燃烧、爆炸提供火源。

7. 胀缩性

石油类货物其体积会随温度的变化而产生膨胀或收缩。因此,货舱装油时,必须留出适当的膨胀余量。石油类货物的膨胀性用膨胀系数表示。

8. 腐蚀性

有些油品中(如汽油)含有水溶性酸碱、有机酸、硫及硫化物,可能引起对船体材料的腐蚀。因此,船舶装运这些油品后,应清洗油舱并进行通风以减少其受腐蚀。

第二节　油船的结构和设备系统

一、油船的结构特点

油船的结构和石油
的安全装运

1. 尾机型

油船的机舱均设在尾部,这主要从安全角度考虑,以防止烟囱的火星进入货物区域引起危险。

2. 设有隔离舱室

为防止油气进入其他舱室,油船货舱区的前后两端与机舱、船员住室及其他非货油舱之间均设有舱长不小于 76 cm 的隔离舱。有的油船将油泵舱兼作隔离舱。

3. 货油舱尺度较小

为减小舱内货油自由液面对船舶稳性的影响以及货油对舱壁的冲力,油舱的尺度较其他船舶的货舱要小得多。为了避免由此引起的油船空船重量的增加,货油舱采用槽形舱壁或波形舱壁。

4. 单甲板、双壳体

常规船型油轮为单层甲板,在货舱区域内的舱底和船舷均为双层结构。

5. 船体结构多采用纵骨架式

油船船体长深比较小,所受的弯曲力矩也较大,故结构多采用纵骨架式,货油舱范围内的甲板,舱底均为纵骨架式,当船长大于 150 m 时,舷侧、纵舱壁一般也为纵骨架式。

6. 设有专用压载舱

油船一般为单层连续甲板,老式油船货舱采用单层结构,利用货油舱兼作压载舱,现代油船则采用双层船壳,设有专用压载舱,以满足防污染要求。

7. 货油舱上部设置膨胀舱口

该舱口为油密的圆形或椭圆形开口,其尺度较普通船舶的舱口尺度小,舱口盖上设有测量孔和观察孔。每个货油舱舱口设有固定的钢质扶梯,在扶梯上设有休息平台,以供人员安全地上下货油舱。

8. 核定的最小干舷较其他船舶的小

这是因为与其他船舶相比,油船舱口较小,纵向强度较大和抗沉性较好,所以储备浮力可以小些。为了便于人员安全行走,甲板上设有人行步桥。

9. 甲板上设有多种管系

管系包括货油装卸系统、货油清舱系统、货油加热系统、油舱通气系统、油气驱除系统、洗舱系统、甲板洒水系统、灭火安全系统等。

二、油船的设备系统

油船装运的货物主要是液体,为便于货油装卸及保证船舶的安全,设置如下系统。

1. 货油装卸系统

货油装卸系统主要由货油泵、货油管系及各种货油阀等组成,用于装卸货油及部分货油舱打排压载水。

(1)货油泵

货油泵指装卸油液货物的泵浦。油船上常见的有离心泵、往复泵、回转泵等,现代大型油船上的主货油泵多为离心泵。

(2)货油管系

对于不同类型的油船有不同的管系布置。中机型油船采用环形系统,尾机型油船采用线形系统。

(3)货油阀

与货油装卸有关的各种阀统称为货油阀,主要有油舱吸入阀、油舱隔离阀、泵舱隔离阀、泵吸入阀、泵排出阀、腰截阀、出口阀、旁通阀、下舱阀等。

2. 油船清舱系统

油船清舱系统即扫舱系统,用于清除货油舱内不能用干管抽净的残油,泵浦多为往复泵或喷射泵。现代油船上多设置自动扫舱装置,使扫舱作业的劳动强度大大减轻,卸货速率有所提高,且省去了专用的扫舱管路。自动扫舱装置有循环式自动扫舱系统、喷射式自动扫舱系统、真空式自动扫舱系统及轴隧式自动扫舱系统。

3. 货油加热系统

货油加热系统用以对高黏度货油进行加热,便于卸油。但对货油的加温必须适当,使之既便于装卸又不使大量油气挥发。根据经验,原油加温应控制在 50 ℃左右,燃料油则在

75 ℃左右,最高不得超过 90 ℃。

4. 甲板洒水系统

甲板洒水系统用以洒水降温,当气温高于 27 ℃时,必须启动该系统,以减少油品挥发。

5. 油舱通气系统

油舱通气系统用以避免气体对船体舱壁产生较大的额外压力。

6. 油气驱除系统

油气驱除系统用以卸油后或洗舱后驱除舱内油气,防止燃烧或爆炸事故的发生。

7. 灭火及安全系统

灭火及安全系统包括自动报警系统及各种灭火设备等。

8. 洗舱系统

洗舱系统用以在卸油过程中或卸完货油以后对货油舱进行清洗,根据不同情况,可采用水、化学剂、原油等方法洗舱,相应的洗舱系统被称为海水洗舱系统、化学品洗舱系统以及原油洗舱系统。

9. 惰性气体系统(IGS)

惰性气体系统在油船除气或原油洗舱等作业时,提供惰性气体,防止油气燃烧爆炸。

《SOLAS 1974》规定,总载重量 20000 t 及以上的油船应配备固定式惰性气体系统(inert gas system,IGS),并要求惰气系统在任何规定的气流速率条件下都应能提供含氧量不超过 5%的惰气,在任何时候油舱内都应保持正压状态且舱内含氧量不得超过 8%。

10. 液舱参数监控系统

液舱参数监控系统主要功能包括能连续显示舱内液位或空挡高度、惰气压力读数、可发出高/低液位警报和惰气压力警报等。

第三节　油量计算与油品取样

在石油的贸易中,船货双方为了分清货物交接的责任,规定有数量和质量的交接条款。船方要申请检量单位(我国为商品检验局)对装船的货油进行检量。船舶驾驶员要协助做好检量工作,亦应掌握油量的计算方法,以便核对数量,划清责任。

油船在装油结束后,根据岸上油罐或船舱内的空挡值,求出实际装油体积及货油在空气中的重量。船舶抵达目的港卸油作业前亦应检量船上货油的重量。两次计量的结果均应记入运输文件,作为货物交接的依据。除数量交接外,还要选取并封存油样,作为质量交接的凭证。

一、油量计算的基本术语

在进行油量计算时各国所采用的油量计算换算表中,常用到一些说明石油液体性质的基本术语,主要如下:

(1)石油密度:在温度 t ℃时,石油单位体积的质量。我国用符号 ρ_t 表示,单位为

g/cm³、g/mL 或 kg/L。

（2）石油标准温度：石油计量时规定的货油温度。我国与东欧一些国家为 20 ℃，日本等国为 15 ℃；英国、美国等为 60 ℉。

（3）石油标准密度：标准温度时的石油密度。我国用 ρ_{20} 表示。

（4）石油标准体积：标准温度时的石油体积。我国用 V_{20} 表示。

（5）石油相对密度或石油比重：指石油在温度 t_1 时的密度与等体积纯水在温度 t_2 时的密度比值。石油温度 t_1 通常取标准温度。俄罗斯、东欧等国规定：$t_1 = 20$ ℃，$t_2 = 4$ ℃，以 R. D20/4 ℃表示；日本等国规定：$t_1 = 15$ ℃，$t_2 = 4$ ℃，以 S. G15/4 ℃表示；英、美等国规定：$t_1 = 60$ ℉，$t_2 = 60$ ℉，以 S. G60/60 ℉表示。

（6）石油视密度（亦称观察密度）：用石油密度计在非标准温度下所观察的密度计读数。我国用符号 ρ_t' 表示，单位同上。视密度不是标准温度下的石油密度，不能直接用于油量计算，但它是石油计量的原始数据。可用视密度和观测油温作为引数，查取视密度换算表（表 14 - 1），求得标准密度。

表 14 - 1　视密度换算表

t/℃ ＼ ρ_t'	0.7330	0.7370	0.7410	0.7450
39. 5	0.7503	0.7543	0.7582	0.7622
40. 0	0.7508	0.7547	0.7587	0.7626
40. 5	0.7512	0.7552	0.7591	0.7631
41. 0	0.7517	0.7556	0.7596	0.7635
41. 5	0.7521	0.7561	0.7600	0.7639
42. 0	0.7526	0.7565	0.7604	0.7644

（7）石油体积系数（亦称石油体积换算系数）K：指石油标准体积与油温在 t ℃时的体积之比。我国用 K_{20} 表示，石油体积系数 K_{20} 亦可用货舱内的平均油温和石油标准密度查表得到，见表 14 - 2 所列。

表 14 - 2　石油体积系数 K_{20}

t/℃	ρ_{20}				
	0.7500	0.7540	0.7580	0.7620	0.7660
38. 0	0.9782	0.9784	0.9786	0.9788	0.9789
38. 5	0.9776	0.9778	0.9780	0.9782	0.9784
39. 0	0.9770	0.9772	0.9774	0.9776	0.9778
40. 5	0.9752	0.9754	0.9756	0.9758	0.9760
41. 0	0.9746	0.9748	0.9750	0.9752	0.9754

(8)空气浮力修正:石油在计量时,由于受空气浮力的影响,在空气中质量小于在真空中的质量,二者之差称为空气浮力修正值。它可以用石油在真空中的质量换算到空气中的质量的修正系数 F 及空气浮力对石油密度修正值 B 来进行修正计算。可证明:当 ρ_t 为 $0.600\sim1.000$ g/cm³ 时,空气浮力对密度的修正值可取常数 0.0011 g/cm³,即空气中石油的密度为 $\rho_{20}=0.0011$ g/cm³。修正系数 F 可根据石油的标准密度 ρ_{20} 在石油计量表中查得,见表 14-3 所列。

表 14-3　修正系数 F 表

标准密度 ρ_{20}	修正系数 F	标准密度 ρ_{20}	修正系数 F
$0.5094\sim0.5315$	0.99780	$0.7196\sim0.7645$	0.99850
$0.5316\sim0.5557$	0.99790	$0.7646\sim0.8157$	0.99860
...	...	...	...
$0.6137\sim0.6795$	0.99830	$1.0206\sim1.100$	0.99900

(9)石油密度(比重)温度系数 γ(亦称密度或比重修正系数):指在标准温度下,当石油温度变化 $1\,^{\circ}\mathrm{C}$ 时,其密度(比重)的变化量,见表 14-4 所列。若设石油在 t_1 和 t_2 时,其密度分别为 ρ_1 和 ρ_2,则

$$\gamma=\frac{\rho_1-\rho_2}{t_2-t_1}\left[\mathrm{g/(cm^3\cdot\,^{\circ}C^{-1})}\right] \tag{14-1}$$

表 14-4　石油密度温度系数表

标准密度 ρ_{20}	密度温度系数 γ	标准密度 ρ_{20}	密度温度系数 γ
$0.7318\sim0.7380$	0.00083	$0.7918\sim0.7990$	0.00074
$0.7381\sim0.7443$	0.00082	$0.7991\sim0.8063$	0.00073
$0.7444\sim0.7509$	0.00081	...	...
$0.7510\sim0.7474$	0.00080	$0.9952\sim1.0131$	0.00052

(10)石油体积温度系数(膨胀系数) f:在标准温度下,石油温度变化 $1\,^{\circ}\mathrm{C}$ 时,其体积变化率,我国通常用符号 f_{20} 表示。f_{20} 可用标准密度 ρ_{20} 作为引数查表得到,见表 14-5 所列。

表 14-5　石油体积温度系数表

标准密度 ρ_{20}	体积温度系数 f_{20}	标准密度 ρ_{20}	体积温度系数 f_{20}
$0.6000\sim0.6006$	0.00179	$0.8426\sim0.8466$	0.00080
$0.6007\sim0.6022$	0.00178	$0.8467\sim0.8509$	0.00079
...	...	...	...
$0.8385\sim0.8425$	0.00081	$0.8641\sim0.8688$	0.00075

二、石油计量

1. 我国的油量计算方法及计算过程

我国以空气中货油的重量计算油量。油船装油量计算的基本方法:根据油舱内货油的空档高度求出其标准体积,然后乘以货油的标准密度,再乘以空气浮力修正系数,或乘以扣除空气浮力影响后的标准密度。具体步骤如下:

1)确定油舱内的货油体积

(1)空档测量:油船装好油后,应逐一测量每个油舱的空档高度。货油舱空档值一般需使用专用工具进行测量。

(2)空档修正:当油舱的测孔不在油舱的长度或宽度的中点上,且船舶又存在纵倾或横倾时,测得的空档值存在误差,应进行修正。空档修正分为横倾修正和纵倾修正,如图 14-1 所示。

① 空档的横倾修正 AB。

$$AB = AC \cdot \tan\theta (\text{m}) \tag{14-2}$$

式中,AC——测孔中心到舱中心的横向距离(m);

θ——船舶横倾角(°)。

② 空档的纵倾修正 AB_1。

$$AB_1 = AC_1 \frac{|t|}{L_{BP}} \tag{14-3}$$

式中,AC_1——测孔中心到舱中心的纵向距离(m);

t——吃水差(m);

L_{BP}——船舶型长(m)。

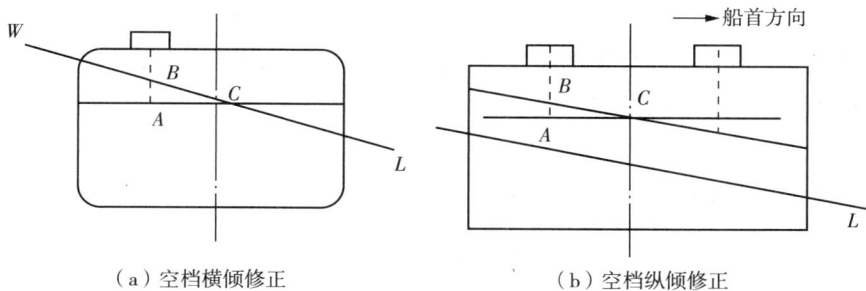

（a）空档横倾修正　　　　　　　　　（b）空档纵倾修正

图 14-1　空档修正

进行横倾修正时,若船舶右倾,测孔在货舱中心线右边,空档修正量为正;测孔在货舱中心线左边,修正量为负。船舶左倾时符号相反。进行纵倾修正时,若船舶尾倾,测孔在货舱中心线后,空档修正量为正;测孔在货舱中心线前,空档修正量为负。首倾时符号相反。

(3)查算各舱装油体积:根据修正后的空档高度查各舱的油舱容量表(每个液舱一张,使用时既可根据空档高度来查取实际装油体积 V_t,也可根据所装配的货油体积反查该舱应留出的空档高度),查得各舱的实际装油体积 V_{20}(表 14-6)。

表 14-6 某油船油舱容量表

空档高度(m)	装油体积(m²)	空档高度(m)	装油体积(m²)	空档高度(m)	装油体积(m²)
...	...	1.050	15456.95	1.110	15398.63
1.00	15503.44	1.060	15447.55	1.120	15388.34
1.010	15494.21	1.070	15438.12	1.130	15378.07
1.020	15484.95	1.080	15428.68	1.140	15367.78
1.030	15475.64	1.090	15419.18	1.150	15357.51
1.040	15466.31	1.100	15408.91	...	...

(4)测定各舱垫水深度:利用专用仪器或量水膏实测各油舱的垫水深度,并扣除垫水的体积。

2)确定货油温度和货油密度

在测定空档高度的同时,应测量舱内油温及货油密度。

规定当油舱数少于 15 个时,应全部测量每舱油温;油舱数超过 15 个时,每增加 5 个油舱,加测一个油舱油温,另外选择测温油舱时,要注意左、中、右油舱的代表性。每舱可以测中层油温,也可以测上、中、下三层(上层距油面 1 m 处,下层距舱底 1 m 处)油温,测量结果计算加权平均值,即

$$t=\frac{(t_{u}+3t_{m}+t_{d})}{5} \tag{14-4}$$

式中,t_u——上层油温(℃);

t_m——中层油温(℃);

t_d——下层油温(℃)。

用密度计测定各油舱内货油的视密度,然后求出平均视密度 ρ'_t,根据视密度 ρ'_t 和油温 t 查"视密度换算表"得货油的标准密度 ρ_{20}。

3)计算航次装油量

根据公式可得货油在空气中的重量。

$$\sum Q=V_{20}(\rho_{20}-0.0011)(t) \tag{14-5}$$

$$\sum Q=V_{20} \cdot \rho_{20} \cdot F(t) \tag{14-6}$$

若有争议,以式(14-6)计算为准。

2. 日本的油量计算方法

日本所采用的油量计算方法根据日本 JIS 标准(即日本油量计算换算表)。

(1)将货油测定比重换算成标准比重 SG15/4 ℃;

(2)将油舱内的货油体积换算成 15 ℃时的体积 V_{15};

（3）根据公式可得货油在空气中的重量。

3. 英、美等国的油量计算方法

英、美等国是利用 ASTM - IP 的油量计算表进行油量计算的。

（1）将实测油温时的比重换算成标准比重 SG60/60 ℉或标准温度 60 ℉时的 API 石油度。

（2）根据标准比重将体积换算成 60 ℉时的标准体积（立方英尺、美国桶或美国加仑）。

（3）根据公式可得货油在空气中的重量。

（4）石油桶：石油桶 BBL 为美制桶 US BARREL 的缩写，是石油常用的容积计量单位。一般是 60 ℉时体积为 0.159 m^2 的石油作为一桶，即俗称的一桶油。

三、油样选取及封存

1. 油样选取

油样作为质量交接的依据，具有法律效力，所以油样选取应有代表性并应由质量检验机关负责完成，且船方和货方必须共同参与。油样选取在装油港通常有两种方法：

（1）在装油过程中，从油码头装油管道末端的小开关处取样。装油开始取一次，以后每隔 1～2 h 取一次。

（2）从油舱中选取油样。一般油船至少要从 25% 的油舱内选取，其中首部和尾部各占 5%，中部占 15%。每个油舱取样时，一般应连续地从上、中、下三层分别采集，混合后装入容器，有时只从油舱中层取样。

在卸货港，只采用第二种方法选取油样。

2. 油样封存

已选取的油样经充分搅拌均匀装入两只容器内，其中一份用船上的火漆密封后交给收货人，作为发货的质量凭证；另一份用发货人的火漆密封后由船方保存，作为船方收货的凭证。

第四节　油轮的积载特点

油轮的积载要求与杂货船的基本相同，但由于石油类货物及油轮结构及其设备的特殊性，油轮积载时考虑问题的侧重点有所不同。现将其特点概述如下：

一、确定航次货运量

油轮一般都是满载，且舱容有富余。因此航次货运量一般应等于航次净载重量，即

$$\sum Q = NDW = DW - \sum G - C - S \qquad (14-7)$$

结合油轮营运的特点，式（14-7）中各因素应考虑如下问题：

（1）在计算油轮的航次储备量 $\sum G$ 时，除了考虑船舶航行和停泊的燃润料、淡水需要

量外,还应考虑油轮的洗舱等特殊技术作业所需的燃料和淡水的储备量。

(2)确定油轮的航次货运量时应扣除上航次货油舱内的油脚和残水的重量 S。

有时,油轮因装运密度较小的油品,可能出现舱容不足现象,此时应按船舶实际舱容扣除膨胀余量后确定航次货运量。有时因货源不足,则应根据货源数量确定航次货运量。

二、确定货油在船上的配置

确定货油在船上的重量分配时考虑的因素仍然是稳性、吃水和吃水差、船体纵向受力。

1. 稳性

油轮在各舱满载时,其稳性一般是足够的。为满足稳性要求,货油的配舱原则:除用于调整吃水差用的首尾少数舱外,其余舱要装则应装满,否则留作空舱。这样既能减小自由液面对稳性的影响,又可以减轻货油对舱壁的冲击,并保持船舶无初始横倾角。

2. 吃水和吃水差

油轮为便于排净压载水,要求有一定的尾倾。当舱容富裕时,可在首、尾各留出一个油舱不装满,用于调整吃水差。当装载多种油品时,也可通过安排不同油品的舱位来满足吃水差的要求。

油轮返航时一般为空船压载状态。其目的是减小过大的中拱弯矩和船体振动,并提高船舶的速航性。因此,油轮空航压载时,其压载舱位应选在船舶中部附近漂心前的舱位,而不应仅仅安排在首部舱位,否则将使船舶产生严重的中拱变形。

3. 船体纵向受力

油轮为尾机型船,满载时多呈中垂变形,装载时应尽量减缓其中垂变形,应在近船中处留出空舱。空船压载时,为减小中拱弯矩,可在漂心前第一个压载舱及其前后相邻舱依次安排打入压载水。为减小船体横剖面上切力,油轮在横向所留空舱舱位应适当隔开。

三、确定合理的膨胀余量及空档高度

货油的装舱位置确定后,应根据航线上气温的可能变化确定各油舱合理的膨胀余量。当由气温较低的地区装油驶往气温较高的地区时,应留较大的空档;当由气温较高的区域驶往气温较低的区域时,考虑到气候反常的可能性,也应留出空档,但可以小些;对于需加温的油品则所留空档应大些。根据经验,从我国北方沿海向南方港口运油时,油船留出的膨胀余量应不小于油舱总容积的 2%;运输需要加热的黑油(原油、燃油、重柴油等)应以总容积的 3%作为膨胀余量。膨胀余量可以用下面公式求得。

$$\delta V_i = V_i \frac{f \cdot \delta t}{1 + f \cdot \delta t} (\text{m}^3) \qquad (14-8)$$

式中,δV_i——全船或第 i 舱应留膨胀余量(m^3);

V_i——全船或第 i 舱舱容(m^3);

f——石油体积温度系数($1/℃$);

δt——全航程货油可能达到的最高温度与其在装油港时温度差值(℃)。

在实际工作中,每个油舱的膨胀余量均用空档高度表示。油轮上备有各油舱的容量表(表14-6),根据算得的各舱最大装油体积,在各油舱容量表中便可查得装油时应留的空档高度。

四、确定合理的装卸顺序

油轮在进行装卸作业时,由于受油轮上货油干管数目的限制和货油品种不同的影响,因此,各油舱不可能同时进行装卸。需要确定一个合理的各油舱装卸顺序,考虑的因素如下:应满足油轮的纵向强度条件;保证船舶具有适当的吃水差;防止不同油品的掺混和尽可能同时使用所有的货油干管,以加快装卸速度。

若优先考虑船体受力和吃水差的要求,油轮的装货顺序如下:先装中部油舱,以减轻中拱变形,再装首部油舱,以减小尾吃水差。然后,各油舱均衡地进行装货。如果船上有多条货油干管,则可把全船油舱分成前、后或前、中、后若干部分,各部分的油舱分别按先后顺序进行装油作业。在装单品时,可在中部油舱开装不久进油情况正常后,进行全部油舱的装油作业,当各油舱尚有1 m左右的空档时,停止作业,然后逐舱按要求装足,其顺序为先边舱,后中舱(隔舱进行),最后为首尾部位的中舱,以利于调整吃水差。

油轮的卸油顺序与装油顺序相同,即先卸中部油舱以减缓船舶中垂,再卸首部油舱,使船舶产生一定的尾倾,以利于货油泵负荷均衡及清舱作业,然后各舱均衡地卸货。

五、保证货油的运输质量

为防止不同油品的掺混,保证货油质量及有利于减轻洗舱工作量,多数油轮都是运输固定的单一油品,不同航次换装不同油品前,应进行洗舱。当油轮同时运输多种油品时,一般船上设有多条货油干管,装卸时,不同油品使用不同的干管,如只有单一干管,则应先装白油,后装黑油;卸货时按相反的顺序排列。安排油品的舱位时,如在油舱间设有泵舱,则泵舱前后可以配置两种油品,如油舱间无泵舱,则应在不同油品的油舱间留出空舱,以保证货油质量,防止混油。装卸中换装不同油品时,阀门的开闭一定要正确无误。

第五节　油轮装运要求及注意事项

石油类货物具有多种危险特性,为保证油轮的安全运输和货油的运输质量,油轮在装油、运输和卸油的过程中应注意做好以下几个方面的工作。

一、防火、防爆

(1)管制烟火。禁止人员携带火种及易燃物品上船,禁止在船上使用明火,只准在规定的安全处所吸烟,在未取得明火作业许可证时不得进行明火作业等。

(2)防止电火包括船上必须使用防爆型灯具及电器设备。电器设备和电路的技术状态必须良好。船舶靠港和进行装卸、压载、洗舱、除气作业时必须关闭雷达和无线电发报机天线，不得进行电瓶充电。靠泊时如需进行雷达天线的维修保养必须得到有关部门的同意等。

(3)防止静电放电。装载能积蓄静电的货油时，油舱应惰化或在货油中加入抗静电添加剂，装卸前应接好地线，装卸时应控制流速，装载挥发性油品时不能用空气吹扫管线，作业人员应穿防静电服装等，以减少静电积聚；清除舱内漂浮的金属物体，测量和取样使用的器具必须保证不产生静电放电，以避免尖端放电。

(4)防止自燃。易燃物品应存放于安全处所并由专人保管，经常检查主、辅机的燃油管路，防止其漏油。严禁任何油品与高温管路接触，禁止在电器设备、蒸汽管和机炉舱内烘烤衣物及放置易燃物品，在油舱、货泵舱及其他可能聚集油气的处所，禁止使用铝质的工具等。

(5)预防摩擦和撞击火花。船舶靠离码头及用锚时应防止擦碰产生火花，使用工具应轻拿轻放，吊装物料时应停止货油装卸，关阀封舱并放好衬垫，轻吊轻放。禁止敲铲铁锈作业，登船人员不能穿带钉子的鞋靴等。

(6)防止意外火情。当风速超过 15 m/s、浪高 1 m 且预计将继续增大时或遇雷雨、闪电、烟囱冒烟或附近发生火灾时，应立即停止装卸，必要时船舶移离码头；当风速超过 15 m/s、浪高 1 m，遇雷暴天气以及油区海上能见度在 1000 m 以下时，船舶停止靠泊作业；当风速超过 18 m/s 或浪高在 1.5 m 以上时应停止装卸并紧急驶离。

二、防止人员中毒

(1)装卸货油时，船上生活区的所有门窗和开口，船尾生活区及装载同货物区域的所有门窗和开口均应关闭，以防油气进入住室。

(2)未经许可任何人不得进入货泵舱或其他封闭空间，人员进入油舱前应对油舱进行彻底通风并经测定确认舱内气体对人员安全时才能下舱，下舱人员应穿戴防护服具，必要时需戴呼吸器及其他安全用具。

(3)进行监测和取样人员应站在与风向成直角的位置并穿戴防护服，必要时佩戴呼吸器以防止人员中毒。

(4)生活区空调调为内循环，保持正压。

三、防止和减少油污事故

(1)保证船上防污染设备的技术状态良好，应由专人负责，做好经常的维护保养。所配备的防污染设备应坚持使用。

(2)严格执行有关防污染规定和法规。

(3)增加船舶及港口接收与处理含油污水的设备和装置。

(4)防止油轮操作性排油污染。

(5)防止油轮事故性溢油。

四、保证货油质量的要求

保证货油质量主要应注意防止油品掺混及产生货损、货差。为此应注意以下要求：

（1）应定期对油舱及膨胀舱口进行油密试验，以保证其油密性。对各种管路、阀门进行压力试验，以确保其不渗漏。

（2）对上述设备应有专人负责，做好经常的维修保养，使其技术状态始终良好。

（3）装油前，大副应根据航次货运任务和靠泊计划制订油船装载计划，编制装油步骤及安全措施等，经船长审批后执行。

（4）装油前，船方应认真核实所装油品的理化性质，当其与所提供的资料有较大出入时应予提出，加以批注或拒装。

（5）当油轮需改变承装油种时，应按原装油种和换装油种的不同理化性质，根据要求的洗舱等级对油舱及管系进行清洗，以保证货油质量。

（6）当同船装运两种或两种以上油品时，应严防不同油品的掺混。油泵舱位于中部的油轮可以安全地装运两种不同油品，油泵舱将油舱分隔为三个部分时，可以安全地装运三种不同的油品。

（7）装卸前船方和岸方应逐项检查并填写"船/岸安全检查项目表"中的 A 部分。同时双方商定装卸速度、数量、压力、联系方法等，防止产生操作性事故。

（8）装货结束进行货油计量时，如船货双方的计量有较大的出入，应立即进行复核，必要时可要求重新计量。要认真办好货物交接手续，船方所签提单上的货油数量与计量部门所签发的货油数量要保持完全一致。

（9）船舶离港前要检查所有阀门是否关紧，以防冒油和货油掺混。

（10）航行中要经常检查油舱的空档，发现异常应查明原因，采取措施。夏季及高温地区甲板温度过高时，应按规定做好洒水降温工作。

（11）卸货前应由船货双方共同测量油舱空档、油温、密度并计算装油量，同时进行油品取样化验，此项工作结束前船方不能开始卸货。卸货时应做到相对干净，保证货油如数交付。卸货结束船方应取得卸空证明，办清货物交接签字手续。

第六节　散装液体化学品运输

一、散装液体化学品及其危险特性

散装液体化学品运输

液体化学品是指温度为 37.8 ℃时，蒸汽压力不超过 0.28 MPa 的液体危险化学品。主要有石油化工产品、煤焦（油）产品、碳水化合物的衍生物等。在《国际散装运输危险化学品船舶构造及设备规则》（简称《IBC 规则》）和我国《散装运输危险化学品船舶构造与设备规范》（以下简称《散化船规范》）的第十七章和第十八章中列出了具体货名。这些货物的危险性如下：

1. 易燃性

多数化学品都有易燃性,与其他易燃液体一样,其易燃性可用闪点、燃点、自燃点及可燃范围衡量,散装液体化学品的易燃性将给运输带来火灾的危险。

2. 毒害性和腐蚀性

多数液体化学品都具有这类特性,可以用半数致死量 LD_{50} 及半数致死浓度 LC_{50} 来衡量其直接接触的毒害性,或用紧急暴露限值,化学品的水溶性、挥发性等来衡量其间接接触的毒害性。化学品的毒害性和腐蚀性将会造成人员由于直接接触而产生的健康危害性,或由于化学品溶于水中或混入空气中而产生的水污染和空气污染造成人员间接接触的危害。

3. 反应性

这是指化学品本身的分解或聚合反应性、化学品与水的反应性以及与其他化学品的反应性。这些反应性将会给运输带来相应的危险。

二、散装液体化学品分类

根据《MARPOL73/78》附则Ⅱ的规定,依据散装液体化学品对人类、海洋资源和环境的危害程度,将液体化学品分成四类。

(1)X 类:此类有毒液体物质,如果从洗舱和排放压载水作业中排入海中,将会对海洋资源和人类健康造成严重危害,因此,有必要严禁将此类物质排入海洋环境。

(2)Y 类:此类有毒液体物质,如果从洗舱和排放压载水作业中排入海中,将会对海洋资源和人类健康造成严重危害,或对舒适性或其他合法利用海洋造成损害,因此,有必要对排入海洋环境的此类物质的质量加以限制。

(3)Z 类:此类有毒液体物质,如果从洗舱和排放压载水作业中排入海中,似乎对海洋资源或人类健康造成较小的危害,因此,有必要对排入海洋环境的此类物质的质量加以限制。

(4)OS 类,其他的物质:应评估作为《IBC 规则》第十八章污染类栏中所示的物质 OS 并含发现这些物质并不属于 X 类、Y 类或 Z 类(其他物质),如果从洗舱和排放压载水作业中排入海中,似乎不会对海洋资源和人类健康造成危害,或不会对舒适性或其他合法利用海洋造成损害,因此,排放含有其他物质的舱底污水、压载水其他残余物或混合物不受本附则要求的约束。

三、散装液体化学品船的种类及结构特点

(1)尾机型船。

(2)特殊的货舱结构。

① 按货物危险程度可分为如下种类:

Ⅰ型船:适合于运输对环境或安全造成非常严重危险的散化品。

Ⅱ型船:适合于运输危险性仅次于Ⅰ型船运输对象的散化品。

Ⅲ型船:适合于运输危险性最小的化学品,基本与油轮相同。

② 按货舱结构可分为如下种类：

独立液舱：不构成船体结构的一部分。

整体液舱：构成船体结构的一部分。

③ 按液舱舱顶设计压力大小可分为如下种类：

重力液舱：设计蒸气压力不大于 0.07 MPa 液舱。

压力液舱：设计蒸气压力大于 0.07 MPa 液舱。压力液舱必须是独立液舱。

(3)露天甲板上布置纵横骨架、管系、泵、阀等。

(4)船上设有污液舱，供贮存污水和洗舱水。

(5)液货舱与非液货舱之间设有隔离舱。

(6)每一液舱有独立的泵、管系、透气和通风系统。

(7)船上配备液位测量仪、蒸汽探测仪、自动切断系统及安全报警装置等。

四、散装化学品船装运操作要求及装卸安全注意事项

(1)承运前，货主应提供所托运货物的完整资料。

(2)装货前，应对液货舱进行环境控制。其方法主要如下：

① 惰化法：用不助燃也不与货物反应的气体或蒸汽置换货物系统中的原有气体。

② 隔绝法：将液体、气体或蒸汽充入货物系统，使货物与空气隔绝。

③ 干燥法：将无水气体或在大气压力下其露点为 -40 ℃或更低的蒸汽充入货物系统。

④ 通风法：进行强制通风或自然通风。

(3)各舱装载量应不超过其最大允许载货量。按要求，I 型船舶的任一液舱所装的货物数量不得超过 1250 m³，II 型船舶的任一液舱所装的货物数量不得超过 3000 m³，同时应考虑货温变化引起货物体积的胀缩，留出合理的空档舱容。

(4)运输怕热的货物时应与热货、热源隔离，所装舱柜的加热管系应能盲断，并应安装货温的监测和报警装置。

(5)装卸前应取得港口当局签发的危险货物装运证书并严格遵守其要求。

(6)装卸前船方和岸方应逐项检查并填写"船/岸安全检查项目表"中 A 部分和 B 部分，并共同商定装卸的流速、流量及停止作业的信号等。

(7)装货开始前，由货方在船方人员在场的情况下检查液货舱，检查合格后才能开始装货。

(8)装卸开始前，应正确设定各种阀的开关位置，装卸中应经常检查，以确保阀的开关正确无误，并注意泵和管路上有无泄漏现象，以确保安全。

(9)装卸开始时应以低速进行(1 m/s 以下)，待经检查确认作业正常后才按正常流速进行装卸。为防止静电，装卸的正常流速一般应限制在 3 m/s 以下。

(10)必须遵守有关装运危险品及防污染等法规。与他船保持 30 m 以上距离，装卸期间应禁止一切明火和进行装卸货以外的其他作业。当风速超过 15 m/s，浪高超过 1.5 m

时,不得进行靠泊和装卸作业。

(11)作业时应注意人员安全。进入货物作业区的人员必须穿戴规定的防护服,人员不得随意进入可能有货油蒸汽的处所。

(12)装卸结束应清除软管内残留液体,然后断开软管。

第七节　液化气体运输

液化气体是指在常温常压下为气体,通过冷却或在其临界温度下加压或冷却而成为液态的物质。

散装液化气体装运

一、液化气的种类和主要特性

1. 定义

在《国际散装运输液化气体船舶构造和设备规则》(简称《IGC 规则》)和我国《散装运输液化气体船舶构造与设备规范》(简称《液化气船规范》)中对于船运液化气的定义为"温度为 37.8 ℃时,蒸汽的绝对压力超出 0.28 MPa 的液体"。在两个规则中的第十九章中均列出了规定的货名。

2. 液化气体具有特性和危险性

(1)易燃、易爆性

多数液化气沸点低,自燃温度低,爆炸的下限小,最小点燃能量小,易于蒸发,一旦泄漏,危险性比石油类物质更大。

(2)毒害性

液化气体的蒸汽与人的皮肤、眼睛接触或被吸入人体会引起中毒。

(3)腐蚀性

有的液化气本身具有腐蚀性,有的液化气能与容器、船体材料及其他物质发生反应产生不同程度的腐蚀性。腐蚀性不仅对人体有害,还会对船体机构造成损伤。

(4)化学反应性

化学反应性包括货物自身的分解、聚合反应,货物与水的反应,货物与空气的反应,货物与货物之间的反应,货物与冷却介质之间的反应,货物与船体材料之间的反应。

(5)低温和压力危险性

低温运输液化气时,低温会对船体、设备造成脆性破坏,对人员则会有冻伤的危害。

3. 液化气的分类

(1)根据液化气的主要成分分类

① 液化石油气(LPG):其主要成分为丙烷。

② 液化天然气(LNG):其主要成分为甲烷。

③ 液化化学气(LCG):其主要成分除碳氢化合物外,还有氧化丙烯和聚氯乙烯单体等。

（2）根据液化气的沸点和临界温度分类

① 高沸点液化气体：指沸点不低于－10 ℃的物质。如丁二烯、丁烷、二氧化硫等。

② 中沸点液化气体：指沸点为－10～－55 ℃且临界温度在 45 ℃以上的物质。如氨、丙烷等。

③ 低沸点液化气体：指沸点低于－55 ℃或临界温度低于 45 ℃的物质。如甲烷、乙烯、氮等。该类物质必须采用低温或低温加压方式贮运。

二、液化气船的分类

1. 按货物液化的方式分类

（1）压力式液化气船（又称全加压式液化气船）

压力式液化气船主要用于运输液化石油气和氨。其液舱为圆柱形或球形或具有纵隔壁的双圆柱形及三圆柱形。

该型船舶的优点：液舱管系不需要绝热，船上不需要设置再液化装置，操作简便。

该型船舶的缺点：船舶的空间利用率低，载货量较少，液舱的厚度随设计压力的增大而增大。

（2）低温式液化气船（又称全冷冻式液化气船）

低温式液化气船指在常压下将气体冷却至其沸点以下而使气体液化的船舶。该型船舶用于运输液化石油气时，其冷却温度为－55 ℃；用于运输乙烯时，其冷却温度为－104 ℃；用于运输液化天然气（只能采用常压低温方式运输）时的冷却温度为－162 ℃。

该型船舶的优点：液舱形状多为棱柱形或梯形，使船舶的空间利用率提高。低温使液货的密度增大，使船舶的载货量增加，从而提高其经济性。

该型船舶的缺点：液货舱必须采用耐低温材料并要求采取相应的绝热措施；液舱周围需用惰性气体保护且需设置再液化装置。

（3）低温低压式液化气船（又称半冷冻式液化气船）

该型船舶采用压力式和低温式两种液化方式。它采用在一定的压力下使气体冷却液化的方法。一般设计压力为 0.3～0.7 MPa，而冷却温度则随运输对象不同而异，较多的为－10 ℃。由于设计压力减小，液舱舱壁厚度可以相应减小，对材料的耐高压和耐低温的要求也降低，从而使建造成本降低。其液舱形状有圆柱形、圆锥形、球形或双凸轮形。

2. 按所运货物的危险程度分类

（1）ⅠG 型船舶。其适用于运输危险性最大的货品，《IGC 规则》中要求采取最严格防泄漏保护措施的液化气船。破损残存能力：两舱制。

（2）ⅡG 型和ⅡPG 型船舶。其适用于运输危险性次于ⅠG 型船舶运输对象的货品。要求采取相当严格防泄漏保护措施的液化气船。ⅡPG 型船指船长为 150 m 及以下，最大设计蒸汽压力至少为 0.7 MPa（表压）及货物围护系统设计温度为－55 ℃或以上的 C 型独立液舱的船舶。

破损残存能力：ⅡG 型机舱前二舱制，机舱及其后一舱制，ⅡPG 型一舱制。

(3)ⅢG 型船舶。其适用于运输危险性最小的货品。要求采取中等防泄漏保护措施的液化气船。破损残存能力:一舱制。

液化气船船型分类见表 14-7 所列。

表 14-7　液化气船船型分类

船　　型	ⅠG 型	ⅡG/ⅡPG 型和ⅢG 型
距船侧外板的横向距离	≥B/5,最大取 11.5 m	≥0.76 m
距船底板的垂向距离	≥B/15,最大取 2 m	
其他任何部位距外板的距离	≥0.76 m	

三、液化气船液货舱围护系统

(1)独立液货舱:不构成船体的一部分。由设计蒸汽压力其又可细分为以下几种:

① A 型独立液货舱:横截面呈棱柱形,最大设计蒸汽压力不得超过 0.07 MPa,需设次屏壁。

② B 型独立液货舱:棱柱形压力容器,最大设计蒸汽压力不得超过 0.07 MPa,需设部分次屏壁。

③ C 型独立液货舱:球形或圆柱形压力容器,最大设计蒸汽压力不得超过 0.2 MPa。

(2)薄膜液货舱:非自身支持的液舱,是船体结构的一部分,液舱结构直接固定在船体上,船体直接承受液舱及货物的重量。

(3)半薄膜液货舱:在空载时自身支持,装载时由其相邻船体结构经绝热层支持。

(4)整体液货舱:设计蒸气压力通常不超过 0.025 MPa,船体构件尺度加大时,其最高值应小于 0.07 MPa。

(5)内层绝热液货舱:非自身支持的液舱,绝热层的内表面直接与货物接触。

四、液化气船的装载要求及装卸安全注意事项

(1)船舶承运液化气货物时,货主必须提供所托运货物的完整资料,包括货物名称,货物理化特性说明书,构成货物危险特性的主要因素,泄漏时应采取的措施,防止人员意外接触的措施,消防程序及应使用的灭火材料以及其他特殊要求和内容等。

(2)做好货舱的准备工作。船舶受载前,必须对货舱进行以下特殊作业。

① 惰化(inerting)。用惰性气体置换货物系统中的空气或货物蒸汽,降低货物系统的含氧量,以防止货物汽化过程中引起燃烧。

② 除气(gas freeing),又称驱气。装货前需用待装货物的蒸汽置换货物系统中的惰气。

③ 预冷(cooldown)。冷冻式液化气船上,在对货物系统进行除气后,货物装载前应先以缓慢的速度将低温的液货输入货物系统,使其在正式装货前达到并保持足够的低温。

(3)装卸货过程中的注意事项：

① 装货前应在船方人员在场的情况下，由货方人员检查液货舱并获通过后才能装货。卸货前需经货方确认封舱符合要求才能启封并按规定的方法取样和确定货量，确认货物质量合格后才能开始卸货。

② 装卸前船方和岸方应逐项检查并填写"船/岸安全检查项目表"中的 A 部分和 C 部分。

③ 装卸开始时应以低速(1 m/s 以下)进行，确认输送系统工作正常后，才能逐步加快直至达到允许的最大速度。为防止静电，正常流速限制在 3 m/s 以下。

④ 装卸过程中必须严密监视货舱液面和压力的变化，发现异常应及时查明原因并采取相应措施。

⑤ 装卸过程中，各种阀不能快速操作和闭锁，换舱时应先开空舱阀后关满舱阀，以防货管中产生过大的压力差和严重的水击现象。

⑥ 装货时应注意，相邻货舱的温差不能太大，否则应停止装货。

⑦ 如同一航次装载同一种货物，各舱可以同时装货，但近结束时，应使各舱的结束时间差开，并降低装货速度，以便逐舱结束装货。

⑧ 各舱装货量一般不能超过舱容的 98%，LNG 船满载时，各舱应装至 90%～98%，不得低于 80%。装货结束时各舱应留出足够的空档，而且应考虑管道内的残液将送入液舱。

⑨ 卸货时应防止液舱产生负压或超压。

⑩ 装卸作业应在白天进行，装卸期间应禁止一切明火和进行其他作业并注意附近水域的安全，与其他船舶保持 30 m 以上距离。当风速超过 15 m/s，浪高超过 0.7 m 时，有雷电或附近有火灾时，应停止装卸。

⑪ 在装卸过程中必须注意人员的安全，操作人员必须佩戴防护服，遵守各项操作规程。

第十五章　集装箱运输

本章介绍集装箱国际标准、集装箱标志、集装箱船的种类、集装箱船的结构特点,按现行国际标准集装箱的箱位编号,IMO 及我国对集装箱船舶的稳性特殊要求,集装箱船积载图编制,特殊集装箱和普通集装箱箱位选配原则。

第一节　集装箱和集装箱船概述

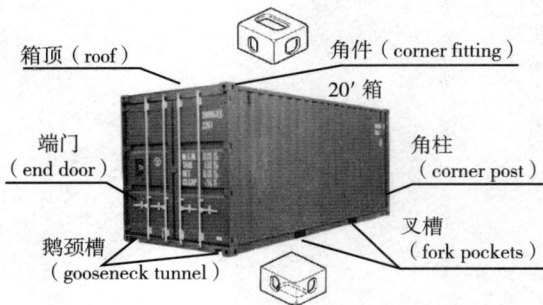

一、集装箱

1. 集装箱的定义

国际标准化组织(ISO)对集装箱下的定义为,集装箱是一种运输设备,应满足以下要求:

(1)具有耐久性,其坚固强度足以反复使用;

(2)便于商品运送而专门设计的,在一种或多种运输方式运输时无须中途换装;

(3)设有便于装卸和搬运的装置,特别是便于从一种运输方式转移到另一种运输方式;

(4)设计时应注意到便于货物装满或卸空;

(5)内容积为 1 m³ 或 1 m³ 以上。

集装箱是具有一定强度、刚度和规格专供周转使用的大型装货容器。使用集装箱转运货物,可直接在发货人的仓库装货运到收货人的仓库卸货,运输途中更换车、船时,无须将货物从箱内取出换装,提高了货物的周转效率。

2. 集装箱的尺寸及标准

集装箱标准按使用范围分,有国际标准、国家标准、地区标准和公司标准四种。国际标准化组织于 1961 年成立了集装箱的专门委员会——104 技术委员会(ISO/TC104),该委员会以建立新的国际运输系统为目标,着手进行集装箱的标准化工作。最初制定的国际标准以 3 个系列作为基本尺

图 15-1　集装箱

箱顶(roof)　　角件(corner fitting)

20′箱

端门
(end door)

角柱
(corner post)

鹅颈槽
(gooseneck tunnel)

叉槽
(fork pockets)

寸,其中Ⅰ系列用于国际运输,Ⅱ系列用于欧洲,Ⅲ系列用于苏联和东欧各国,并以此为基础制定了集装箱的国际标准,包括集装箱的定义、术语、规格尺寸、总重量、试验方法及强度要求、角件结构、标志方法、操作方法等一系列标准和规定。表 15-1 列出了 11 种常见标准集装箱的外部尺寸和额定总重量。

表 15-1　常见标准集装箱的外部尺寸和额定总重量

集装箱	长　度		宽　度		高　度		总　重	
箱　型	mm	ft－in	mm	ft－in	mm	ft－in	kg	lb
1AAA	12192	40－0	2438	8－0	2896	9－6	30480	67200
1AA	12192	40－0	2438	8－0	2591	8－6	30480	67200
1A	12192	40－0	2438	8－0	2438	8－0	30480	67200
1BBB	9125	29－11.25	2438	8－0	2896	9－6	25400	56000
1BB	9125	29－11.25	2438	8－0	2591	8－6	25400	56000
1B	9125	29－11.25	2438	8－0	2438	8－0	25400	56000
1CC	6058	19－10.5	2438	8－0	2591	8－6	24000	52920
1C	6058	19－10.5	2438	8－0	2438	8－0	24000	52920
1D	2991	9－9.75	2438	8－0	2438	8－0	10160	22400
1EEE	13716	45－0	2438	8－0	2896	9－6	30480	67200
1EE	13716	45－0	2438	8－0	2591	8－6	30480	67200

由表 15-1 可见,标准集装箱的宽度都是 8 ft,长度有 40 ft、30 ft、20 ft 和 10 ft 等,高度有 9.5 ft、8.5 ft、8 ft 和小于 8 ft 4 种,其中后两种高度的集装箱现在已经很少了。目前海运中,最多采用的是 1AA 和 1CC 系列的集装箱,1AAA 箱型也使用较多。此外,目前世界上还有不少非标准集装箱,常见的有箱长为 45 ft、35 ft 及 48 ft 的集装箱,也有非标准高度和非标准宽度的集装箱。

3. 集装箱的标记

为便于集装箱在国际运输中的识别、管理、交接,国际标准化组织制定了国际标准《集装箱的代号、辨别和标记》。该标准规定了集装箱标记的内容、标记的字体尺寸、标记的颜色、标记的位置等。

(1)集装箱箱号(container No.)

集装箱箱号按顺序由箱主代码(前 3 位大写拉丁字母)、设备识别代码(第 4 位大写拉丁字母)、顺序号(6 个阿拉伯数字)和核对数字(1 个阿拉伯数字)共 11 位代码组成。

箱主代码是集装箱所有人向国际集装箱管理局登记注册的 3 个大写拉丁字母,如中远海运集团"COS",马士基航运有限公司"MSK",日本邮船有限公司"NYK"等。

设备识别代码中,"U"表示常规的集装箱;"J"表示带有可装卸设备的集装箱;"Z"表示集装箱的拖车和底盘车。

顺序号由 6 位阿拉伯数字组成,不足 6 位的数字前面以"0"补足,用以区别同一箱主不同的所有集装箱,如"001234""864521"。

核对数字是在集装箱的数据记录或计算机处理时,用于验证箱主代号和顺序号记录是否正确的一位阿拉伯数字。在集装箱货运单证操作中,若遇到某箱箱主代码、顺序号和核对数字印刷不清或同一箱在两处单据上的数值有差异,即可按上述方法核对校正。其规定的计算方法如下:

① 将字母 A～Z 一一对应于等效数值 10～38(扣除其中的 11、22、33),见表 15-2 所列。

表 15-2　等效数值表

字　母	等效数值	字　母	等效数值	字　母	等效数值	字　母	等效数值
A	10	H	18	O	26	V	34
B	12	I	19	P	27	W	35
C	13	J	20	Q	28	X	36
D	14	K	21	R	29	Y	37
E	15	L	23	S	30	Z	38
F	16	M	24	T	31		
G	17	N	25	U	32		

② 若设箱主代号的对应等效数值与顺序号数字依次为 $X_0, X_1, \cdots, X_9$,则用下式计算整数 N:

$$N = \sum 2^i \times X_i (i = 0,1,2,\cdots,9) \tag{15-1}$$

③ 核对数字就是将式(15-1)整数 N 除以模数 11 所得的余数,无余数的核对数为 0。

【例题 15-1】　某集装箱的箱主代号和顺序号为"COSU001234",其整数 N 为

$$N = 2^0 \times 13 + 2^1 \times 26 + 2^2 \times 30 + 2^3 \times 32 + 2^4 \times 0 + 2^5 \times 0 + 2^6 \times 1 + 2^7 \times 2 + 2^8 \times 3 + 2^9 \times 4$$
$$= 3577$$

3577/11 余数为 2,即 2 为"COSU001234"所对应的核对数字。

在集装箱货运单证操作中,若对箱号有疑义,即可按上述方法核对校正。

(2)额定重量和自重标记

额定重量实为最大总重量,简称总重,是集装箱设计的最大允许总重量。自重是集装箱空箱时的重量。这两项标记要求同时以千克(kg)和磅(lb)标示,如

MAX GROSS	24000	kg
	52920	lb
TARE	2300	kg
	5070	lb

（3）空陆水联运集装箱标记

空陆水联运集装箱设计了适合空运的系固和装卸装置，因其设计强度较低，海运时这类集装箱禁止装在舱面上，而在舱内堆装时，箱上最多允许堆装 1 层箱；在陆地堆码时，这类箱上面最多允许堆 2 层箱（图 15 - 2）。

（4）登箱顶触电警告标记

触电警告标记一般设在罐式集装箱箱顶上和其邻近登箱顶的扶梯处，以警告登箱顶者有触电的危险，如图 15 - 3 所示。

图 15 - 2　空陆水联运集装箱标记

图 15 - 3　登箱顶触电警告标记

（5）尺寸代码和类型代码

尺寸代码和类型代码由 4 位字母和数字组成，前两位表示尺寸，后两位表示类型，ISO文件中提供了集装箱尺寸代码与类型代码一览表，见附录二表 F2 - 3、表 F2 - 4 和表 F2 - 5。

（6）超高标志

凡超过 2.6 m(8.5 ft)的集装箱均应有超高标记，如图 15 - 4 所示，通常在超高箱的两侧和两端都设有这种标记。

（7）国际铁路联盟标记

凡符合《国际铁路联盟条例》规定的技术条件的集装箱都可以获得此标记，如图 15 - 5所示。标记方框上部的"ic"表示国际铁路联盟（Union International des Chemins de Fer）。标记下部的数字表示各铁路公司代号（33 是中华人民共和国铁路的代号）。

此外，《国际集装箱安全公约》（简称 CSC）要求主管部门对符合人身安全检验要求的集装箱加贴"CSC 安全合格"金属标牌。《集装箱海关公约》（简称 CCC）要求经批准符合运输海关加封货物技术条件的集装箱增加标有"经批准作为海关加封货物运输"字样的金属标牌（也可以与"CSC 安全合格"金属标牌合二为一），以便于集装箱进出各国国境时，不必开箱检查箱内货物，加快集装箱的通关速度。个别集装箱还有防虫处理板标记（免疫牌）和带有熏蒸设施标记。集装箱主要标记的位置如图 15 - 6 所示。

注：框内底色为黄色

图 15-4　超高标记　　　　　　　　图 15-5　国际铁路联盟标记

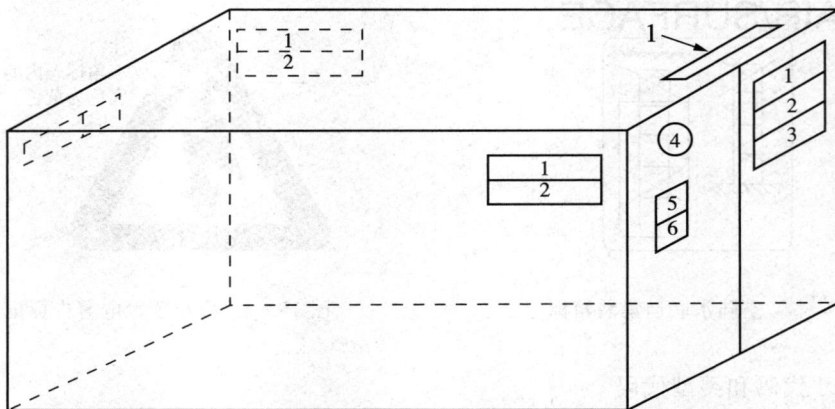

1—集装箱箱号；2—尺寸代码和类型代码；3—额定重量和自重标记；
4—被授权的组织标记；5—CSC 安全合格牌照；6—CCC 海关批准牌照。

图 15-6　集装箱主要标记的位置

二、集装箱的种类（classification）

集装箱的种类繁多，可以按材料、尺寸、用途和结构的不同进行分类。这里仅介绍海上运输中常见的国际货运集装箱类型。

1. 按箱体使用材料构成分类

（1）铝合金集装箱

它是用铝合金型材和板材（一般为铝镁合金）制成的集装箱。其优点是弹性好，重量轻，耐腐蚀；缺点是造价高，焊接性和耐磨性差。铝合金集装箱约占世界总箱量的 11%。

（2）钢制集装箱

它是用钢材制成的集装箱。其优点是强度大，结构牢，价格低，焊接性和水密性好；缺点是重量大，耐腐蚀性较差。钢制集装箱约占世界总箱量的 85%。

（3）玻璃钢集装箱

它是用玻璃纤维和合成树脂混合在一起制成薄薄的加强塑料,用黏合剂贴在胶合板的表面形成玻璃钢板,并装在钢制的集装箱框架上而制成的集装箱。其优点是强度大,隔热性、耐腐蚀性好,易清扫;缺点是重量大。玻璃钢制集装箱约占世界总箱量的3.8%。

（4）不锈钢集装箱

它是用不锈钢制成的集装箱。其优点是比钢制集装箱重量轻,强度大,耐腐蚀;缺点是价格高。不锈钢集装箱约占世界总箱量的1%。

2. 按用途分类

（1）通用干货集装箱（dry cargo container）

它用来装载无须控制温度的件杂货,又称杂货集装箱。这类集装箱通常为封闭式,在一端或侧面设有箱门。此类箱约占集装箱总数量的85%。通用干货集装箱如图15-7所示。

图 15-7　通用干货集装箱

（2）通风集装箱（ventilated container）

它用来装载不需要冷冻的,而且具有呼吸作用的水果、蔬菜、兽皮等货物。此类箱在端壁和侧壁上设有通风孔。

（3）保温集装箱（insulated product container）

它用来运输需要保温的货物,所有箱壁都用导热率低的隔热材料制成,具有气密和隔热性能。此类箱通常配有制冷机组。

（4）冷藏集装箱（reefer container）

它是用来运输冷冻货物或低温货,能保持所定温度（-25 ℃～+25 ℃）的保温集装箱。此类箱有两种,一种箱内装有制冷机组,称为内置式机械冷藏箱;一种无制冷机组,但在前端壁设有冷气吸入口和排气口,由船上制冷装置和可拆冷藏设备供应冷气者,称为外置式机械冷藏箱。目前船舶运输的冷藏集装箱内置式居多,如图15-8所示。

（5）敞顶集装箱（open top container）

它的箱顶采用可折叠式或可拆式顶梁作支撑,由帆布、塑料布或涂塑布组成可拆卸顶

图 15-8 冷藏集装箱

篷。其适合装载超高货物,或需要从箱顶部吊入箱内的如玻璃板、钢制品、机械类等重大件货物。此类箱的防水性较差。敞顶集装箱如图 15-9 所示。

图 15-9 敞顶集装箱

(6)台架和平台集装箱(flat rack and platform container)

它是用来运输车辆、机器、设备等特殊、不规则货物的集装箱。台架式集装箱没有箱顶和侧壁，有的甚至连端壁也去掉而只有底板和四个角柱；平台式集装箱是在台架式集装箱简化后仅保留底板的特殊结构集装箱。台架和平台集装箱如图 15-10 所示。

图 15-10　台架和平台集装箱

(7)罐式集装箱(tank container)

它是用来运输酒类、油类、液体食油以及化学品类等液体货物而设置的集装箱。此类箱有单罐与多罐数种，主要由罐体和箱体框架两部分构件组成。罐体为圆柱或椭圆体，箱体框架为箱形。罐顶设有带水密盖子的装货口，罐底设有排出阀。罐式集装箱如图 15-11 所示。

图 15-11　罐式集装箱

(8)散货集装箱(bulk container)

它是用来运输粉状或粒状货而设有特殊结构或设备的集装箱。此类箱除了端部设有箱门外，在箱顶上设有 2~3 个装货口，在箱门的下方还设有长方形的卸货口。

（9）动物集装箱（pen container）

它是载运家禽等活动物的专用集装箱，其箱壁用金属丝网制造，堆码强度低于国际标准，其上不允许堆装其他箱体，通风条件良好，并设有喂食装置。

（10）汽车集装箱（auto mobile container）

它是载运小型轿车的专用集装箱，其箱的框架内有简易箱底，无侧壁，其高度与轿车一致，可载运一层或两层小型轿车。

三、集装箱船特点

吊装式集装箱船（lift on and lift off container ship），通常称"集装箱船"。这类船舶多数不设装卸设备，利用岸上高效的装卸桥将集装箱吊进、吊出完成装卸作业。在这类船舶中，舱内和舱面全部舱位为装运集装箱而设计，也称全集装箱船。其船舶结构特点如下：

1. 尾机型或中后机型船

这样布置主要是为了使货舱尽可能方整，以便更多地装载集装箱。目前，不少大型集装箱船舶已将驾驶台布置于舯前部而将分离的机舱布置于舯后部，以达到既能降低驾驶台的高度又能满足对船艏盲区长度的要求。

2. 单层甲板，宽舱口，舱口与货舱同宽

船舶舱口宽度一般可达船宽的 $70\% \sim 90\%$，以便于集装箱的装卸和充分利用货舱的容积。集装箱船舱口与货舱同宽的设计能保证舱内装载的每一列集装箱无须横移，都能被直接吊进货舱或直接吊出货舱，但同时导致了船舶的纵向强度较差。

3. 舱内设有箱格导轨，舱面配有专用系固设备

货舱内设有固定的箱格导轨，以便于集装箱的装卸和防止集装箱在船舶摇摆时的移动。箱格导轨由角钢立柱、水平桁材和导箱轨组成。装卸时，集装箱顺着导箱轨进出货舱。显然，装入与舱内箱格导轨角钢立柱的间距相同长度的集装箱，就无须任何系固。集装箱船舱面通常配备整套系固设备，装载于舱面的集装箱靠人工操作完成系固。

4. 双层壳船体结构，设有大容量压载水舱

这种结构大大地增大了船舶的纵向强度，从而弥补了大舱口引起的纵向强度差。这种双层侧壁和双层船底结构同时为船舶提供大量的液体舱室。这种舱室除用作燃油、淡水舱外，大量用作压载水舱（约占 $30\%DW_s$，其中可变压载约占 $15\%DW_s$），以适应船舶空载或舱面装载大量集装箱时调整船舶重心高度的需要。

第二节 集装箱船图的识别

集装箱船因其特殊的结构和积载，积载图编制方法与其他货船有较大区别。集装箱船积载图包括总图，每行一张的行箱位图，装载汇总表，稳性、吃水差、强度计算表。集装箱总图标示了每个集装箱确切位置；每行一张的行箱位图标示了该行集装箱具体情况，如箱位

号、卸货港、装货港、集装箱箱号等；装载汇总表标示了按不同目的港罗列的集装箱类型、尺寸、装载状态；稳性、吃水差、强度计算表标示了全船集装箱装载状态下的稳性、吃水差、强度计算结果。

一、集装箱箱位容量

1. 标准箱容量

标准箱容量是指集装箱船舶所能承载的最大换算箱（按 20 ft 集装箱标准）的数量（TEU），如果不是 20 ft 的集装箱，应换算成 20 ft 标准箱。如 40 ft 集装箱换算成 2 个 20 ft 的集装箱；30 ft 集装箱换算成 1.5 个 20 ft 的集装箱。标准箱容量是表示集装箱船船舶规模大小的标志。如 Z 轮该项容量为 3764TEU。

2. 20 ft 集装箱容量

这是指集装箱船舶上最多可以装载 20 ft 集装箱的数量（TEU）。其通常不等于标准箱容量，这是因为许多集装箱船上都设计有一些只能适合装载 40 ft 集装箱的箱位。如 Z 轮，只能装 20 ft 集装箱的箱位有 802 个，只能装 40 ft 集装箱的箱位有 371 个，有 2220 个箱位适合装 20 ft 集装箱或者有 1110 个箱位适合装 40 ft 集装箱。那么该轮 20 ft 箱容量是 3022TEU。

3. 40 ft 集装箱容量

这是指集装箱船舶最多可以装载 40 ft 集装箱的数量（FEU），它并不等于标准箱容量的一半。如 Z 轮 40 ft 箱容量为 1481FEU。

4. 特殊集装箱容量

特殊集装箱指的是危险集装箱、冷藏集装箱、非标准箱、平台箱等特殊集装箱。因为特殊箱的运输条件比普通集装箱更为苛刻，所以集装箱船舶只能根据自身的设备条件及积载要求选载少量的特殊集装箱。如 Z 轮冷藏箱容量为 240 TEU，其中有 20 个箱位只能装 20 ft 冷藏箱，有 20 个箱位只能装 40 ft 冷藏箱，以及有 180 个箱位装 20 ft 冷藏箱或者 90 个箱位装 40 ft 冷藏箱。

5. 巴拿马运河箱容量

巴拿马当局规定通过巴拿马运河的集装箱船舶舱面前部许多箱位上不能承载集装箱，因此集装箱船舶除了有一个一般标准箱容量外，还有一个巴拿马运河标准箱数量。如 Z 轮舱面上有 79TEU 特定箱位在通过巴拿马运河时不得使用。

二、集装箱船箱位编号

每个集装箱在集装箱船上都有一个用 6 个阿拉伯数字表示的箱位号。它以"行""列""层"三维空间来表示集装箱在船上的位置。前面两位数字表示集装箱在船上所处的行号（或称为"排号"）；中间两位数字表示集装箱的列号；最后两位数字表示集装箱的层号。

1. 行号(bay No.)

"行"指集装箱在船舶纵向(首尾方向)的排列次序号,规定由船首向船尾顺次排列。装20 ft箱位上依次以01、03、05、07等奇数表示。当纵向两个连续20 ft箱位上被用于装载40 ft集装箱时,则该40 ft集装箱的行位以介于所占的两个20 ft箱位奇数行号之间的偶数表示。例如,在07行上装载一个20 ft集装箱时,则该箱的行号即为07;若在07和09两个行上装载一个40 ft集装箱时,则该箱的行号就是08。集装箱船的行号编号如图15-12所示。

2. 列号(row No. or slot No.)

"列"是指集装箱在船舶横向(左右方向)的排列次序号,从中间算起,向右舷为单数编号,即01、03、05等;向左舷为偶数编号,即02、04、06等;中间列为"00"号,如列数为双数,则"00"号空。集装箱船的列号编号如图15-12所示。

3. 层号(tier No.)

"层"是指集装箱在船舶垂向(上下方向)的排列次序号,舱内从全船最低层算起由下而上为02、04、06、08等。舱面也从全船舱面最低层算起,由下而上为82、84、86、88等。集装箱船的层号编号如图15-12所示。

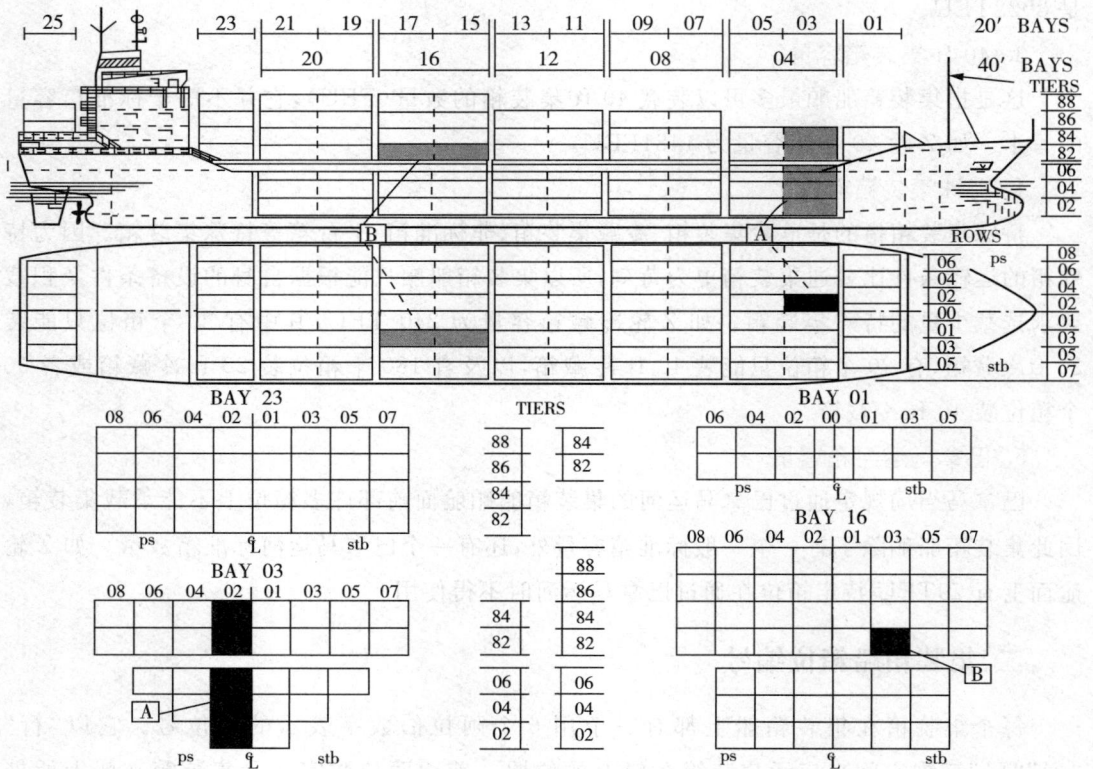

图 15-12　集装箱船的箱位编号

三、集装箱积载图

集装箱积载图通常由总图和每行一张的行箱位图组成。集装箱船总图是将集装箱船上每一装 20 ft 箱的行箱位横剖面图自船首到船尾按顺序排列而成的总图,从该图上可以总览全船的箱位分布情况。集装箱船行箱位图是船舶某一装 20 ft 箱的行箱位横剖面图,它是对集装箱总图上某一行箱位横剖面图的放大,在该图上可以标注和查取某一特定行所装每一集装箱的详细数据。

1. 集装箱船行箱位总图的标注方式

行箱位总图通常有两种标注方式。

(1)在总图上每一小方格内,标注以吨为单位的集装箱重量数据,并涂以代表集装箱不同卸箱港的特定颜色。方格内标以"×",表示该箱位已被 40 ft 箱所占用。对特殊集装箱箱位,则在其箱位方格上画圈并在适当位置上加以标注。如"R"表示冷藏集装箱;"D6.1"表示危险品集装箱,箱内装有 6.1 类危险货物。

(2)由于上述标注方式中代表不同卸箱港的颜色无法用单色打印机或复印机制作,也无法使用传真机传输,因此,有时采用两张行箱位总图——字母图和重量图来分别标注集装箱的卸箱港和箱重。在字母图上每一装箱箱格的方格内,标注代表某一卸箱港港名的单字母(如以"S"代表 Shanghai)。在重量图上每一装箱箱格的方格内,则仍标注以吨为单位的集装箱重量。特殊集装箱可以在字母图也可以在数字图上标注。当特殊集装箱标注内容较多时,可以单独用一张行箱位总图特别予以标注,该图被称为特殊集装箱行箱位总图。

2. 集装箱船行箱位(图 15-13)的标注内容

集装箱船行箱位的标注内容如图 15-14 所示,该图中所标字母和数字说明如下。

(1)卸箱港港名缩写。如"BAL"表示巴尔的摩港三字母缩写。

(2)装箱港港名缩写。如"SHA"表示上海港三字母缩写。

(3)集装箱箱号。如"WCIU 062343 5"。

(4)集装箱实际重量。如"13.4"。

(5)集装箱在船上的箱位编号。集装箱箱位号由于很容易根据其在行箱位图中所处的相对位置确定,所以这项标注常常被省略。但为便于集装箱在港内的装箱作业,有时集装箱公司往往将待装集装箱在码头堆场上的箱位编号标注于该位置。

(6)箱经营人代码。如"COS"表示经营人为中远集团。

(7)集装箱备注。如:E 表示空箱;M 表示邮件箱;R+2+4 表示冷藏集装箱,要求的冷藏温度应保持在 2~4 ℃;如"R-15.0",表示冷藏温度要控制在-15 ℃以下。D 表示危险品集装箱;"IMO5.1"表示危险品集装箱,箱内装有《国际危规》中的 5.1 类危险货物。

对于 40 ft 的集装箱,仅需在前一箱位上标注,而在后一箱位标以"×"。

表示空箱 箱号

	08	06	04	02	00	01	03	05	07
90	GESU 2567683 (e) 2.3	CNCU 2867662 (e) 2.3							GESU 2609032 (e) 2.3
88	WFHU 1147084 (e) 2.3	WFHU 1191718 (e) 2.3	YMLU 8198350 ^14.2	YMLU 6154753 ^12.8	TRLU 5623778 ^15.8	TRLU 9155238 ^12.2	TENU 5425590 ^9.0	YTLU 4380287 8.1	GESU 2610141 (e) 2.3
86	GESU 2567620 (e) 2.3	CNCU 2830133 (e) 2.3	TRLU 5632830 ^13.8	FSCU 6908798 ^14.3	WFHU 5063470 ^11.3	TRLU 5593040 ^13.8	TGHU 7543537 ^10.8	WFHU 4111594 8.0	GESU 2570558 (e) 2.3
84	CNCU 2509817 8.0	GESU 2548770 7.1	WFHU 5103490 ^15.8	YMLU 8148092 ^14.2	CNCU 6983228 ^14.4	REGU 5008830 ^15.4	YMLU 8061222 ^14.2	YTLU 2963602 8.3	GESU 2570305 (e) 2.3
82	YMLU 3008185 18.7	YMLU 3031210 18.7	YTLU 5380337 ^10.2	TEXU 5315421 ^14.2	TRLU 9925200 ^20.2	YMLU 6133848 ^15.2	WFHU 5065723 ^13.2	WFHU 1147567 13.3	WFHU 1143807 20.4

表示高箱 表示箱重

	06	04				03	05	
08	WFHU 5067310 ^15.7	TGHU 8047300 ^12.2			YTMU 5123121 ^10.2	YTLU 5200775 ^10.2		
06	YTMU 2875514 12.3	GESU 2461958 22.3	YTLU 5111580 ^16.7	TEXU 5311051 ^14.2	YTLU 5111826 ^20.2	CNCU 2400493 22.4	GESU 2266400 22.3	
04	WFHU 1150690 32.5	TEXU 2140572 20.6	TRIU 9033163 ^19.2	TGHU 7008443 ^18.7	TRLU 5626355 ^16.2	CNCU 2562766 22.3	CNCU 2563551 11.8	
02			YTMU 6114350 ^20.2	CNCU 6962776 ^29.0	FSCU 6289610 ^21.2			

02 00 01

图 15-13 集装箱船行箱位

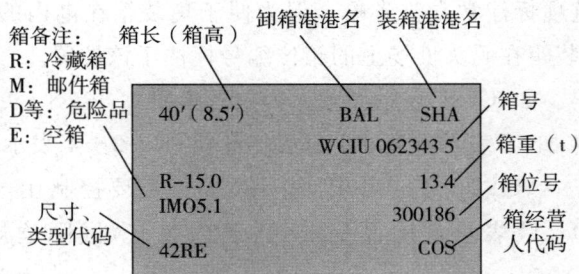

箱备注：
R：冷藏箱
M：邮件箱
D等：危险品
E：空箱

箱长（箱高） 卸箱港港名 装箱港港名

40′（8.5′）　　　BAL　SHA　箱号
WCIU 062343 5　　箱重（t）
R-15.0　　　　　13.4　箱位号
IMO5.1　　　　　300186　箱经营人代码
尺寸、类型代码　42RE　　　COS

图 15-14 行箱位图标注

第三节　集装箱船配积载及运输过程中的注意事项

集装箱船与普通货船一样,为了船舶的航行安全,减少中途港的倒箱,缩短船舶在港停泊时间,保证班期和提高经济效益,因而要进行科学的积载。

集装箱船舶在运输过程中,为保证船舶安全,集装箱及货物的运输质量和良好的船舶营运经济效果,也为保证集装箱码头合理、有序、高效地组织生产,必须对集装箱在船上的配置与堆放进行合理安排,即为集装箱码头配载。

随着集装箱货物国际多式联运的发展,种类繁多,性质和包装不同的货物进入了集装箱运输领域。与此同时,从事集装箱运输的管理人员、操作人员不断增多,为确保货运质量的安全,装箱货物在运输途中的装载、系固等工作非常重要,尤其是海上运输阶段。为了避免货损、设备损坏及人身伤亡事故的发生,集装箱在积载过程中应注意以下事项。

一、充分利用船舶的装载能力

1. 充分利用集装箱船舶箱位容量的主要途径

(1)在货源量充足的情况下,应当调整不同类型、不同尺寸集装箱的数量,使其与船舶上各种不同的箱位相适应,以提高集装箱船舶箱位利用率。

(2)为了减少或避免集装箱在不同卸货港卸货时的倒箱数量,应保持不同卸货港集装箱垂向选配箱位和卸箱通道各自独立。

(3)在集装箱货源充足的情况下,应当减少承运特殊箱而导致的箱位损失。

(4)当需由船舶供电制冷的冷藏集装箱的数量超过船舶额定冷藏集装箱容量时,其超出船舶供电容量的冷藏箱应改换成能自行发电制冷的冷藏箱;或者船上配备一定数量的定时器,其作用是实现在一定时间间隔内自动交替向其连接的两个冷藏箱之一提供电源;或者根据装卸港条件、超容量冷藏箱数量、船舶装载状况等资料进行经济论证,以能否承租载于舱面的流动电站集装箱,用以向超容量冷藏集装箱提供电源,以提高船舶承载冷藏集装箱能力。

2. 充分利用集装箱船舶的净载重量

航次承运的集装箱总重量较大或船舶吃水受航线水深限制时,校核航次订舱单所列的集装箱总重量与集装箱船的净载重量是否相适应。集装箱船的净载重量 NDW 计算公式为

$$NDW = DW - \sum G - C - B \qquad (15-2)$$

式中,B 是为了满足船舶稳性要求而必须打入的压载水重量。

二、满足集装箱船的稳性要求

集装箱船由于要求货舱方整,船舶容积的利用率降低,为提高装箱能力,集装箱船通常将占总箱量 1/3~1/2 的箱子安排于舱面。这将引起船舶重心提高,水线以上受风面积增大,对船舶稳性不利。因此,营运中的集装箱船除必须具有足够的稳性外,又不宜使其初稳性高度过大,以免船舶剧烈摇摆使集装箱所受惯性力过大而对系固设备产生不利影响。

1.《规范》的特殊稳性衡准要求

《规范》对国际航行船舶全面采用 IMO2008 年 IS 规则。对非国际航行集装箱船舶,除要求其满足对普通船舶稳性的各项基本衡准指标要求外,还提出了两项稳性的特殊衡准指标要求:

(1)经自由液面修正后初稳性高度 GM 应不小于 0.30 m。

(2)船舶在横风作用下从复原力臂曲线上求得的静倾角应不大于 1/2 上层连续甲板边缘入水角,且不超过 12°。

《规范》对这类船舶在稳性计算时提出了三项规定:

(1)计算船舶稳性时,每一集装箱重心垂向位置应取在集装箱高度的一半处。

(2)计算稳性特殊衡准指标时所使用的横风风压倾侧力臂,取在计算稳性衡准数 K 时所确定值的 1/2,且假定其不随船舶横倾而变化。

(3)计算复原力臂曲线时,不计入舱面集装箱浮力的影响。

除《规范》外,我国中远海运集团对所属集装箱船经自由液面修正后的初稳性高度最低要求值规定为 0.60 m,高于《规范》的要求。根据经验,集装箱船满载时初稳性高度的适宜范围一般取 4%~5% 的船宽。

2. IMO 对集装箱船稳性要求

IMO《2008 年国际完整稳性规则》(即 2008 年 IS 规则)对于船长大于 100 m 的集装箱船和其他具有可观外漂或大水线面的货船提出了完整稳性衡准要求:

(1)复原力臂曲线在横倾角为 0°~30° 时所围面积不应小于 $0.009/C$(C 为船体形状因数)(m·rad);

(2)复原力臂曲线在横倾角 0°~40° 或进水角中 θ_f 中较小者之间所围面积不应小于 $0.016/C$(m·rad);

(3)复原力臂曲线在横倾角 30°~40° 或进水角中 θ_f 中较小者所围面积不应小于 $0.006/C$(m·rad);

(4)在横倾角 30° 处的复原力臂值应大于或等于 $0.033/C$(m);

(5)最大复原力臂应大于或等于 $0.042/C$(m);

(6)复原力臂曲线在横倾角 0° 至进水角 θ_f 之间所围面积不应小于 $0.029/C$(m·rad)。

上述的船体形状因数 C 应按照 2008 年 IS 规则的规定计算。

保证集装箱船适度稳性的方法是控制舱内和舱面所装集装箱的重量处于合适的比例

范围内。对于不同船舶和同一船舶在不同排水量条件下，这一合适比例是不同的，可以通过计算或长期配积载实践的资料积累获得。例如，全集装箱船在满载状态下，舱内装箱的总重量通常取全船装箱总重量的60%或以上。为了保证集装箱船达到适度的稳性，不论满载或空载都可以进行适当的压载。

三、满足集装箱船的纵向强度和局部强度的要求

为了保证集装箱船舶最大限度地装载集装箱，因此集装箱船的舱口均是大开口，这对集装箱船舶的纵向强度是非常不利的；再加上集装箱船舶大多数是艉机型船舶，机舱、油舱、淡水舱也集中在艉部。由于这些结构特点，集装箱船舶长期处于中拱状态，且纵向强度差，因此在积载时应对集装箱船舶的纵向强度充分考虑。

为了解决这个问题，一般应该将较重的集装箱适当在船舶中部多装载一些，以抵消集装箱船舶的中拱变形。如果有可能，应该将目的港的较重的集装箱配置于船舶中部。

无论甲板上或者舱内的集装箱，其堆积负荷均不能超过所允许的最大值，否则将对船体结构造成破坏，所以在配载时要防止超过船舶堆积负荷最大值。

四、保持适当的吃水差

应当满足船舶适当的吃水差要求。当船舶资料中有最佳纵倾数据时，则应尽量调整船舶的纵倾至推荐的最佳状态，所以应特别注意集装箱的纵向合理分配，在轻载状态时，应该将较重的集装箱装载在船艉的箱位上。

五、合理确定各类集装箱箱位

编制集装箱船配积载计划时，首先需要熟悉航次箱源的挂港数量、平均箱重、特殊集装箱对运输的要求等；随后总体上划定各挂港集装箱在船上的装箱区域；最后按特殊箱先配、普通箱后配、后到港箱先配、先到港箱后配的原则，逐一为每一待装集装箱选定合理的具体箱位。

1. 特殊集装箱的箱位选配原则

（1）危险品集装箱的箱位选配

根据箱内所装危险货物学名或该货联合国编号查《国际危规》确定该危险货物类别，再根据类别在《国际危规》中查"包装危险品隔离表"确定其隔离等级，然后按照《国际危规》规定的"危险品集装箱隔离表"确定不同危险品集装箱之间的具体隔离要求（表15－3）。隔离表中的"一个箱位"表示前后不小于6 m，左右不小于2.4 m的空间。

危险品集装箱在船上装载时首先要远离驾驶台、机舱及其他有热源、电源、火源的地方，装有可挥发易燃蒸汽危险货物的集装箱与冷藏箱应不同舱，若选配于舱面，纵向和横向保持不小于4.8 m的距离；装有海洋污染物的集装箱，应尽可能选配于舱内；若危险集装箱只限于舱面装载，应选配于舱面防护或遮蔽条件良好的处所。

表 15-3 危险品集装箱隔离要求

隔离要求	垂直			水平						
	封闭式与封闭式	封闭式与开敞式	开敞式与开敞式		封闭式与封闭式		封闭式与开敞式		开敞式与开敞式	
					舱面	舱内	舱面	舱内	舱面	舱内
"远离"1	允许一个装于另一个上面	允许开敞式装于封闭式上面，否则按开敞式和开敞式的要求装载	除非以一层甲板隔离，否则不容许装于同一垂线上①	舯艉向	无限制	无限制	无限制	无限制	一个箱位	一个箱位或隔一个舱壁
				横向	无限制	无限制	无限制	无限制	一个箱位	一个箱位
"隔离"2	除非以一层甲板隔离，否则不允许装于同一垂直线上①	按开敞式与开敞式的要求装载		舯艉向	一个箱位	一个箱位或隔一个舱壁	一个箱位	一个箱位或隔一个舱壁	一个箱位②	隔一个舱壁
				横向	一个箱位	一个箱位	一个箱位	两个箱位	两个箱位②	隔一个舱壁
"用一整个舱室或货舱隔离"3				舯艉向	一个箱位②	隔一个舱壁	一个箱位②	隔一个舱壁	两个箱位②	隔两个舱壁
				横向	两个箱位②	隔一个舱壁	两个箱位②	隔一个舱壁	三个箱位②	隔两个舱壁
"用一介于中间的整个舱室或货舱作纵向隔离"4	禁止			舯艉向	最小水平距离 24 m②	隔一个舱壁并且最小水平距离不小于 24 m③	最小水平距离 24 m②	隔两个舱壁	最小水平距离 24 m②	隔两个舱壁
				横向	禁止	禁止	禁止	禁止	禁止	禁止

（2）冷藏集装箱

装运冷藏集装箱需要船上提供外接电源插座和监控插座，应查阅船舶资料来确定装运冷藏箱的最大数量，如果要装的冷藏箱数量超过船舶冷藏箱最大装运量，则无法全部装运，如有可能临时加装少量插座来增加装箱量。

冷藏箱通常安排在舱面船中及后部，避开船舶左右舷最外一列箱位的下面两层，按船舶资料提供的可供装冷藏集装箱的箱位装载。装箱时应将有制冷机的一端朝向生活区，避免大风浪时制冷机组受损，冷藏箱装船后，应马上通电，并注意观察制冷机工作是否正常。

（3）超高集装箱

凡箱高超过 2.6 m(8.5 ft)的集装箱称为超高箱，此类箱在集装箱的两侧有超高标记。

超高箱可装在舱内或舱面上,若在舱内选配超高箱,应当校核该叠总体高度是否小于货舱的有效高度,若超过则应相应减少其装箱层数。另一类是因所装货物的高度超出了集装箱顶部角配件的高度,这类箱无论选配在舱内或舱面上,都应配于最上一层。由于超高箱装卸时需另外安装专用的超高箱吊索,因此同一装港或卸港的超高箱尽可能配于相近位置,以便快速装卸。

(4)超长集装箱

通常超长箱有两种,一种是长度超过 20 ft 的超长箱,另一种是长度超高 40 ft 的超长箱。舱内设有固定箱格导轨的集装箱船,超过 40 ft 的超长箱只能装在舱面上,并进行单独绑扎加固。超过 20 ft 的超长箱可以装在舱内 40 ft 箱位的地方,也可以装在舱面上。

(5)超宽集装箱

超宽箱可以选配在舱面上。这种集装箱能否装在舱内,取决于货舱的箱格结构和入口导槽的形状和尺寸,一般情况下,对于中部超宽而端部 50 cm 范围内不超宽的集装箱可以选配于舱内。但对于货舱箱格之间设有纵向构件的船,则舱内不能装超宽箱。对于装在舱内或甲板上的超宽箱,当其超宽尺寸小于同行相邻箱位之间的空隙时,则不占相邻箱位;反之,其相邻的箱位就得空载。

(6)通风集装箱

应通风的集装箱通常装在舱面上,且应当选择避开冲上甲板的海浪并经通风口灌入箱内的位置。航行途中注意观察和控制通风。对于怕高温的通风箱,不能装在最上一层,以避免阳光照射。

(7)动物集装箱

装有动物的集装箱应选配于甲板上,其上通常不得堆装其他集装箱,周围应采用一些其他集装箱遮蔽起来,以减少风浪的袭击。还要求供水方便,周围留有通道,以便在航行中进行清扫和喂料。最好将饲料箱和动物箱相对地安排在两侧。这类箱要求最后装最先卸。

(8)平台箱

此类型的集装箱只能装载于舱内或甲板上的最上面一层,它的上面不能堆积任何集装箱。这种集装箱一般用于装载大件设备,所以应在掌握集装箱内所装货物后,充分考虑货物的长、宽、高进行积载,即除考虑它是平台箱外,还应考虑是否超长、超宽、超高等情况。

(9)选港箱

选港箱指的是卸港可以自由选择的集装箱,该箱应装载在可能选择的卸港都能方便卸下的位置。此类集装箱一般装载于集装箱船舶的后甲板的箱位上,或被选择卸港中的最后一港集装箱的箱位上。选港集装箱箱位的上面,除被选择卸港中可配在第一港及其前面卸港的集装箱外,其他卸港的集装箱不能配在选港箱的上面。

2.普通集装箱的箱位选配原则

(1)垂向箱位选配

重箱、强结构箱应配于下层,轻箱、弱结构箱应配于上层。舱面应尽量选配新箱、强结构箱,舱内多配旧箱、弱结构箱。

40 ft 箱上面不得配装非 40 ft 箱(主要是 20 ft 箱),否则会造成被压的 40 ft 箱顶板和上侧梁等结构受损。纵向两个高度不同的 20 ft 箱之上除非增设高度补偿器,否则仅在两个箱的角件处于同一水平面时才能配装 40 ft 集装箱。大型集装箱船的舱面上,两个 20 ft 箱子上不允许装 40 ft 的集装箱。

确定集装箱垂向箱位时应当注意控制舱内和舱面所配集装箱重量的合适比例,以保证船舶的稳性处于适度的范围内。

由于国际上有些运河(如苏伊士运河)当局制定的船舶过运河收费规则规定,集装箱船通过运河将随船舶舱面集装箱堆装最高层数的不同加收一定百分比的额外运河通航费。因此,集装箱船在通过这类运河前,应适当考虑过运河的特殊收费规定,在可能的条件下采取措施以减少运河通航费的支出。

(2)纵向箱位选配

应满足船舶的纵向强度调节和适当的吃水差要求。当船舶资料中提供有最佳纵倾数据时,则应尽量调整船舶的纵倾至推荐的最佳状态。为保证驾驶员具有良好的瞭望视线,舱面驾驶台前部集装箱的堆装层数,要求满足 IMO 的 A(17)708 文件规定,即船舶驾驶台瞭望盲区不得超过 2 倍船长或 500 m 中的较小者。

(3)横向箱位选配

应尽量保证各卸箱港集装箱在每一行(排)位上集装箱重量对船舶纵中剖面的力矩代数和接近于零,以满足船体扭转强度不受损伤以及船舶在每一离港状态下无初始横倾角的要求。

六、满足集装箱装卸顺序和快速装卸的要求

集装箱船舶中途挂港很多,中途挂港的装卸也比较频繁,特别是跨洋和环球航行的集装箱船舶。因此,在对集装箱船舶积载时,应对整个航线进行综合考虑,前港要为后港考虑,起港要为全航线打好基础,尽量避免后港集装箱压前港集装箱的现象,否则就要倒箱,从而降低装卸速度,增加在港费用,造成不应该出现的损失。

集装箱装卸桥不可能并列在一起,同时为集装箱船舶上两个相邻的舱位上的集装箱装卸。为了加快集装箱装卸速度,缩短船舶在港停留时间,保证船舶按时离港,经常要采用多台装卸桥同时并排作业,根据装卸桥的结构,两台装卸桥不允许紧靠在一起作业,必须至少纵向间隔一个 40 ft 行箱位。

七、集装箱船配积载文件的编制

1. 编制集装箱船积载计划的过程

(1)预配过程

集装箱船的航次预配工作是由船公司的集装箱配载中心、船舶代理或船上的大副,根据航次订舱单(booking list)上所列的每一集装箱,按照集装箱箱位选配原则,满足集装箱

装载各项要求,在集装箱船的行箱位总图上作一大致安排,编制出本航次集装箱预配图。航次集装箱预配图由船公司直接寄送给港口的集装箱装卸公司,或通过船舶代理用电报、电传、E-mail 或传真形式传给港口集装箱装卸公司。

（2）初配过程

港口装卸公司收到预配图后,由码头船长或码头集装箱配载员,根据预配图和码头实际进箱情况,编制集装箱实配图。他们通常借助计算机装载系统计算,在集装箱船的行箱位总图和行箱位图上按照规定格式填入详细的集装箱数据。在集装箱的实配图上,除标注有集装箱的卸港、箱重、箱号、备注以外,通常还标注有集装箱在码头堆场上的箱位编号。

（3）审核过程

待集装箱船舶靠泊后,码头配载员持实配图上船,交由船长和大副审查,经船方同意后由船方签字认可。码头按大副签字认可的实配图装船。集装箱装船完毕后,由理货公司的理货员按船舶实际装箱情况,编制最终积载图。

2. 编制集装箱船积载文件

船舶装箱完毕后,由船舶理货员依据现场记录负责绘制集装箱船最终积载图,集装箱船大副负责进行实际装载条件下船舶稳性、强度、吃水和吃水差的核算。该项工作目前可以通过计算机计算和打印出来。实配积载文件内容通常包括:

（1）全船行箱位总图（封面图）;

（2）集装箱各行箱位图;

（3）集装箱装船统计表;

（4）船舶稳性、强度和吃水差核算结果。

八、满足集装箱与系固设备的强度要求

集装箱在海上运输时,如集装箱装载在全集装箱船的舱内,由于舱内设有箱格导轨,能阻止集装箱移动,可不用固定件固定。如装在舱面上,则必须对集装箱进行系固,其固定方法及采用系固设备的种类和形式由于堆装位置的不同而有所区别,具体介绍如下。

1. 集装箱系固索具

集装箱系固系统主要有绑扎杆系统或钢缆系统或链系统、扭锁系统。具体索具有扭锁、扭锁连接板、桥锁、定位锥、锥板、绑扎杆、绑扎链、花篮螺套、扳手和手轮等。

（1）扭锁

扭锁（角紧锁装置）是使上下两层集装箱或集装箱与船体连接固定的装置,适用于装于甲板和舱内的集装箱,其端部呈蘑菇形,用时设法先使扭锁插入集装箱四个底角件的底孔中,然后推动把手扭转蘑菇头,把集装箱锁住。扭锁有手动和半自动两种,如图 15 – 15 所示。

底座扭锁使用步骤:

① 将扭锁放置于基座或下部集装箱的角件内,并确认其处于开启状态;

② 当上部集装箱完全置于扭锁上后,用手或操纵杆扳动手柄使其处于锁紧状态;

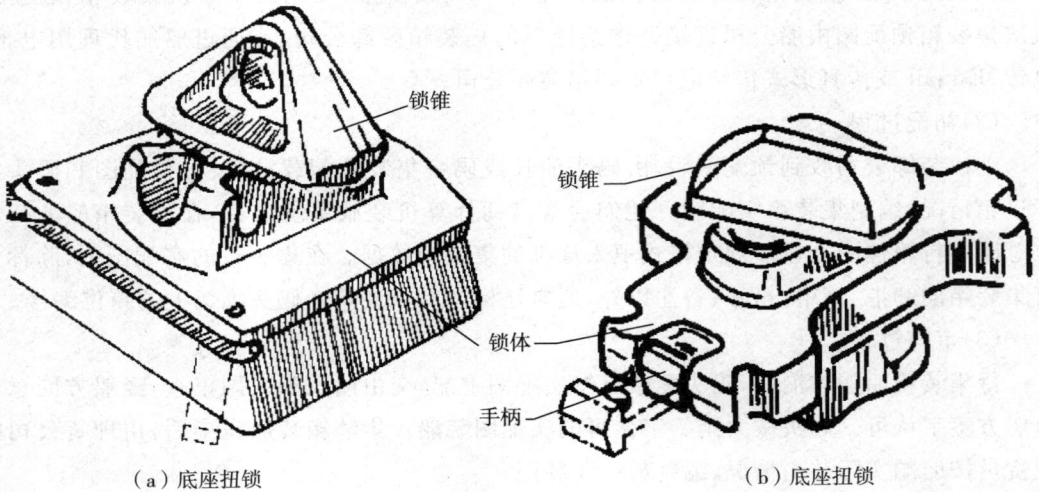

（a）底座扭锁　　　　　　　　　　　　　　　（b）底座扭锁

图 15-15　扭锁

③ 卸货时,将扭锁柄扳回原位,扭锁即处于松开状态;

④ 吊离上层集装箱后,将扭锁取下,即可吊离下层集装箱。

目前船上较多使用的是半自动扭锁,装箱时只需将这种扭锁连接于集装箱底部角件中,当集装箱装到船上箱位时,一般均在甲板第二层及以上,受集装箱的压力作用,扭锁能自动扭转锁住。此扭锁的开启过程也比较简单,只需使用专用工具将扭锁上一拉杆拔出即可。在集装箱装载中,扭锁头未插入相应集装箱底角件的底空内,称为偏置(misgather)。

（2）桥锁

桥锁是用于对最上一层处于相同高度的相邻两列集装箱作横向水平连接的装置,通过连接相邻的两个集装箱,使许多集装箱形成一个整体,并均分所受的外力(图 15-16)。

使用步骤:

① 待上部相邻的两个集装箱放置到位;

② 调解桥接件钩头到适当距离;

③ 插入集装箱角孔内;

④ 扳紧调节螺母使其具有一定的预紧力;

⑤ 卸货时,用手扳动将其松动,调整钩头距离到适当的位置将其取出。

（3）定位锥

定位锥是用于上下两层集装箱之间,以防止集装箱水平滑动的装置。双头定位锥还能用于相邻两列之间的水平连接(图

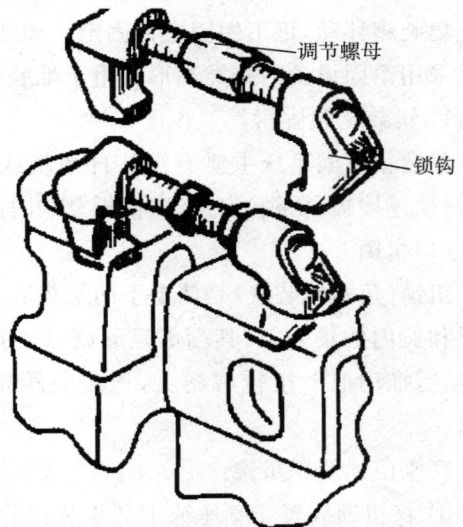

图 15-16　桥锁

15-17)。

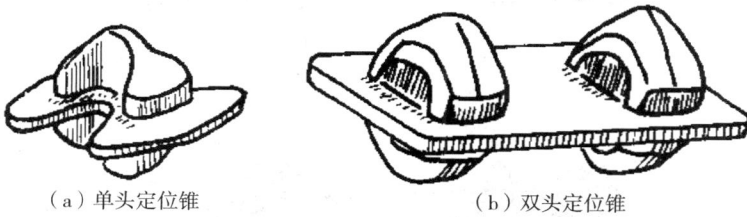

（a）单头定位锥　　　　　　　　（b）双头定位锥

图 15-17　定位锥

使用步骤：

① 将定位锥放置于基座或集装线下部的角件孔内；

② 当上部集装箱完全置于定位锥上后，集装箱就被其和导轨一起固定住了；

③ 卸货时，当上层集装箱吊离后，直接将定位锥取下，即可吊离下层集装箱。

（4）绑扎装置

绑扎装置由绑扎杆、花篮螺套、地令、扳手和手轮等组成，用于绑扎装在舱面上的集装箱，使集装箱与船舶甲板的地令连接。绑扎杆用于交叉拉紧作业，起着抗桥压和防止倾覆的作用，通常用于箱与箱间的堆码时与花篮螺套配合使用，能栓固箱体和防止滑动。由于拉杆的延伸率低，需注意适当调节其拉力，要防止拉力超限而造成箱体和固箱装置的损坏（图 15-18）。

使用步骤：

① 用固定销将花篮螺套与舱盖上的地令连接起来；

② 将绑扎杆的钩头插入集装箱的角件孔内；

③ 将花篮螺套调整到适当长度使绑扎杆被花篮螺套扣紧；

④ 用扳手或手轮收紧花篮螺套直到适当的预紧力；

⑤ 卸货时，用手轮或扳手松开花篮螺套，取下绑扎杆，将绑扎杆放在存放位置，不必将花篮螺套从地令上卸下，只需将其放于安全位置。

（5）高度补偿器

高度补偿器用于补偿同一层箱高不同引起的集装箱角件的高度差，以便于使用系固设备或在纵向相邻两行 20 ft 箱上部堆装 40 ft 箱等。补偿器有多种型号，有效的补偿高度通常为 0.152～0.305 m。该设备因操作不便，较少使用。

2. 集装箱堆装与系固要求

集装箱的堆装与系固要求同时满足以下几点：

（1）集装箱系固设备的强度条件。

（2）集装箱本身的强度条件。

集装箱堆装与系固的一般要求以及集装箱的作用负荷在我国《钢质海船入级与建造规范》第一分册第十篇 6.3 节和 6.4.7 中有明确规定。集装箱堆装与系固的一般内容如下：

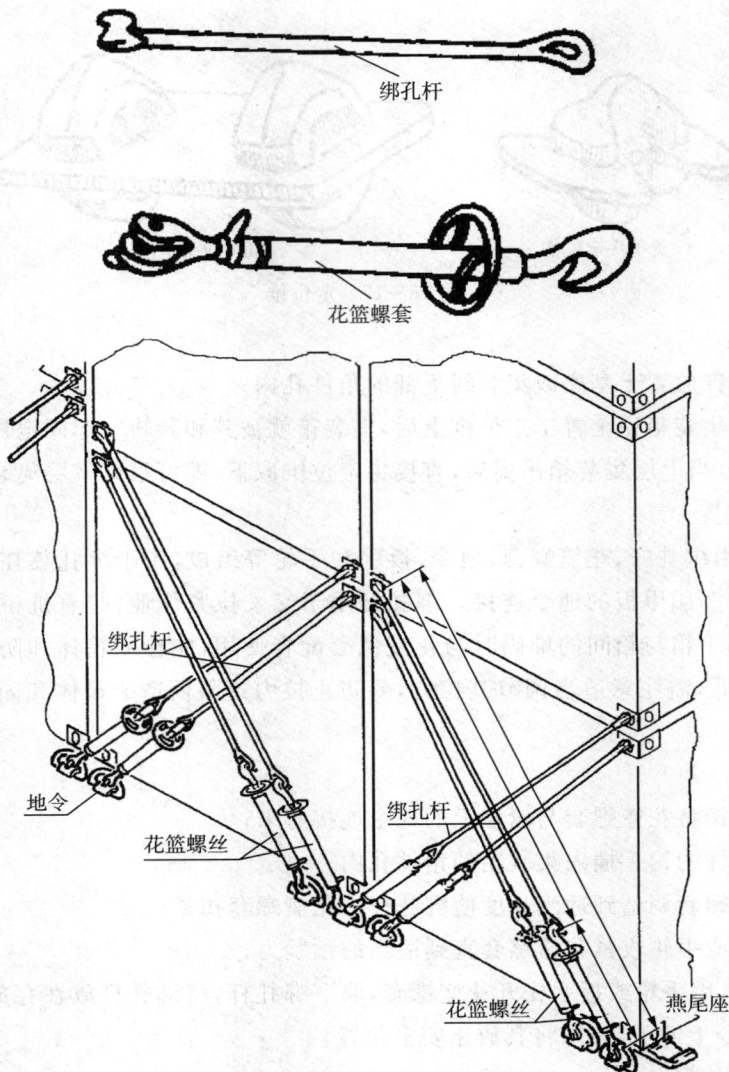

图 15-18　绑扎杆、花篮螺套

(1)集装箱露天甲板上的堆装与系固

① 对 1 层集装箱的系固。

a. 在集装箱的地角处应用扭锁对集装箱进行系固。

b. 除上述以外,也可在每个集装箱的两端用绑扎装置以对角或垂直的方式对集装箱系固,并在每个集装箱地角处用定位锥定位。

② 对 2 层集装箱的系固。

a. 在每一层集装箱的地角处应用扭锁对集装箱系固。

b. 除上述以外,也可在第 2 层每个集装箱的两端与甲板或舱口盖之间对集装箱进行系固,且在每一层集装箱的地角处应设置定位锥。若计算表明在集装箱的地角处出现分离力,则应在该处设扭锁装置。

(2)对两层以上的集装箱应用扭锁进行系固

① 对第1层和第2层集装箱应按上述②对2层集装箱的系固要求进行系固。

② 对第2层及其以上的集装箱应用扭锁系固。

(3)对集装箱在舱内的堆装与系固

① 无箱格导轨装置。

a. 可参照上述集装箱露天甲板上的堆装与系固要求进行集装箱系固。

b. 若计算表明在集装箱层之间出现分离力,则应在该层设置扭锁,对其他位置可考虑使用双头定位锥。

c. 若计算表明各层集装箱间均无分离力出现,则扭锁可考虑全部由双头定位锥代替。

② 有箱格导轨装置。

我国规范中对此并无明确规定。通常装于箱格导轨中的集装箱,若设计的导轨长度与所装集装箱的长度吻合,则无须设置任何系固索具。当舱内装载 40 ft 箱的箱格导轨内装载 20 ft 集装箱时,则应在 40 ft 的集装箱的导轨中间底部使用锥板,两层之间使用定位锥来系固 20 ft 集装箱。

(4)偏码

集装箱堆码时产生的漂移状态称为偏码(offset stacking),根据国际标准化组织(ISO)的要求,集装箱堆码中横向上允许的偏码为 25.4 mm,纵向上允许的偏码为 38 mm。

九、集装箱船舶运输全过程中的其他主要事项

集装箱船舶运输全过程中,除了要注意与杂货船相同的一些事项外,还应包括:

1. 装卸货箱前的注意事项

装货箱前应按照已制订的集装箱系固方案,整理和安排好数量充足且技术状态良好的系固索具。检查货舱污水井及其排水系统、货舱通风系统、货舱箱格导轨、货舱舱盖、甲板上系固设备、全船压载水系统等是否处于适用状态。如果有问题,应尽力在装箱前予以修复。卸箱前应向卸方详细介绍船上待卸集装箱的系固情况,以方便装卸工人按卸箱顺序迅速解除集装箱系固索具。

2. 监装中的一些注意事项

严格监督集装箱的装船过程是维护船方利益,确保集装箱船货运质量的重要一环。现场值班监装人员应注意选择适宜的观察位置,并随时携带对话机和计划积载图。如果有什么问题应随时与大副保持联系并及时处理,尤其应做好夜间或风雨中的监装工作。

(1)严格执行"积载计划图"确定的集装箱装载箱位

严格按照积载计划图进行作业,未经大副和装卸公司同意不得擅自修改计划,否则,可能会造成船舶某行位所配集装箱重量对船舶纵中剖面力矩左右不等,或者后卸港的集装箱压到先卸港的集装箱。所以监装人员应该对装卸时集装箱的箱号严格把关,以免发生错

装、漏装现象。应该使非冷藏集装箱的箱门朝向船尾的方向,以避免海水对集装箱水密性较差的一端进行直接冲击。

(2)检查集装箱箱门铅封的标志是否完好

依据国际惯例,除空箱或非封闭结构的集装箱外,卸箱时如果发现箱门的铅封标志缺少,因疏忽未被锁住,受撞击遭受破坏或被人为剪断等情况,除非船方可以举证说明,否则将对箱内货物的短缺负有难以推卸的责任。因此,值班船员应对装船的每一集装箱箱门的铅封标志进行严格检查。

(3)检查集装箱箱体外表状况是否良好

认真检查箱体的外表,若发现箱体破损、严重锈蚀,局部或整体严重变形,在区分是原残(装船之前已经存在的残损)还是工残(装船工程中造成残损)的基础上,应在现场记录单上用准确的文字记载或进行图形标注(必要时配以现场照片),并及时送交工头或理货人员签字,以免除船方承担该箱破损或变形的任何责任。

(4)检查箱体外是否有液体渗漏或气体外泄

装箱前,箱内货物可能因堆码或系固不当,受到猛烈冲击和震动,受到温度、湿度的剧烈变化影响导致包装破损,液体货物渗漏或气体货物外泄。此时应从该箱舱单上了解所装货物的名称、性质等。如确认货物是危险品,应坚决拒装,并严格按照《国际危规》和当地有关法规正确处理箱内货物。

(5)对冷藏箱、危险箱等特殊箱装船应严格把关

冷藏集装箱装载时,为了防止航行中海水侵入冷藏箱的机械和电器部分,要求将冷藏箱制冷组一端朝船尾方向,而且前端应留有人员能接近的通道,并应尽量避免冷藏箱堆装超过两层,以方便有关人员检查和修理。冷藏箱装船后,应由轮机员负责尽快按舱单上的标注检查其设定的冷藏温度并对制冷机械试机运行。若存在故障,应尽快采取修理、临时换箱或退关的方法解决。如果制冷机械没有问题,大副应在冷藏箱设备交接单上签字并加以批注。

危险货物集装箱装载时,除了检查箱体外表状况是否良好外,还应特别检查其箱外两端和两侧是否均粘贴了符合《国际危规》要求的危险货主、副标牌或海洋污染物标记。若缺少应及时补上。无关的各种标记、标志或标牌均应去除。此外,承运危险货物集装箱必须附有符合《国际集装箱安全公约》要求的"CSC 安全合格"金属标牌。船上应备有托运人提供的"集装箱装运危险货物装箱证明书"(container packing certification),以表明箱内所装货物符合《国际危规》各项要求。对装运过危险货物的集装箱在未彻底清洗或消除危害之前,应仍按原装危险货物的要求运输。

(6)做好集装箱的系固工作

船舶值班人员应该严格按照计划积载图上集装箱系固方案监督执行。对于舱面不设或部分设箱格导轨的集装箱船舶,做好舱面集装箱的系固工作对确保集装箱的运输安全尤其重要。如是系固过失造成集装箱灭失,则属于船方管货过失而应该承担责任。

3. 监装装卸中的共同注意事项

(1)装卸过程中,应当均衡各作业线的作业进度,保证满足船体的强度和最低限度的稳

性要求,同时注意调整平衡水舱的压载水,防止船舶装卸中出现较大的横倾和纵倾(通常应小于 $3°$),以避免集装箱被箱格导轨卡住而无法装卸。

(2)应当监督装卸工人进行集装箱的装卸操作。集装箱起吊受力后应稍停顿,以检查箱的受力是否均衡。当箱稳定后继续起吊时,操作应尽量平缓;集装箱在快速下降中应避免突然停止。集装箱在着地前,下降速度应减慢;着地时,不能使集装箱受到猛烈冲击。在大风大浪等恶劣天气下作业时,应使用防震索防止集装箱晃动。

(3)严禁在地面或者其他集装箱上拖曳集装箱。不能使用滚轮或者撬棒移动集装箱。集装箱不能在摇摆状态下着地或者拖曳起吊。不能使用摇动作用力将集装箱放置在吊索正下方以外的位置。

(4)堆装集装箱的舱内或者舱面不能有积水,不能放置任何可能损害集装箱的障碍物或突出物。

(5)集装箱装卸中如装卸工人操作不当造成如货舱、箱格导轨、舱盖等船体或设备的任何破坏,船方应及时出具现场事故报告并要求港方签字确认。

4. 运输途中对集装箱保管的注意事项

集装箱船航线设计,应尽量避免大风浪出现频率较高的海域。航行途中,应当对船上所载的集装箱进行有效监管。遇到大风浪警报时,应当注意检查和增设集装箱的系固设备。当舱面集装箱系固设备发生松动或者断裂时,应当及时采取当时条件下力所能及的补救措施,以避免集装箱被甩入海中。对装载有温度控制的集装箱,航行过程中需定时检查其温度。对集装箱箱内货物所产生的任何异常现象,应当尽快查明原因,采取尽量不殃及其他集装箱的处置措施,并记录事故发生的时间、环境、气象、温度、观测到的其他现象和变化过程中船方所采取的处理措施。当认为必须进入集装箱内部才能查明事故原因或采取确保船、货安全的措施时,经船公司同意后可以打开集装箱箱门。但应考虑其所装货物的性质及渗漏可能产生的毒性或易燃蒸汽,或箱内可能产生富氧气或缺乏氧气的可能性。如果这种可能存在,进入集装箱内部时就应格外小心。

第十六章 特殊货物运输

特殊货物运输

本章介绍货物运输单元的积载与系固,重大件货物、木材甲板货、滚装货物、钢材类货物和冷藏货物等特殊货物的运输。

第一节 货物运输单元与系固

为了货物和船舶运输的安全,IMO 将《货物积载与系固安全操作规则》(*code of safe practice for cargo stowage and securing*,缩写为《CSS 规则》,简称《系固规则》)列入经修改的《SOLAS 1974》,作为强制性的要求,规则适用于船舶装载的除固体散货、液体散货及木材甲板货外的货物,特别是实践已证明在积载和系固上会造成困难的货物。

一、货物运输单元的定义和分类

《CSS 规则》中的货物运输单元是指车辆(公路车辆、拖车)、火车车厢、集装箱、平台、托盘、可移动罐柜、中型散装容器、包装组件、成组货件、货运箱、货物实体以及重大件货物等,没有永久固定在船上的装卸设备及其任何部分也属此列。

《CSS 规则》将货物运输单元分为标准货物、半标准货物和非标准货物。

(1)标准货物(standardized cargo)是指用船上设有的为其特定种类设计并被批准的专用系固系统进行系固的货物,如格栅式集装箱船装载的集装箱、钢材专用船装载的卷钢等。

(2)半标准货物(semi‐standardized cargo)是指用船上设有的适用于限定货物种类的系固系统进行系固的货物,如滚装船上装载的车辆、拖车等。

(3)非标准货物(non‐standardized cargo)是指必须根据各自的情况进行积载和系固的非散装货物。

IMO 制定《CSS 规则》的目的:提请船舶所有人和经营人注意确保船舶应适合其预定的用途;对确保船舶装备合适的货物系固装置提出建议;提供关于适当的货物积载和系固的一般建议以降低船舶和人员的风险;对在积载和系固上会有困难和造成危险的那些货物提出具体建议;对在恶劣海况下可采取的行动及对货物移动可采取的补救行动提出建议。

二、系固设备的种类及强度

1. 系固设备的种类

系固设备可分为固定系固设备和可移动系固设备两种。

（1）固定系固设备

固定系固设备是指系固点及其支撑结构。这些设备既可以是内部的，如焊接在船体结构内，也可以是暴露在外的，如直接焊接在船体结构外部。固定系固设备包括舱壁、强肋骨、支柱等上的眼板、带环螺栓等，甲板上的固定器、象脚装置、集装箱的角件孔、地令等，天花板上的类似装置。

（2）可移动系固设备

可移动系固设备是指用于货物运输单元系固和支撑的移动设备，包括链条、钢丝绳、钢带、松紧器、卸扣、紧锁夹，小汽车及其他车辆的固定装置，集装箱用扭锁、桥锁等。

2. 系固设备的强度

衡量系固设备强度的指标有破断强度、最大系固负荷和计算强度。

（1）破断强度（BS）

系固设备的破断强度是指设备在拉伸试验中使其达到破断状态时的拉力（kN），制造厂家至少应提供该设备的标准破断强度资料。

（2）最大系固负荷（MSL）

最大系固负荷是用以确定系固设备系固货物时所允许的最大负荷能力，它等于设备的破断强度与相应系数 δ 的乘积，即

$$MSL = BS \cdot \delta \qquad\qquad (16-1)$$

各设备材料的相应系数与设备的新旧程度有关，如第一次使用的钢丝绳 δ 取 80%，重复使用的钢丝绳 δ 取 30%。当多个设备串联使用时，MSL 取其中最小者。

（3）计算强度（CS）

考虑到货物系固时可能受受力不均匀、系固水平和其他因素的影响，应取适当安全因数来折减最大系固负荷，折减后的 MSL 称为系固设备的计算强度。用应用力及力矩平衡法来评估系固效果时，根据不同的核算方法安全因数取 1.5 或者 1.35，即 $CS = \dfrac{MSL}{1.5}$ 或 $CS = \dfrac{MSL}{1.35}$。精确计算时安全因数取 1.35，估算时安全因数取 1.5。

三、货物系固方案的评判

对于船上的货物单元所受的外力主要由船舶运动引起的惯性力、甲板积载时所受风压力和波溅力组成。按照船用坐标可将它们分解成纵向力、横向力和垂向力。通常情况下货物系固的目的在于阻止货件的水平横移和纵移，防止货件横向倾覆。货件纵向倾覆和上跳的可能性极小。评判方法有经验法、估算法和精算法。

当货件在《CSS 规则》设定的海况下产生的移动力（或倾覆力矩）小于系固后阻止其移动的约束力（或约束力矩）时，货件将不会产生水平移动和倾覆。

《CSS 规则》提供的防止货件横向移动的经验方法：货件一侧（左或右）横向系索总的最大系固负荷 MSL 应等于或大于货件的重量。重大件货物系固时，其横向一侧系索总的破

断拉力应取货件自重的 120% 为宜。

四、《货物系固手册》的使用

为了具体执行《CSS 规则》，规则规定除装载液体散货和固体散货以外的国际航行船舶在装载货物运输单元时，必须配备由主管机关批准的《货物系固手册》(Cargo Securing Manual，CSM)。

《货物系固手册》应根据船舶的具体情况编制，要求包括的主要内容如下：

（1）总论：包括编制手册的依据、监督审批的主管机关、适用范围、定义及其他等。

（2）系固设备及其配置和维护。

（3）货物运输单元系固与受力核算。

（4）IMO 推荐的 12 种典型非标准货物的安全积载和系固操作方法。这 12 种非标准货物包括在非专用集装箱船上的集装箱、移动式罐柜、移动式容器、滚动（轮载）货物、笨重件货物、卷钢、重的金属制品、锚链、散装金属废料、挠性中型散装容器、甲板下积载原木和成组货物的安全积载和系固。

（5）系固设备记录。所有配备《货物系固手册》的船舶在装载单件较重或较大的货件和手册中所列的货品时，都应按手册的要求执行。

五、货物单元系固一般要求

1. 各系索松紧适宜且受力均匀

对货物单元上的系索，既要使其紧固而不致松动，又要防止过紧而折断，还要易于解开。货物单元一侧的系索应保持同一松紧度，这样才能保证各系索受力均匀，避免松紧不一导致某些系索破断。

2. 系索长度不宜过大

系索长度过大，不易收紧，且可能因弹性变形而松动，更不能一索系多道。

3. 系固角应适当

过小的系固角不利于防止货物倾倒，而过大的系固角则不利于防止货物水平移动。因此，为提高系固效果，应选取适当的系固角，一般应取 30°～60°。对于移动式罐柜，系固时对系固角的要求是防滑目的应不大于 25°，防倾倒目的不小于 60°。

4. 如需要，使用防滑材料增大摩擦力

使用防滑材料增大货物单元与甲板间的摩擦力，从而减小了货物单元的水平移动力，系索道数可相应减小。

5. 注意系固设备的正确操作和使用

不同种类的货物单元在不同的堆装条件下，应使用与之相适应的系固设备，如使用不同的系索、松紧装置等。各种系固设备应正确操作，防止造成损坏或未达到预定的系固效果。

6. 系索与其他方式的联合固定

除采取系索固定外，根据需要可采用木料支撑、木楔塞紧等方式固定。

7. 保证货件不受损伤

为避免系索直接接触货物表面而压损或磨损货件，应在规定的部位进行系固，必要时在系固部位先加铺垫。对怕水湿的货物，除合理选择舱位外，在系固前应先铺盖油布，易腐蚀部位应涂上防护油脂。

8. 系固工艺要正确

对货件的系固应左右、前后对称，当货件上无系固点需在同一侧固定时，每道系索应先绕货件一周再两侧固定。不能一索系多道。每个生根的地令上不能超过三根系索，且方向不能相同。

第二节　重大件货物运输

重大件货物（awkward and lengthy cargo）是指货物的单件重量和/或单件尺度超过相关规限且又无法分割运输、需要特殊积载、系固、装卸及运送的货物。国际标准规定，凡单件重量超过 40 t 或单件长度超过 12 m 或单件宽度或高度超过 3 m 的货物为重大件货物。我国规定，远洋运输中凡单件重量超过 5 t 或单件长度超过 9 m 的货物；沿海运输中凡单件重量超过 3 t 或单件长度超过 12 m 的货物，均属于重大件货物。重大件货装卸比较复杂，应根据其特点，从积载、装卸等方面周密考虑，正确处理，才能兼顾船、货、机械和人身的安全，具体内容如下：

重大件与
木材甲板货运输

一、装运前的准备工作

（1）仔细了解和掌握本船承运重大件货物的能力和检查重型起货设备的所有部件和属具，使其处于良好的技术状态。

（2）深入货场详细了解所运重大件货物的有关资料，如货物的特征、形状、单件重量、尺度、装卸标志、包装情况等；了解货主提出的装卸注意事项。

（3）仔细了解和掌握装货港、中途港和目的港的装卸作业条件，如码头装卸设备、起重能力等情况。

二、正确选择舱位和货位

重大件货物的装载位置，应从保证货物和船舶的安全及便于作业使用船舶重型起货设备等方面考虑。根据货件的具体情况，重大件货物可以配置于舱内或上甲板。

（1）当配置于舱内时，应选择舱口尺度较大且有重型起货设备的中部货舱。

（2）当配置于二层舱，要注意货件高度不能大于二层甲板至舱口纵桁下缘的高度。

（3）当配置于上甲板时，应选择起货设备够得着的部位，其堆装位置应不妨碍甲板部正常工作，不影响驾驶台的瞭望，且不能堆装在舱盖上。怕水的重大件货物应配置在不易上浪的部位。

(4)从稳性的角度考虑,应选择接近全船重心处,并注意左右均衡。

(5)确定重大件货物的装载位置时,还应考虑有利于货件的系固。很高大的重大件货物不宜配置于紧贴船壳和舱壁的部位,以便于货件的系固,但应避免系固角过大。

三、吊装重大件对船舶稳性和横倾角的影响

用船上的重型装卸设备吊装重大件,当货物被吊起时,货物处于悬挂状态,相当于将货物装在悬挂点处。在吊装过程中,吊杆头的高度最大时,船舶初稳性高度减小。产生的最大横倾角发生在货物刚刚离地时。

1. 对船舶稳性的影响

$$GM_1 = GM + \frac{P(KG_0 - K_b)}{\Delta + P} \tag{16-2}$$

式中,GM_1——吊起来时船舶的初稳性高度(m);

GM——吊起前船舶的初稳性高度(m);

KG_0——吊起前船舶的重心高度(m);

K_b——悬挂点距基线的垂直距离(m);

P——重大件货重(t);

Δ——吊起前的船舶排水量(t)。

2. 产生横倾角 θ 的计算

$$\tan\theta = \frac{PY + P_b Y_b}{(\Delta + P)GM_1} \tag{16-3}$$

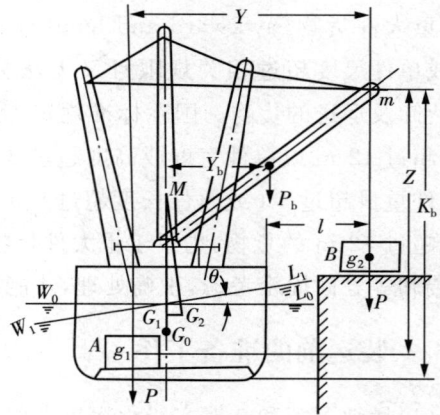

图 16-1 重大件货物的装卸

式中,P_b——重吊吊臂等重量(t);

Y、Y_b——P 和 P_b 重心距船舶中线面的距离,常取 $Y_b = \frac{Y}{2}$。

四、吊卸重大件对船舶稳性和横倾角的影响

用船上的重型装卸设备吊卸重大件,当货物被吊起时,货物处于悬挂状态,相当于将货物上移至悬挂点处,此时船舶初稳性高度减小。产生的最大横倾角则发生在货物横移到舷外最远处将要落地时。

1. 对船舶稳性的影响

$$GM_1 = GM - \frac{PZ}{\Delta} \tag{16-4}$$

式中,Z——重大件初始重心至悬挂点间的垂直距离(m)。

2. 产生横倾角 θ 的计算

$$\tan\theta = \frac{PY + P_b Y_b}{\Delta \cdot GM_1} \qquad (16-5)$$

式中，GM_1——重大件吊起来时船舶的初稳性（m）；

Y、Y_b——P 和 P_b 重心横向移动的距离，如已知船宽 B，吊杆的舷外跨度为 l，则

$$Y_b = \left(\frac{B}{2} + l\right)/2 (\text{m}) \qquad (16-6)$$

为了确保船舶安全，装卸重大件货物时船舶的横倾角不能过大，重大件重量小于 60 t 时，横倾角不超过 8°，重大件不大于 100 t 时，横倾角不超过 10°，重大件大于 100 t 时，横倾角一般不超过 12°。

五、充分做好装卸前的准备工作

（1）保证船舶正浮：装卸前应调整左右油、水舱的油水，使船舶处于正浮状态。

（2）检查装卸设备：对重吊及其属具（钢丝、滑轮等），必须经过严格检查；对起货机和电源系统也进行严格检查。

（3）准备装卸工具：准备起吊重大件所需的重吊及其属具、衬垫、绑扎等材料；根据重大件的重量、重心位置、起吊部位和外形特征选用相适应的吊具。

（4）货物检查：吊运前应查明重大件的重量、重心、起吊标记，对有特殊要求的重大件，应在具备吊运技术资料和拟订专项装卸工艺方案后方可作业。

（5）计算甲板负荷量，确定合理的衬垫方案，以保证甲板局部强度不受损伤。

第三节 　冷藏货物运输

冷藏货物（reefer cargo）是指要求在低温的条件下运输、保管的货物。这类货物在常温下经过较长时间的保管和运输，微生物作用、呼吸作用和化学作用等会使其成分发生分解、变化而腐败，以致失去使用价值，这类货物属于易腐货物。冷藏运输的目的就是使易腐货物在运输期间不致变质、过熟或腐烂。

钢材与冷藏货运输

一、易腐货物保藏条件

1. 温度

采用冷藏方法保管易腐货物的主要条件是温度，对于不同的货物应分别采取冷却（0～5 ℃）、冷冻（0 ℃以下）和速冻（-20 ℃以下）等不同的冷藏方法。如冻肉长途运输时适宜温度通常是 -20～-18 ℃，短途运输则为 -12 ℃。冷藏货物的保藏除要求一定的环境温度外，还要求保持温度的稳定。

2. 湿度

空气的湿度改变会引起货物含水量、化学成分、外形及体态结构发生变化,易腐货物在外界湿度的影响下变化十分明显。在冷藏技术上常采用的是相对湿度,即指每立方米湿空气中水蒸气的重量与同温同压下湿空气在饱和状态下水蒸气的重量之比。外界空气的湿度过低或过高均不利于易腐货物的保藏。

3. 通风

为了保持舱内适宜的温湿度和氧气含量,需要用通风装置对冷藏舱进行循环通风和换气通风。如采用垂直方式通风,货物与舱顶之间至少应保留 5 cm 的空档;如采用水平方式通风,货物与舱顶之间至少应保留 2.5 cm 的空档。对冷冻货物,因保藏温度低可不必换气通风。

4. 环境卫生

易腐货物大多数是食品,在装运保管过程中,保持环境卫生的清洁十分重要。外界环境卫生条件不好,微生物就多,微生物中细菌会分泌出一种水解酶,它能水解食品中的有机成分,使之失去食用价值。如货舱中有异味,可用粗茶、臭氧或醋酸水去味。

二、冷藏货物装舱准备

装载冷藏货物的船舶应具有"冷藏设备入级证书",并做好装舱准备工作。

(1)装货前,应对冷藏舱设备进行检查、修理,货舱要清洁、除味、消毒。当确认冷藏舱状态满足所运货物各项要求时,可以请商检师进行检验,以获取"冷藏舱检验合格证书",证明冷藏舱已适货。

(2)预冷。预冷一般在装货前 48 h 开始,把隔票、衬垫用的物料放入舱内同时预冷,预冷温度应比装载货物所需的冷藏温度低 2～3 ℃,在装货前 24 h,舱温达到指定的温度。预冷温度过低可能被港口装卸工人所拒绝,因此要了解港口装卸工人所能接受的温度,再和商检部门商量决定。

三、冷藏货物装载

(1)装舱时间:冷藏货物最好选择气温较低的清晨和晚间,避免在烈日或雨天作业,以减少热量和水蒸气侵入舱内。夜间作业时应有足够亮度的照明设备,以便鉴别和防止不合格货物装船。

(2)验收货物:船方如果发现货物有渗血、疲软、变色、发霉或包装滴水应拒装、调换或加以批注,以分清责任。另外,可现场测量货物内部的温度,判断是否达到承运要求。商品检验部门提供的货物品质证书是货物质量的主要凭证。

(3)货物的舱内装载:各种冷藏货在舱内的堆装方法因货种、包装及舱内通风方式的不同而稍有差异。基本原则是舱内冷气能冷却全部货物,尽量使各处温度和相对湿度均匀。

(4)装货完毕后盖好舱盖,封舱后应立刻往舱内打冷气,直至达到货物所需的冷藏温度。当发现漏气时,应用封舱带将舱盖板的边沿缝隙封闭。

四、冷藏货物途中保管

1. 舱温控制

冷藏货物运输管理中最重要的问题是严格保持规定的冷藏温度,并使其温度波动不超过允许范围,对于冷却货物如水果、蔬菜、鸡蛋和冷肉等则尤为重要。当载运水果等怕冻货物的船舶进入冬季季节区域时,停止打冷后舱温仍可能继续下降,此时应开启加热器加热舱内循环空气,以防货物冻坏。

2. 二氧化碳含量控制

在封闭的冷藏舱内,由于水果、蔬菜的呼吸作用,空气中的含氧量逐渐减小,二氧化碳含量会自行增加。空气中含有较多的二氧化碳、较少的氧气,能抑制果蔬的呼吸作用而使其成熟期延长,但二氧化碳含量过高会使苹果和梨等果核变色,以致腐烂变质。在装有二氧化碳测试仪的冷藏舱内,可根据测出的二氧化碳在空气中的容积百分比来进行通风换气,以保持舱内空气的二氧化碳含量适中。在没有二氧化碳测试仪的冷藏舱中,应根据实践经验进行换气。通常,将换气量等于舱容称为换气一次。果蔬类货物通常每昼夜换气2～4次。

3. 空气湿度控制

空气的相对湿度过高,货物容易滋生细菌,过低则又会使货物中的水分损失过多。在运输中需要保持的相对湿度与冷藏温度有关,冷冻货物因温度较低,主要应防止风干,空气中的相对湿度可高一些;冷却货物因温度在 0 ℃以上,相对湿度就要适当低些。

4. 防止冷气循环短路

由于货物间可以相互冷却即“货冷货”,舱内装满货物比装载部分货物时更容易保持货物温度。但如果中途港卸下了部分货物,余下的货物只占了部分舱位,要保持该部分货物温度稳定较为困难。货物未满舱易造成冷气循环短路,从冷却器中吹出的冷气并不流经货物,而是从货舱空位流动,再被吸回到冷却器中,此时可向舱内空位均匀放置钢铁类或折叠的帆布等,从而消除短路现象,但这些物品应预冷后放入舱内,使其温度与舱温相近。

5. 做好记录工作

必须认真填写冷藏舱日志、冷冻机日志等,因为这些记录是监督冷藏舱工作状况的依据,是以后发生货损判明责任和今后运输冷藏货时的参考资料。

第四节　木材货物运输

木材甲板货(timber deck cargo)是指在船舶干舷甲板或上层建筑甲板的露天部分装载的木材货物,包括原木或锯材、斜木、圆木、杆材、纸浆原料和所有其他散装或捆装的木材,但不包括木质纸浆或类似货物。国际木材甲板货海上运输时应遵守 IMO《船舶载运木材甲板货安全操作规则》(*Code of Safe Practice for Ships Carrying Timber Deck Cargoes*,简称《木材船规则》或者《TDC 规则》)。

一、木材运输的特性

(1)木材积载因数较大(1.3～2.3 m³/t),亏舱率也大,因此一般专用运木船都要在上甲板装载大量的货物。

(2)木材极易吸收和散发水分。

(3)木材的呼吸作用会使封闭的舱内缺氧,有些木材树皮腐败还会产生有害气体。

(4)专用运木船勘绘有木材载重线。船舶甲板装运木材时,可以采用木材载重线,船舶甲板装载木材后,可增加船舶储备浮力,所以木材载重线的干舷高度比一般货船的相应载重线的干舷高度略小。

二、木材甲板货运输对船舶稳性的要求

当木材甲板货的装载符合《木材船规则》要求时,IMO《2008年国际完整稳性规则》(简称2008年IS规则)对船舶的稳性衡准应同时满足以下要求:

(1)船舶经自由液面、甲板货吸水和/或露天表面结冰影响修正后的初稳性高度GM应不小于0.10 m。

(2)最大复原力臂GZ_{max}应不小于0.25 m。

(3)复原力臂曲线在横倾角0°～40°和进水角中较小者之间所围成的面积应不小于0.080 m·rad。

(4)满足天气衡准要求。计算船舶抵抗横风和横摇联合作用的能力时,在定常风作用下的横倾角应不大于16°,可不考虑甲板边缘浸水角80%的附加衡准。

我国法定规则对国际航行木材甲板货运输船的稳性要求与2008年IS规则的要求相同。对于国内航行的木材甲板货运输船的稳性要求除满足普通货船的一般要求外,还提出了稳性两项特殊衡准:

(1)各种装载情况经自由液面修正后的初稳性高度GM均应不小于0.10 m;

(2)最大复原力臂GZ_{max}应不小于0.25 m。

船舶到港及航行中均应假定木材甲板货的重量由于吸水增加10%。结冰计算时,木材甲板货外表面的结冰重量应按实际情况增加,如无实际结冰重量资料,可按稳性报告书中的资料取值。

装载木材甲板货的船舶稳性不能小于要求的最低值,要求尽可能有一定的富余GM值,但也要避免过大的稳性,以免船舶在海上剧烈摇摆时货物产生过大的加速度,从而增大系固设备的受力。一般认为装载木材甲板货的船舶,其GM值应不超过船宽的3%,当然此值不一定适合所有船舶,还要根据本船的具体资料得出结论。

三、木材甲板货运输要求

木材积载时,应先装原木,后装特大方、中方、厚板、薄板;重质木材应装在底部或底舱,然后装轻质木材和细小优质木材。

（1）木材甲板货的堆装高度至少达到上层建筑的标准高度。最外边的木材高度不能超过立柱的高度，以防松解系索时货物掉出舷外。使用冬季载重线时，木材甲板货的堆装高度不能超过最大船宽的三分之一。

（2）装载前应在相应的位置上设置立柱并备妥系索。各立柱间的间隔应适合所运木材的长度和特点，但不应超过 3 m。

（3）为保护从事装货、系固或卸货的船员和工人，应提供合适的保护服装和装备。

在航行期间，如果在船舶甲板上或甲板下没有方便的船员通道供从居住舱室安全通入船舶操作所有处所，则应在甲板货的每侧设置垂直间距不超过 330 mm、货物之上高度至少为 1 m 的栏索或栏杆。此外，还应在尽可能靠近船舶中心线处设置用张紧装置拉紧的救生索，救生索最好是钢丝绳。

四、木材运输保管

（1）船长应仔细编制航行计划，正确进行船舶操纵。

（2）航行期间应每日检查系索，必要时将其收紧。

（3）航行期间正确进行压载和转驳油水，避免产生船舶横倾。

（4）进舱检查前，要确保对货舱已进行足够的通风，并用仪器测量氧气和有害气体的含量，在确信安全情况下，按进入围蔽处所安全作业规程进行。

第五节 钢材货物运输

一、钢材货物分类及海运特性

1. 钢材货物分类

钢材货物按形状可分为以下几种：

（1）板材类：厚度不一，常采用捆扎或成卷的方式交付运输，如钢板、镀锌钢皮、镀锡钢皮（马口铁）等。

（2）型钢类：按其截面和外形不同，可分为圆钢、方钢、角钢、扁钢、槽钢等。

（3）管材类：口径不一，有些具有较粗的管头，分无缝钢管和有缝钢管。

（4）铸锭类：由各类块状金属铸锭组成，如钢锭、钢坯、生铁块等。

（5）丝卷类：粗细不一的各种金属丝线，如铁丝、盘圆（钢筋）、电线、电缆等。

（6）其他钢材类：上述未包括在内的钢材货物，如钢材构件、散装金属废料等。

2. 钢材货物的海运特性

（1）重质货，积载因数较小

积载因数多数为 0.30～0.58 m³/t。船舶满载时货舱的体积渗透率很高。装载部位需要校核船体局部强度。单层甲板船若全船承运钢材货物，船舶重心低而初稳性高度很大，会引起船舶在海浪中发生大幅度的剧烈横摇。

(2)许多类钢材怕潮湿,怕重压变形

钢材货物常采用裸装方式,除不锈钢、建材用钢材(如钢梁、钢桩、盘圆等)外的其他钢材货物,受潮湿容易锈蚀而影响其商业价值。一些钢板衬垫设置不当,会造成下层钢板在重压下呈波浪样变形,一些卷钢装卸或堆装不当会引起卷边、开卷等。

(3)许多类钢材摩擦系数小,易于移位

钢管、卷钢、盘圆等钢材货物,因与装载处所接触面小,摩擦系数小。若其装载部位存在渍或系固不当,堆装不紧密,船舱内的这类货物在船舶遇风浪时极易发生移位,甚至个别钢材重件移动,会击穿水线下的船侧外板而造成严重船舱进水。

二、钢材货物的安全装运

本节仅限于介绍钢材货物采用非集装箱方式在海运中的装运要求。

钢材货物不得与酸、碱、盐类及化肥等对钢材有腐蚀的货物同舱装运。对多数怕水湿的钢材货物,选配舱室应保证舱盖水密,必要时,应在装货后在舱盖水密连接部位临时粘贴封舱胶布,应注意洗舱后舱壁不得留有海水的盐分,且与鲜湿货物不得同舱装运。

总体上,钢材货物运输中应重视船舶重心高度的控制,防止出现重心过低现象;应注意校核拟装部位的船舶局部强度,防止发生装载部位超负荷引起船舱局部结构受损;应严格遵照船上《货物系固手册》要求进行堆装和系固,防止发生货物移位、货堆倒塌等事故。

1. 铸锭类货物装运要求

该类货物一般配于底舱作打底货。其堆装应注意不得在货堆与舷壁之间留有陡而宽的可滑动空间。货顶经平舱并加装适当衬垫后可加装其他货物。为提高船舶重心高度,可将一定数量的钢材货物配于二层舱。

2. 长大件钢材货物装运要求

舱内必须顺着船舶艏艉方向堆放并左右固定塞紧,严防滚动。不能横向堆装,其原因是防止货物横向移动时碰伤船体。

钢轨、槽钢、角钢等货物一般应作打底货,要求堆码整齐、紧密、铺平,以利在其上再加装其他货物。钢轨一定要采取平扣方法堆装。

各种管类钢材货物的堆码,应防止受损、变形和滚动。小口径钢管一般成捆装舱。大口径带管头的铸铁管,应注意紧密且管头交替排列,每层要用厚度合适的木条衬垫(图16-3)。为防止管类钢材货物的滚动,在其上需要压其他货物。

3. 散装金属废料装运要求

散装金属废料指因其大小、形状和重量难以紧密装载的金属废料,但不包括如金属钻屑、创屑、车床切屑等金属废料。后者的运输在《IMSBC规则》中有规定。

装载前应在舱壁下层护条板处用坚固的垫木加以保护,对于只有木板保护的空气管、声呐管和污水及压载水管也应作类似的保护。

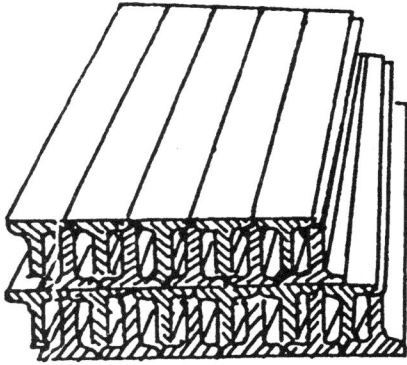

图 16-2　钢轨平扣方式堆装

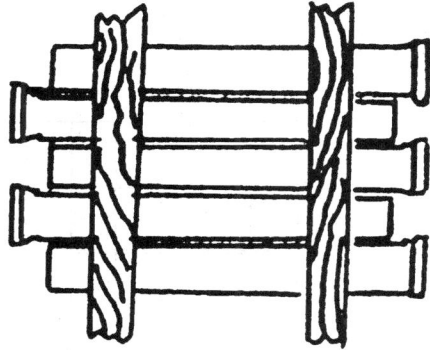

图 16-3　铸铁管堆装与衬垫

装货时应防止装载部位超负荷。应确保第一批装入的货物不能从可能损害舱底的高度掉下。在同一部位应先装重质的废料。金属废料不能装在非金属物品的上层。货物应密实和均匀装载，不能留出空档或出现松散的无支撑斜面。为防止重质废料移动，应在其上加以压载或用适当的系索系固。

4. 卷钢货物装运要求

卷钢常采用卧装形式而不是竖装形式。卷钢应从底层起堆装，如有可能，应以有规律的次序层层堆码。

卷钢应保持其轴线沿船长方向，堆装在横向放置的垫木上。应保持每卷紧靠另一卷堆装。为防止卷钢在装卸时发生滚动，应使用楔子。每排的最后一卷应堆装于其邻近的两卷之上，用以固定该排的其他卷钢(图 16-4)。当要在第一层的上面装载第二层时，则该层卷钢应装载于第一层卷钢之间。在最上面一层卷钢空隙处应加以衬垫(图 16-5)。

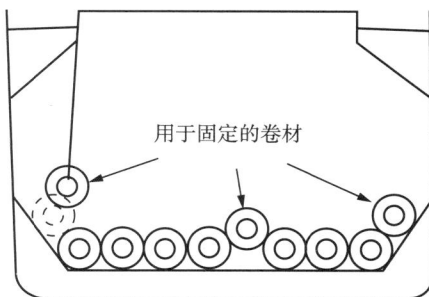

图 16-4　卷钢舱内堆码

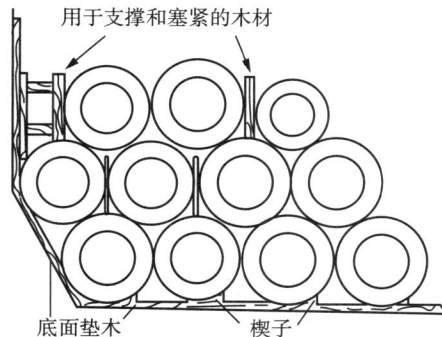

图 16-5　卷钢堆装与系固(横剖面图)

卷钢系固的目的是将舱内卷钢系固成一个大的不可移动的卷钢组。通常，卷钢最高一层的最后三排需要系固。为防止卷钢纵向移动，卷钢顶层最后一排应用垫木和钢丝绳系固，并应从一侧到另一侧拉紧和使用附加钢丝绳拉至舱壁。系索与卷钢尖刃接触部位应有防止利刃损坏的衬垫。当卷钢未装满整个舱室时,对卷钢最高一层最后一排应按图 16 - 6 所示的方法进行系固。

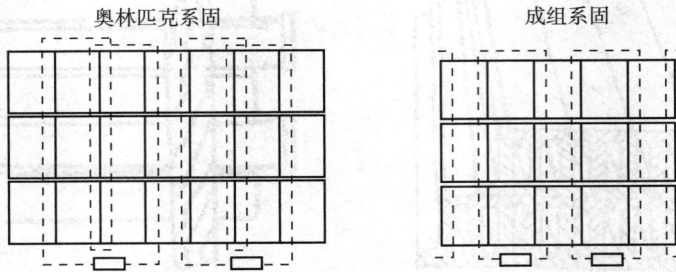

奥林匹克系固　　　　　　　　　成组系固

图 16 - 6　卷钢堆装与系固(俯视图)

第六节　滚装货物运输

滚装货物运输

滚装货物是指可依靠自身动力,或可随船或不随船装载的临时移动装置,通过水平移动方式装上船或卸下船的一种货物单元,如轿车、客车、卡车、牵引车、半挂车等。

滚装货物的海上运输多数是借助专运船舶即滚装船(roll on roll off ship)完成。滚装船运输能减小码头装卸设备的投资,提高装卸效率,降低装卸成本,特别适合于潮差不大的港口之间的短程海上运输。

滚装船是指具有滚装装货处所或者装车处所的船舶,包括滚装客船(ro - ro passenger ship)和滚装货船。滚装货船又分为汽车卡车专运船(pure car truck carier,PCTC)和汽车专运船(pure car carier,PCC)。滚装客船是指具有乘客定额证书且核定乘客定额(包括车辆驾驶员)12 人以上的滚装船。装货处所是指滚装船舶内可供滚装方式装载货物的处所,以及通往该处所的围壁通道。装车处所是指滚装船舶的有隔离舱壁的甲板以上或者甲板以下用作装载机动车、非机动车并可以让车辆进出的围蔽处所。

一、滚装货物与滚装船

1. 滚装货物

滚装货物主要由各类车辆及车辆上所装载的货物组成。常见的各类车辆的分类如下:

(1)轿车:按发动机排量和价格分为微型、小型、紧凑型、中级、中高级和豪华级六种。

(2)越野车(SUV):常为全驱动,主要用于非公路上载运人员和货物或牵引设备。

(3)客车:细分为微型、轻型、中型和大型四种。

(4)货车:又称载重汽车或卡车,主要用于运送各种货物或牵引全挂车,细分为微型、轻型、中型和重型四种。

(5)自卸车:车厢能自动倾翻的卡车。

(6)牵引车:主要用来牵引其他车辆。

(7)半挂车:车轴置于车辆重心(当车辆均匀受载时)后面,且装有可将水平或重直力传递到牵引车的联结装置的挂车。

(8)专用车:为完成专门运输任务或作业,装有专用设备,具备专用功能的车辆。

应当注意的是,除了新能源汽车外,载于滚装船上的机动车辆油箱内都存有一定量的易燃汽油或柴油。当这类车辆受到撞击损坏时,船舱会弥漫大量油气,若未能及时采取通风等妥善措施将极易引发火灾或者爆炸事故。

2. 滚装船

大型滚装船常常设计有10多层载车甲板(有些层甲板被设计成可上下升降,以调整层高适应装载不同高度的车辆),船舶的上层建筑受风面积较大。为让车辆从一端驶入,从另一端驶出,在船舶设计中无法设置水密横舱壁。这类纵通无水密横舱壁的载车甲板舱设计,一旦海水涌入舱内或发生火灾将很快蔓延,所以,滚装船的抗沉性和防火性较弱。

滚装船在船舶首部、尾部或舷边设计货物通道门。它既用作水密门,又用作滚装货物装卸的跳板,易于损坏。货物通道门的设计通常其最大开启度为-10°(即低于水平位置10°),且有最大承重限制。

滚装船各层甲板设计有活动坡道或固定坡道。活动坡道关闭时可形成水密,且作为甲板的一部分承载各种车辆。活动坡道上设有用于系固车辆的底座。

为便于车辆通行,甲板上设计有埋入式十字槽底座。CCS《货物系固手册编制指南》规定,经常载运道路车辆且在无遮蔽水域从事远程或国际航行的滚装船,甲板上的系固点布置:纵向不得超过2.5 m,横向应不小于2.8 m但不大于3 m。每个系固点的最大系固负荷 MSL 应不小于100 kN。

滚装船的驾驶台上有监控指示板,用于监控边门、艉门和活动坡道的启闭状况。

滚装船适货性较强,除承运载于半挂车上的集装箱外,也适合于装运其他各种车辆和重大件货物。滚装船由于采用水平的装卸方式,装卸可同时进行,对泊位设备投资较低,装卸效率很高,所以,特别适合于靠泊港口潮差变化较小的短程水路运输。其缺点是舱容利用率低,船舶造价高。

二、滚装船积载与装运特点

1. 滚装船的载货能力

滚装船的载货重量仍以净载重量 NDW 表示。滚装船因甲板层数多,空船重量较大。滚装船的船舶常数包括船上大量活动系固件的重量。

滚装船的容量能力通常以每层甲板的车道长度、限宽、限高、限重、甲板面积等参数表示。汽车专用船 PCC 的容量能力通常以 CEU(car equivalent unit)表示。如某汽车卡车专用船 PCTC 的主尺度包括:车道长度835 m(宽3.1 m时)或1178 m(宽2.25 m时)。载车辆:拖车81辆(10.0 m×3.1 m),轿车196辆(5.0 m×2.25 m)。

2. 滚装船的稳性

滚装船因甲板层数多,水线以上船体的侧受风面积较大,船舶满载时货物的重心较高。为了降低船舶重心高度,一方面,船舶下层设计了大容量的压载水舱;另一方面,对于PCTC船,通常在主甲板及其以下舱位布置货车车道,以上舱位则安排装载重量较小的车辆。

非客运滚装船的稳性衡准指标及其要求与普通货船相同。载客超过12人的滚装船——滚装客船需要在满足对普通货船衡准指标要求的前提下,同时满足对客船的特殊稳性衡准要求。

3. 滚装货物的系固

滚装货物在船上的系固是复杂的。一方面,滚装车辆上封闭车厢内的货物装载状况船员无法检查,且车厢内的货物堆装和系固又常常由不熟悉海上恶劣运输环境的作业人员完成。另一方面,滚装船承运的车辆形式多样,从2 t以下的小轿车到45 t的拖车,以及特殊情况下重量可达数百吨的特种车辆。部分车辆上缺少足够的系固点,而车辆在船上的装载常常很难找到最佳的系固位置以编制合理的系固方案。

IMO的《CSS规则》和第A.518(14)号决议《在滚装船上运输公路车辆的系固装置指南》,我国交通运输部颁布的《海上滚装船舶安全监督管理规定》等文件,规定了滚装货物的安全堆装和系固的标准。

（1）公路车辆最小系固点及其强度

根据IMO《在滚装船上运输公路车辆的系固装置指南》规定,公路车辆每侧应当具有相同数量的不少于2个但不多于6个用颜色清晰地标识的系固点(内孔径不得小于80 mm,且孔口必须是圆形),公路车辆设计的系固点的最小数量和最小强度应当满足表16-1的要求。

表16-1 公路车辆系固点的最小数量和最小强度表

车辆总质量 W/t	每侧最少的系固点数量	每一系固点无永久变形的最小强度/t
3.5 t≤W≤20 t	2	
20 t<W≤30 t	3	$12W/n$ 式中,n——公路车辆每侧系固点总数
30 t<W≤40 t	4	

对于拖挂车而言,表16-1分别适用于机动车和每一挂车,但不适用于半挂车的牵引车。半挂车的牵引车应当在其前部设置2个系固点(可代替2个系固点),其强度应当能足以防止车辆前部的横向移动。如果利用牵引装置系固除半挂车以外的车辆,牵引装置不能代替或取代表16-1规定的系固点要求。

（2）滚装货物的系固操作

每艘滚装船的《货物系固手册》提供有该船固定和活动系固设备及其强度的清单,系固作业操作方法、要求、注意事项等具体指导,以及推荐的滚装货物系固方案、系固有效性评估计算表格等。

系固作业前应当确保滚装货物的装载处所干燥、清洁且没有油脂;应当检查滚装货物上是否有合适而明显的系固点标识或可用于系固的足够强度的其他等效装置;应当核查载于车辆上的货物已被适当地系固于堆装平台上;车辆上任何活动部件如吊杆、臂状物或转塔等应适当锁牢或系牢。

系固作业时,系索应采用其强度和拉伸特性至少等同于钢链或钢丝绳的索具;系索只能系固于车辆的专用系固点上,每一个孔只能使用1根系索。系索的水平和垂直绑扎角最好控制在30°～60°。为防止滚装货物移动,可行时,最好将其作纵向而非横向堆装(即车轮沿船长方向滚动)。如果滚装货物不可避免地只能横向堆装,则需要提供足够强度的额外系固。车辆在堆装位置应拉紧刹车装置(如有的话),车辆的轮子应用楔子塞牢止动。对于摩擦力较小的车轮或履带的滚装货物,其下应铺垫其他增加摩擦力的材料,如软板、橡胶垫等。可能时,作为货物组成部分装运的滚装货物,应紧靠船舷堆装或装在备有足够强度和足够的系固点的位置上或在整个货物处所中塞紧堆装。为防止无合适系固点的滚装货物发生横向移动,在可行时,这类货物应紧靠船舷并相互紧靠堆装或用其他合适的成组货物(如重载的集装箱)等挡住。

船舶航行中,应当以一定时间间隔对滚装货物的系固进行检查,必要时进行收紧。

4. 滚装危险货物

滚装危险货物是指装入滚装运输组件的危险品,在装船前应检查其外部有无损坏迹象或有无内装货物的渗漏或泄漏现象。发现任何货物运输组件有损坏、渗漏或泄漏的情况均不准予以承运,直至采取有效的修理或将破损包件清除为止。

旅客和其他未经许可的人员不得进入装有危险品滚装货物的车辆甲板,所有通向这些甲板的门在航行期间必须牢固关闭,在这些甲板的入口处须设有引人注目的通告或标牌,注明不得进入这类甲板。

在滚装货物、机器和船员居住处所之间通道关闭系统的布置,须能防止危险性蒸汽和液体进入这些空间。当船舶载有滚装危险货物时,通道须牢固关闭,除非经批准的人员进入或是为紧急情况之用。

要求仅限于舱面载运的危险货物不得在封闭式的车辆甲板上装载,但可在主管机关批准的条件下,在开敞式车辆甲板上载运。

包含易燃气体或闭杯闪点低于23 ℃的易燃液体的滚装货物仅限于舱面积载,积载于封闭式的滚装货物处所或特种处所须满足:所处的设计、构造、设备符合《SOLAS 1974》相关规定,同时通风系统能够实现每小时至少6次换气,或通风系统能够实现每小时不小于10次换气,且一旦通风系统失灵或其他致使易燃蒸汽积聚的情况发生,舱内未经认可的电气系统能够通过不拔出保险丝的其他方式切断电源。

包含易燃气体或闭杯闪点低于23 ℃的易燃液体的滚装货物仅限于舱面积载时,须远离可能的着火源;若在舱内积载于封闭式装货处所或特种处所,则任一货物运输组件中装备的机械操作制冷或加热装置通常不允许启动。

IMO《国际危规》对滚装船上滚装危险货物之间的隔离要求应先依据包装危险货的隔离表查取其隔离等级,再由其隔离等级依据滚装船危险货物组件的隔离表查具体隔离要求。《国际危规》第1册第7部分中列有在滚装船上危险货物运输组件的详细隔离要求(表16-2)。

表16-2　滚装船上危险货物运输组件的隔离表

隔离要求		水　平					
		封闭式与封闭式		封闭式与开敞式		开敞式与开敞式	
		舱面	舱内	舱面	舱内	舱面	舱内
"远离"1	首尾向	无限制	无限制	无限制	无限制	距离不小于3 m	
	横向	无限制	无限制	无限制	无限制		
"隔离"2	首尾向	距离不小于6 m	距离不小于6 m或隔一个舱壁	距离不小于6 m	距离不小于6 m或隔一个舱壁	距离不小于6 m	距离不小于12 m或隔一个舱壁
	横向	距离不小于3 m	距离不小于3 m或隔一个舱壁	距离不小于3 m	距离不小于6 m或隔一个舱壁	距离不小于6 m	距离不小于12 m或隔一个舱壁
"用一整个舱室或货舱隔离"3	首尾向	距离不小于12 m	距离不小于24 m并隔一层甲板	距离不小于24 m	距离不小于24 m并隔一层甲板	距离不小于36 m	隔两层甲板或两个舱壁
	横向	距离不小于12 m	距离不小于24 m并隔一层甲板	距离不小于24 m	距离不小于24 m并隔一层甲板	禁止	禁止
"用一介于中间的整个舱室或货舱作纵向隔离"4	首尾向	距离不小于36 m	隔两个舱壁或距离不小于36 m并隔两层甲板	距离不小于36 m	包括隔两个舱壁距离不小于48 m	距离不小于46 m	禁止
	横向	禁止					

　　5. 滚装船的货物装卸

　　滚装船的卸货次序:先卸主甲板上货物,等主甲板货物卸完舱内通道位置敞开后,再放下活动斜坡道(或升降平台),通过斜坡道卸上层甲板货物,随后再开启活动斜坡道(或升降平台),卸主甲板之下的底舱货物。装货次序与卸货次序相反。

　　滚装船的装载手册中通常提供有推荐的各层甲板车辆进出路线与顺序表,可供在实际滚装货物装卸中参考。

三、《海上滚装船舶安全监督管理规定》

　　我国交通运输部于2002年7月1日颁布并开始实施《海上滚装船舶安全监督管理规

定》。该规定适用于中华人民共和国管辖海域内的滚装船。主要内容如下：

1. 装卸作业前

装载于滚装船上的车辆,应当出示车辆行驶证和驾驶证,并填写《滚装船舶车辆安全装载记录》,如实申报车辆及其装载货物的名称、性质、重量和体积等情况。装载于滚装船的车辆,应当处于良好技术状态。车辆若制动、转向系统不良或者有其他影响安全行驶的故障,则不允许装载于滚装船。

禁止滚装客船载运任何危险货物。装载危险货物的车辆不得与客车搭乘同一艘滚装船。滚装船装载车辆,应当指定专人对车辆装载的安全状况进行检查,填写《滚装船舶车辆安全装载记录》,并随船保留,以备查验。

滚装船边门、艉门和活动坡道的启闭操作必须经船长或大副同意方可进行。当值驾驶员作为现场监督,水手长指挥,具体操作由当值水手进行。边门、艉门或活动坡道开启后,必须要在其上安装栏杆扶手。

2. 装卸中和开航前

值班船员对于每一驶入船舱的车辆要进行认真查验:核查车辆油箱盖是否密封,有无渗漏现象,核查车辆轮胎和刹车系统是否正常;对照《滚装船舶车辆安全装载记录》,核查单车重量是否超过车辆甲板的局部强度,检查车辆的实际尺度是否与记录上注明的一致。

值班船员可用交通标识来指示车辆的安全驾驶路线,标识舱内限制速度 5 km/h,提供满足舱内驾驶所需照明条件。要依据港口潮汐状态及时调整船缆松紧和船与岸连接跳板的角度,保证车辆通过跳板时能以适当的角度接近或离开,以防止车辆底部碰撞跳板与船甲板连接处而受损。

为保证系固和检查需要,车辆与车辆、车辆与舱壁之间的间距应控制在 30 cm 或30 cm以上,舱内梯子通道处应至少留出 0.5 m×0.5 m 的空间。舱内车辆装载不应占用预留的消防通道。

值班船员要按照拟订的积载计划和装卸顺序要求执行。装载时一般不允许车辆在舱内掉头。装卸货物过程中必须保持船舶的横倾在±3°以内,纵倾在±1.5°以内。

滚装船开航前,应当按照我国国家标准《海上运输船舶安全开航技术要求》和滚装船艏部、艉部及侧面水密门安全操作程序,对所装载的旅客、货物、车辆情况及滚装船的安全设备、艏部、艉部、侧面水密门等情况进行全面检查,并如实记录。

对于载于滚装船上车辆,其所载货物应当保证绑扎牢固,适合水路滚装运输。滚装船完成检查并确认符合有关安全要求时,由船长签署《船长开航前声明》,并在办理出港签证时将《船长开航前声明》与《滚装船舶车辆安全装载记录》一起交海事管理机构备案。

3. 航行途中

滚装船开航后,应当立即向司机、旅客说明消防、救生手册所处位置和船上应急通道及有关应急措施。滚装船在航行中,司机和旅客不得留在车内,也不得在装货处所和装车处所走动和停留。滚装船应当对装车处所进行有效通风和通风控制,并根据具体情况对特种处所规定每小时换气次数。

第十七章　编制积载计划实训

本章内容是学生进行实际操作,根据杂货船资料和装货清单,编制杂货船积载图;上机编制集装箱船装载计划;上机编制散装船装载计划。

第一节　杂货船积载实例

"Q"轮第 18 航次拟承运下列"装货清单"(表 17-1)所列货物,在广州黄埔港装货后开往曼谷和卡拉奇。油、水在始发港一次装足,预定开航日期为 11 月 2 日,试编制本航次积载计划(船舶资料见附录一)。

一、核定航次货运任务与船舶的载货能力是否相适应

1. 计算本航次船舶的净载重量 NDW 和查取船舶货舱的总舱容(包装容积)$\sum V_{ch}$

(1) 计算净载重量 NDW

根据本轮开航日期及航线,在《载重线海图》上查得,本航次航行于热带季节区域,但开航时为夏季季节期,故只允许使用夏季载重线,其排水量为 $\Delta_S = 19710$ t。本航次装有油 1447 t、水 322 t,航次储备量中 $G_1 = 28$ t,即 $\sum G = 1447 + 322 + 28 = 1797$(t),船舶常数 $C = 220$ t,空船重量 $\Delta_L = 5565$ t。所以,本航次船舶的净载重量为

$$NDW = \Delta_S - \Delta_L - \sum G - C$$

$$= 19710 - 5565 - 1797 - 220 = 12128(\text{t})$$

(2) 查取船舶总舱容 $\sum V_{ch}$

由表 F1-4 查得"Q"轮的包装舱容 $\sum V_{ch} = 19591$(m³)。

2. 审核本航次拟装货物的重量、件数和体积

经审核,本航次拟运货物的总重量 $\sum Q = 9322.6$ t,总件数为 130965 件、包括亏舱的总体积 $\sum V_c = 17183.8$ m³。装货清单所列数据正确。

3. 比较船舶的载货能力是否满足航次货运任务的要求

经比较分析,因航次货载中特殊货物不多,本轮的载货能力大于货运任务,初步判定货物的承运条件可以满足,即能承运装货清单上的全部货物。

表 17 - 1　中国外轮代理公司　Loading List of M. V. "Q"

装货单号 S/O No.	件数及包装 No. of pkgs	货名　description	毛重吨 gross weight in metric tons	估计立方米 estimated space in Cu. M	备注
for Bangkok					
1	3030 bgs	tea seed extraction 茶籽饼	200.0	380.0	
2	6000 c/s	earthen ware 搪瓷制品	150.0	345.0	
3	13540 bgs	talcum powder 滑石粉	677.0	1150.9	dangerous cargo 4.2
4	3074 d/s	bees honey 蜂蜜	375.0	412.5	
5	219 b/s	rabbit hair 兔毛	35.0	84.0	
6	5926 rls	hex wire netting 铁丝网	800.0	1784.0	
7	7200 c/s	plastics ware 塑料制品	360.0	1530.0	
total	38989 pkgs		2597.0	5686.4	
for Karachi					
8	1015 c/s	medical ware 医疗用品	121.8	389.8	
9	3920 drms	peanut oil 花生油	980.0	1557.2	
10	3560 c/s	wall dope 墙涂料	890.0	1557.5	
11	1299 ctns	textiles 纺织品	120.0	444.0	
12	4000 ctns	toys 玩具	100.0	178.0	dangerous cargo 6.1 away from boiler valuable goods
13	7000ctns	porcelain ware 瓷器	210.0	777.0	
14	180 drms	para - phenylene diam 对苯二胺	5.4	6.5	
15	4180 bgs	groundnut 花生果	334.4	521.6	
16	445000 ctns	canned goods 罐头	900.0	1368.0	
17	2415 d/s	white oil 白油	454.0	1034.2	
18	1405 rls	castiron pipes 铸铁管	1100.0	1162.7	
19	12000 bgs	soybeans 大豆	1200.0	1872.0	
20	5000 bgs	white paraffin wax 石蜡	250.0	424.8	
21	1002 c/s	exhibition article 展览品	60.0	204.1	
total	91976 pkgs		6725.6	11497.4	
grand total	130965 pkgs		9322.6	17183.8	

二、计算各货舱及各层舱配货重量的控制数

(1)根据本航次货运任务,算得为满足船舶纵向强度条件要求的各舱装货重量的上下限(表 17 - 2)。

(2)确定各货舱配货数量。

本航次离始发港船舶排水量 $\Delta_L = 16904.6$ t,其漂心位于舯后 4.40 处(第三舱略偏后)且本船空载时尾倾较大($t = -3.55$ m)。为避免装载后船舶的尾倾过大,在配货时应在漂心前的第一、第二货舱适当多配货(偏于上限),在漂心后的第四、第五货舱适当少配货(偏于下限)。

(3)确定各层舱配货数量。

本轮空船重量比较适中,但油水舱多数在底部,为保证船舶具有适度的稳性,特别是在油水大量消耗的情况下仍具有足够的稳性,离始发港时,本航次货载在二层舱配置的重量比例应不大于总货重的 35%。

表 17-2　各货舱配货重量核算表

数量/t		舱别					
		No. 1	No. 2	No. 3	No. 4	No. 5	合计
离港名称	各舱容占总值百分/%	9.36	25.77	27.87	22.47	14.53	100
	各舱装载调整值/t	115	314	339	274	147	—
离黄埔港	各舱装货重量上下限/t	988/758	2717/2089	2937/2259	2369/1821	1531/1177	—
	各舱实际装货重量/t*	943.5	2711.6	2274.4	2191.3	1181.8	9322.6
离曼谷港	各舱装货重量上下限/t	745/515	2047/1419	2213/1535	1785/1237	1154/800	—
	各舱实际装货重量/t*	708.5	1911.6	1784.4	1439.3	881.8	6725.6

* 注:该行数据在各舱配货完成后再填入。

三、确定货物的舱位和货位

1. 对航次货载进行分类

通过对航次装货清单进行仔细分析,可以将其所列货物分类如下:

(1)危险货:S/O No.1 茶籽饼属 4.2 类易自燃物质,S/O No.14 对苯二胺属 6.1 类有毒物质,从包装危险货物隔离表中查得,两者要求"远离",同时 S/O No.14 对苯二胺应与所有食品至少分室配装。

(2)贵重货:S/O No.21 展览品,应尽可能配于贵重舱内。

(3)食品货物:S/O No.4 蜂蜜,S/O No.9 花生油,S/O No.16 罐头,S/O No.15 花生果和 S/O No.19 大豆。其中 S/O No.16 罐头怕潮湿,应与易散发水分的 S/O No.15 花生果和 S/O No.19 大豆分舱装载。

(4)怕热货:S/O No.20 石蜡,应避免配装在靠近机舱的货舱内。

(5)清洁货:S/O No.3 滑石粉,应避免与其他散装货配装于一舱内。

(6)易碎货:S/O No.13 瓷器,应配装于货舱的顶层。

(7)气味货:S/O No.5 兔毛,最好与所有食品分舱配装。

2. 配货指导思想

在满足上述各舱各层舱配货重量控制数的前提下,根据本航次货物特点确定的配货的具体指导思想如下:

No.1 舱:危险货物(其中二层舱配易自燃货)和气味货,这样可以为其他各舱配装本航次数量较大的食品货物提供条件。

No.2 舱:怕热货,裸装重货,食品。

No.3 舱:易散发水分的食品货,怕热货。

No.4 舱:食品,非怕热货,清洁货,非扬尘货。

No.5 舱:非怕热货,食品。

3. 各舱配货结果

第一货舱:

			货名	重量/t	体积/m³	件数
二层舱	曼谷	S/O 1	茶籽饼	200.0	380.0	3030
	曼谷	S/O 5	兔毛	35.0	84.0	219
	卡拉奇	S/O 10	墙涂料	302.6	529.5	1210
	小　计			537.6	993.5	4459
底舱	卡拉奇	S/O 10	墙涂料	400.5	700.9	1602
	卡拉奇	S/O 14	对苯二胺	5.4	6.5	180
	小　计			405.9	707.4	1782
	合　计			943.5	1700.9	6241

第二货舱:

			货名	重量/t	体积/m³	件数
二层舱	曼谷	S/O 6	铁丝网	120.0	267.6	889
	卡拉奇	S/O 16	罐头	630.0	957.6	31500
	小　计			750.0	1225.2	32389
底舱	曼谷	S/O 6	铁丝网	680.0	1516.4	5037
	卡拉奇	S/O 17	白油	181.6	413.7	966
	卡拉奇	S/O 18	铸铁管	1100.0	1162.7	1405
	小　计			1961.6	3092.8	7408
	合　计			2711.6	4318.0	39797

第三货舱:

			货名	重量/t	体积/m³	件数
二层舱	曼谷	S/O 2	搪瓷制品	150.0	345.0	6000
	曼谷	S/O 7	塑料制品	54.0	229.5	1080
	卡拉奇	S/O 20	石蜡	250.0	424.8	5000
	小　计			454.0	999.3	12080

			货名	重量/t	体积/m³	件数
底舱	曼谷	S/O 7	塑料制品	306.0	1300.5	6120
	卡拉奇	S/O 15	花生果	334.4	521.6	4180
	卡拉奇	S/O 19	大豆	1200.0	1872.0	12000
	小　计			1840.4	3694.1	22300
	合　计			2294.4	4693.4	34380
第四货舱:			货名	重量/t	体积/m³	件数
二层舱	曼谷	S/O 3	滑石粉	270.8	460.4	5416
	曼谷	S/O 4	蜂蜜	75.0	82.5	615
	卡拉奇	S/O 17	白油	272.4	620.5	1449
	小　计			618.2	1163.4	7480
底舱	曼谷	S/O 3	滑石粉	406.2	690.5	8124
	卡拉奇	S/O 9	花生油	980.0	1557.2	3920
	卡拉奇	S/O 10	墙涂料	186.9	327.1	748
	小　计			1573.1	2574.8	12792
	合　计			2191.3	3738.2	20272
第五货舱:			货名	重量/t	体积/m³	件数
二层舱	曼谷	S/O 4	蜂蜜	300.0	330.0	2459
	卡拉奇	S/O 8	医疗用品	21.8	70.2	183
	卡拉奇	S/O 11	纺织品	120.0	444.0	1299
	卡拉奇	S/O 12	玩具	100.0	178.0	4000
	卡拉奇	S/O 16	罐头	270.0	410.4	13500
	卡拉奇	S/O 21	展览品	60.0	204.1	1002
	小　计			871.8	1636.7	22443
底舱	卡拉奇	S/O 8	医疗用品	100.0	319.6	832
	卡拉奇	S/O 13	瓷器	210.0	777.0	7000
	小　计			310.0	1096.6	7832
	合　计			1181.8	2733.3	30275
	总　计			9322.6	17183.8	130965

四、对初配方案进行核查

1. 核查装货清单上所列货物是否配置完毕

经核查,装货清单上的货物已配置完毕,无漏配、重配,所有数据与装货清单完全一致,没有差错(表 17-3)。

2. 核查各货舱、各层舱所配货物重量

(1)各货舱所配货物重量

核查结果:各舱装货重量均在允许范围内,符合要求(表 17-2)。

（2）离黄埔港时二层舱与底舱配货重量及比例

经核查，二层舱配货重量为 34.0%，底舱为 66.0%，船舶稳性不会有多大问题（表 17 - 4）。

3. 核查各到港货在各货舱的分布情况

各到港货在各货舱的重量和件数见表 17 - 5 所列。

4. 核查各舱配货体积

从各舱配货体积核查表（表 17 - 6）中可以看出，各舱实配货物体积（包括亏舱）均小于其舱室容积，所有货物均可以装入货舱。

表 17 - 3　航次全部货物装舱状况核查表

关单号 S/O No. 及到港	第一货舱 重量/t	第一货舱 体积/m³	第二货舱 重量/t	第二货舱 体积/m³	第三货舱 重量/t	第三货舱 体积/m³	第四货舱 重量/t	第四货舱 体积/m³	第五货舱 重量/t	第五货舱 体积/m³	合计 重量/t	合计 体积/m³
到曼谷												
1	200.0	380.0									200.0	380.0
2					150.0	345.0					150.0	345.0
3					677.0	1150.9					677.0	1150.9
4							75.0	82.5	300.0	330.0	375.0	412.5
5	35.0	84.0									35.0	84.0
6			800.0	1784.0							800.0	1784.0
7					360.0	1530.0					360.0	1530.0
小计	235.0	464.0	800.0	1784.0	510.0	1875.0	752.0	1233.4	300.0	330.0	2597.0	5686.4
到卡拉奇												
8									121.8	389.8	121.8	389.8
9					980.0	1557.2					980.0	1557.2
10	703.1	1230.4					186.9	327.1			890.0	1557.5
11							120.0	444.0			120.0	44.4.0
12							100.0	178.0			100.0	178.0
13							210.0	777.0			210.0	777.0
14	5.4	6.5									5.4	6.5
15					334.4	521.6					334.4	521.6
16			630.0	957.6					270.0	410.4	900.0	1368.0
17			181.6	413.7			272.4	620.5			454.0	1034.2
18			1100.0	1162.7							1100.0	1162.7

关单号 S/O No. 及到港	第一货舱		第二货舱		第三货舱		第四货舱		第五货舱		合计	
	重量/t	体积/m³	重量/t	体积/m³	重量/t	体积/m³	重量/t	体积/m³	重量/t	体积/m³	重量/t	体积/m³
19					1200.0	1872.0					1200.0	1872.0
20					250.0	424.8					250.0	424.8
21									60.0	204.1	60.0	204.1
小计	708.5	1236.9	1911.6	2534.0	1784.4	2818.4	1439.3	2504.8	881.8	2403.3	6725.6	11497.4
合计	943.5	1700.9	2711.6	4318.6	2294.4	4693.4	2191.3	3738.2	1181.8	2733.3	9322.6	17183.8

表 17-4　各层舱配货重量核查表

舱层及离港港别	二层舱		
	离黄埔港	离曼谷港	离港
实配重量(t)/所占百分比(%)	3771.7/34.0	1966.9/29.2	—

表 17-5　不同到港货物在各舱分布核查表

到港	舱别											
	第一货舱		第二货舱		第三货舱		第四货舱		第五货舱		合计	
	重量/t	件数	重量/t	件数	重量/t	件数	重量/t	件数	重量/t	件数	重量/t	件数
曼谷	235.0	3249	800.0.	1569	510.0	13200	752.0	6031	300.0	2459	2597.0	20748
卡拉奇	708.5	2992	1911.6	38228	1784.4	21180	1439.3	14241	881.8	27816	6725.6	103557
合计	943.5	6241	2711.6	39797	2294.4	34380	2191.3	20272	1181.8	30275	9322.6	130965

表 17-6　各舱配货体积核查表

项目	舱别										合计/m³
	No. 1		No. 2		No. 3		No. 4		No. 5		
	二层舱	底舱	二层舱	底舱	二层舱	底舱	二层舱	底舱	二层舱	底舱	
货舱容积/m³	1030	804	1789	3260	1630	3830	1312	3090	1720	1126	19591
配货体积/m³	993.6	707.4	1225.2	3092.8	999.3	3694.1	1163.4	2574.8	1636.7	1096.6	17183.8

注：No.5 舱二层舱含贵重舱容积。

5. 核查各二层舱的防堵货物体积

从表 17-7 可以看出，各二层舱的防堵货物体积均小于其防堵舱容，底舱卸货时均可以全开二层舱舱盖。

表 17-7　各二层舱防堵状况核查表

项　　目		舱　　别				
		No. 1 货舱	No. 2 货舱	No. 3 货舱	No. 4 货舱	No. 5 货舱
各货舱二层舱 的防堵舱容/m³	舱盖全开时	568	1068	968	865	637
	舱盖半开时	799	1429	1299	1084	969
各货舱二层舱实配 防堵货物体积/m³		0.0	957.60	424.80	620.5	0.0

此外,经查此方案无货物互抵和舱位配置不合理情况。

五、校核和调整船舶的稳性、纵向受力和吃水差

1. 黄埔港至曼谷航段船舶稳性、纵向受力和吃水差校核

(1) 船舶离黄埔港状态下,根据初配方案及油、水配置,列表计算船舶排水量 Δ_1、垂向重量力矩 $\sum P_i Z_i$、纵向重量力矩 $\sum P_i X_i$、对舯载荷弯矩 $|P_i X_i|$、自由液面倾侧力矩 $\sum \rho \cdot i_x$、船舶重心距基线高度 KG_1、船舶重心距舯距离 X_{g1} 和自由液面对 GM 的修正值 δGM_1(表 17-8)。

表 17-8　船舶离黄埔港装载状况下力矩计算表

舱　　名		重量 P_i/t	重心距 基线 Z_i/m	重心 距舯 X_i/m	垂向重量 力矩 $P_i Z_i$/ (9.81 kN·m)	纵向重量力矩 $P_i X_i$/(9.81 kN·m)		对舯载荷 弯矩 $\|P_i X_i\|$/ (9.81 kN·m)	自由液 面倾侧 力矩 $\rho \cdot i_x$/ (9.81 kN·m)
						舯前	舯后		
货 物	No. 1 二层舱	537.6	11.85	53.18	6370.6	28589.6		28589.6	
	底舱	405.9	6.97	52.38	2829.1	21261.0		21261.0	
	No. 2 二层舱	750.0	11.42	32.18	8565.0	24135.0		24135.0	
	底舱	1961.6	5.51	31.30	10808.4	61398.1		61398.1	
	No. 3 二层舱	454.0	11.18	8.00	5075.7	3632.0		3632.0	
	底舱	1840.4	5.35	7.85	9846.1	14447.1		14447.1	
	No. 4 二层舱	618.2	11.17	−13.87	6905.3		−8574.4	8574.4	
	底舱	1573.1	5.37	−13.79	8447.5		−21693.0	21693.0	
	No. 5 二层舱	871.8	11.54	−55.55	10060.6		−48428.5	48428.5	
	底舱	310.0	7.24	−54.25	2244.4		−16817.5	16817.5	
	小计	9322.6			71152.8	153462.8	−95513.5	248976.3	

舱　名		重量 P_i/t	重心距基线 Z_i/m	重心距舯 X_i/m	垂向重量力矩 $P_iZ_i/$ (9.81 kN·m)	纵向重量力矩 $P_iX_i/(9.81\text{ kN·m})$		对舯载荷弯矩 $\lvert P_iX_i\rvert/$ (9.81 kN·m)	自由液面倾侧力矩 $\rho\cdot i_x/$ (9.81 kN·m)
						舯前	舯后		
油	No. 1 燃油舱(左)	203.0	0.77	7.6l	156.3	1544.8		1544.8	
	No. 1 燃油舱(右)	253.0	0.76	7.67	192.3	1940.5		1940.5	
	No. 2 燃油舱(左)	164.0	0.77	−13.88	126.3		−2276.3	2276.3	
	No. 2 燃油舱(右)	206.0	0.76	−13.95	156.6		−2873.7	2873.7	
	燃油深舱(左)	83.0	6.25	−43.81	518.8		−3636.2	3636.2	
	燃油深舱(右)	83.0	6.25	−43.81	518.8		−3636.2	3636.2	
	燃油沉淀舱(左)	49.5	7.12	−43.85	352.4		−2170.6	2170.6	
	燃油沉淀舱(右)	49.5	7.12	−43.85	352.4		−2170.6	2170.6	
	燃油日用柜(左)	25.0	10.76	−43.85	269.0		−1096.3	1096.3	
	燃油日用柜(右)	21.0	10.64	−44.00	223.4		−924.0	924.0	
	柴油舱(左)	94.0	1.01	−30.78	94.9		−2893.3	2893.3	
	柴油舱(右)	116.0	1.02	−32.57	118.3		−3778.1	3778.1	
	柴油日用柜(左)	12.0	10.70	−39.35	128.4		−472.2	472.2	
	柴油日用柜(右)	12.0	10.70	−39.35	128.4		−472.2	472.2	
	滑油循环舱	20.0	1.32	−37.60	26.4		−752.0	752.0	
	滑油储存柜	17.0	10.70	−43.29	181.9		−735.9	735.9	
	汽缸油柜(左)	7.5	0.70	−43.85	80.3		−328.9	328.9	
	汽缸油柜(右)	6.5	10.62	−43.98	69.0		−285.9	285.9	
	污滑油舱	25.0	0.67	−34.50	16.8		−862.5	862.5	
	小计	1447.0			3710.6	3485.3	−29364.9	32850.2	

（续表）

舱　名		重量 P_i/t	重心距基线 Z_i/m	重心距舯 X_i/m	垂向重量力矩 P_iZ_i/(9.81 kN·m)	纵向重量力矩 P_iX_i/(9.81 kN·m) 舯前	纵向重量力矩 P_iX_i/(9.81 kN·m) 舯后	对舯载荷弯矩 $\lvert P_iX_i\rvert$/(9.81 kN·m)	自由液面倾侧力矩 $\rho\cdot i_x$/(9.81 kN·m)
淡水	饮水柜	60.0	11.10	−25.50	666.0		−1530.0	1530.0	
	淡水舱（左）	101.0	3.32	−50.80	335.3		−5130.8	5130.8	
	淡水舱（右）	129.0	3.27	−50.69	421.8		−6539.0	6539.0	
	锅炉水舱	19.0	1.07	−40.31	20.3		−765.9	765.9	
	汽缸冷却水舱	13.0	0.92	−27.40	12.0		−356.2	356.2	
	小计	322.0			1455.4		−14321.9	14321.9	
其他	粮食	8.0	10.80	−34.00	86.4		−272.0	272.0	
	船员及行李	10.0	15.50	−30.00	155.0		−300.0	300.0	
	备品	10.0	13.00	15.00	130.0	150.0		150.0	
	常数	220.0	10.80	0.00	2376.0		0	0.0	
	小计	248.0			2747.4	150.0	−572.0	722.0	
空船		55165.0	9.07	−8.63	50474.6		−48026.0		
合计	符号	Δ_1	KG_1	X_{g1}	M_{z1}	M_{x1}		$\sum\lvert P_iX_i\rvert$	δGM_1
	数值	16904.6			129540	157098	−187798	296870	0.0

　　（2）根据离黄埔港时船舶的排水量，由船舶性能数据表及最小初稳性高度表查得有关数据，见表17-9。

表17-9　船舶离黄埔港状况下静水力参数表

名　称	排水量 Δ_1/t	平均型吃水 d_{m1}/m	横稳性距基线高度 KM_1/m	浮心距舯距离 X_{b1}/m	漂心距舯距离 X_{f1}/m	每厘米吃水吨数 TPC_1/(t/cm)	每厘米纵倾力矩 MTC_1/(9.81 kN·m)	允许最小初稳性高度 GM_{c1}/m
数　据	16904.6	8.10	8.77	−0.638	−4.422	24.73	207.5	0.30

（3）离黄埔港时初稳性高度、横摇周期、首尾吃水和吃水差的计算。

① 未经自由液面修正的初稳性高度 GM_{01}。

$$KG_1 = \frac{\sum P_i \cdot Z_i}{\Delta} = \frac{129540}{16904.6} \approx 7.66(\text{m})$$

$$GM_{01} = KM_1 - KG_1 = 8.77 - 7.66 = 1.11(\text{m})$$

② 经自由液面修正的初稳性高度 GM_1。

$$GM_1 = GM_{01} - \delta GM_1 = 1.11 - 0 = 1.11(\text{m})$$

③ 船舶横摇周期 T_θ。

$$T_\theta = 0.58 f \sqrt{\frac{B^2 + 4KG_1^2}{GM_{01}}} = 0.58 \times 1 \times \sqrt{\frac{21.2^2 + 4 \times 7.66^2}{1.11}} \approx 14.4(\text{s})$$

④ 船舶吃水差。

$$X_g = \frac{\sum P_i \cdot X_i}{\Delta} = \frac{157098 - 187798}{16904.6} \approx -1.816(\text{m})$$

$$t_1 = \frac{\Delta_1(X_{g1} - X_{b1})}{100 \cdot MTC_1} = \frac{16904.6 \times (-1.816 + 0.638)}{100 \times 207.5} \approx -0.960(\text{m})$$

经校验，离黄埔港时船舶的稳性符合要求，对舯载荷弯矩 $\sum |P_i X_i|_1$（296870 $\times$ 9.81kN·m）在有利范围内（3088791 ～ 2507275 kN·m），纵向强度条件满足要求，但尾倾过大，拟在首尖舱注入压载水进行调整，使之达到 $t_1' = -0.40$ m。需调整的吃水差为 $\delta t_1 = -0.40 - (-0.96) = 0.56(\text{m})$。则首尖舱应载水 P_1 为

$$P_1 = \frac{N_t \cdot 100 MTC_1}{X_{P1} - X_{f1}} = \frac{0.56 \times 207.5 \times 100}{69.31 + 4.422} \approx 157.60(\text{t})$$

⑤ 计算压载后船舶离黄埔港时的初稳性高度、对舯载荷弯矩和首尾吃水压载后初稳性高度改变量。

$$\delta GM_1 = \frac{P_1(KG_1 - Z_{P1})}{\Delta_1 + P_1} - \frac{\rho i_{x1}}{\Delta_1 + P_1} = \frac{157.60 \times (7.54 - 5.91)}{16904.6 + 157.60} - \frac{72.4}{16904.6 + 157.60}$$

$$\approx 0.015 - 0.004 = 0.011(\text{m})$$

压载后对舯载荷弯矩改变量：

$$\delta |P_i X_i|_1 = P_1 \times X_{P1} = 157.60 \times 69.31 \times 9.81 = 107157(\text{kN} \cdot \text{m})$$

压载后平均吃水改变量：

$$\delta d_{m1} = P_1/100TPC = 157.60/(100 \times 24.73) \approx 0.06(m)$$

压载后船舶的初稳性高度：

$$GM'_1 = GM_1 + \delta GM_1 = 1.11 + 0.011 = 1.121(m)$$

压载后船舶的对舯载荷弯矩：

$$\sum |P_i X_i|'_1 = \sum |P_i X_i|_1 + \delta |P_i X_i|_1 = 296870 \times 9.81 + 107157$$

$$\approx 3019452(kN \cdot m)$$

压载后船舶的实际平均吃水：

$$d'_{m1} = d_{m1} + \delta d_{m1} + 0.03 = 8.10 + 0.06 + 0.03 = 8.19(m)$$

（此处 0.03 m 为船舶的龙骨板厚度）

压载后船舶的实际首吃水：

$$d_{F1} = d'_{m1} + \frac{1/2 L_{BP} - X_t}{L_{BP}} \cdot t'_1 = 8.19 + \frac{1/2 \times 148 + 4.422}{148} \times (-0.40)$$

$$\approx 7.98(m)$$

压载后船舶的实际尾吃水：

$$d_{A1} = d'_{m1} + \frac{1/2 L_{BP} - X_f}{L_{BP}} \cdot t'_1 = 8.19 + \frac{1/2 \times 148 - 4.422}{148} \times (-0.40)$$

$$\approx 8.00(m)$$

结论：船舶离黄埔港时，首尖舱压载 157.60 t，未经自由液面修正的初稳性高度为 1.12 m，经自由液面修正的初稳性高度仍为 1.121 m，对舯载荷弯矩为 3019455 kN · m，处于中拱有利范围，吃水差为 −0.40 m，实际首吃水为 7.98 m，实际尾吃水为 8.00 m。

（4）由黄埔港至曼谷航段船舶最不利装载状态下稳性校核。

经查：黄埔港至泰国曼谷河口船舶航程约 1550 n mile。按"Q"轮油水消耗定额及平均航速 17.5 kn 计算，则 3.69 天中计划消耗燃油约 92.3 t，柴油约 7.38 t 和淡水约 73.8 t，油水消耗舱室确定见表 17 - 10 所列。

表 17 - 10　设定的油水消耗舱室情况一览表

序　号	油水消耗舱室	油水消耗重量/ t	油水消耗设定的 重心高度/m	存在自由液面力矩 $\rho \cdot i_x/(9.81 \text{ kN} \cdot \text{m})$
1	No. 2 燃油舱（左、右）	92.30	0.77	1960.0
2	柴油舱（左、右）	7.38	1.01	435.0

序　号	油水消耗舱室	油水消耗重量/t	油水消耗设定的重心高度/m	存在自由液面力矩 $\rho \cdot i_x /(9.81 \text{ kN} \cdot \text{m})$
3	淡水舱（左、右）	73.80	3.32	195.9
合　计		173.48		2590.9

按少量载荷变动对初稳性高度的计算公式，其计算结果为

$$\delta GM_2 = \frac{\sum P_i(KG_1 - Z_{\text{P}i})}{\Delta_1 + \sum P_i} - \frac{\sum \rho \cdot i_x}{\Delta_1 + \sum P_i}$$

$$= \frac{-92.3 \times (7.555 - 0.77) - 7.38 \times (7.555 - 1.01) - 73.8 \times (7.555 - 3.32)}{17062.2 - 173.48}$$

$$- \frac{2590.9}{17062.2 - 173.48}$$

$$\approx -0.211(\text{m})$$

即船舶在设定的最不利装载状态下的初稳性高度为

$$GM_2' = GM_1' + \delta GM_2 = 1.121 - 0.211 = 0.91(\text{m})$$

由船舶排水量 16888.72 t 查"Q"轮"最小许用初稳性高度曲线图"得

$$GM_c = 0.39 \text{ m}$$

结论：因 $GM_2' > GM_c$，所以，可以确定船舶在黄埔港至曼谷航段的稳性均满足法定要求。

2. 曼谷至卡拉奇航段船舶稳性、纵向受力和吃水差校核

重复上述黄埔港至曼谷航段的稳性、纵向受力和吃水差校核过程。

六、绘制正式积载图

经上述校核和压载后，货物积载方案已满足各项要求，现据此绘制正式积载图，如图17-1所示。

第二节　编制杂货船积载计划

学生操作时间：180分钟。

教学方式：学生实操，老师辅导。

评分标准见表17-11所列。

表 17-11　评分标准

载货能力核算	重量分配	初配方案及检查	计算指标	绘积载图	总　计
10%	10%	40%	20%	20%	100%

中国远洋运输公司
CHINA OCEAN SHIPPING COMPANY
货物积载图
STOWAGE PLAN

船名 M.V. ___"Q"轮___ 自 黄埔港 TO 曼谷, 卡拉奇 至

航次 VOYAGE ___V18___ FROM 黄埔港 TO 曼谷, 卡拉奇 至

日期 离港 __离港__ 到港 __到港__

DATE SAILED ___11月2日___ ARRIVED _____

水尺 前 后 平均

DRAFT F. __7.98 m__ A. __8.38 m__ M. __8.19 m__

舱位 HATCH	底舱 LOWER HOLD	二层舱 TWEENDECK	共计 件数/吨数 TOTAL PKGS/TONS
第一舱 No.1	1782/405.9	4459/537.6	6241/943.5
第二舱 No.2	7408/1961.6	322389/750.0	39797/2711.6
第三舱 No.3	22300/1840.4	12080/454.0	34380/2294.4
第四舱 No.4	12792/1573.1	7480/618.2	20272/2191.3
第五舱 No.5	7832/310.0	22443/871.8	30275/1181.8
总计 TOTAL	52114/6151.0	78851/3171.6	130965/9322.6

目的港 DISTINATION	颜色 COLOR	第一舱 No.1	第二舱 No.2	第三舱 No.3	第四舱 No.4	第五舱 No.5	甲板货 DECK CARGO	总计 TOTAL
曼谷		235.0	800.0	510.0	752.0	300.0	0	2597.0
卡拉奇		708.5	1911.6	1784.4	1439.3	881.8	0	6725.6
总计 TOTAL		943.5	2711.6	2294.4	2191.3	1181.8	0	9322.6

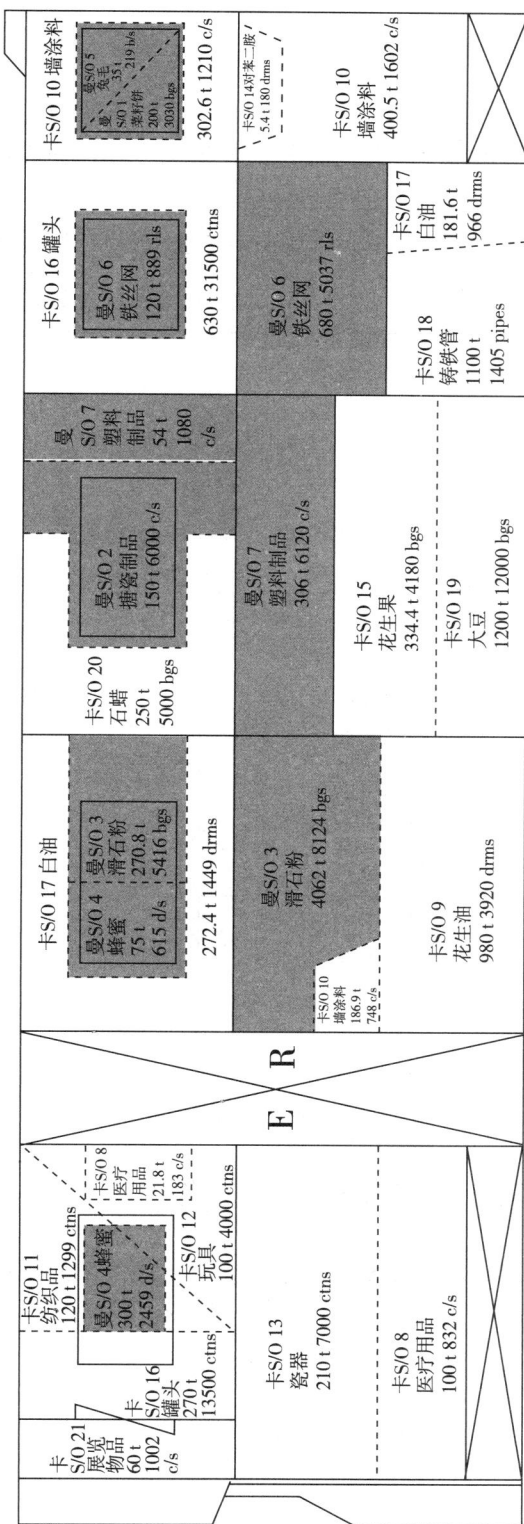

备注 REMARKS: 本船吊杆案例负荷量为5 t。No.1舱内S/O 1属4.2类易自燃物质，其上应加木板和塑料薄膜衬垫。No.1舱内S/O 1之上应使用木板和塑料薄膜衬垫之上也使用木板和塑料墙涂料之上。该舱二层舱内的滑石粉之下也使用塑料薄膜衬垫。No.4舱底舱内花生油和墙涂料横装。No.3舱底舱内大豆和花生果之间应做好隔票。装货中注意尽可能避免船舶发生过大的横倾。

SIGNATURE OF CHIEF OFFICER 大副签章 _____

图17-1　积载图实例

一、情景模式及要求

"Q"轮第 V0099W 航次货运任务见表 17-12 所列。船舶计划于××月××日在上海港装货后开航。全航程中船舶吃水无水深限制,船舶航速 15.0 kn,船舶在始发港补足油水,无中途油水补给计划。船舶各液舱油水等储备量见"答题卷"中表-5,"Q"轮其他详细资料见"船舶资料"。根据航次计划和杂货船资料,编制杂货船积载图,要求符合各项要求。

表 17-12　装货清单 Loading List of S. S/M. V "Q"

关单号码 S/O No.	件数及包装 No. of pkgs	货名 description	重量/t weight in metric tons	估计体积/m³ estimated space in cu. m	积载因数 SF/(m³/t)	备注 remarks
for Antwerp						
S/O 1	500 b/s	rabbit hair 兔毛	80	192	2.40	
S/O 2	1876 b/s	silk piece goods 丝绸	120	400	3.33	special stowage
S/O 3	10000 c/s	enamel ware 搪瓷制品	1000	1840	1.84	
S/O 4	17500 bgs	groundnut 花生果	1400	2184	1.56	
S/O 5	47500 bgs	soybeans 大豆	4000	5680	1.42	
S/O 6	15970 ctns	earthen ware 陶瓷制品	400	920	2.30	
S/O 7	15000 c/s	daily necessity 日用品	1000	2700	2.70	
total	108346		8000	13916		

二、实操项目"杂货船积载"答题卷

(一)核定航次货运任务与船舶载货能力是否相适应

1. 计算航次净载重量 NDW,查取航次装货重量,并判别能否承运。

结论:

2. 查取货物总体积及船舶总舱容,并判别能否承运。

结论:

3. 船舶其他装载能力是否满足要求?

结论:

(二)确定航次货重在各货舱、各层舱的分配控制数

表 17 - 13　各货舱配货重量核算表

离港别	舱　别						
	数　量/t	No. 1	No. 2	No. 3	No. 4	No. 5	合　计
	各舱容占总值百分比/%	9.36	25.77	27.87	22.47	14.53	100
	各舱装载重量调整值/t	115	314	339	274	147	
离港	各舱装货重量上下限允许范围/t	—	—	—	—	—	
	各舱实际装货重量/t						
离港	各舱装货重量上下限允许范围/t	—	—	—	—	—	
	各舱实际装货重量/t						
离港	各舱装货重量上下限允许范围/t	—	—	—	—	—	
	各舱实际装货重量/t						

表 17 - 14　各层舱配货重量核查表

舱层及离港港别	二　层　舱		
	离　港	离　港	离　港
实配重量(t)/所占百分比(%)	—	—	—

(三)确定货物的舱位和货位

货物配舱的基本要求:

(1)为满足稳性、纵强度和吃水差的要求,各舱实配货物重量应在上、下限范围内,上、下层舱配货重量比应保持在 30%~35% 和 65%~70%;

(2)合理确定不同货物的舱位和货位;

(3)忌装货物之间应进行妥善隔离;

(4)无重货压轻货、易碎品受压现象;

(5)各舱室实际配货体积至少需小于该舱舱容 20 m³;

(6)满足装卸顺序要求,先卸港货不被后卸港货堵住;

(7)各卸港货物的装载左右均衡,船舶无初始横倾角。

(四)对初配方案进行全面核查

表 17-15　各货舱配货容积核查表

项　目	舱　别											合计/m³
	No. 1		No. 2		No. 3		No. 4		No. 5			
	二层舱	底舱	二层舱	底舱	二层舱	底舱	二层舱	底舱	贵重舱	二层舱	底舱	
货舱容积/ m³	1030	804	1789	3260	1630	3830	1312	3090	259	1461	1126	19591
配货体积/ m³												

(五)离始发港状态下船舶的稳性、纵向受力和吃水差的核查与调整

表 17-16　船舶载荷力矩计算表

项　　目		重量 P_i/ t	重心 高度 Z_i/ m	重心距舯距离 X_i/m		垂向重 量力矩 $P_i Z_i$/ (t·m)	纵向重量力矩 $P_i X_i$/(t·m) *		载荷对 舯弯矩 $|P_i X_i|$/ (t·m) *	自由液 面倾侧 力矩 ρi_x/ (t·m)	备注
				舯前+	舯后-		舯前+	舯后-			
货物	No. 1 二层舱		11.85	53.18							
	底　舱		6.97	52.38							
	No. 2 二层舱		11.42	32.18							
	底　舱		5.51	31.30							
	No. 3 二层舱		11.18	8.0							
	底　舱		5.35	7.85							
	No. 4 二层舱		11.17		13.87						
	底　舱		5.37		13.79						
	No. 5 二层舱		11.54		55.55						
	底　舱		7.24		54.25						
小　　计											

项目	重量 P_i/t	重心高度 Z_i/m	重心距舯距离 X_i/m		垂向重量力矩 P_iZ_i/(t·m)	纵向重量力矩 P_iX_i/(t·m)*		载荷对舯弯矩 $\lvert P_iX_i\rvert$/(t·m)*	自由液面倾侧力矩 ρi_x/(t·m)	备注
			舯前＋	舯后－		舯前＋	舯后－			
No.1燃油舱（左）	203	0.77	7.61		156	1545		1545		
No.1燃油舱（右）	203	0.76	7.61		154	1545		1545	1566	
No.2燃油舱（左）	164	0.77		13.88	126		2276	2276		
No.2燃油舱（右）	206	0.76		13.95	157		2874	2874		
燃油深舱（左）	83	6.25		43.81	819		3636	3636		
燃油深舱（右）	83	6.25		43.81	519		3636	3636		
燃油沉淀舱（左）	49.5	7.12		43.85	352		2171	2171		
燃油沉淀舱（右）	49.5	7.12		43.85	352		2171	2171		
燃油日用柜（左）	25	10.76		13.85	269		346	346		
燃油日用柜（右）	21	10.64		44.00	223		924	924		
柴油舱（左）	94	1.01		30.78	95		95	95		
柴油舱（右）	116	1.02		32.57	118		118	118		
柴油日用柜（左）	12	10.70		39.35	128		472	472		
柴油日用柜（右）	12	10.70		39.35	128		472	472		
柴油沉淀柜	33	10.73		41.51	353		1370	1370		
滑油循环舱	20	1.32		37.60	26		752	752		
滑油储存柜	17	10.70		43.29	182		736	736		
汽缸油柜（左）	7.5	10.70		43.85	80		329	329		
汽缸油柜（右）	6.5	10.62		43.95	69		286	286		
污滑油舱	25	0.67		34.50	17		863	863		
小计	1430				4031	3090	23527	26617		

（左侧合并单元格标注：油）

项目	重量 P_i/t	重心高度 Z_i/m	重心距舯距离 X_i/m		垂向重量力矩 P_iZ_i/(t·m)	纵向重量力矩 P_iX_i/(t·m)*		载荷对舯弯矩 $|P_iX_i|$/(t·m)*	自由液面倾侧力矩 ρi_x/(t·m)*	备注
			舯前+	舯后−		舯前+	舯后−			
淡水 饮水机	60	11.10		25.50	666		1530	1530		
淡水舱（左）	101	3.32		50.80	335		5131	5131		
淡水舱（右）	129	3.27		50.69	422		6539	6539		
锅炉水舱	19	1.07		40.31	20		766	766		
汽缸冷水舱	13	0.92		27.40	12		356	356		
小　计	322				1455		14322	14322		
其他 粮食	8	10.8		34.0	86		272	272		
船员和行李	10	15.5		30.0	155		300	300		
备品	10	13.0	15.0		130	150		150		
船舶常数	220	10.8		0.0	2376		0	0		
小　计	248				2747	150	572	722		
空　船	5565.0	9.07		−8.63	50475.0		48026.0			
合　计										

注：＊为必须填写的项目，下表同。

表 17‑17　从船舶资料中查取相关数据

查表引数（排水量）	d_m/m*	X_b/m*	MTC/(tm/cm)*	KM/m	GM_c/m

1. 计算离港时的吃水差 t

$$X_\mathrm{g} = \frac{\sum P_i X_i}{\Delta} =$$

$$t = \frac{\Delta(X_\mathrm{g} - X_\mathrm{b})}{100 MTC} =$$

结论：

调整方法：（如果不符合要求）

2. 核算船舶离港时的纵强度

$$\left| \sum P_i X_i \right| =$$

查船舶弯矩许用力矩表,船舶处于＿＿＿＿＿＿＿＿状态　　　　结论:

调整方法:(如果不符合要求)

3. 计算船舶离港时 GM 值,判别稳性是否符合要求

$$KG_0 = \frac{\sum P_i X_i}{\Delta} = \delta GM_f =$$

$$GM = KM - KG_0 - \delta GM_f =$$

$$GM_c + 0.2 =$$

比较 GM 和 $GM_c + 0.20$

结论:

调整方法:(如果不符合要求)

（六）绘制正式积载图

正式积载图如图 17-2 所示。

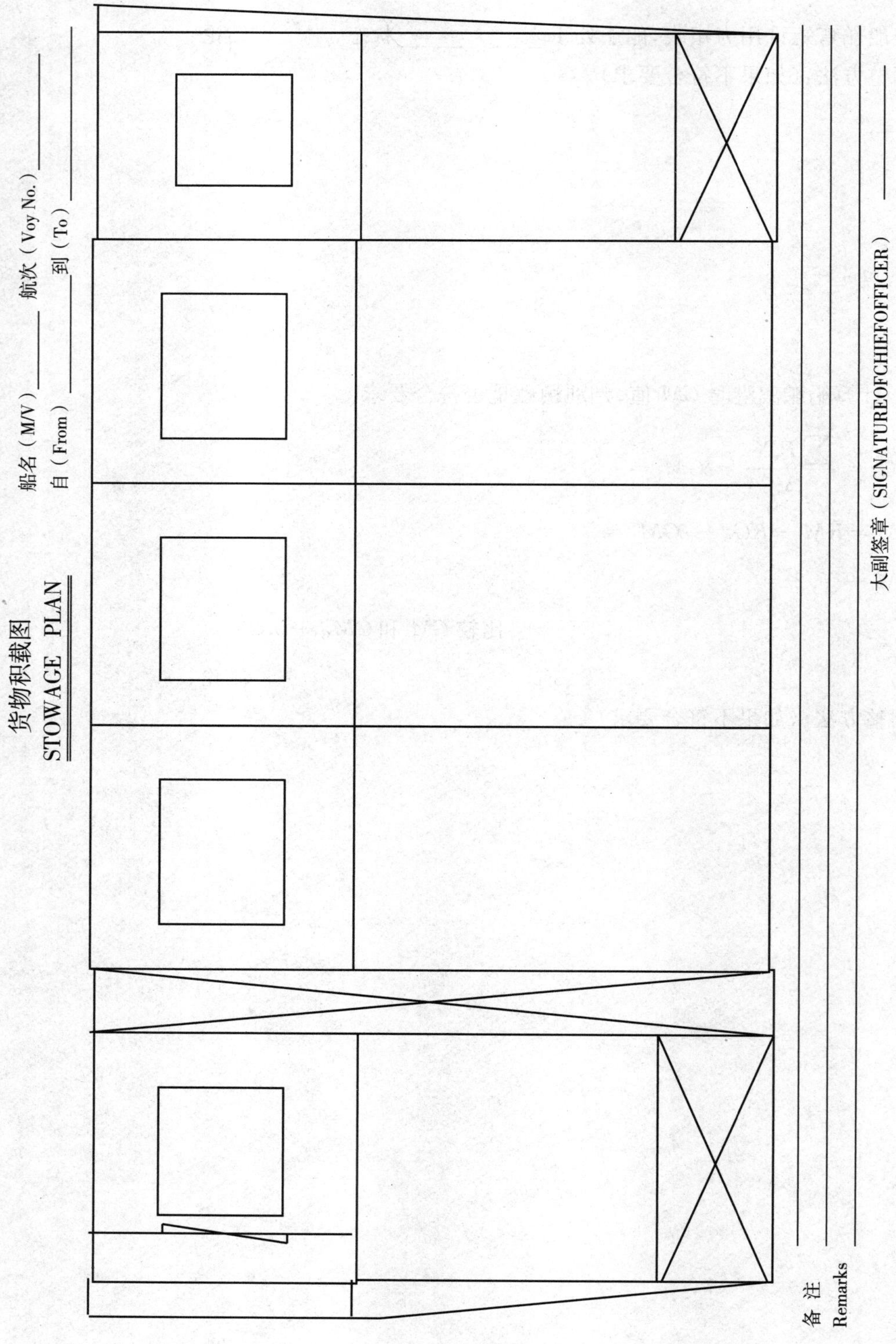

货物积载图
STOWAGE PLAN

航次（Voy No.）＿＿＿＿＿ 到（To）＿＿＿＿＿

船名（M/V）＿＿＿＿＿ 自（From）＿＿＿＿＿

大副签章（SIGNATUREOFCHIEFOFFICER）

备 注
Remarks

图17-2 正式积载图

第三节 编制集装箱船积载计划

学生操作时间:60分钟。

教学方式:学生实操,老师辅导。

评分标准见表17-18所列。

表 17-18 评分标准

港和箱输入	箱装载	压载方案	正确填表	系固方案	总　计
14%	40%	20%	10%	16%	100%

一、情景模式及要求

船名:"Z"轮(3800TEU 装箱容量吊装式全集装箱船)。

航次:V0090E。

始发港:上海 Shanghai(SHA,S);中途港:神户 Kobe(KOB,K)和长滩 Longbeach(LGB,L)。

目的港:西雅图 Seattle(SEA,E)。

新建的装载文件时,集装箱清单文件名取:试题编号 . con,如本题取"O-con-e. con"。

液舱方案文件名取 100full. tnk,储备品方案文件名取 default. mis。

船舶舷外水密度取 1.025 g/cm³,船舶全航程中无吃水限制。

编制一份集装箱船舶装载计划,船舶资料和航次任务跟该船舶实际情况一致,该轮实际从中国经日本到美国,通过计算机编排一份离上海港时的装船计划。

二、装货清单

装货清单见表17-19所列。

表 17-19 装货清单

No.	POL/POD	weight	size		type	containerno.	remark
序　号	装/卸港	吨/箱	长	高	类　型	集装箱箱号	备　注
1-	SHA/KOB	已被输入计算机					
60	上海/神户						
合　计		60(NU),45(TEU)+15(FEU)X2=75(TEU)					
61-	SHA/LGB	已被输入计算机					
290	上海/长滩						
合　计		230(NU),202(TEU)+28(FEU)=258(TEU)					

No. 序　号	POL/POD 装/卸港	weight 吨/箱	size 长　高	type 类　型	containerno. 集装箱箱号	remark 备　注
291	上海/西雅图	20.0	40′　9′6″	GP　F	COSU257544 8	IMDG 3.1
292	SHA/SEA	18.5	40′　9′6″	GP　F	OOCL492843 0	IMDG 5.2
293		15.3	20′　8′6″	GP　F	APLU266492 9	
294		2.3	20′　8′6″	GP　E	COSU163584 0	broken container
295		2.2	20′　8′6″	GP　E	NYKU114655 5	
合　计		58.3	5(NU),3(TEU)＋2(FEU)＝7(TEU)			
总　计			295(NU),250(TEU)＋45(FEU)＝340(TEU)			

三、实操项目"集装箱船积载"答题卷

保存的航次装载文件名：_____ . voy。

在计算机上操作完成后请将离始发港状态的计算结果填入下列表格。

（一）基本计算结果

基本计算结果见表 17 - 20 所列。

表 17 - 20　基本计算结果

名　称	结　果	单　位	名　称	结　果	单　位
船舶排水量		t	平均吃水		m
货物重量		t	首吃水		m
储备品重量		t	尾吃水		m
20′箱数量		TEU	吃水差		m
40′箱数量		FEU	横摇周期		s
危险品箱数量		NU	横倾角		°
冷藏箱数量		NU	盲区长度		m
舷外水密度		t/m³	螺旋桨 I/D		—

（二）稳性校核结果（CCS）

稳性校核结果见表 17 - 21 所列。

表 17 - 21　稳性校核结果

名　称	要求值	单位	实际值	名　称	要求值	单位	实际值
K	1.00	—		θ_{smax}	30.00	°	
CM（经修正）	0.60	m		$\theta fd/2$		°	
$GZ\lvert 30°$	0.20	m					

（三）船体强度校核结果（海上状态）

表 17-22　船体强度校核结果

肋骨位置	弯矩/%	切力/%	肋骨位置	弯矩/%	切力/%
Fr. 30			Fr. 189		
Fr. 48			Fr. 207		
Fr. 58			Fr. 225		
Fr. 83			Fr. 243		
Fr. 101			Fr. 261		
Fr. 117			Fr. 279		
Fr. 137			Fr. 297		
Fr. 153			Fr. 315		
Fr. 171			结　论：		

（四）系固方案校核结果（选择舱面一典型位置二层或以上层箱位处）

1. 校核箱位行号　　列号

2. 堆装图示（注明箱长度,是否受风压）

3. 角锁紧装置强度及绑扎杆参数：　　（每层箱重量及高度,系固方式）

结论：

第四节　编制散装船舶积载计划

学生操作时间:60 分钟。

教学方式:学生实操,老师辅导。

评分标准见表 17-23。

表 17-23　评分标准

吃水要求	稳性要求	强度要求	绘积载图	正确填表	总　　计
14%	10%	30%	16%	30%	100%

一、情景模式及要求

1. 船舶、航线等概述

船名:"S"轮（共有九个舱的十万吨级散装货轮）

出发港:澳大利亚某港口　　　目的港:中国北仑港

航次任务:装载 144500 t 矿石（$SF=0.746$ m³/t）　　装载效率:5000 t/h

压载水排放效率:6000 t/h

按照我国远洋散装船从澳大利亚装运矿石到北仑港实际情况,制订一份在澳大利亚港口装载计划。

2. 对固体散货装载后船舶的各项计算结果的要求

(1)稳性:满足 IMO 对稳性的各项指标要求,初始横倾角为 0°;

(2)强度:离始发港时,各横剖面上的剪力和弯矩满足其在海上状态下的要求;

(3)吃水差:离始发港装载状态下要求保持船舶尾倾为 0.5～1.0 m。

3. 编制积载图(包括俯视图和侧视图)以及正确的大副批注

4. 将最后装载状态的有关数据抄录在答卷上

5. 将装载计算机上的最后装载状态存盘

文件名取法:准考证编号 .stb。

在计算机上操作。

二、实操项目"散装船船积载"答题卷

保存的航次装载文件名:_____ . stb。

在计算机上操作完成后请将离始发港状态的计算结果填入下列表格(表 17 - 24～表 17 - 26)。

1. 基本计算结果(海水密度 density of seawater:1. 025 t/m³)

表 17 - 24　基本计算结果

displacement/t		VCG of ship/m	
deadweight/t		TCG of ship/m	
draft fore/m		weight of ballast water/t	
draft aft/m		weight of fuel oil/t	
trim/m		weight of diesel oil/t	
gm corrected/m		weight of fresh water/t	
heeling angle/°		weight of other tanks/t	
lever balance/m		weight of stores/misc. /t	
LCG of ship/m		weight of cargo/t	

2. 体强度校核结果(海上状态 seagoing condition)

表 17 - 25　体强度校核结果

肋骨位置	切力/%	弯矩/%	肋骨位置	切力/%	弯矩/%
Fr. 49			Fr. 194		
Fr. 63			Fr. 208		

肋骨位置	切力/％	弯矩/％	肋骨位置	切力/％	弯矩/％
Fr. 78			Fr. 223		
Fr. 92			Fr. 237		
Fr. 107			Fr. 252		
Fr. 121			Fr. 266		
Fr. 136			Fr. 281		
Fr. 150			Fr. 296		
Fr. 165			Fr. 311		
Fr. 179			结　论		

3. 货物装卸及压载水排放计划表

表 17 - 26　货物装卸及压载水排放计划表

装舱顺序	舱口 No.	预定装货量/t	时间累计/h－min	压载水排放舱 No.	首吃水/m	尾吃水/m
1						
2						
3						
4						
5						
6						
7						
8						
9						
10						
11						
12						
13						
14						
15						
16						
17						
18						
19						

装舱顺序	舱口 No.	预定装货量/ t	时间累计/ h‑min	压载水排放舱 No.	首吃水/ m	尾吃水/ m
20						
21						
22						
23						
24						
25						
总　计						

说明:

4. 绘制积载图

散矿船配积载图如图 17-3 所示。

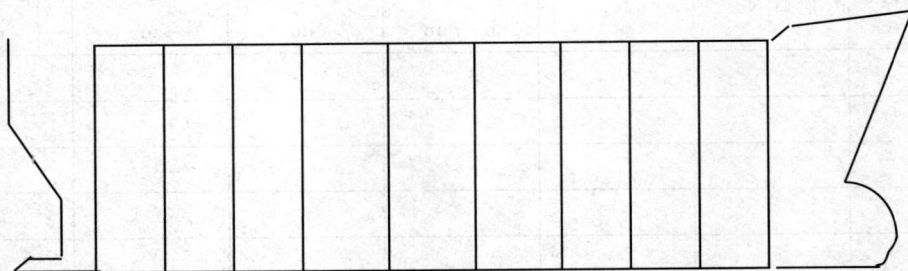

图 17-3　散矿船配积载图

习题集和习题集答案

习题集

习题集答案

附　　录

附录一　杂货船"Q"轮船舶资料

1. 主要参数

夏季排水量 Δ_s	19710 t	夏季型吃水 d_s	9.20 m
热带排水量 Δ_T	20205 t	热带型吃水 d_T	9.39 m
冬季排水量 Δ_w	19215 t	冬季型吃水 d_w	9.01 m
空船排水量 Δ_L	5565 t	空船型吃水 d_L	3.14 m
垂线间长 L_{BP}	148.0 m	型宽 B	21.2 m
型深 D	12.5 m	龙骨板厚度	0.03 m
船舶常数	220.0 t	设计船速	17.5 kn

2. 静水力性能数据表

表 F1-1　静水力性能数据表

型吃水 d/m	排水量 Δ/t	总载重量 DW/t	每厘米吃水吨数 TPC/(t/cm)	每厘米纵倾力矩 MTC/(9.81 kN·m/cm)	横稳心距基线高度 KM/m	浮心距基线高度 KB/m	浮心距舯距离 X_b/m	漂心距舯距离 X_f/m
3.14	5565	0	20.65	140.00	11.540	1.690	+0.360	+0.500
3.40	6100	535	20.91	144.48	11.000	1.830	+0.370	+0.460
3.60	6532	967	21.16	147.90	10.648	1.940	+0.379	+0.420
3.80	6964	1399	21.29	150.80	10.350	2.045	+0.380	+0.370
4.00	7380	1815	21.47	153.60	10.100	2.152	+0.379	+0.315
4.20	7820	2255	21.64	156.25	9.866	2.260	+0.371	+0.250
4.40	8260	2695	21.81	158.80	9.684	2.368	+0.362	+0.175
4.60	8700	3135	21.96	161.25	9.516	2.473	+0.350	+0.100
4.80	9160	3595	22.11	163.65	9.376	2.582	+0.336	+0.020
5.00	9600	4035	22.27	166.15	9.248	2.693	+0.316	-0.090
5.20	10040	4475	22.43	168.30	9.140	2.800	+0.294	-0.190

型吃水 d/m	排水量 Δ/t	总载重量 DW/t	每厘米吃水吨数 TPC/（t/cm）	每厘米纵倾力矩 MTC/（9.81 kN·m/cm）	横稳心距基线高度 KM/m	浮心距基线高度 KB/m	浮心距舯距离 X_b/m	漂心距舯距离 X_f/m
5.40	10500	4935	22.57	170.60	9.044	2.908	+0.270	−0.330
5.60	10960	5395	22.72	172.75	8.966	3.012	+0.238	−0.490
5.80	11400	5835	22.86	175.00	8.900	3.120	+0.202	−0.660
6.00	11860	6295	23.02	177.25	8.840	3.228	+0.164	−0.880
6.20	12340	6775	23.17	179.60	8.800	3.338	+0.120	−1.130
6.40	12820	7255	23.32	182.00	8.760	3.448	+0.068	−1.400
6.60	13280	7715	23.46	184.50	8.738	3.553	+0.015	−1.710
6.80	13760	8195	23.63	187.00	8.720	3.660	−0.048	−2.040
7.00	14240	8675	23.78	189.75	8.710	3.770	−0.114	−2.400
7.20	14710	9145	23.95	192.50	8.710	3.887	−0.192	−2.750
7.40	15200	9635	24.11	196.00	8.714	3.990	−0.280	−3.135
7.60	15680	10115	24.29	198.50	8.720	4.100	−0.370	−3.510
7.80	16180	10615	24.46	202.00	8.740	4.212	−0.483	−3.895
8.00	16660	11095	24.64	205.60	8.760	4.322	−0.582	−4.250
8.20	17160	11595	24.83	209.40	8.786	4.435	−0.697	−4.600
8.40	17660	12095	25.01	213.60	8.820	4.535	−0.812	−4.900
8.60	18180	12615	25.21	217.65	8.852	4.651	−0.930	−5.200
8.80	18680	13115	25.39	222.50	8.894	4.760	−1.050	−5.450
9.00	19200	13635	25.59	226.60	8.936	4.870	−1.170	−5.690
9.20	19710	14145	25.78	231.20	8.980	4.983	−1.292	−5.890
9.392	20205	14640	25.94	235.50	9.020	5.100	−1.405	−6.055

3. 最小许用初稳性高度数据表

表 F1-2　最小许用初稳性高度数据表

船舶排水量/t	6000	8000	10000	12000	14000	16000	18000	20000
最小许用初稳性高度/m	2.32	0.98	0.39	0.15	0.15	0.23	0.49	0.83

4. 各液体舱自由液面惯性矩

表 F1-3　各液体舱自由液面惯性矩

序号	舱　别	肋位号	最大装载重量/t	液体密度 ρ/(g/cm³)	惯性矩 i_x/m⁴	$\rho \cdot i_x$/(9.81 kN·m)
1	No.1 燃油舱（左）	95～127	203.3	0.88	1000.0	880.0
2	No.1 燃油舱（右）	95～127	253.4	0.88	1780.0	1566.0
3	No.2 燃油舱（左）	68～95	164.6	0.88	777.0	684.0
4	No.2 燃油舱（右）	68～95	206.8	0.88	1445.0	1276.0
5	燃油深舱（左或右）	40～44	83.6	0.88	50.0	440.0
6	燃油沉淀舱（左或右）	40～44	49.6	0.88	16.0	14.0
7	燃油日用柜（左）	40～44	25.1	0.88	16.0	14.0
8	燃油日用柜（右）	40～44	21.1	0.88	16.0	14.0
9	溢油舱	40～43	21.2	0.88	191.0	168.0
10	柴油舱（左）	50～68	94.9	0.84	250.0	210.0
11	柴油舱（右）	43～68	116.8	0.84	268.0	225.0
12	首尖舱	191～首	449.0	1.025	70.6	72.4
13	No.1 压载水舱	160～187	493.0	1.025	1200.0	1230.0
14	No.2 压载水舱（左）	127～160	152.7	1.025	383.0	393.0
15	No.2 压载水舱（右）	127～160	205.0	1.025	811.0	830.0
16	No.3 压载水舱	20～39	84.0	1.025	316.0	324.0
17	尾尖舱	尾～4	170.0	1.025	543.0	556.0
18	饮水柜	64～69	60.6	1.000	41.5	41.5
19	淡水柜（左）	25～39	101.0	1.000	72.4	72.4
20	淡水柜（右）	25～39	129.6	1.000	123.5	123.5
21	锅炉水舱	44～49	19.9	1.000	21.6	21.6
22	尾压载水舱	4～12	127.1	1.025	520.0	533.0

注：i_x 小于 10 m⁴ 的各油水舱柜均未列入本表。

5. 货舱容积表

表 F1-4　货舱容积表

舱　名		位　置	包装舱容	舱容中心位置/m		散装舱容	舱容中心位置/m	
		（肋号）	m³	距基线	距舯	m³	距基线	距舯
第一舱	二层舱	160～187	1030	11.85	53.18	1116	11.92	53.18
	底　舱	160～187	804	6.97	52.38	887	7.04	52.38
	合　计		1834	9.71	52.38	2003	9.76	52.83
第二舱	二层舱	127～160	1789	11.42	32.18	1897	11.47	32.19
	底　舱	127～160	3260	5.51	31.30	3441	5.58	31.30
	合　计		5049	7.60	31.61	5333	7.67	31.61
第三舱	二层舱	95～127	1630	11.18	8.00	1724	11.23	8.00
	底　舱	95～127	3830	5.35	7.85	4043	5.42	7.85
	合　计		5460	7.09	7.90	5767	7.16	7.89
第四舱	二层舱	69～95	1312	11.17	−13.87	1388	11.23	−13.87
	底　舱	69～95	3090	5.37	−13.79	3262	5.44	−13.79
	合　计		4402	7.10	−13.81	4650	7.17	−13.81
第五舱	二层舱	12～40	1461	11.54	−55.55	1580	11.60	−55.55
	底　舱	12～40	1126	7.24	−54.25	1241	7.31	−54.25
	合　计		2587	9.67	−54.99	2821	9.72	−54.99
贵重舱	二层舱（左）	4～12	131	11.63	−68.70	142	11.71	−68.70
	二层舱（右）	4～12	128	11.63	−68.70	139	11.71	−68.70
	合　计		259	11.63	−68.70	281	11.71	−68.70
总　　计			19591	7.87	4.02	20855	7.95	3.90

6. 航次储备量及油水消耗定额表

表 F1-5　航次储备量及油水消耗定额表

项目	船用备品、粮食和供应品、船员及行李			燃料消耗量/(t/d)				淡水消耗量/(t/d)		燃料及淡水消耗量/(t/d)		
				航行		停泊				航行	停泊	
	粮食和供应品	船员和行李	船用备品	主机	辅机	使用装卸设备	不使用装卸设备	航行	停泊		使用装卸设备	不使用装卸设备
重量	8	10	10	25	2	2	1	20	15	47	17	16

7. 对舯载荷弯矩允许范围

表 F1-6 对舯载荷弯矩允许范围

型吃水 d_M/m	排水量 Δ/t	载荷对船中弯矩值 $\sum P_i X_i$/(kN·m)			
		中 拱 状 态		中 垂 状 态	
		允许范围临界值	有利范围临界值	静水力矩为零的临界值	有利范围临界值
3.14	5565	1028807	0	—	—
3.50	6320	1223930	195122	—	—
4.00	7380	1498826	470017	—	—
4.50	8480	1792420	763610	182094	—
5.00	9600	2089947	1061138	479621	—
5.50	10730	2397059	1368250	786733	205215
6.00	11860	2703190	1674381	1092864	511346
6.50	13050	3034817	2006008	1424491	842973
7.00	14240	3366120	2337311	1755794	1174277
7.50	15440	3700347	2671539	2090021	1508503
8.00	16660	4046375	3017566	2436049	1854531
8.50	17920	4412681	3383871	2803355	2220837
9.00	19200	4781389	3752580	3171063	2589546
9.20	19710	4933023	3904213	3322697	2741179
9.392	20205	5078632	4049823	3468306	2886789
9.40	20240	5093799	4064991	3483473	2901955

8. 液舱容积表

表 F1-7 液舱容积表

舱　名	位置（肋号）	净舱容/m³					舱容中心位置/m	
		燃油	柴油	滑油	压载水	淡水	距基线	距舯
No.1 燃油舱（左）	95～127	231.0					0.77	7.61
No.1 燃油舱（右）	95～127	288.0					0.76	7.67
No.2 燃油舱（左）	68～95	187.0					0.77	−13.88
No.2 燃油舱（右）	68～95	253.0					0.76	−13.95
燃油深舱（左）	40～44	95.0					6.25	−43.81
燃油深舱（右）	40～44	95.0					6.25	−43.81
燃油沉淀舱（左）	40～44	56.4					7.12	−43.85

（续表）

舱 名	位置（肋号）	净舱容/m³					舱容中心位置/m	
		燃油	柴油	滑油	压载水	淡水	距基线	距舯
燃油沉淀舱（右）	40～44	56.4					7.12	−43.85
燃油日用柜（左）	40～44	28.5					10.76	−13.85
燃油日用柜（右）	40～44	24.0					10.64	−44.00
溢油舱	40～43	24.1					0.78	−44.20
柴油舱（左）	50～68		113.0				1.01	−30.78
柴油舱（右）	43～68		139.0				1.02	−32.57
柴油日用柜（左）	46～50		14.3				10.70	−39.35
柴油日用柜（右）	46～50		14.3				10.70	−39.35
柴油沉淀柜	40～50		40.4				10.73	−41.51
滑油循环舱	44～56			22.5			1.32	−37.60
滑油沉淀柜	40～44			21.6			10.74	−43.45
滑油储存柜	40～45			19.7			10.70	−43.29
汽缸油柜（左）	40～44			8.6			10.70	−43.85
汽缸油柜（右）	40～44			7.7			10.62	−43.98
汽缸油日用柜	43～44			0.9			11.40	−42.73
污滑油舱	44～61			35.0			0.67	−34.50
首尖舱	187～首				438.0		5.91	69.31
No.1 压载水舱	160～187				481.0		2.53	52.22
No.2 压载水舱（左）	127～160				149.0		0.78	30.21
No.2 压载水舱（右）	127～160				200.0		076	31.21
No.3 压载水舱	20～39				82.0		0.80	−51.83
尾压载水深舱	4～12				124.0		7.59	−68.42
尾尖舱	尾～4				165.9		9.63	−74.43
饮水柜	64～69					60.6	11.10	−25.50
淡水舱（左）	25～39					101.0	3.32	−50.80
淡水舱（右）	25～39					129.6	3.27	−50.69
锅炉水舱	44～49					19.9	1.07	−40.31
汽缸冷却水舱	62～65					13.0	0.92	−27.40
总计		1320.4	321.0	116.0	1639.9	324.1		

表 F1－8　加载 100 t 艏艉吃水变化数值表(部分)

型吃水	排水量	No. 1 货舱 $X=52.83$ m		No. 5 货舱 $X=-54.98$ m		首尖舱 $X=69.31$ m		尾尖舱 $X=-74.43$ m	
m	t	艏吃水变化量/cm	艉吃水变化量/cm	艏吃水变化量/cm	艉吃水变化量/cm	艏吃水变化量/cm	艉吃水变化量/cm	艏吃水变化量/cm	艉吃水变化量/cm
3.14	5565	23.406	−13.973	−14.838	24.791	29.252	−19.898	−21.737	31.784
4.00	7380	21.680	−12.510	−13.265	22.734	27.021	−17.897	−19.570	29.092
5.00	9600	20.435	−11.420	−12.054	20.999	25.401	−16.375	−17.915	26.847
6.00	11860	19.673	−10.626	−11.099	19.426	24.376	−15.220	−16.650	24.848
7.00	14240	19.224	−9.872	−10.096	17.610	23.706	−14.073	−15.386	22.568
8.00	16660	18.742	−9.032	−8.993	15.695	22.982	−12.812	−13.998	20.155
9.00	19200	17.807	−8.007	−7.799	13.943	21.721	−11.362	−12.419	17.903
9.20	19710	17.589	−7.809	−7.582	13.650	21.436	−11.090	−12.123	17.522
9.392	20205	17.381	−7.623	−7.382	13.393	21.166	−10.836	−11.849	17.185

附录二　有关货物及其他资料

一、常见货物包装种类

表 F2-1　常见货物包装种类

包装名称		缩　写		适装货类
		单　数	复　数	
箱　装	箱装(case)	C/一	C/S,Cs	箱的总称
	木箱(box)	Bx	Bxs	小箱,适装五金等
	木箱(chest)	Cst	Csts	小型轻便箱,适装茶叶等
	明格箱(skeleton case)	C/一	C/S,Cs	土豆、红葱等
	胶合板箱(veneer case)			
	夹板箱(plywood box)			
	席包箱(matted box)	M/Bx	M/Bxs	
	柳条箱(willow case)			
	亮格箱(crate case)	Cn	Crts	自行车、玻璃、机械等
	纸板箱(cardboard case)			
	纸箱(carton)	Ct Ⅱ	Ctns	易碎品、香烟、日用品等
包捆装	包、捆(bale)	B,B1	B/S,Bls	纺织品等
	机包(pressed bale)	Bl	B18	棉花、棉布、纸张等
	席包、蒲包(mat)			
	布包(burlap)	mp	Blps	砂糖、籽棉等
	麻布包(jute bag)			
袋　装	袋(bag)	Bg	Bgs	袋装总称,粮食、水泥等
	麻袋(gunny bag)	Bg	Bgs	大米、豆类、砂糖等
	草袋(straw bag)	Bg	Bgs	谷物、盐等
	布袋(cloth bag)	Bg	Bgs	面粉、滑石粉、淀粉等
	布袋(sack)	sk.Sx	Sks,Sxs	
	聚乙烯袋(polyethylene bag)	Bg	Bgs	化肥、氯化铵等
	牛皮纸袋(paper bag,kraft bag)	Bg	Bgs	水泥、石灰、化肥等

包装名称		缩　写		适装货类
		单　数	复　数	
桶　装	鼓形桶（barrel）	Brl	Brls	油类、肠衣、松脂等
	桶（keg）	Kg	Kgs	小五金、油漆等
	桶（cask）	Csk	Csks	水泥、碱性染料等
	罐头桶（can）	Cn	Cns	油漆等
	听（tin）			猪肉、油漆、药品等
	铁桶（drum）	Dnil	Drms	酒类、染料、药品等
	桶（tub）			酱、酱油等
	手提桶（pail）			油漆等
	桶（butt）			酒等
	大木桶（hogshead）	Hghd	HgⅡd8	烟叶、酒类等
特殊包装	瓶（bottle）	Boil	Botls	酒类、化学药品等
	柳筐瓶（demijohn）	Dmjn	Dmjns	酸类等
	坛（jar）			榨菜、咸蛋、酸类等
	钢瓶（cylinder）			液化气体、压缩气体等
	细颈瓶（flask）			化学药品等
	笼（cage）	Cg	Cgs	鸟类容器等
	篓、篮（basket）	Bkt	Bkts	水果、蔬菜等
	包裹（parcel）			样品、赠品、行李等
裸　装	裸装（unpacked）			汽车、挖掘机等
	盘（coil）	Cl	Cls	盘圆、铁丝、绳索等
	卷（roll）	R1	Rls	卷席、筒纸、油毡等
	卷（red）			电线、电缆、铁丝等
	捆、扎（bundle）	Bdl	BdlB	铜棒、铁筋、藤条等
	大捆（skid）			马口铁、废铁片等
	管（pipe，tube）			钢管、铁管等
	块（ingot，slab，castwheel）			铸铁块、铅块、豆饼块等
	棒（bar）			铁棒、铁条、角铁等
	张（sheet）	Sht	Shts	铁皮、铜板等
	个、件（package）	Pkg	Pkgs	个数的总称
	个、件（piece）	Pc	Pcs	铁条、型钢等
	对（pair）	Pr	Prs	成对的车轮等
	组（set）			成套的轮胎等
	头、匹（gead）	Hd	Hds	牛、马等

二、部分货物忌装表

表 F2 - 2　部分货物忌装表

忌装货名		混装后果	忌装要求
钢材、生铁、金属设备、干电池等	酸、碱、化肥	酸、碱、化肥对钢材、生铁、金属设备有腐蚀作用,会使后者生锈;干电池遇酸碱后会起铜绿,会使之走电、腐烂	酸、碱、化肥与贵重钢材、设备、干电池不同舱室;与一般金属制品不相邻堆装
白铁皮、紫黄铜、铝锭、镀锌五金	纯碱	锌遇碱性就会加重锌皮锈蚀;纯碱腐蚀金属表层,并使金属发绿发锈	不同室
白铁皮、黑铁皮	食盐	白(镀锌)铁皮、黑(镀锡)铁皮遇盐溶解,产生黄色锈水而退锌退锡,加速铁皮生锈	不同室
棉制品、皮制品、文具、纸张	酸碱	棉制品遇酸碱使棉花纤维脆弱,皮制品遇酸碱使皮面生裂纹,纸张文具遇酸碱受蚀,失去使用价值	不同室
橡胶	酸、碱、苯、乙醚、二硫化碳等	橡胶遇上述物质受腐蚀,其表面生裂纹,失去弹性或被溶解	不同室
玻璃及其制品	纯碱及潮湿货	玻璃接触纯碱会使玻璃表面受蚀发毛;其受潮后会影响其透明度或不易分开	不同室
硫酸铵、氯化铵、过磷酸等酸性肥料	碱类	酸性化肥与碱作用,起中和作用,失去肥效	不同室
萤石、白云石、方解石	酸类	它们多为散装,萤石遇酸易产生有极毒和腐蚀性的氟化氢;白云石和方解石遇酸会溶解	不同室
尼龙及其制品	樟脑	两者有亲和力,樟脑气体进入尼龙纤维内部,影响其强度和染色牢度	不同室
水泥	食糖、氧化镁、氨肥	水泥遇万分之一的糖类会失去凝固作用,食糖混入水泥不能食用;水泥中如有氧化镁,在使用时氧化镁会与水化合,体积膨胀,影响水泥制品的质量;氨肥混入水泥会使水泥加速凝固,降低其使用价值,混入水泥的化肥也会降低肥效并影响土质	不同室

忌装货名		混装后果	忌装要求
滑石粉、膨润土	生铁、矿砂等粉粒状货物	滑石粉混入杂质不能用作造纸、医药、化妆品等原料；膨润土为白色块状物质，作翻砂制模型用，混入杂质会影响翻砂质量	不同室
食品类货物	气味货	食品类货物混入异味影响食品的食用价值	一般至少不同室，对气味严重与极易吸味货或具有挥发性的气味货与食品类货物应不同舱
	有毒物质（包括有些中药材，如鲜半夏等）	食品类货物混入有毒物质便不能食用	不同室或不同舱
耐火材料（镁砂、焦宝石、黏土、矾土等）	铁、煤、石屑、木块、氧化镁、氧化钙、垃圾等	耐火材料混入杂质会影响其制品的耐火温度，失去使用价值	不同室
铅块、铝块、铝锭	铁、锌、煤等硬质杂质	铝锭为铜丝电缆的代用品，铅块用作电缆外层的保护层，混入杂质均会影响产品质量	不同室
精锌块、铁矿粉	各种矿、砂、煤等	混入杂质会影响其产品质量	不同室
焦炭	硫化铁	焦炭混入含硫物质会影响炼钢质量	不同室
生丝、棉麻及其制品	扬尘污染货	受污染后会影响其质量	一般应不同室，包装封闭时可不相邻
棉花及棉麻制品	桶装油类、种子饼类、五金机械类（内含防锈油）、火腿、肉类	该类物质油污后易自热、自燃且影响其质量	不相邻
纸浆、木浆及苇浆	生铁、砂渣、纯碱	纸浆、木浆及苇浆是造纸和人造棉的原料，混入杂质会影响其制品质量且会损坏机器	不同室

忌装货名		混装后果	忌装要求
工艺品、棉花及其制品	潮湿货	工艺品受潮会影响其质量甚至失去其使用价值,棉花及其制品受潮会影响其质量甚至会发热自燃	不同舱
茶叶	酸性物质	茶叶中的茶碱与酸性物质中和会使茶叶无味	不同室
茶叶、烟叶、罐头	潮湿货	茶叶、烟叶受潮霉变,罐头受潮生锈	不同舱
砂糖、水泥	潮湿货	砂糖受潮结块发酸;水泥受潮结块影响质量	不同舱
水果	粮谷	粮谷易发热,使水果受热蒸发水分而干枯;同时粮谷吸水易霉变	不同舱
硝酸	锌、镁粉、其他金属、松节油	混合后会发生燃烧或爆炸	不同舱

三、ISO 6346—1995 文件——集装箱识别和标记代号国际标准摘录

国际标准化组织集装箱技术委员会(ISO/TC104)于 1994 年 9 月通过该项国际标准。标准中集装箱尺寸代码和类型代码表摘录如下。

1. 集装箱尺寸代码(表 F2-3、表 F2-4)

表 F2-3　第一位字符

代码	箱长(L)		代码	箱长(L)	
	mm	ft　in		mm	ft　in
1	2991	10′	D	7430	24′6″
2	6058	20′	E	7800	
3	9125	30′	F	8100	
4	12192	40′	G	12500	41′
5	备用号		H	13106	43′
6	备用号		K	13600	
7	备用号		L	13716	45′
8	备用号		M	14630	48′
9	备用号		N	14935	49′
A	7150		P	16154	
B	7315	24′	R	备用号	
C	7420		…	…	

H	W		
	2438	2438<W≤2500	>2500
mm(ft in)	(8')	(8'<W≤8'2")	(>8'2")
2438(8')	O		
2591(8'6")	2	C	L
2743(9')	4	D	M
2895(9'6")	5	E	N
>2895(9'6")	6	F	P
1295(4'3")	8		
≤1219(4')	9		

注:表中 H——集装箱箱高;W——集装箱箱宽。

2. 集装箱类型代码(表 F2-5)

表 F2-5　集装箱类型代码

代码	箱型	总代码	集装箱主要特性	细代码
G	通用集装箱(无通风设备)	GP	一端或两端开门	G0
			货箱上部空间设有透气孔	G1
			一端或两端开门,加上一侧或两侧全部敞开	G2
			一端或两端开门,加上一侧或两侧部分敞开	G3
			……	……
V	通风集装箱	VH	无机械排气系统,货箱上部或底部空间设有通风口	V0
			箱体内部设有机械通风装置	V2
			箱体外部设有机械通风装置	V3
			……	……
S	以货物命名的集装箱	SN	牲畜集装箱	S0
			小汽车集装箱	S1
			活鱼集装箱	S2
			……	……
R	保温集装箱			
	冷藏	RE	机械制冷	R0
	冷藏和加热	RT	机械制冷和加热	R1
	自备动力	RS	机械制冷	R2
			……	……

代码	箱型	总代码	集装箱主要特性	细代码
P	平台式集装箱上部不完整	PL	平台集装箱	P0
			有两个完整和固定的端板	P1
	固定式平台集装箱	PF	有固定角柱,带有活动的侧柱或可拆卸的顶梁	P2
			有折叠完整的端结构	P3
	折叠式平台集装箱	PC	折叠角柱,带有活动的侧柱或可拆卸的顶梁	P4
	上部结构完整的平台式集装箱	PS	顶部和端部敞开(骨架式)	P5
	以货物命名的平台式集装箱	PT	运载船上设备的	P6
			运载小汽车的	P7
			运载木材、管材的	P8
			运载卷状货物的	P9
T	用于液体非危险货物	TN	最小压力 45kPa	T0
			最小压力 150kPa	T1
			最小压力 265kPa	T2
	用于液体危险货物	TD	最小压力 150kPa	T3
			最小压力 265kPa	T4
			最小压力 400kPa	T5
	用于气体货物	TG	最小压力 600kPa	T6
			最小压力 910kPa	T7
			最小压力 2200kPa	T8
			最小压力(待定)	T9
H	保温集装箱			
	设备可拆卸的冷藏和(或)加热的集装箱	HR	设备置于箱体外部,其传热系数 $K = 0.4 \ W/(m^2 \cdot K)$	H0
			设备置于箱体内部	H1
			设备置于箱体外部,其传热系数 $K = 0.7 \ W/(m^2 \cdot K)$	H2
			具有隔热性能,其传热系数 $K = 0.4 \ W/(m^2 \cdot K)$	H5
	隔热集装箱	HI	……	……
U	开顶集装箱	UT	一端或两端开门	U0
			……	……
			具有可拆卸的硬顶	U6
			运载卷状货物的开顶箱	U9

代码	箱型	总代码	集装箱主要特性	细代码
B	干散货集装箱 无压力、箱型	BU	封闭式	B0
			气密式	B1
			后端卸货/猫洞型	B3
			……	……
A	空陆水联运集装箱	AS		A0

附录三 《国际危规》危险货物标志和标牌

类别标志
1

数字须约30 mm高，5 mm宽（对100 mm×100 mm标志而言）。
数字"1"置于底角部。
** 属于危险类别的位置——如果属于副危险则留空
* 属于配装类的位置——如果属于副危险则留空

类别标志
2

类别标志
3

类别标志
4

类别标志
5

类别标志
6

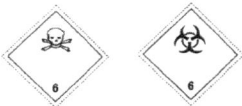

类别标志
7

类别标志
8

类别标牌
7

类别标志
9

海洋污染物标记

加温标记

熏舱警告符号

方向标志

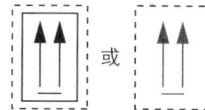

标牌上显示的联合国编号

* 类别或分类编号位置
** 联合国编号位置

限制数量标记

可免除量标记

* 类别编号的位置
** 托运人或收货人名字
（如包件上未显示）

附录四　商船用区带、区域和季节期海图

参考文献

[1] 田佰军,等.船舶结构与货运:二/三副[M].大连:大连海事大学出版社,2020.

[2] 高等学校交通运输类专业教学指导委员会航海技术教学指导分委员会.船舶结构与货运:大副[M].大连:大连海事大学出版社,2018.

[3] 邱文昌.船舶货运[M].上海:上海交通大学出版社,2015.

[4] 邱文昌,伍生春,田佰军.船舶结构与货运[M].大连:大连海事大学出版社,2012.

[5] 曾广明.海上货物运输[M].大连:大连海事大学出版社,2014.

[6] 中华人民共和国海事局.船舶与海上设施法定检验规则[M].北京:人民交通出版社,2019.

[7] 徐邦桢,等.海上货物运输[M].北京:人民交通出版社,2008.

[8] 江明光.货物学[M].北京:人民交通出版社,2007.

[9] 姬中英.船舶原理与积载[M].北京:人民交通出版社,2007.

[10] 沈玉如.船舶货运[M].2版.大连:大连海事大学出版社,2006.